Espaces interculturels
Collection dirigée par Emmanuel Jovelin et Claudio Bolzman

La conjoncture mondiale dans laquelle nous vivons rend la question des contacts et des relations entre les cultures plus actuelle que jamais. « Espaces interculturels », collection de l'Association pour la Recherche Interculturelle (ARIC), créée depuis 1995, vise à prendre place dans la confrontation d'idées et des débats actuels, en privilégiant les perspectives pluridisciplinaires. Elle publie des travaux de qualité présentant des descriptions et analyses de recherches interculturelles, des articulations entre recherche et pratique, des réflexions théoriques, des synthèses, des monographies et des actes des congrès et colloques de l'ARIC.

La collection publie des travaux traitant des thèmes suivants : Les phénomènes liés aux contacts entre les groupes socio-culturels ; les conditions d'existence des sociétés multiculturelles ; l'articulation entre les différents niveaux d'approche, et également de la confrontation internationale des points de vue, des théories et des pratiques ; les contacts entre personnes ou entre groupes sociaux se réclamant de cultures différentes et processus de changements individuels et collectifs résultant de ces contacts au sein d'une société ou d'un Etat, ou entre sociétés et Etats etc.

Comité de lecture

Michèle VATZ LAROUSSI (Université de Sherbrooke, Canada)
Tania OGAY (Université de Fribourg, Suisse)
Aline GOHARD (Université de Fribourg Suisse)
Claudio BOLZMAN (Haute école de Genève-Université de Genève, Suisse)
René MOUKONKOLO (Université de Tours, - France)
Mohammed LAHLOU (Université de Lyon France)
Anne Françoise DEQUIRE (Université catholique de Lille/Institut social Lille Vauban)
Hédi SAIDI (Université catholique de Lille/Institut social Lille Vauban)
Gina THESEE (Université du Québéc, Canada)
Emmanuel JOVELIN (université catholique de Lille/Institut social de Lille France)
Mourad KAHLOULA (Université d'Oran, Algérie)
Fabienne RIO (Université Paris 8, IME, France)
Aissa KADRI (Université de Tours)
Anna ELIA (Université de Calabria, Italie)
Jean FOUCART (Haute Ecole Européenne Charleroi, Belgique)
Reinaldo FLEURI (Université Fédéral de Santa Catarina, Florianoplois, Brésil)
Marie Antoinette HILLY (université de Poitiers, France)
Geneviève VERMES (Paris 8, France)
Nicole CARIGNAN (Université du Québec, Montréal)

FEMMES ET FÉMINISMES
EN DIALOGUE

Déjà parus dans la collection Espaces interculturels

Dominique TIANA RAZAFINDRATSIMBA et Lolona N. RAZAFINDRALAMBO (dir.), *Interculturalité, circulation et globalisation, Nouveaux contextes et nouvelles pratiques*, 2018.

Elaine COSTA-FERNANDEZ, Patrick DENOUX et Odette LESCARRET (dir.), *Mobilités, Réseaux et Interculturalités. Nouveaux défis pour la recherche scientifique et la pratique professionnelle*, 2018.

Maksat SHOTAYEV, Jean RETSCHITZKI, *Composition de togyzkumalak,* 2017.

Élisabeth REGNAULT et Elaine COSTA-FERNANDEZ (dir.), *L'interculturel aujourd'hui, Perspectives et enjeux*, 2016.

Kostanca CUKO, *La classe d'accueil*, 2016.

Rifat HAXHIJAJ, *Les jeunes d'origine kosovare à Genève. Les enjeux de leur période de transition vers la vie d'adulte*, 2015.

Sous la direction de Nabil Hadjji et Odette Lescarret, *Les mouvements sociaux à l'épreuve de l'interculturel*, 2015.

Sous la direction de Abhijit Karkun et Elaine Costa-Fernandez, *Développement social et interculturalité : Un regard croisé*, 2014.

Martine BEAUVAIS-AZZARO, *La posture éthique en formation des adultes*, 2014.

Brigitte BALDELLI, *Comprendre l'illettrisme des jeunes. Rapport au savoir et interactions sociales*, 2014.

M. VATZ LAAROUSSI, É.-H RIARD, C. GÉLINAS et E. JOVELIN (éd.), *Les défis de la diversité, 2013*

Sous la direction de Elaine COSTA-FERNANDEZ et Odette LESCARRET, *De la diversité linguistique aux pratiques interculturelles,* 2012.

Yolande Aline HELM, *Roland Brival, Une pensée métisse et une écriture transversale*, 2011.

Mourad KAHLOULA, *La Circoncision en Algérie*, 2011.

A. GOHARD-RADENKOVIC et D. ACKLIN-MUJI (dir.), *Entre médias et médiations : les « mises en scène » du rapport à l'altérité*, 2010.

G. THESEE, N. CARIGNAN, P. CARR, *Les faces cachées de l'interculturel*, 2010,

Anne-Marie RICALDI-COQUELIN, *Visages d'exclusion dans la société malgache contemporaine*, 2010.

Aline Gohard-Radenkovic, Lilyane Rachédi (dir.), *Récits de vie, récits de langues et mobilités*, 2009.

Sous la coordination de
Michèle Vatz Laaroussi, Chantal Doré
et Liliana Kremer

Femmes et féminismes en dialogue

Enjeux d'une recherche-action-médiation

© L'Harmattan, 2019
5-7, rue de l'École-Polytechnique ; 75005 Paris

http://www.editions-harmattan.fr/

ISBN : 978-2-343-17541-6
EAN : 9782343175416

REMERCIEMENTS

Le projet Femmes et féminismes en dialogue ainsi que cet ouvrage qui en est issu ont reçu le soutien financier du Conseil de recherche en sciences humaines du Canada (CRSH). Le financement du projet au Québec dans le cadre du programme développement Savoir puis pour sa diffusion internationale avec le programme Connexion, a permis au réseau Femmes et féminismes en dialogue de se construire et de poser les fondements épistémologiques, méthodologiques, pratiques et expérientiels de ce projet et de ce livre. Tous nos remerciements vont à ce fond de recherche pour sa confiance et son audace à soutenir des projets originaux et innovants qui ont des retombées tant en termes de connaissances que de changement social.

Nous remercions l'Université de Sherbrooke qui a soutenu et accompagné les initiatrices et le projet dans ses diverses étapes permettant ainsi la rédaction collective de cet ouvrage. Merci aussi au département de sociologie de l'Université du Québec à Montréal qui nous a offert un appui financier pour l'édition de ce livre, en plus de nous ouvrir ses locaux pour nos rencontres de travail.

Notre reconnaissance va à toutes les institutions, organismes, collectifs et associations dont nos coauteures sont membres, leur ouverture et leur flexibilité ont permis la réalisation collective de l'ouvrage.

Merci à toutes les coauteures qui ont contribué à la diffusion du projet et qui, par leurs écrits, réflexions, recherches et expériences, ont donné sa chair, sa profondeur et ses couleurs à notre production collective.

Merci aux 700 femmes qui, dans diverses sociétés, ont participé et participent à des dialogues solidaires, nous offrant ainsi les conditions de réflexion et d'analyse du processus de recherche-action-médiation et de ses résultats en termes de connaissances et de solidarités renouvelées!

Michèle Vatz Laaroussi, Chantal Doré et Liliana Kremer, cocoordonnatrices de l'ouvrage

Crédits :

Illustrations : Maïté Simard
Coordination de l'équipe internationale : Javorka Zivanovic Sarenac
Traductions Espagnol-Français : Liliana Kremer et Hanna Micaela Cabrera Altminc
Correction linguistique : Suzanne Perrault
Mise en page : Estelle Bernier

Co-auteures : Zanafy Gladys Abdoul, Ruth Alminc, Mélissa Arneton, Malika Bennabi Bensekhar, Fatiha Bensalah, Nadia Benzarti, Paola Bonavitta, Loli Bracamonte, Karine Darbellay, Maude Doré-Caillouette, Khadija Elmadmad, Simone Emmert, Doria Encalada, Samia Enjelvin, Jade Fauteux, Élisabeth Garant, Marcelle Gay, Véronica Gomes, Rania Hanafi, Cristiane Hirata, Guadalupe Huerta, Nadine Jammal, Margaret Kopoka, Naoual Laaroussi, Audrey Lamothe, Tania Larivière, Aimée-Danielle Lezou Koffi, Amel Mahfoudh, Dorra Mahfoudh, Mónica Mantegazza, Myriame Martineau, Séverine Mayol, Fatima Mouhajir, Bernarda Pessoa, Zineb Rachédi, Zoly Rakotoniera, Michela Claudie Ralalatiana, Faniry Ranaivo Rahamefy, Noro Ravaozanany, Gisella Segura, Maité Simard, Aylén Sosa Luna, Dominique Tiana Razafindratsimba, Eve Torres, Miriam Vilcay et Javorka Zivanovic Sarenac.

SOMMAIRE

PRÉFACE
Conférence d'ouverture du colloque international Femmes
et féminismes en dialogue
Les rencontres internationales féministes 13
Micheline Dumont

INTRODUCTION
Histoire d'un réseau de femmes pour la coconstruction
de savoirs et d'actions 19
Michèle Vatz Laaroussi, Chantal Doré et Liliana Kremer

PARTIE 1
ÉPISTÉMOLOGIES ET MÉTHODOLOGIES :
COCONSTRUIRE LES SENS ET LES PROCESSUS 27

CHAPITRE 1
Médiations et interculturalité 29
Mélissa Arneton, Liliana Kremer, Marcelle Gay, Chantal Doré
et Cristiane Hirata

CHAPITRE 2
L'intersectionnalité en questions 49
Liana Kremer, Veronica Gomes, Nadine Jammal, Ruth Atminc
et Poala Bonavitta

CHAPITRE 3
Réflexions autour de la recherche-action-médiation 67
Mélissa Arneton, Liliana Kremer et Simone Emmert

Lettres entre amies, printemps 2018 89

CHAPITRE 4
Les arts comme vecteurs et créations de médiations 93
Myriame Martineau, Audrey Lamothe, Jade Fauteux, Maïté Simard,
Zanafy Gladys Abdoul et Faniry Ranaivo Rahamefy

Nous, fileuses et tisserandes. Témoignage de Loli Bracamonte 107

CHAPITRE 5
De la réflexivité à l'altérité 111
Michèle Vatz Laaroussi, Mélissa Arneton Fatiha Bensalah
et Michela Claudie Ralalatiana

CHAPITRE 6
Les conditions du dialogue 127
Liliana Kremer, Chantal Doré, Zoly Rakotoniera, Gisella Segura
et Aylen Sosa Luna

PARTIE 2
INTERSECTIONALITÉ ET INTERCULTURALITÉ EN ACTION
RÉFLÉCHIR ET AGIR ENSEMBLE..139

Entrevue de Ruth Altminc avec Norma Miranda 141

CHAPITRE 7
Femmes et féministes des Nords et des Suds entre proximité et distance .. 145
Amel Mahfoudh, Javorka Zivanovic Sarenac, Dorra Mahfoudh,
Aimée Danielle Lezou Koffi et Miriam Vilcay

CHAPITRE 8
Inégalités, exploitations et discriminations.................................... 163
Amel Mahfoudh, Khadija Elmadmad, Paola Bonavitta, Zoly Rakotoniera
et Michèle Vatz Laaroussi

CHAPITRE 9
Marginalisations, luttes et solidarités : l'espoir au croisement
des oppressions 179
Séverine Mayol, Naoual Laaroussi, Nadia Benzarti,
Maude Doré-Caillouette, Guadalupe Huerta, Michèle Vatz Laaroussi

CHAPITRE 10
Prendre en compte les situations de handicap pour comprendre
la pluralité des vécus féminins.. 197
Mélissa Arneton, Zineb Rachedi, Samia Enjelvin, Jade Fauteux,
Margaret Kopoka, Séverine Mayol et Michèle Vatz Laaroussi

CHAPITRE 11
« À celles qui ne sont pas là » : Échange entre femmes autochtones
et femmes allochtones..213
Véronica Gomes, Tania Larivière, Liliana Kremer et Bernarda Pessoa

CHAPITRE 12
Femmes immigrantes au Nord et au Sud : droits, luttes et solidarités 231
Khadija Elmadmad, Ruth Altminc, Marcelle Gay, Doria Encalada
et Michèle Vatz Laaroussi

Dialogue entre Eve et Naoual 249

CHAPITRE 13
Femmes, féminismes et religions 253
Rania Hanafi, Malika Bennabi Bensekhar, Karine Darbellay,
Fatiha Bensalah, Michèle Vatz Laaroussi, Simone Emmert
et Mélissa Arneton

CHAPITRE 14
Les droits des femmes : des enjeux multiples 281
Zoly Rakotoniera, Dorra Mahfoudh, Noro Ravaozanany,
Dominique Tiana Razafindratsimba, Paola Bonavitta,
Khadija Elmadmad et Simone Emmert

CHAPITRE 15
De la recherche-action-médiation aux mouvements sociaux 303
Michèle Vatz Laaroussi, Liliana Kremer, Javorka Zivanovic Sarenac,
Gisella Segura, Aylen Sosa Luna et Mónica Mantegazza

Conclusion – Vers une éthique de la solidarité 315
Michèle Vatz Laaroussi, Chantal Doré et Liliana Kremer

NOTICES BIOGRAPHIQUES 321

PRÉFACE

Conférence d'ouverture du colloque international
Femmes et féminismes en dialogue
Les rencontres internationales féministes

Les femmes ont commencé à participer à des rassemblements internationaux dès le milieu du XIXe siècle, en 1840, au *British and Foreing Society Antislavery Society*. Or, les Américaines présentes n'avaient pas pu participer aux discussions qui ne réunissaient que des hommes : elles devaient se contenter d'écouter, derrière des rideaux ou dans les coulisses, les propos des orateurs. Une situation parfaite pour réaliser qu'elles n'étaient pas des citoyennes. Elles y ont trouvé le stimulus nécessaire pour commencer à réclamer leurs droits, ce que les femmes de plusieurs pays entreprenaient au même moment à la faveur des révolutions nationales et sociales.

Cette prise de conscience est contemporaine du développement du capitalisme et de l'impérialisme, ce qui a contribué à colorer de manière très spéciale les rassemblements internationaux de femmes. Annick Druelle, une politologue québécoise, a démontré comment les grandes expositions universelles du XIXe siècle ont facilité les premières rencontres internationales des militantes des droits des femmes (Druelle, 2006). On profitait de l'événement pour organiser des rencontres. Mais, ces expositions universelles du XIXe siècle avaient comme commun dénominateur d'illustrer aussi les manifestations du progrès technique et de la supériorité de la civilisation occidentale. Les grandes nations impérialistes, la Grande-Bretagne, la France, les États-Unis, se gargarisaient du « fardeau de l'homme blanc » et faisaient état de leur action civilisatrice et évangélisatrice en Afrique, en Asie, en Océanie, en Amérique.

Très souvent, on plaçait au sein de ces expositions, des kiosques où étaient illustrés des exemples de la vie « primitive » : des familles dites « indigènes » pratiquaient les activités soi-disant « exotiques » de leur quotidien sous les yeux des visiteurs. Les nations non occidentales, les colonies, étaient donc objectivées et leurs coutumes nourrissaient les théories de l'infériorité de certaines races. Une de ces expositions a même représenté un « pensionnat », où on observait des enfants des peuples autochtones américains, en voie d'être civilisés. Disons que ce départ, pour les associations internationales, marquait un biais occidental prédominant qui a profondément marqué le féminisme, car le leadership des organismes internationaux de femmes a toujours été exercé par des femmes occidentales.

Rapidement, les femmes ont apporté dans ces rassemblements les revendications de leur genre. Dès les années 1880, on organise des congrès internationaux féministes en France, en Angleterre, aux États-Unis. Un congrès féministe réunissant les pays de l'Amérique latine a lieu en Argentine en 1910 ; un autre au Mexique, en 1916. On discute d'éducation, de droit au travail, de suffrage féminin, de la soi-disant « traite des blanches », des droits civils des épouses, de réforme sociale, de lutte contre l'alcoolisme.

Le tout premier regroupement féministe international date de 1893 : il était en formation depuis 1888, une initiative américaine. Il a été instauré au moment de l'exposition universelle de Chicago. Trente-cinq pays sont représentés, dont le Canada. Le Conseil international des femmes (CIF) pose clairement ses objectifs : l'accès à l'égalité des droits est souhaité par toutes les femmes et les mènera au bonheur. Disons qu'il y avait loin de la coupe aux lèvres !

À la veille de la Première Guerre mondiale, le CIF regroupe 26 conseils nationaux, dont 17 en Europe (Jacques, 2004). Il est dominé par des femmes de religion protestante et de la classe moyenne, voire aristocratique et diplomatique, celles qui peuvent payer leur voyage ! Ce n'est pas dans ces assemblées qu'on discute des droits des ouvrières.

Mais dans le sillage de la Seconde Internationale, l'Internationale socialiste des femmes est créée à Stuttgart en 1907. On sait que c'est au congrès de 1910, à Copenhague, que Clara Zetkin a proposé une Journée internationale des femmes, sur le modèle d'une initiative américaine apparue dans les milieux syndicalistes.

Un regroupement d'associations catholiques a également été mis en place, en 1909, à l'initiative de la Ligue patriotique des Françaises : l'Union internationale des ligues féminines catholiques. Sans surprise, on apprend que c'est l'organisme auquel le tout premier mouvement féministe québécois, la Fédération nationale Saint-Jean-Baptiste a adhéré.

Le début de la Première Guerre mondiale a suscité la création à La Haye, à l'initiative des Hollandaises et des Allemandes, de la Ligue internationale des femmes pour la paix et la liberté, qui existe toujours aujourd'hui. Cette association a été, elle aussi, longtemps dominée par les Européennes et les Américaines. Le premier congrès tenu dans un pays émergent a eu lieu à New Delhi en 1971. Cinq congrès, sur 32, ont eu lieu dans les pays du Sud, notamment au Costa Rica et en Bolivie. Le tiers des sections vient en ce moment des pays émergents. La présidente actuelle est Japonaise.

Après la Première Guerre mondiale, le Conseil international des femmes s'est retrouvé au sein des organismes associés à la Société des Nations (SDN), à titre d'organisation non gouvernementale. Toutefois la position idéologique du CIF devient moins centrée sur les droits, plus conservatrice. Le CIF se polarise sur la protection de la famille et des enfants. On lui doit, en 1924, la toute première Déclaration des droits de l'enfant. Il tente en vain de faire voter une « Charte de la mère ». La question de la « prostitution/traite des blanches » y est récurrente. En 1938, le CIF rassemble 36 conseils nationaux, dont 22 en Europe. Aligné fermement sur la SDN à Genève, le CIF s'attire souvent les frondes des conseils nationaux qui sont rebelles à cette allégeance. À partir de la fin des années trente, les préoccupations pacifistes deviennent centrales. Mais le discrédit qui frappe progressivement la SDN atteint aussi le CIF.

Durant les années 1920 et 1930, on voit apparaître une grande variété d'associations internationales de femmes, regroupant des douzaines de pays membres, principalement des regroupements professionnels (on en compte 9), éducatifs (on en compte 3) et une association sportive, celle qui a conduit les luttes pour la participation des femmes aux Jeux olympiques.

Depuis la fin de la Seconde Guerre mondiale, c'est à l'ONU que le CIF s'est retrouvé en 1945. Il reçoit le statut d'« organisme consultatif B », ce qui élargit considérablement son action. Il voit à la création de très nombreuses « commissions » sur des questions particulières. Il a pris publiquement position contre l'excision en 1952, déclaration qui est passée complètement inaperçue au moment où s'écroulaient tous les grands empires coloniaux.

À partir des années 1950, les rassemblements internationaux se multiplient, impossible de tout suivre. Toutefois, l'analyse féministe proprement dite est passablement étrangère aux divers travaux qui sont entrepris. La renaissance du féminisme, dans les années 1960, féminisme réformiste d'abord et radical ensuite, va complètement transformer la scène féministe internationale. Mais les dossiers issus du féminisme radical n'ont pas été abordés dans les groupes officiels, associés à l'ONU. Ils ont généré des regroupements parallèles.

Or, du groupe des pays de l'Est est venue une demande d'un vaste rassemblement international en 1972. Les féministes américaines et latino-américaines ont élaboré rapidement un document préparatoire. Mais leur document n'a pas été présenté aux responsables de l'ONU. C'est sans doute pour effacer cette bévue politique que la première *Conférence mondiale sur le statut des femmes* s'est tenue à Mexico en 1975. Il aurait été indécent de la tenir aux États-Unis, alors que l'Amérique latine avait produit un document important qu'on avait ignoré.

Anick Druelle a défendu une thèse de doctorat sur le déploiement des rassemblements internationaux de Mexico (1975), Copenhague (1980), Nairobi (1985) et Beijing (1995). C'est la grande spécialiste de la question. Rapidement, les militantes ont réalisé que ces rassemblements étaient dominés idéologiquement et politiquement par des féministes blanches, majoritairement américaines et souvent de droite. Il est frappant de voir la progression des organisations non gouvernementales (ONG) aux conférences, 114, à Mexico, 131 à Copenhague, 163 à Nairobi et 2100 à Beijing.

Quelques militantes occidentales se convainquent que les femmes des pays en voie de développement doivent, elles aussi, prendre la parole, imposer leurs idées et élargir les analyses restées jusqu'alors plutôt blanches et occidentales. À Mexico et à Copenhague, les minorités visibles étaient muettes. À Nairobi et à Beijing, les femmes blanches étaient devenues une minorité visible bien que toujours influente au niveau des rapports officiels.

Effectivement, les femmes du tiers-monde entreprennent alors une nouvelle réflexion féministe, qui tient compte simultanément des problèmes de double et triple oppression (sexisme, racisme, exploitation économique) que vivent ces femmes. La nouvelle conjoncture économique et politique vient d'ailleurs bouleverser le paysage. On parle désormais de mondialisation, d'altermondialisation (Druelle, 2004). Dans les pays en voie de développement, les politiques internationales de stabilisation de la dette ont signifié l'arrêt du développement et la réduction brutale de la dépense sociale publique. Leurs effets ont pesé sur les couches les plus faibles et donc surtout sur les femmes, les plus pauvres parmi les pauvres. En Amérique latine, des milliers de femmes savent ce que représentent les programmes d'ajustement structurel (PAS), ces mesures adoptées par les gouvernements pour se plier aux exigences du Fonds monétaire international (FMI) : elles signifient la misère pour le plus grand nombre. Elles ont suscité l'apparition de milliers de groupes féministes. C'est dans cette conjoncture que le Québec a organisé la *Marche mondiale des femmes* de l'an 2000 et lancé la Charte mondiale des femmes pour l'humanité en 2005.

Ces deux événements venaient mobiliser une nouvelle armée de militantes. Non plus les bourgeoises philanthropes et adeptes de la réforme sociale de la première moitié du siècle dernier. Non plus les professionnelles diplômées de la seconde moitié du XXe siècle. Mais cette fois les femmes de la base et surtout, celles de tous les pays.

Il n'est que plus extraordinaire de souligner que l'initiative, cette fois, est venue du Québec, et qu'elle a reçu, à travers le monde, une réception exceptionnelle. Plus de 6 000 groupes de femmes, en provenance de 161 pays, ont été mobilisés. On a dénombré 114 coordinations nationales qui ont organisé 50 marches nationales. Entre le 15 et le 17 octobre 2000, les femmes ont marché à travers la planète. Elles ont exigé et obtenu une rencontre avec le secrétaire général des Nations unies, le président de la Banque mondiale et le directeur général du Fonds monétaire international. Elles ne se rendaient pas à un rendez-vous fixé par les dirigeants : elles les obligeaient à venir discuter avec elles.

Cinq ans plus tard, en 2005, une autre activité internationale, directement reliée à cette marche, l'adoption de la Charte mondiale des femmes pour l'humanité a traversé un long processus de rédaction, de discussion, d'adoption et de proclamation. Avec la Charte, c'est donc un nouveau mouvement international qui se met en place. Ses principes, égalité, liberté, solidarité, justice, paix, proposent un programme global. « Les valeurs qui y sont défendues forment un tout. Elles sont égales en importance, interdépendantes, indivisibles ; la place qu'elles occupent dans la Charte est interchangeable ». Cette fois, des millions de femmes sont mobilisées. Ce sont vraiment les femmes de la base. Le 8 mars 2005, une marche à relais est partie de Sao Paulo. En décembre, elle est arrivée à Ouagadougou. Un secrétariat permanent a été mis en place. Il est en ce moment logé au Mozambique après avoir siégé à New Delhi (Inde), Kigali (Rwanda), Lima (Pérou), Galice (Espagne), aux Philippines et à Sao Paulo (Brésil).

Comment expliquer l'émergence d'un courant international puissant, en provenance du Québec ? Dans les favelas, dans les bidonvilles, dans les régions rurales de l'Afrique, dans les mégapoles asiatiques, dans les communautés autochtones des diverses nations, le Québec fait désormais figure de phare pour porter un nouvel espoir. Le fait que le Québec ne soit pas perçu comme une ex-nation colonisatrice, et ce, malgré la situation de colonisation des peuples des Premières Nations, qu'il n'ait conduit aucune guerre, joue vraisemblablement un rôle. Le fait que le discours se centre sur la pauvreté et la violence et non plus sur l'égalité constitue également un facteur déterminant. Car l'égalité, comme l'affirmait la philosophe belge Françoise Collin « est un principe d'assimilation et non pas un principe de transformation sociale ». L'égalité laisse intacts les problèmes de la pauvreté et de la violence. Et, comme le soulignait Diane Lamoureux en 2000, « le féminisme conduit à une réévaluation des principes fondateurs de la démocratie moderne et à une reconceptualisation des idées de liberté, d'égalité et de solidarité ».

Vous êtes réunies ici pour discuter de médiation interculturelle, de pluralisme et d'intersectionnalité. Je fais l'hypothèse que vous inaugurez un nouveau type de rencontres internationales, axées sur le pluralisme. Il ne peut en ressortir que du positif. Car la pensée unique engendre l'intolérance.

Micheline Dumont[1].
Longueuil, 28 novembre 2017

Bibliographie

Druelle, A. (Dir). (2004). Féminisme, mondialisation et altermondialisation. *Recherches féministes*, *17*(2), 312 p.

Druelle, A. (2006). Mouvements internationaux de femmes et solidarités des intérêts au XIXe siècle. Texte présenté à l'atelier *Transnationalisation des solidarités et mouvements de femmes*, département de science politique, Université de Montréal, 27 p., Repéré à http://www.cccg.umontreal.ca/pdf/Annick%20Druelle_fr.pdf.

Jacques, C. (2004). Construire un réseau international : l'exemple du Conseil international des femmes. Dans E. Gubin, C. Jacques, F. Rochefort, B. Studer, F. Thébaud M. et Zancarini-Fournel (dir.), *Le siècle des féminismes* (p. 127-143), Paris : Les Éditions de l'Atelier.

---

[1] Micheline Dumont est historienne, professeure émérite de l'Université de Sherbrooke au Québec. Elle est une pionnière sur l'histoire des femmes au Québec.

INTRODUCTION

Histoire d'un réseau de femmes pour la coconstruction de savoirs et d'actions

Michèle Vatz Laaroussi, Chantal Doré et Liliana Kremer

Dans toutes les sociétés des Suds et des Nords, qu'on les dise modernes ou traditionnelles, en développement ou riches, les femmes continuent à vivre des conditions d'injustice, d'exclusion et d'oppression, et ce, malgré des avancées notables dans des domaines divers selon les cultures et les enjeux spécifiques. En effet, si les droits des femmes progressent dans plusieurs régions du monde, bien que souvent de manière inégale et parcellaire, leur accès à l'éducation, au travail, à des revenus satisfaisants, à la sécurité, à la liberté de choix ou encore à la santé reste souvent minimal, voire inexistant, pour plusieurs. L'accès aux droits varie non seulement selon les sociétés et les régions du monde, mais également selon les classes sociales, les conditions de vie, les générations, les spécificités locales environnementales, les enjeux sociopolitiques, les histoires communautaires, les groupes d'appartenance, les orientations sexuelles, etc.

Partout, les femmes ont mené et continuent de mener des luttes pour elles-mêmes, leurs familles et leurs communautés. Elles se sont battues pour plus de droits et de justice sociale. Elles ont obtenu des gains, mais il reste beaucoup à faire. Les solidarités nationales et internationales entre femmes demeurent indispensables afin de constituer un mouvement social incontournable obligeant à une réelle reconnaissance de l'égalité entre les genres. Par ailleurs, plus encore dans la dernière décennie, au sein même des mouvements et des associations de femmes, les femmes vivent entre elles des tensions, des incompréhensions, des préjugés, parfois des discriminations et des conflits.

Face au féminisme universaliste souvent porté par les femmes des pays occidentaux et des générations du début du XXe siècle jusqu'aux années 1980, des perspectives postcoloniales et intersectionnelles se développent. On parle aussi de *black feminism*, de féminisme musulman, de féminisme autochtone et les différences entre les générations de femmes sont marquées.

Expérimenter le dialogue, les méations interculturelles et l'intersectionnalité

Comment renforcer des solidarités si nécessaires entre ces différentes perspectives, ces groupes, ces générations et ces femmes ? Voici la question qui a orienté tout le processus de recherche-action-médiation qui a débuté au Québec en 2015 pour se développer progressivement dans onze autres pays du monde durant les trois années suivantes.

Nous avons posé l'hypothèse à la fois méthodologique et théorique que les médiations interculturelles peuvent représenter une porte d'entrée renouvelée vers des alliances créatives et vers une recomposition des groupes de femmes et des féminismes divers, en reconnaissant leurs différences et en tablant sur des valeurs partagées et des intérêts communs. Partant de cette perspective, le processus de médiation interculturelle, allié à l'intersectionnalité et utilisant les expressions artistiques comme vecteur, a été mis en œuvre au Québec auprès d'une centaine de femmes. Il a ensuite été partagé par des séminaires de dialogues dans cinq pays et plusieurs groupes ont alors décidé d'expérimenter la démarche. Un congrès, un forum et un séminaire tenus à Madagascar en mai 2017 ont permis des rencontres entre des femmes participantes dans leurs diverses sociétés et ont encore multiplié le nombre de sociétés, de groupes et de femmes dans ce projet. Les processus mis en œuvre au cours de la recherche-action-médiation se sont ainsi développés de manière internationale à l'image d'une toile qui se tisse au fur et à mesure que les réseaux se constituent et s'entrecroisent.

Fin 2017, plus de 600 femmes étaient en dialogue sur les questions concernant les femmes et les féminismes dans douze pays des Suds et des Nords. Deux cents d'entre elles avec une quarantaine de conférencières de milieux universitaires, féministes, communautaires, citoyens, institutionnels et militants se réunissaient du 26 au 29 novembre 2017 à Montréal, pour continuer et renforcer les dialogues amorcés dans chaque société. Réunissant des femmes de différentes origines, générations, confessions religieuses, cultures, différents groupes sociaux et idéologies, ces forums et dialogues ont permis la mise à plat des tensions entre femmes, autour de la religion, du handicap, de l'identité nationale, des migrations ou encore de la définition même du féminisme. Ces rencontres ont également ouvert sur la déconstruction des préjugés respectifs, sur d'autres regards, de nouvelles questions et finalement sur des liens renouvelés autour de revendications partagées comme le droit à l'éducation, la lutte contre la violence et l'appauvrissement des femmes, la lutte pour le contrôle de leur corps, et pour l'environnement.

Tout au long de cette démarche et, dans un processus de dialogue, plutôt que de parler de l'intersectionnalité, en se polarisant pour ou contre, les femmes l'ont vécue, ont développé de nouvelles solidarités, des réseaux transnationaux originaux, croisant des réalités fort différentes. Elles se sont, entre autres innovations, réunies dans une déclaration commune, diffusée dans chacune de leur société et incluse dans ce livre. Cette déclaration rédigée en français, espagnol et arabe fait partie d'un ensemble d'outils construits dans le cadre de ce projet au long cours. Citons ainsi un guide d'accompagnement pour une recherche-action-médiation, une vidéo pédagogique, un calendrier *Femmes et féminismes en dialogue 2018* et un jeu de cartes amenant à considérer les réalités de pauvreté vécues par les femmes dans le monde, selon divers points de vue[1]. Un forum, *Dialogues et médiations interculturelles pour l'avancée des femmes en Côte d'Ivoire*, a également été tenu le 27 novembre 2018 à Abidjan, en ajoutant de nouveaux organismes et femmes au réseau et en réunissant plus de 80 participant-e-s qui se sont approprié ces outils.

Un ouvrage coconstruit dans les échanges et la réflexivité

Issu de cette démarche de dialogue international de femmes, face aux positions féministes diversifiées et à la multiplication des savoirs, le présent ouvrage dont les auteures sont des participantes actives à la démarche de recherche-action-médiation vise à rendre compte des connaissances conceptuelles, épistémologiques, théoriques et méthodologiques ainsi que des expériences subjectives, réflexives, dialogiques, solidaires, éthiques, acquises et développées lors du projet *Femmes et féminismes en dialogue*. Il a pour objectif de continuer et d'enrichir le développement de ces connaissances en entrelaçant les savoirs et expériences des unes et des autres, de différentes sociétés, conditions, générations, postures disciplinaires et sociales, langues, cultures, religions, orientations sexuelles, etc. L'ouvrage permet de développer et de partager des connaissances sur les articulations entre solidarités de femmes, intersectionnalité et médiation interculturelle. Mais il a aussi pour objectif de rendre compte d'autres modèles possibles de construction de réseaux de femmes à travers le monde dont il est une production innovante.

Il s'agit, d'une part, de modéliser et de diffuser la méthodologie et les productions de ce projet par des illustrations, témoignages, outils et références et, d'autre part, de participer aux débats conceptuels et idéologiques

---

[1] Voir le site web du réseau *Femmes et féminismes en dialogue* : https://feminismes101.wixsite.com/feminismesendialogue.

contemporains concernant les femmes et les féminismes. Pour cela les auteures réfèrent à des savoirs qui font l'objet de leurs travaux et recherches, mais aussi de leurs pratiques et réflexions. Elles approfondissent ainsi les communications, débats et partages qui ont eu lieu lors de leurs différentes rencontres.

Pour coconstruire cet ouvrage, la perspective méthodologique et éthique du dialogue et de la médiation interculturelle a été suivie et, encore une fois, redessinée par les coauteures. Cette fois encore, le dialogue, rendu dans l'écrit, est action. Il est l'occasion pour chacune d'entrer dans une démarche qui allie théorie et pratique, analyse et réflexivité, femmes des Suds et des Nords, subjectivité et conditions structurelles de vie, parcours individuels et histoires collectives.

... Pour bâtir des ponts

La médiation interculturelle vise à construire des ponts entre des personnes ou des groupes qui, parfois s'ignorent, souvent ont des préjugés les uns envers les autres, parfois sont en conflit, souvent entretiennent des idées préconçues, vivent des inégalités et des injustices, ont des privilèges sur certains plans et vivent des stigmatisations et discriminations sur d'autres. C'est cette entreprise de création de ponts qui a orienté toute notre démarche et qui se retrouve comme cadre organisateur du présent ouvrage, écrit à plusieurs mains, par des femmes militantes, universitaires ou praticiennes, débutantes ou expérimentées, de diverses origines, et vivant dans des sociétés aux enjeux sociaux et politiques différents.

Afin de mieux consolider ces ponts, chaque chapitre est écrit par au moins trois coauteures qui apportent des points de vue différents, parfois complémentaires, parfois opposés. De même, plusieurs témoignages, correspondances, dialogues et textes réflexifs apportent des illustrations et des perspectives subjectives qui enrichissent et densifient l'analyse. La culture et l'art représentent des vecteurs privilégiés pour retisser des rapports et des relations distendus par les conflits, les préjugés, les injustices et les incompréhensions. C'est pourquoi, tant dans notre projet que dans cet ouvrage, l'expression artistique et la culture sont utilisées comme des vecteurs pour matérialiser et développer de nouveaux rapports interculturels. La place faite aux questions éthiques et axiologiques, portant sur les valeurs, leur universalité ou leur relativité ainsi que sur les processus de solidarité, représente les fondements indispensables à la construction et à la consolidation de ces ponts qui permettent de dépasser les frontières posées par les disciplines, les idéologies, les cultures, les religions, les conditions physiques et socio-économiques. La volonté de mettre de l'avant les expériences subjectives tout autant que les tendances collectives et les savoirs conceptuels renvoie à la perspective développée par Harsha Walia (2013) lorsqu'elle écrit : « Ce qui nous libèrera, c'est la reconnaissance collective et publique que toutes les personnes, toutes les capacités, tous les genres et toutes les sexualités, toutes les expériences et toutes les expressions ont une valeur intrinsèque et sont profondément humaines… ». Médiations interculturelles et intersectionnalité renvoient ainsi à notre « commune humanité » et à la construction d'une forme de « Bien vivre ensemble ».

Articuler l'épistémologie et la méthodologie

Ainsi coconstruit au travers d'un dialogue original de femmes, l'ouvrage se divise en deux parties. La première s'intéresse aux questions conceptuelles, épistémologiques et méthodologiques qui sous-tendent la démarche. On y aborde, en les approfondissant, mais aussi en en soulignant les aspects parfois contradictoires, les concepts associés aux médiations interculturelles (chapitre 1) puis à l'analyse et la pratique intersectionnelle (chapitre 2) pour finalement s'intéresser au triptyque, recherche, action et médiation (chapitre 3). La recherche-action, la recherche participative, la recherche partenariale sont des approches contemporaines particulièrement mises de l'avant dans les disciplines des sciences sociales et visent toujours à réunir des actrices et acteurs divers autour d'un processus de recherche dont la finalité est non seulement le développement des connaissances, mais également le changement social. Du fait de cette double finalité, leur légitimité est encore parfois remise en question dans une vision étroitement disciplinaire des sciences, comme si seul-e-s les chercheur-e-s devaient et pouvaient rester maîtres du « vrai » processus scientifique. Les perspectives épistémologiques et éthiques permettent de contredire cette vision et ouvrent au contraire sur la légitimité sociale et scientifique de la recherche critique parfois identifiée comme engagée ou militante, croisant, grâce à la perspective intersectionnelle, rapports sociaux et de genre avec des finalités de changement social.

On s'intéresse dans les trois chapitres suivants à la méthodologie qui guide et organise la recherche-action-médiation. Pour cela, on examinera les vecteurs et les contextes qui facilitent le processus et la participation des actrices et des acteurs. Les arts et la culture (chapitre 4) sont une dimension méthodologique importante permettant de sortir d'une vision uniquement intellectuelle, rationnelle ou idéologique de la médiation et de la recherche. En effet, on a utilisé les vecteurs artistiques pour faciliter l'expression des émotions, des positions, des inquiétudes, des préjugés et des représentations de l'autre et ainsi entamer le dialogue. La réflexivité (chapitre 5) est un adjuvant *sine qua non* de ce processus. Réflexivité individuelle ou collective, dans la pratique ou décentrée, ici et maintenant ou différée dans le temps, elle est toujours un moyen de prendre du recul critique face aux savoirs, aux actions, à leur construction et aux dynamiques qui les accompagnent. Les auteures proposent ici une métaréflexion sur l'épistémologie et l'éthique de la réflexivité et de l'altérité en situation interculturelle, de rapports inégalitaires et de malentendus, voire de conflits. Finalement, quelles sont les conditions favorisant le dialogue (chapitre 6) ? Comment l'instaurer, le faciliter, et viser la participation de toutes et tous ? Comment permettre qu'il devienne ainsi que le dit Hannah Arendt (1974), une action ? La narration, se raconter et raconter est, tout comme l'art, un moyen d'expression des émotions, de l'histoire, des parcours, des situations traumatisantes et de la résilience (Doré et al., 2018). Créer et raconter son histoire représente pour chacune et chacun la possibilité d'entrer en dialogue dans une métacommunication non centrée sur le problème ou le conflit.

Les tensions et avancées des femmes : des savoirs à l'action

La seconde partie rend compte des savoirs échangés et des avancées coconstruites concernant les femmes dans diverses sociétés des Suds et des Nords. Elle reprend et approfondit le contenu à la fois des éléments de tension entre les femmes et des convergences et stratégies qu'elles mettent en œuvre face à des enjeux majeurs, de manière internationale, nationale ou locale. Elle permet ainsi de saisir les défis spécifiques rencontrés par les femmes de diverses sociétés et groupes sociaux ainsi que les processus de solidarité et de pratique intersectionnelle et médiatrice qui permettent de les relever. Cette réflexion porte tout autant sur les stratégies institutionnelles, communautaires, universitaires que militantes pour développer les droits des femmes et les solidarités. Le premier chapitre de cette partie (chapitre 7) aborde la question des féminismes et des rapports que les femmes entretiennent avec ce ou ces mouvements selon leur société, leur classe sociale, leurs appartenances et les défis spécifiques qu'elles relèvent au quotidien. On y approfondit l'histoire, l'épistémologie et l'opérationnalisation de différents mouvements des femmes dont les féminismes sud-américain et tunisien, de même que des rapports plus distanciés de femmes à ces mouvements, par exemple en Serbie, en Côte d'Ivoire ou à Madagascar. Loin d'opposer ces rapports divers à la cause des femmes, l'objectif de ce chapitre et de l'ouvrage est d'en comprendre la diversité pour en faciliter les convergences et mettre en œuvre des dialogues renouvelés entre ces divers courants et entre les femmes.

Globalement, les défis et enjeux concernant les femmes reposent sur des différences et des inégalités entre les femmes et les hommes, mais aussi entre les femmes elles-mêmes dans les diverses communautés. À la suite des échanges, les femmes qui ont participé à cette recherche-action-médiation ont fait ressortir les différences et inégalités sociales liées au contexte géographique avec des réalités climatiques, physiques, des frontières réelles et symboliques, au milieu de vie rural-urbain, à la pauvreté structurelle, à l'éducation accessible ou non, critique ou non, ou encore aux classes sociales, opposant par exemple les femmes des milieux pauvres marginalisées aux femmes du monde universitaire et professionnel. Ces inégalités sont en outre associées aux rapports de *colonisation-décolonisation* touchant les femmes autochtones, les femmes ayant une histoire de colonisation et celles des pays colonisateurs, aux différences culturelles et linguistiques, aux représentations des capacités des personnes en situation de handicap, le tout construisant une échelle hiérarchique associée à l'ethnicisation des rapports sociaux.

On peut ensuite noter les différences en lien avec l'expérience individuelle et sociale, voire collective et nationale. Il en est ainsi de la différence d'expériences avec la religion qui peut être d'État, un choix ou imposée, avec la culture qui se décline sur le plan local, national, qui est souvent portée et transmise par les femmes et les familles. Les luttes pour améliorer les conditions de vie des femmes sont elles aussi multiples et créent des expériences et des engagements divers. Les expériences des femmes immigrantes et celles des non-immigrantes, l'expérience de la violence instituée, de la violence environnementale, des violences sexuelles qui représentent un mode de contrôle social des femmes par les hommes, des rapports hommes-femmes et des rapports intergénérationnels sont autant d'éléments subjectifs, dans le sens du sujet qui les vit et les agit, et spécifiques qui colorent les rapports des femmes entre elles, à leur communauté et à leur société. Finalement, comme cela a été déjà souligné et analysé grâce à l'approche intersectionnelle, ces inégalités, oppositions, catégories et diversités construisent des postures diverses dans le rapport aux féminismes et surtout définissent des priorités et des intérêts différenciés, le tout pouvant certainement se situer sur un continuum.

Ces enjeux sont abordés au travers des huit chapitres suivants qui entrelacent ces différences, inégalités et stratégies des femmes des Suds et des Nords. On s'y intéresse aux grandes inégalités entre les femmes et les hommes, au cadre juridique qui les conditionne (chapitre 8) et aux exclusions et marginalisations de certains groupes de femmes qui vivent des situations dramatiques selon les sociétés. On verra que ces femmes démontrent au travers de leurs parcours difficiles, des résistances et résiliences dont plusieurs reposent sur la solidarité (chapitre 9). Au travers du projet et de ses actrices diverses, le chapitre suivant aborde la question de femmes dont on parle trop peu et qui sont au cœur des oppressions et inégalités multiples, les femmes en situation de handicap et marginalisées (chapitre 10). On s'intéresse aussi à leurs parcours et identités multiples. De plus, parmi ces femmes vivant des discriminations et des oppressions intersectionnelles, on relève les enjeux très spécifiques concernant les femmes autochtones dans les Amériques. Le chapitre qui suit, écrit sous forme de correspondance entre des femmes autochtones et des femmes de diverses origines, leur est consacré ainsi qu'aux défis de solidarité les concernant, à leurs résistances et à leurs luttes (chapitre 11). On aborde ensuite les questions brûlantes des femmes immigrantes et des identités nationales au travers de leurs droits et défis dans des sociétés d'immigration (chapitre 12). Les débats concernant les femmes, les féminismes et les religions (chapitre 13) sont ensuite approfondis au travers de diverses expériences nationales qui permettent d'en comprendre les dimensions, les polarisations de même que les dialogues possibles et les avancées en termes de solidarité. Finalement, c'est en termes de développement des droits des femmes et de l'exercice de ces droits dans divers contextes que seront abordées les avancées des femmes dans le monde (chapitre 14). Quels sont les défis contemporains, les possibles et les reculs en termes de droits fondamentaux pour les femmes ? Comment aborder les droits universels en tenant compte des intérêts et besoins différents des femmes ? Cette partie se conclura avec une réflexion sur les articulations possibles entre les solidarités, la recherche-action-médiation et les mouvements sociaux (chapitre 15), revenant sur l'épistémologie du début de l'ouvrage et tentant ainsi de finaliser la modélisation d'une recherche-action-médiation qui est aussi critique, engagée, militante et qui appelle à plus de justice sociale et à une lutte contre les inégalités.

Bibliographie

Arendt, H. (1974). *Vies politiques*. Paris, Gallimard.

Doré, C., Caillouette, J., Vatz-Laaroussi, M., Kremer, L., Yanez Canal, C., Campos-Flores, L. (2018). Genre, diversité et territoire : l'utilisation des approches narratives dans une recherche partenariale transnationale. *Recherches sociographiques*, *LIX* (1-2), 149-168.

Walia, H. (2013). *Undoing Border Imperialism*, AK Press/Institute for Anarchist Studies.

PARTIE 1

ÉPISTÉMOLOGIES ET MÉTHODOLOGIES : COCONSTRUIRE LES SENS ET LES PROCESSUS

CHAPITRE 1

Médiations et interculturalité

Mélissa Arneton, Liliana Kremer, Marcelle Gay, Chantal Doré, Cristiane Hirata et Myriame Martineau

Les médiations au travers de leur définition empirique, c'est-à-dire des interventions qui consistent à construire des ponts entre des personnes ou des groupes entretenant des préjugés les uns vis-à-vis des autres, représentent une des finalités de la recherche-action et le processus de dialogue en incarnera un fondement épistémologique et un vecteur d'interaction. Ce premier chapitre s'intéresse aux questions soulevées par la médiation dans le triptyque recherche-action-médiation au travers du projet *Femmes et féminismes en dialogue*. Au-delà de l'inscription de la médiation en tant qu'outil pour générer des mises en relation entre des individus ayant des opinions différentes, voire des représentations et des comportements en opposition, les co-auteurs étudient le sens donné ou construit dans les littératures scientifique et professionnelle à une action définie par le Centre national de ressources textuelles et lexicales comme le « fait de servir d'intermédiaire entre deux ou plusieurs choses »[1]. Il s'agit d'une notion mobilisée dans différentes pratiques et qui semble en passe d'acquérir une définition précise mais avec des acceptions contextualisantes (Balmert et Hébert, 2009 ; Chappaz, 1996 ; Faget, 1995 ; Floris, 1995 ; Nadal Sanchez, 2010). Nous tentons ici d'établir un dialogue entre différentes approches des phénomènes humains (intervention sociale, management des organisations, sociologie et psychologie) pour proposer une approche compréhensive de ce sur quoi repose et sur ce que fait la médiation dans le cadre de la mise en place d'une recherche et tout particulièrement dans celui du paradigme de la recherche-action-médiation[2]. La mise en œuvre de médiations en situation interculturelle sert d'analyseur des éléments universels et des éléments spécifiques des médiations. La notion d'interculturel renvoie aux situations de contact de porteurs de cultures différentes dont les comportements et les représentations sont induites aussi bien par l'environnement dans lequel ils évoluent (au niveau physique et social) que par les apprentissages qu'ils ont pu faire, qui se retrouvent en situation d'altérité les un-e-s par rapport aux autres (Berry et al., 2002 ; Costa-Lascoux et al., 2000). Si généralement, la notion de culture

---

[1] Définition consultée le 19 décembre 2018 sur :
http://www.cnrtl.fr/definition/m%C3%A9diation.
[2] L'analyse épistémologique de la place et de la fonction consacrée à la médiation dans ce paradigme est présente dans le chapitre 3.

se rapporte à des cultures nationales, le fait qu'il s'agisse d'une configuration faisant sens ou donnant du sens aux représentations ou aux comportements des individus permet également de prendre en compte les cultures de groupes minoritaires par rapport à une norme culturelle dominante.

Les deux premières contributions sont d'ordre général, elles donnent à voir une synthèse des sens de la notion de médiation au travers de la médiation citoyenne d'une part, et de la médiation interculturelle d'autre part. La troisième contribution met en exergue la place de la médiation en tant qu'élément constitutif du triptyque de la recherche-action-médiation, entendu comme un tout dans lequel la recherche, l'action ou la médiation sont des dimensions tout aussi importantes les unes que les autres pour la réussite du projet poursuivi. Les contributions suivantes donnent à voir la mise en dialogue dans le cadre de la recherche-action-médiation *Femmes et féminismes en dialogue*. Tout d'abord, le témoignage d'une des participantes est présenté. Ensuite, une analyse des liens entre interculturalité et pratiques artistiques est proposée, elle interroge notamment en quoi une médiation par les arts contribue à une mise en action des représentations culturelles des participantes. La dernière contribution évoque les difficultés de conceptualiser la médiation comme un espace accessible à tous et toutes sans restriction de participation. La conclusion aborde les liens entre dimension transformative de la médiation et organisation politique d'un meilleur vivre-ensemble promouvant le questionnement des identités multiples portées par les personnes ainsi que des oppressions diverses et interconnectées qu'elles vivent.

1. Transformation et résolution appropriée des conflits : une médiation citoyenne pour générer des changements

Nous sommes des voix dans une chorale qui transforme la vie vécue en une vie narrée et rend ensuite la narration à la vie, non pas pour refléter la vie mais plutôt pour y ajouter quelque chose ; pas une copie, mais une nouvelle dimension ; ajouter à chaque récit quelque chose de nouveau, de plus, à la vie.
Carlos Fuentes

Six (1996) considère que la médiation est introduite par nécessité et fonde son champ d'action en tant que figure sociale innovante. Elle répond à un besoin d'immédiateté et à l'incertitude dans les contextes actuels ; elle implique de résoudre les urgences et de défier la solitude face à l'individualisme. C'est un domaine de coexistence en parité, dans lequel on admet être proche et différent, similaire et divers. Il s'agit de dénaturaliser une pensée binaire, de faire ressortir la valeur d'un tiers en tant qu'axe de reconnaissance. En effet, si l'un et l'autre peuvent se reconnaître, c'est grâce à un tiers qui nous reconnaît et qui voit ce dont nous avons tous besoin. Ainsi nous avons tous besoin de médiation. On propose une médiation comme une distinction de ce qui est unique, comme une invitation au contact, au lien, à la sauvegarde du sens, du mystère, du secret et à l'engagement de sortir des espaces bidimensionnels. La médiation est une proposition pour créer des espaces intermédiaires afin que ce qui naît en présence d'un tiers constitue une sortie originale pour chacun-e. Il s'agit non pas de penser selon telle ou telle réalité conçue culturellement, mais de réussir à installer des questions sur les brèches qui surmontent les simplifications et les murs de séparation, avec des ponts qui peuvent être tendus entre les êtres, les groupes, les peuples.

Les théories narratives affirment que les conflits sont des histoires, car les gens disent, expriment ce qu'eux comprennent d'un thème ou d'une situation donnée. Maturana (2001) dit que les mots sont la façon dont les humains se caressent les uns les autres. Cette proposition implique de reconnaître le langage en tant qu'outil nous permettant de construire le monde et de créer des réalités. Les gens vivent leurs différences à travers des récits, à partir desquels ils se perçoivent comme des antagonistes. Le concept de conflit d'un point de vue narratif est compris de l'extérieur comme un produit inévitable de la diversité, plutôt que comme l'expression d'intérêts ou de besoins personnels. Si le conflit est la différence entre les récits, la gestion du conflit ou de ces différences peut se faire à travers ces conversations entre les récits. Dès lors se forme un dialogue, une façon de partager des histoires que nous racontons et écoutons pour amplifier nos regards, pour douter, pour poser et nous poser des questions, pour nous étonner et nous émerveiller, pour déstabiliser nos certitudes, pour comprendre autrement, pour construire d'autres récits, de nouvelles histoires possibles...

Le dialogue représente une alternative au débat polarisé. Il implique un échange de points de vue, d'expériences et de croyances dans lequel les personnes parlent et écoutent avec une attitude ouverte et respectueuse. En revanche, dans les débats publics, qui sont donc politiques, chacun parle à partir d'une position immuable, défend ses propres points de vue, défie et attaque l'autre, perçu comme un adversaire, et tente de le persuader. Habituellement, les gens ne parlent pas en tant qu'individus singuliers, mais en tant que représentants d'une position définie par le discours dominant, tandis que dans un dialogue, les participants se réfèrent, en tant qu'individus, à leurs croyances, expériences, doutes, certitudes, et ils essaient de se comprendre – et non nécessairement d'accepter le regard de l'autre.

L'attitude d'écoute ouverte et respectueuse fait que les relations entre les parties ne constituent pas une opposition mais un intérêt réciproque, un lien empathique et même une sensibilité autre. Les limites du discours dominant sont visibilisées et reconnues, donc, on rend possible une voie d'analyse partagée. Les écarts deviennent moins menaçants et peuvent même être compris comme des ressources sociales potentielles, plutôt que comme des problèmes insurmontables. Les anciennes formes de représailles ou de vengeances ne sont plus pertinentes, parce que les gens se sentent écoutés et respectés, au lieu de se sentir lésés et punis, ou victorieux et encouragés à réagir en contre-attaquant. L'emploi de la première personne du singulier ouvre au dialogue en conduisant chacun-e à se mettre dans une posture d'ouverture pour écouter et entendre l'autre. Tendre des ponts entre les êtres, les groupes, les peuples au travers de la mise en écoute des récits de chacun et chacune est l'un des fondements des médiations citoyennes. Il s'agit d'occasions pour créer des espaces sociaux visant à amplifier le tissu démocratique et critique en utilisant les processus de médiation.

Une forme de médiation engagée, la médiation citoyenne

La médiation citoyenne propose la voie de l'associativité et de la collaboration citoyenne qui correspond à un processus explicite impliquant un médiateur avec une formation politique et une éthique basée sur trois valeurs :

a. le **courage**, dans le sens de la résistance à traduire en mi-temps, en espaces intermédiaires, en langages et à ne pas vouloir un résultat tout de suite.

b. la **prudence**, où le concept premier n'est pas la résolution de conflit, mais la prévention et l'anticipation.

c. la **justice**, dans le sens de ne pas perdre le but ultime de l'action.

Il s'agit de mettre en scène et en pratique des débats-dialogues publics et citoyens. Ce sont des scénarios partagés, des possibilités de transformation des liens et des territoires qui permettent la visibilité et la formation de réseaux. Les objectifs des rencontres conversationnelles sont de créer des espaces de dialogue et d'échange entre les participants. Cela implique : (a) de se reconnaître mutuellement en tant qu'acteurs coresponsables d'un processus collectif ; (b) d'identifier des problèmes qu'on partage ; (c) d'écouter et connaître les autres participants ; (d) de partager des ressources et opportunités disponibles ; (e) de promouvoir des réseaux d'échange ; (f) d'assumer et rendre publics les engagements ; (g) de formuler des recommandations.

Nous voudrions prendre ici un exemple de recherche-action mené en Argentine[3] afin de montrer comment la prise en compte d'autres manières de

---

[3] Pour plus d'informations sur le dispositif, consulter le site internet du projet sur www.conversacionesparatodos.com.

rentrer en dialogue permet de parler de ce qui est difficile à dire et de ce qui est compliqué à entendre. Le projet de conversations publiques explore le développement des modèles pour faciliter le dialogue sur des questions qui divisent la population. Le projet de conversations publiques est une tentative de comprendre ces impasses, ces ruelles sans issue, de découvrir et d'expérimenter des formes de débat public qui évitent la polarisation, afin de permettre une résolution démocratique. Il s'avère pertinent d'examiner ce qu'il advient des gens lorsqu'ils s'engagent et participent ou sont témoins des conversations sur certains sujets sur lesquels le débat public s'est polarisé. Comment parlent-ils, comment écoutent-ils ? Quelles parties d'eux-mêmes s'ouvrent ou se ferment dans ce processus ?

Conçues selon une définition engagée de la médiation que l'on peut qualifier de citoyenne, les conversations publiques se basent sur les principes de la médiation transformative pour prendre en compte l'effet de médiation du processus vécu ensemble (Folger, 1996). L'accord n'est pas l'objectif du modèle transformatif, mais une conséquence du travail avec les parties concernées, ainsi, il se peut qu'on n'arrive jamais à l'atteindre. Nous parlons ici de transformation du conflit, car à mesure que les parties se revalorisent et se reconnaissent, les changements se renforcent progressivement dans un cercle vertueux, l'interaction dans son ensemble commence à changer et à se régénérer. Les parties vont d'une interaction négative, destructrice, aliénante et obscurcissante à une interaction positive, constructive, connectante et humanisante, malgré le fait que des conflits et des désaccords subsistent. La médiation transformative consiste à mettre l'accent sur l'interaction entre les parties, plutôt que sur le médiateur pour parvenir à un accord. La particularité de cette approche de médiation est donc de mettre l'accent sur le processus, et non sur l'accord, en présentant une proposition à la fois risquée et réaliste. Il n'y aura pas toujours la possibilité d'atteindre un point de rencontre entre les individus, mais il y a toujours la possibilité de comprendre l'autre au travers de l'élaboration d'éléments culturels communs que certains nomment interculturalité.

2. Médiation interculturelle et acceptation mutuelle dans des sociétés en mouvement

Le concept de médiation étant codifié et diffusé dans différents domaines de la société, une de ses caractéristiques est de se décliner en autant de catégories qu'existent précisément de champs d'intervention : médiations familiale, scolaire, sociale, d'entreprise, citoyenne... La médiation interculturelle s'inscrit dans cette diversification et participe de la nécessité de réponses ajustées autant à des aspirations qu'à des prescriptions. Elle s'est en effet imposée chez les personnes pour faciliter la communication, rapprocher celles qui sont issues d'univers culturels divers et dans la société pour répondre aux exigences d'une collectivité plurielle caractérisée notamment par les répercussions de la migration sur son actualité et son devenir. Se pose dès lors pour la médiation interculturelle la problématique de son insertion institutionnelle dans une société qu'à la fois elle reflète et peut modifier (Guillaume-Hofnung, 2015). Cette double convergence souligne le lien entre la personne et le contexte dans lequel elle évolue. Si cette donnée peut paraître évidente, comment sa prise en compte est-elle modulée ? Comment les institutions et les personnes concernées parviennent-elles à l'inscrire dans un processus non seulement de résolution d'une situation mais de transformation de paradigme ?

L'exercice de la médiation interculturelle requiert de gérer des compétences qui s'enracinent tant dans un corpus de connaissances que dans le champ de l'identité propre et dans celui de l'inscription géopolitique issue des expériences migratoires incluant trajectoire de migration, pays d'origine, pays d'accueil. L'analyse systémique de ces strates, à l'œuvre dans une intervention interculturelle, souligne la densité et la charge de la médiation (Legault et Rachédi, 2008). À cela s'ajoute une contrainte qui consiste en la gestion d'une situation paradoxale exigeant tout à la fois neutralité, indépendance, multipartialité, car aux prises avec les représentations des uns et des autres partenaires. Parmi les compétences sollicitées, les connaissances à elles seules sont porteuses d'enjeux qui dépassent le travail assigné. Des notions telles les langues de la migration, la terminologie spécialisée de base dans les domaines d'intervention, la connaissance des politiques sociales et leur explicitation sont mises à disposition des différents partenaires dans le but de favoriser la réciprocité des échanges et la recherche de réponses adéquates. Ces matériaux, indissociables d'une médiation interculturelle, ne relèvent pas strictement de savoirs appropriés au métier, mais d'un élargissement de la compréhension aux contextes agissants.

Manifestement, cette forme d'approche sociopolitique est indispensable pour répondre aux questions propres à la migration et aux injonctions d'intégration des pays d'accueil, telle la Suisse. Elle apporte aux partenaires de la médiation interculturelle un discernement entre ce qui a trait au parcours propre de la personne, à son histoire, à son identité et ce qui relève des exigences légales et de leurs conséquences au niveau des statuts politique et socio-économique. Cette transmission d'une lecture critique des événements ou des incidents autorise une compréhension fertile de la part des personnes migrantes les rendant à leur tour actrices de la démarche. En ne les inféodant pas à la seule définition culturelle de leurs difficultés, la médiation interculturelle donne des clés non seulement de décryptage de leur situation, mais aussi d'actions à entreprendre pour y apporter une réponse. Pour les partenaires en présence, elle favorise une prise de conscience leur permettant de lire, d'interroger leur environnement, voire d'agir sur lui, ce qui revient à préciser que la médiation contextualisée s'apparente au processus de conscientisation et s'inscrit dans une dimension politique. En effet, dans la mesure où elle mobilise les strates personnelle, sociale et politique, elle pose la question de l'approfondissement de la démocratie. En étant de taille à répondre à des groupes sociaux en questionnement avec le standard courant porté par les populations locales, elle peut se prévaloir d'être une référence pour la société plurielle en devenir (Chaouite, 2004). Dans cette trajectoire de nécessaire réciprocité entre les structures institutionnelles et les personnes migrantes, elle conforte et défend la prise en compte de l'égalité des chances, l'équité, la solidarité, le respect des autres ou encore la liberté [4]; toutes dispositions fondamentales défendues par exemple dans les démocraties et qui participent du socle éthique de la médiation.

À ce stade, il est intéressant de constater que, à partir d'une nécessaire médiation répondant aux besoins et des personnes migrantes et des structures institutionnelles, s'est mis en place un espace d'informations, d'échanges, de résolution des difficultés qui, une fois les années pionnières et les réglages métier passés, interroge des fondements démocratiques en les mobilisant autour de lectures critiques menées et portées par l'ensemble des partenaires engagés dans la médiation interculturelle. Les conséquences de ce processus sont multiples : la personne migrante actrice de son parcours de vie peut se servir de leviers sociopolitiques pour répondre à ses attentes et besoins et pour rencontrer des partenaires institutionnels sensibilisés aux questions de la diversité culturelle qui à leur tour agissent sur l'institution et la société. S'ensuit l'élaboration de réponses qui dépassent de simples adaptations pour les inclure dans un positionnement stratégique construit avec des personnes migrantes et des partenaires institutionnels. À tous ensemble ensuite de poursuivre ce chemin d'ouverture et de responsabilité !

3. La médiation pour entrer en dialogue, l'expérience *Femmes et féminismes en dialogue*

Les deux précédentes sections évoquent deux cadres différents de médiation mais dont la visée est la même : créer des ponts pour permettre les rencontres afin d'avancer ensemble. Des questions demeurent malgré tout sur la manière de tenir compte de la complexité des témoignages, des vécus et des parcours lorsque des tensions apparaissent entre les acteur-e-s. La porte d'entrée dans le cadre du projet *Femmes et féminismes en dialogue* a été le dialogue. L'analyse épistémologique en termes d'apports transférables à d'autres

---

[4] Il ne s'agit pas d'une liste exhaustive de valeurs mais de celles renvoyant à la diversité.

situations est présentée dans le chapitre 3 de cet ouvrage. Nous voudrions ici évoquer les perspectives et concepts qui nous ont inspirées dans ce parcours de recherche-action-médiation. Le cadre théorique de l'intersectionnalité qui mise sur la combinaison de divers facteurs d'oppression produisant des rapports sociaux inégalitaires sexiste, raciste et classiste, notamment, a été au cœur de nos préoccupations de recherche et de mobilisation depuis quelques années. L'approche intersectionnelle offre une perspective d'analyse des rapports sociaux inégalitaires qui résultent des oppressions liées à la race, au genre et à la classe notamment, une approche sensible aux histoires et aux parcours différents des femmes (voir le chapitre 2). La multidimensionnalité des parcours et histoires des femmes implique cependant d'aborder plus largement d'autres dimensions qui forgent des inégalités comme la génération, la religion, la région d'origine, les capacités physiques ou intellectuelles, la santé, etc.

L'interculturalité, concept formé des mots inter et culture, implique donc des relations entre les cultures, entre des personnes de diverses cultures et vise à construire des rapports interculturels porteurs de dialogues et de préoccupations partagées tout en reconnaissant que les relations interculturelles véhiculent des enjeux, tensions, défis, mais également des opportunités, échanges fructueux et richesses (Équipe Québec « Les féminismes en dialogue », 2017). La question de la diversité culturelle et de l'interculturalité se pose par ailleurs non seulement en lien avec le phénomène migratoire mondial, mais également avec la diversité des identités et des modes de vie qui composent les sociétés contemporaines.

Nous pouvons établir une gradation dans le processus de rencontre entre deux cultures : 1) le développement d'une sensibilité culturelle (la capacité de percevoir et d'être sensible aux différences et aux ressemblances sur le plan culturel) ; 2) le respect de la diversité culturelle (présence de pluralité comme l'ethnie, le genre, l'âge, le milieu socio-économique, la génération, la région, la religion, etc., mais n'implique pas nécessairement une interrelation) ; 3) les relations interculturelles (termes composés de culture et inter, impliquant des relations entre les cultures, engageant une dynamique, un mouvement, un aller vers l'autre, une interinfluence) ; 4) la médiation interculturelle (s'il se manifeste une impasse, un processus de médiation interculturelle peut alors être amorcé) (Vatz Laaroussi et Tadlaoui, 2014). Les quatre niveaux énumérés constituent un processus actif de coconstruction interculturelle. Il s'agit non seulement de reconnaître la diversité culturelle, mais aussi et surtout de construire des relations interculturelles saines et enrichissantes évitant préjugés, stéréotypes, ethnocentrisme, harcèlement, discrimination, marginalisation, exclusion, racisme, etc. (Cohen-Émerique, 2000 ; Legault et Rachédi, 2008). Par ailleurs, et cette visée est capitale, l'approche interculturelle aspire aussi à ne pas confiner ou ghettoïser les personnes dans leur propre culture et à reconnaître que nous sommes des acteurs et actrices de notre propre vie.

La recherche-action est à la fois une posture et un cadre méthodologique qui impliquent un partenariat entre tous les acteurs impliqués dans une finalité de changement à petite échelle ou de plus grande portée. La recherche-action-médiation conçue dans le cadre de cette recherche vise à mettre en place les conditions tant environnementales que dialogiques afin de favoriser les échanges, la collaboration, la communication dont la finalité est la construction d'un pont entre les cultures, pont que l'on traverse et retraverse selon son rythme afin de dépasser les méconnaissances et de débusquer les incompréhensions, les malentendus et les préjugés. Combinés à l'approche narrative (Harper, 2013), le récit des personnes, la narration de leur expérience traduite à l'aide d'outils d'expression artistique comme le dessin, la photo, le conte, l'écriture et divers ateliers potentialisent les échanges et la collaboration entre les participantes. L'approche de la recherche-action-médiation interculturelle a accompagné plusieurs de nos projets et a été partiellement expérimentée précédemment (Doré et al., 2018), et particulièrement explorée et élaborée avec *Femmes et féminismes en dialogue* (2015-2018).

Les pratiques et les médiations interculturelles telles que nous les avons expérimentées lors de ces activités dialogiques nous ont beaucoup appris sur l'expérience de la rencontre avec l'autre, cette création de lien et de sens ouverte sur les meilleurs possibles de l'interculturalité. Cette épistémologie des pratiques et médiations interculturelles nous semble intuitivement caractérisée notamment par le fait que le dialogue débute avec le désir, un profond désir d'atteindre l'autre, de le rejoindre dans ses préoccupations et dans une sensibilité partagée. La solidarité ne se traduit pas autrement : le désir qu'est l'aspiration de construire d'autres rapports plus égalitaires et plus justes. Qu'est-ce qui soude toutes ces immenses énergies de solidarité ressenties dans les mobilisations collectives sinon le désir de changer, de transformer, de rendre possible cet espoir de changement, ce socle de la vie ? Le désir nous conduit à l'altérité et à la reconnaissance, il nous conduit vers un ailleurs fait de sens. N'est-ce pas ce qui porte les femmes à vouloir changer le monde pour le rendre plus heureux, égalitaire, libre ? C'est ce que, selon des témoignages, plusieurs ont ressenti au forum international de même que lors des activités de recherche et de mobilisation qui l'ont précédé. Il faut voir loin pour avancer peu à peu, à chaque moment, chaque jour, chaque siècle.

Ce désir de rencontre et de changement peut prendre forme de multiples manières. Nous l'avons particulièrement vécu avec des activités diverses utilisant notamment des moyens artistiques, mais aussi avec la mise en place de dialogues plus ou moins structurés, soit en petits groupes, soit en grand groupe qui réunissait la totalité des participantes. Ainsi, se raconter pour se rencontrer, se connaître pour se reconnaître montre que le dialogue avec l'autre commence d'abord avec soi, avec son désir de partager son expérience et son savoir qui lui est lié. Le dialogue débute avec sa subjectivité, son « je », pour arriver au fil du dialogue à une intersubjectivité, un « nous » significatif et partagé sur le sens octroyé par les participantes à leur expérience et à leur vision du féminisme. Le désir s'inscrit alors dans le développement et les croisements des savoirs comme un élément épistémologique essentiel du rapport au savoir partagé.

Le concept de « dialogue » appelle quelques clarifications (voir chapitre 6). D'abord, il est souvent confondu avec la communication ou encore la conversation à deux en opposition au terme « monologue ». Il semble souvent employé comme une forme d'échange pour s'entendre sur quelque chose. Dans le Multidictionnaire de la langue française, on le définit notamment par un « échange de paroles entre deux ou plusieurs personnes ». Pour notre part, nous nous sommes référées très souvent au concept de dialogue, tout en lui attribuant un sens plus spécifique et en resituant le terme « parole » dans un contexte narratif, véritablement dialogique et politique. La dimension narrative relève du récit, du fait de raconter quelque chose qui nous concerne d'une manière ou d'une autre et qui assume une part de subjectivité. La dimension dialogique, plus qu'un échange, illustre un partage, une réflexion approfondie, une délibération à partir de récits subjectifs qui prennent alors une forme intersubjective. De fait, la reconnaissance et la légitimité des narrations produites dans ces espaces dialogiques produisent un croisement de savoirs et d'expériences entre les participantes, croisement qui, à son tour, facilite et alimente la reconnaissance des narrations, cela ayant pour effet de créer un véritable cercle vertueux. Cette conception s'inspire notamment du dialogue entendu comme moyen d'humaniser le monde par le souci partagé du monde commun qu'il promeut comme le proposait Arendt dans *Vies politiques* (1974).

Tisser des liens et établir des ponts
Le témoignage de Cristiane sur son expérience durant le projet
Les revendications diversifiées des femmes démontrent l'importance et le grand défi de renforcer davantage les solidarités entre elles et de créer des espaces de dialogue pour des femmes si distinctes visant la coconstruction, la collaboration et le partage de nouvelles connaissances. Cette démarche leur permettra de faire le lien entre leurs valeurs et intérêts communs en vue de poursuivre les luttes pour l'accès à l'éducation, à l'emploi et à des revenus salariaux égalitaires, sans oublier la santé, les droits politiques et l'avortement, etc.

Néanmoins, cette bataille n'est pas gagnée d'emblée. Si d'une part, les femmes corroborent l'idée de renforcer leurs solidarités comme moyen de réclamer leurs droits, d'autre part, elles ont un défi de taille pour entrecroiser leurs expériences, opinions et connaissances issues d'horizons différents, pour établir les alliances nécessaires afin de faire converger leurs intérêts communs sans pour autant effacer justement cette différence qui donne à chacune sa singularité. Cette dynamique relationnelle dans un contexte de diversité met en évidence la question de la reconnaissance de l'autre selon un processus d'interactions, d'échanges et de communication dont l'objectif est d'entamer un dialogue pouvant certes être parfois conflictuel, mais sans perdre jamais de vue la découverte et l'ouverture vers autrui et la recherche de la compréhension réciproque.

En ce sens, l'utilisation de la médiation interculturelle tout au long du projet fut sans doute une méthode intéressante et efficace permettant le rapprochement et la coopération entre les femmes. L'approche de la médiation interculturelle a ainsi fait ressortir l'importance de ne pas vouloir fusionner plusieurs groupes différents en déterminant qui doit avancer plus rapidement que l'autre, mais de bien tisser un lien et d'établir un pont entre femmes ayant vécu de nouvelles expériences tout en partageant les connaissances collectives acquises à partir de la solidarité féminine.

4. Interculturalité et médiation, la culture comme coconstruction

D'un point de vue épistémologique, le concept d'interculturalité peut paraître ambivalent, surtout quand il est joint au concept de médiation. Bien souvent, lorsque nous parlons de médiation culturelle ou interculturelle, nous entendons des relations interpersonnelles dans des cadres sociaux et culturels précis et une reconnaissance de valeurs partagées (expérience vécue, le sensible, la communication, une mise en commun, etc.). Pourtant « la médiation culturelle [interculturelle] est le lieu symbolique de révélation des tensions entre politique, art et culture » (Caune, 2012, préface). Cette recherche-action-médiation a donc été l'occasion de réfléchir et d'agir dans ce processus, en tant que femme, féministe et dans mon cas également, en tant qu'universitaire et artiste. Il s'agit dans ce cadre-là de voir comment nous pouvons nous approprier ce processus de connaissance, de savoir-faire et de sensibilité mis en place dans des pratiques de médiation interculturelle, en l'occurrence ici à l'aide de pratiques artistiques. Comment tous ces « je » évoqués plus haut peuvent interagir dans les rencontres avec l'autre, différent-e et semblable, dans sa propre trajectoire et la valeur spécifique qu'est sa culture, en relation avec les autres cultures. Se pose alors la question de dévoiler les manières qui permettent aux femmes présentes pendant le processus, de trouver leur place, à la fois comme sujets de parole et sujets d'action, en fait comme sujets politiques.

Comment alors définir cette interculturalité qui renvoie à plusieurs constructions sociales de la culture, à cet espace « entre les cultures » qui s'entrechoquent ou se répondent ? Les mots, comme les concepts disent toujours des choses singulières et relèvent de notre démarche compréhensive du monde réel ou imaginé. Dans le cadre de cette recherche, nous avons voulu d'abord nommer, puis comprendre les tensions existantes à l'intérieur du mouvement des femmes et de ce que nous avons appelé « les féminismes » à l'échelle internationale et ensuite interagir ensemble sur nos points de divergences et de connivences. En ce sens, l'interculturalité interpelle tout le monde, car elle est multidimensionnelle et toujours en mouvement. Emongo (2014) nous rappelle les trois dimensions de la rencontre des cultures que suppose cette interculturalité (dimension virtuelle, physique et authentique). Nous retiendrons que c'est surtout cette troisième dimension (authentique) que nous avons désiré expérimenter par les ateliers artistiques.

> L'enjeu de l'interpellation ainsi comprise est d'ordre éthique et consiste à inviter toutes les parties à se considérer comme égales en dignité (aucune culture n'est plus honorable que les autres) et en droits (toute culture peut en féconder une autre). La rencontre devient authentique lorsqu'elle aboutit ainsi à la « fécondation mutuelle » des cultures en présence, au renouvellement les unes par les autres (Emongo, 2014, p. 235).

Nous sommes convaincues que, dans le processus de cette recherche-action-médiation, cette qualité d'authenticité a été et reste encore le gage d'une médiation entièrement partagée et réussie. Les pratiques artistiques utilisées dans les ateliers ont permis de mettre à plat ce questionnement sur l'authenticité, la réciprocité des échanges, mais aussi les chemins de parole que les femmes ont construits et pris pour arriver à se définir aussi dans cette interculturalité. Car plus qu'un savoir-faire, je parlerais ici d'un « savoir-être » dans le vivre-ensemble préconisé au Québec ou ailleurs. Comme on le verra dans le chapitre 4 sur les arts comme vecteurs et productions de médiation, il s'agit de participer à la « mise en action » de ponts, d'alliances et de solidarités entre les femmes et « d'être » dans cette participation. Ce ne sont pas seulement les femmes qui se parlent, se racontent et se rencontrent, ce sont aussi les multiples cultures à l'œuvre dans cette recherche qui se parlent, s'appellent et se répondent. Tous les témoignages qui rendent compte des ateliers artistiques mis en place le suggèrent, en écho à la « fécondation mutuelle » qui s'est créée et continue de se faire, en cocréation.

5. Pratiques inclusives et démarche de médiation

Dans le cadre du projet, la participation de femmes en situation de handicap a soulevé des questions et a conduit à une volonté que des dialogues authentiques puissent avoir lieu entre les femmes en laissant toute leur place à celles ayant des besoins particuliers en raison d'un déficit, d'une limitation d'activité, d'un problème de santé (physique, psychique) ou d'un mode de fonctionnement différent de ceux culturellement transmis. Il ne s'agit pas ici de dresser un répertoire de pratiques de médiation adaptées, mais d'envisager l'impact sur le processus de médiation en lui-même de le conduire de manière inclusive, c'est-à-dire, sans discrimination entre les individus et en tenant compte des besoins spécifiques de chacun et chacune pour leur permettre de participer aux activités et aux échanges.

Le développement de l'accessibilité universelle en tant que programme sociétal permet de promouvoir une approche sociale du handicap ne limitant plus l'effort de participation aux individus, mais conduisant l'environnement physique (bâti, transports) et social (loisirs, travail...) à se rendre abordable à tous afin de permettre à chacun et chacune de ses membres de participer de manière égalitaire (ONU, 2006). Mener des activités de manière inclusive conduit souvent à réfléchir à la manière de les mettre en place. Toutefois, il convient avant tout de réfléchir à l'objectif principal. Dans le cadre de la médiation, une activité doit favoriser le dialogue et la compréhension mutuelle entre les participant-e-s afin d'établir ou rétablir des relations ou des liens. Interroger l'objectif des activités mises en œuvre conduit à identifier s'il faut aménager l'activité ou s'il faut l'adapter aux besoins particuliers des participant-e-s. En effet, si certaines activités sont nativement inclusives, d'autres nécessitent pour répondre à l'objectif de médiation d'être repensées, reformulées, voire abandonnées au profit d'une autre. L'une des activités mises en œuvre lors du forum n'ayant pas dû être adaptée a été celle du « Fil ». En effet, que les femmes soient ou non en situation de handicap, l'objectif de l'activité reste le même. Réalisée en fin de médiation, cette activité invite symboliquement à faire prendre conscience aux femmes qu'un réseau s'est tissé entre elles durant le forum et qu'elles vont repartir fortes de la richesse collective créée ensemble. L'activité les « Images dans nos têtes » a, quant à elle, nécessité de la part des médiatrices un travail de réflexion sur les aménagements et adaptations possibles. Son but est que les femmes choisissent deux photographies ou descriptions parmi un ensemble et expliquent leur choix aux autres. Ainsi, pour permettre à certaines participantes ayant une déficience visuelle de participer à l'activité, les médiatrices leur ont fait parvenir les supports en amont de l'animation en groupe pour qu'elles puissent les regarder sur leur agrandisseur ; pour d'autres participantes en fauteuil roulant, on a placé les photographies à une hauteur leur permettant de les voir. L'activité a été par exemple adaptée aux besoins des participantes par l'ajout d'images de femmes en situation de handicap visible ou non, notamment celle d'une femme en robe de soirée dont les prothèses de jambes réalistes ne peuvent être devinées.

Inclure ces images au corpus permet aux femmes en situation de handicap de se reconnaître et de se sentir concernées aussi bien dans le cadre d'un groupe constitué autour de la question du handicap que lors du forum d'échanges avec les autres groupes. Leur adjonction offre également un thème de débats lors des phases de médiation de groupes non constitués autour du handicap. Elle permet par exemple aux femmes ayant un proche en situation de handicap de dévoiler si elles le souhaitent ces vécus et leurs ressentis. Ces supports sont également l'occasion d'évoquer les représentations et les stéréotypes de chacune par rapport à l'altérité au même titre que des images relatives à la visibilité des pratiques religieuses. Par exemple, l'image d'une femme unijambiste en short et talon a été choisie à la fois par des participantes en situation ou non de handicap. Elle évoque pour elles la fierté et le courage de se montrer à la société dans sa différence tout comme une autre image n'ayant aucun lien avec le handicap : celle d'une footballeuse portant une cagoule qui drible. Les choix des supports de l'activité de médiation ainsi que la manière de la mettre en œuvre invitent donc les participant-e-s à prendre en compte leurs propres valeurs et à en discuter. La mise en échange des représentations leur permet ensuite de coconstruire ensemble des sens et des ponts entre leurs différentes manières de voir et de comprendre le monde, et ce, en tenant compte des stéréotypes conscients ou inconscients associés au handicap (Villoing et al., 2016 ; Waldschmidt, 2017).

Dans le cadre d'un projet prenant en compte la diversité des besoins individuels, concevoir des supports ou des activités accessibles, et ce, qu'il y ait ou non des participant-e-s en situation de handicap visible ou que certain-e-s aient signalé ou pas en amont avoir des besoins particuliers, permet aussi indirectement de promouvoir un vivre-ensemble inclusif dans lequel chacun et chacune se sent concerné-e par les individus différents de lui-même ou d'elle-même et de ses groupes d'appartenance. Mettre en œuvre une médiation inclusive dans laquelle des personnes sans handicap et en situation de handicap se rencontrent permet de répondre à l'objectif principal de la médiation qui est d'aboutir à la mise en commun de normes et de valeurs afin de s'éloigner de préjugés négatifs. La présence de manière uniquement symbolique des situations de handicap au travers de supports visuels ou de mises en situation n'aurait pas suffi à la construction d'un espace commun de sens et de vécus partagés. Sans la participation de femmes en situation de handicap aux activités de médiation, leurs vécus n'auraient pas été pris en compte de la même manière, ils seraient restés sur un mode plus théorique

(Arneton et Vatz Laroussi, 2018). La médiation a une dimension située dans l'espace et le temps qui conduit à des prises de conscience et à la mise en œuvre de comportements différents de ceux dont sont initialement porteurs les participant-e-s. La prise en compte des besoins particuliers dans l'instant malgré les préparations en amont fait resurgir de manière saillante la nécessité de ne pas seulement avoir comme valeur le vivre-ensemble, mais d'agir dans la pratique pour le réaliser.

Conclusions : quels impacts politiques de la médiation dans une recherche-action-médiation ?

Une vie plus accomplie, avec et pour les
autres, dans des institutions justes
Paul Ricœur

Ce chapitre visait à fournir un cadre conceptuel et réflexif sur les questions éthiques et sociales de la mobilisation de médiations à visées transformatives dans le cadre de situations de contacts de cultures. La première contribution s'est centrée sur la dimension transformative des manières de dire et de faire engendrées par la mise en place de médiations entre individus vivant dans un espace commun dans lequel des tensions, des controverses ou des conflits apparaissent. Inspirée d'une tradition latino-américaine engagée, la vision de la médiation proposée s'inscrit ainsi dans une définition interactionniste des faits sociaux dans laquelle la dimension politique des choix et des actions communautaires est prise en compte. La seconde contribution évoquait, à partir d'une analyse du contexte suisse, l'utilisation de la médiation interculturelle en tant qu'outil politique du vivre-ensemble à l'échelle tant des familles usagères des services que des professionnel-le-s ancré-e-s dans des pratiques institutionnalisées. S'inscrivant dans le développement de nouvelles manières de faire mettant en perspective à la fois les apports des sciences et des pratiques avec le politique, entendu comme les affaires de la cité, les quatre contributions suivantes ont analysé en quoi la médiation au sein d'une recherche-action-médiation est une occasion pour contribuer à l'amélioration du vivre-ensemble. Elles évoquent notamment que, si la médiation permet l'entrée en dialogue, c'est l'analyse et la pratique intersectionnelle qui permettent de croiser les représentations et les comportements liés aux rapports sociaux avec des finalités de changement social. En confrontant les individus engagés dans une médiation à leurs propres représentations les amenant ainsi à considérer les inégalités dans les rapports sociaux, c'est-à-dire entre les personnes et les groupes auxquels chacun et chacune s'identifie ou ceux qu'il ou elle discrimine, la médiation a une visée politique. Cette conclusion propose d'interroger l'organisation d'un meilleur vivre-ensemble, en tenant compte des identités multiples portées par les personnes et des oppressions diverses et interconnectées qu'elles vivent.

L'un des enjeux d'une recherche-action-médiation est son ambition de générer des processus transformateurs de la réalité étudiée dans un processus de recherche collectif, participatif et collaboratif. La construction de connaissances partagées collectivement au cours de la médiation favorise le développement conjoint des trois instances que sont le politique, le savant dont la nouvelle figure est celle du scientifique et la pratique avec la figure du professionnel ou du militant (Weber, 1959). Prendre un thème en tension entre et pour les acteur et actrices sur lequel ils et elles construisent de manière collaborative de nouvelles représentations et de nouvelles manières d'agir contribue pour le politique à proposer des connaissances pour améliorer le vivre-ensemble dans l'égalité de tous et toutes, pour le savant de proposer des connaissances compréhensives ou explicatives du monde et pour le ou la praticien-ne à générer de nouvelles relations et de nouvelles dynamiques enrichissant des pratiques existantes. De par l'espace de dialogue qu'elle ouvre, la médiation rend possible l'émergence d'une critique dialogique, réfléchie et politique, qui vise à créer des conditions d'une plus grande démocratie dans le tissu social et citadin. La démarche de recherche-action-médiation, combinant à la fois production de connaissances, recherche sociale et travail éducatif, invite ses participant-e-s à s'investir dans la vie de la cité dans laquelle ils et elles évoluent. Ainsi en plus de révéler les pouvoirs de domination structurelle pouvant être reproduits par les institutions, et ce, même si elles se veulent adeptes de la diversité et de l'inclusion, la recherche-action-médiation et tout particulièrement la médiation invite les personnes à s'engager dans une démarche individuelle de pratique d'une justice sociale au quotidien (Freire, 1983 ; Ricœur, 1996). L'un des éléments constitutifs de la médiation, soit de faire dialoguer dans une relation sans hiérarchie et sans oppression les individus, est atteint au travers de la mobilisation des arts et de l'interrogation des liens entre culture, arts et politique qui valorise ou non un certain « savoir-être » interculturel. De même, la mobilisation de postures réflexives et inclusives de tous et toutes sans discrimination amène à envisager l'horizontalité des rapports promue dans la médiation et plus généralement dans le dispositif de recherche-action-médiation non seulement comme une posture de rencontre avec l'autre, mais aussi comme un choix épistémique concernant la manière dont les connaissances se construisent et à quoi elles servent.

Comprendre l'implication des participantes dans des processus leur demandant de changer leur compréhension des rapports sociaux qu'elles vivent ou auxquels elles contribuent nécessite d'aborder de manière critique les relations entre politique, savant et pratique. Se pencher sur les impacts politiques d'un tel dispositif tant pour les professionnel-le-s, les chercheur-e-s que pour les citoyens et les citoyennes dans leur ensemble est important, sans être pour autant une préconisation. En effet, le sens des analyses est coconstruit par les personnes engagées dans le processus et elles restent libres des adaptations pour que la fonction de médiation soit viable aussi bien dans des situations de conflits au sein de différentes communautés nationales que dans des situations de relations de voisinage ou de relations de chocs de cultures lors des migrations. Car comme le mentionnent de nombreuses contributions à cet ouvrage, la médiation permet de tisser un lien sans mettre en avant un groupe ou un individu par rapport à un autre, elle permet d'établir un pont entre et avec les participant-e-s dans une commune interculturalité.

Bibliographie

Arendt, H. (1974). *Vies politiques*. Paris : Gallimard.

Arneton, M. et Vatz Laaroussi, M. (2018, juin). *Féminismes en dialogue : analyse réflexive de l'apport à une recherche internationale de la parole de femmes françaises en situation de handicap*. Communication présentée à la Rencontre internationale ùRegards croisés sur le handicap et francophonie», Université de Saint-Boniface, Winnipeg, Manitoba.

Balmer, A. et Hébert, J. (2009). Les médiations en question. *Nouvelles pratiques sociales, 21*(2), 20-30.

Becker, C., Chasin, L., Chasin, R., Herzig, M. et Roth, S. (2000). Del Debate Estancado A Una Nueva Conversación Sobre Los Temas Controvertidos: El Proyecto De Conversaciones Públicas. Dans D. F. Schnitman et J. Schnitman (dir.), (p. 155-178). Buenos Aires : Granica.

Berry, J. W., Poortinga, Y. H., Segall, M. H. et Dasen, P. R. (2002). *Cross-Cultural psychology: Research and applications* (2ᵉ éd.). Cambridge : Cambridge University Press.

Bourque, D. et Maillé, C. (2015). Intersectionnalités. *Recherches féministes, 28*(2), 1-8.

Caune, J. (2012). Préface. Dans J.M. Lafortune (dir.). *La médiation culturelle. Le sens des mots et l'essence des pratiques* (p. VII-XV). Montréal : Presses de l'Université du Québec.

Cecchin, G., Lane, G. et Ray, W.R. (2002). *Irreverencia, Una estrategia de supervivencia para tarpeutas*. Barcelone, Espagne : Paidós Ibérica.

Chaouite, A. (2004). Risques et spécificités de la médiation interculturelle. *Hommes et Migrations, 1249*, 77-86.

Chappaz, G. (1996). Comprendre et construire la médiation. *Spirale. Revue de recherches en éducation, 17*, 7-24.

Cobb, S. (2011). *Narrative mediation working group.* Arlington, VA, EEUU.

Cobb, S. (2016). *Conferencia–taller Sara Cobb.* Repéré à http//formacionypersonasencambio.com/2016/10/01/conferencia-taller-sara-cobb/.

Cohen-Émerique, M. (2000). L'intervention interculturelle auprès des migrants. Dans G. Legault (dir.), *L'intervention interculturelle* (p. 161-184). Montréal : Gaëtan Morin Éditeur.

Corbeil, C. et Marchand, I. (2013). Penser l'intervention féministe à l'aune de l'approche intersectionnelle : défis et enjeux. *Nouvelles pratiques sociales, 19*(2), 40-57.

Costa-Lascoux, J., Hily, M. A. Et Vermès, G. (dir.). (2000). *Pluralité des cultures et dynamiques identitaires : Hommage à Carmel Camilleri*, Paris : L'Harmattan.

Crenshaw, K., (2005). Cartographie des marges : Intersectionnalité, politiques de l'identité et violences contre les femmes de couleur. *Les Cahiers du genre, 2*(39), 2005.

Doré, C., Caillouette, J., Vatz Laaroussi, M., Kremer, L., Yanez Canal, C. et Campos Flores, L. (2018). Genre, diversité et territoire : l'utilisation des approches narratives dans une recherche partenariale transnationale. *Recherches sociographiques, LIX* (1-2), 149-168.

Emongo, L. (2014). Introduction à une épistémologie de l'inter-cultures. Dans L. Emongo et B. W. White (dir.), *L'interculturel au Québec. Rencontres historiques et enjeux politiques.* (p. 221-249). Montréal : Les Presses de l'Université de Montréal.

Équipe Québec « Les féminismes en dialogue » (2017). *Guide d'accompagnement pour une recherche action-médiation.* Sherbrooke, Québec : Université de Sherbrooke.

Faget, J. (1995). La double vie de la médiation. *Droit et société, 29*, 25-38.

Floris, B. (1995). Les médiations dans les rapports sociaux. *Réseaux, 13*(69), 141-156.

Folger J. (1996). *La promesa de la mediación: cómo afrontar el conflicto mediante la revalorización y el reconocimiento.* Barcelone : Granica.

Freire, P. (1983). *Pédagogie des opprimés : suivi de Conscientisation et révolution.* Paris : Maspero.

Fuentes, C. (1969). La región más transparente - *Enciclopedia de la Literatura en México - FLM –* Fondo de Cultura Económica.

Guillaume-Hofnung, M. (2015). *La médiation* (7ᵉ éd.). Paris : Presses universitaires de France.

Harper, E. et Kurtzman, L. (2014). Intersectionnalité : regards théoriques et usages en recherche et intervention féministe. *Nouvelles pratiques sociales, 26*(2), 15-27.

Harper, E. (2013). Ancrages théoriques entre l'intersectionnalité et les pratiques narratives en travail social. Dans E. Harper et H. Dorvil (dir), *Le travail social. Théories, méthodologies et pratiques* (p. 47-68) Québec : PUQ.

Legault, G. et Rachédi, L. (2008). *L'intervention interculturelle* (2ᵉ éd.). Montréal : Gaëtan Morin Éditeur.

Maturana, H. (2001). *Emociones y Lenguaje en Educación y Política*. Santiago : Dolmen Ediciones.

ONU - Organisation des Nations unies (2006). *Convention relative aux droits des personnes handicapées (CDPH)*. New York : ONU.

Nadal Sanchez, H. (2010). La mediación: Una panorámica de sus fundamentos teóricos, *Revista electrónica de Direito Processual- REDP, 5*, 116-145.

Pearce, W. B. (1995) Nuevos modelos y metáforas comunicacionales: el pasaje de la teoría a la praxis del objetivismo al construccionismo social y de la representación a la reflexividad. Dans D. Schnitman (dir.), *Nuevos Paradigmas. Cultura y Subjetividad*. (p. 265-283). Buenos Aires : Ed. Paidós

Ricœur, P (1996). *Sí mismo como otro*. Madrid: Siglo XXI Editores

Six, J.-F. (1997). *Dinámica de la mediación*. Barcelone : Éd. Paidós.

Vatz Laaroussi, M. et Tadlaoui, J. E. (2014). Les médiations interculturelles dans la société pluraliste du Québec : espace de tensions, espace de créativité ! Dans P. Stalderet A. Tonti (dir.), *La Médiation (inter) culturelle : représentations, mises en œuvre et développement des compétences*. Genève : Éditions Archives universitaires.

Villoing, G., Ruffié, S. et Ferez, S. (2016). Care en milieu postcolonial : émancipation et revendication identitaire des personnes handicapées en Guadeloupe. *Alter: European Journal of Disability Research / Revue européenne de recherche sur le handicap, 10*(1), 54-66.

Waldschmidt, A. (2017). Disability Goes Cultural: The Cultural Model of Disability as an Analytical Tool. Dans A. Waldschmidt, H. Berressem et

M. Ingwersen (dir.), *Culture – Theory – Disability : Encounters between Disability Studies and Cultural Studies*. (19-27). Bielefeld : Transcript.

Weber, M. (1959). *Le savant et le politique*. Paris : Pion.

Winslade, J. et Monk, G. (2000). *Narrative mediation: a new approach to conflict resolution*. États-Unis : Jossey-Bass.

CHAPITRE 2

L'intersectionnalité en questions

Liliana Kremer, Véronica Gomes, Nadine Jammal, Ruth Altminc
et Paola Bonavitta

> *Le véritable acte de connaissance ne consiste*
> *pas à trouver de nouvelles terres mais à*
> *les apercevoir avec de nouveaux regards.*
> Marcel Proust

Certaines stratégies politiques se centrent uniquement sur une dimension des inégalités, en excluant les sujets ou les groupes dont la situation répond à l'imbrication de différents systèmes d'oppression. L'approche intersectionnelle nous permet de comprendre ces interactions et de saisir que ces mesures ou lois reproduisent et renforcent les systèmes de pouvoir qui agissent de manière articulée en ne tenant pas compte de l'hétérogénéité interne des groupes sociaux.

L'intersectionnalité est en effet le concept qui propose d'analyser des catégories comme le genre, la classe, la race, l'orientation sexuelle, la religion, la classe, l'âge, la nationalité et d'autres axes de l'identité qui interagissent de manière multiple et simultanée. La théorie veut réfléchir à chacun de ces éléments constitutifs d'une identité comme inter-reliés et essentiels pour comprendre la totalité. Ainsi, on comprend que les systèmes d'oppression tels que le racisme, le sexisme, le classisme, l'homophobie, la transphobie, la xénophobie, le capacitisme, l'âgisme, etc. n'agissent pas indépendamment les uns des autres comme le proposaient les manières plus classique d'analyser les oppressions sociales (Bilge, 2009). Il est donc important de reconnaître que ces formes d'oppressions agissent ensemble, de manière inter-reliée pour créer de multiples systèmes d'oppression qui reflètent cette intersection entre différentes formes de discriminations et qu'ils se reproduisent dans la société (Bilge, 2009, p. 70). Il est à noter que le concept d'intersectionnalité ne se veut pas un point fixe où il y a accumulation des oppressions qui s'enchaînent, mais bien une position sociale en mouvance où les systèmes d'oppression modèlent sans cesse la personnalité d'un individu unique et complexe (Corbeil et Marchand, 2006, p. 46).

Dans ce chapitre, nous explorons les enchevêtrements entre la pensée complexe et l'analyse intersectionnelle, car toutes les deux nous interpellent.

Toutes deux permettent de suivre des voies alternatives qui englobent différentes perspectives et variables allant ainsi au-delà des approches unidimensionnelles et binaires, trop souvent considérées comme incontestables qui isolent et défigurent le réel. Nous proposons de porter notre regard sur des territoires situés et d'adopter une vision transversale, prenant en compte les besoins et nos capacités d'agir réflexivement, ouvrant sur une compréhension nouvelle et sur notre capacité de modifier nos points de vue et nos perspectives théoriques.

Pour ce faire, nous effectuerons un parcours historique, pour comprendre l'évolution et les sens qui ont été donnés au concept d'intersectionnalité en lien avec l'interculturalité ; nous poursuivrons notre récit dans un terrain actuel, de proximité, à partir des observations faites dans une région du Québec, où se mène une analyse réflexive de pratiques de collaboration au sein du milieu des femmes. Cette illustration nous permettra de nous engager dans une lecture critique de nos propres pratiques politiques, universitaires et organisationnelles quotidiennes, de proximité, si souvent contradictoires. Finalement, nous aborderons les approches du féminisme latino-américain et postcolonial, qui fournissent des éléments remettant en question le caractère universel des approches de genre, pour réfléchir et nous questionner au-delà de nos propres conditions et espaces de vie.

1. Penser la complexité en lien avec les théories féministes et intersectionnelles

Comment peut-on lier le paradigme de la complexité avec la perspective sociale de genre, le féminisme et l'intersectionnalité pour « dé-re-construire » des savoir-être, des savoir-faire et édifier des conversations transformatrices ?

Les paradoxes aident à coconstruire de nouveaux mondes tant que nous aurons le courage de les inventer. Ce sont des issues et des frontières dynamiques que nous ne pourrons franchir que si nous sommes capables de penser un paysage cognitif avec une multiplicité de dimensions (Najmanovich, 1992). La perspective de genre est une conception épistémologique qui aborde la réalité à partir du genre et des rapports de pouvoir qui y sont associés. Ce n'est pas un thème qu'on ajoute comme s'il s'agissait d'un chapitre de plus dans l'histoire de la culture, mais plutôt la prise en compte des relations d'inégalité entre les genres et leurs effets de production et de reproduction des discriminations. Ces rapports s'expriment concrètement dans tous les domaines de la vie : la culture, le travail, la vie privée, la politique, les organisations, l'art, la santé, les sciences, la sexualité, l'histoire.

Il s'agit d'un regard qui ne dépend pas que des femmes, il va au-delà d'elles, c'est une conception du monde et de la vie. Ainsi, cette vision implique la catégorisation et la reconnaissance sociale des rôles, des identités et des valeurs attribuées aux hommes et aux femmes, intériorisées à travers des processus de socialisation. Cette perspective traverse le tissu social en s'articulant avec d'autres relations sociales, telles que les rapports de classe, d'ethnie, d'âge, les préférences sexuelles, religieuses et autres. C'est une construction sociale et historique située. Elle est en soi inclusive car elle fait référence aux rapports entre les genres et aussi à d'autres processus sociaux : institutions, symboles, identités, systèmes économiques et politiques. Elle est transversale car les rapports de genre tissent la trame du social, en articulation avec d'autres dimensions telles que l'âge, l'état civil, l'éducation, l'ethnie, la classe sociale.

Aussi dans cette perspective, l'équité entre les genres ne sera possible que si les femmes acquièrent du pouvoir au sens large : pouvoir de créer, de savoir, de diriger, de choisir, d'être choisi-e, de jouir... La critique féministe s'est liée à travers l'histoire à d'autres voix des mouvements contestataires – qu'ils soient ethniques, sexuels, religieux, écologiques, culturels – pour remettre en question l'exclusion et la marginalisation de la diversité, des différences et de l'autre, l'altérité. La domination de la pensée eurocentrique, ethnocentrique et patriarcale catégorise, hiérarchise et sépare ce qui est différent. Ce qui est divergent est considéré comme une déviation par rapport aux modèles de normalité et les *différents* sont principalement les femmes, les *autres* races, les *autres* classes sociales, les *autres* groupes d'âge, les *autres* cultures, les référents étant les hommes et autres catégories majoritaires en termes de pouvoir (Guillaumin, 1981). Dès les débuts de la philosophie et dans les sciences occidentales modernes, des divisions binaires et simplificatrices ont été instituées : travail intellectuel/manuel, raison/sentiment, fait/valeur, culture/nature, science/conviction, public/privé, etc. Mais contrairement à d'autres groupes relativement homogènes, les femmes participent à tous les niveaux de la stratification sociale, à partir d'une très large hétérogénéité d'expériences, de positions et de stratégies en fonction de leurs trajectoires, leurs vécus et leurs contextes singuliers.

Même si on peut dire que les femmes sont des êtres anonymes et ignorés dans l'histoire, il y a parmi elles des femmes qui font aussi partie, et depuis toujours, de l'élite dominante; elles ne sont pas toutes insérées dans les classes sociales les plus vulnérables et précaires, défavorisées ou marginalisées (Lerner, 1990). Cependant, même en faisant partie de l'élite dominante, elles sont sujettes aux violences sexuelles, conjugales, aux droits limités, aux salaires moindres parce que femmes. En tant que genre, les femmes sont subalternisées, réduites au silence, marginalisées, stigmatisées dans des rôles assignés.

L'épistémologie féministe, autant que la pensée complexe, a le potentiel et la capacité d'expliquer, de décrire, de modifier les visions et les perspectives théoriques, ainsi que de développer des outils permettant de « traiter les problèmes du monde dans lequel nous vivons, à la fois les inégalités existantes, comme les mécanismes de leur reproduction et de leur légitimation » (Picchio, cité par Gálvez et Torres, 2010, p. 163). Ces deux perspectives se caractérisent par le fait qu'elles ne sont pas homogènes ni uniformes, qu'elles construisent des approches conceptuelles, politiques et méthodologiques, articulées selon les contextes, les territoires et les domaines de connaissance et nous situent par rapport à l'environnement dans lequel on parle, on construit et on réfléchit. Ces épistémologies remettent en question la prétendue neutralité et objectivité des catégories scientifiques. Leurs constructions nous permettent de visualiser comment les conceptions et les pratiques dominantes d'attribution, d'acquisition et de justification du savoir nuisent et défavorisent systématiquement chaque groupe subalternisé, dont celui des femmes, en générant des cercles vicieux qui reproduisent des inégalités (Harding, 2008 ; Flax, 1990).

Cette perspective établit une fracture avec l'idée d'un sujet épistémologique abstrait. Le regard reste incarné par son genre et les autres dimensions décrites auparavant. Les corps visibilisent les différences de pouvoir entre les personnes. Ainsi le sujet porteur de connaissances, l'agent économique et celui du capital ont un corps, un corps masculin, blanc, de classe moyenne aisée, occidental, hétérosexuel et sans handicap. C'est ainsi que le sujet situé implique de reconnaître les emplacements multiples de chacun-e : chaque personne est insérée dans un réseau complexe de positions, d'identités et de points de vue divers, instables, même contradictoires et chargés de rapports de pouvoir (Haraway, 2004).

Les théories féministes nous offrent des pistes pour réfléchir sur la fonction sociale des connaissances et ses entrelacements avec le genre, la subjectivité et le pouvoir, pour construire de nouvelles cartographies redéfinissant le bien-être et la perpétuation de la vie dans des périodes de profonds changements (García Selgas, 2004). Ces théories permettent de comprendre comment les rôles sociaux, les normes de comportement, les attitudes corporelles ainsi que les traits psychologiques, les aspects discursifs et performatifs (Butler, 1990) peuvent être un agencement dans toute interaction quotidienne (West et Zimmermann, 1987) ou une identité acquise et subjective. Le genre n'est pas un fait empirique externe, le genre est une manière de placer le regard théorique, méthodologique et analytique à partir duquel on peut examiner les institutions, les cultures et les pratiques. Mais on peut aussi « inclure des présupposés et des croyances culturelles en y intégrant un cadre de référence conceptuel, comme la classe sociale ou la race, au travers duquel on examine des phénomènes qui, en général, ne sont pas analysés comme de genre » (Harding, 2008, p. 114).

> La perspective de genre considère que toute ontologie d'une réalité est liée et située par rapport à une structure sociale particulière dans le temps et l'espace ; ainsi, les affirmations de vérité ne peuvent être comprises dans le cadre d'une correspondance abstraite avec le réel, mais seulement en relation avec les pratiques politiques et sociales (Flax, 1990, p. 203).

Le sujet est un agent actif du processus de construction de savoirs. Ainsi, ce courant va au-delà du questionnement sur la division objet de connaissance/sujet épistémologique, car il introduit un continuum entre les deux, en convertissant l'objet en sujet de sa propre production, qui devient un « acteur matériel – sémiotique » (Haraway, 2004).[1]

L'interaction entre différents systèmes d'oppression est organisée à travers quatre domaines : (a) Le structurel fait référence aux facteurs qui organisent les rapports et l'accès au pouvoir dans une société, c'est-à-dire le droit, la politique, la religion et l'économie. (b) Le disciplinaire est celui de la gestion de l'oppression qui résulte du domaine structurel, ce sont les institutions bureaucratiques, étatiques, civiles et religieuses. (c) L'hégémonique permet la validation sociale de l'oppression, entrecroisant les deux autres mentionnés auparavant, en se reproduisant au sein de l'intersubjectivité personnelle et collective à travers les convictions, les préjugés, les discours, les cultures, les valeurs et autres idéologies. (d) Finalement, le domaine interpersonnel fait référence aux liens intersubjectifs qui forment les trajectoires personnelles et collectives (Hill Collins, 2017).

2. Retour sur le concept d'intersectionnalité dans une perspective historique et transnationale

La théorie féministe de l'intersectionnalité explore et redéfinit des époques, des théories et des méthodologies de manière transversale dans de multiples aires de connaissances – la philosophie, l'anthropologie, le droit, les sciences politiques, la sociologie... – et dans différentes situations internationales, aux

---

[1] Différents auteurs choisissent certaines catégories, telles que féminin, masculin, race, blanche, occidental, genre, classe sociale, tiers monde et autres, pour souligner que ce sont des constructions sociales naturalisées qu'on doit mettre en question car elles reproduisent – implicitement ou explicitement – des hiérarchies sociales et des dynamiques d'exclusion.

États-Unis, en Europe, en Amérique latine, en Afrique et autre. Nous aborderons ici de manière critique les avancées du concept d'intersectionnalité essentiellement en Amérique du Nord. Nous posons l'hypothèse que, si ce concept est tout à fait pertinent et nécessaire pour comprendre l'oppression des femmes doublement ou triplement minoritaires et la complexité des luttes féministes, il arrive souvent, à l'insu des femmes qui mettent ce concept de l'avant, que la façon dont il est employé aille à l'encontre des idées de plusieurs féministes afro-américaines des années 1980, qui tenaient avant tout à ce que la solidarité entre les féministes de sociétés et d'appartenances diverses repose sur des bases solides et tienne compte des conditions matérielles dans lesquelles vivent les femmes qui subissent des oppressions multiples.

Barbara Smith (1983) dirigeait l'ouvrage féministe *Home girls* dans les années 1980. Son objectif était de dénoncer le racisme qui existait à l'intérieur même du mouvement féministe aux États-Unis, ainsi que le sexisme persistant dans la communauté afro-américaine. Ce livre collectif est l'un des écrits majeurs du mouvement féministe américain et fait partie d'une lignée d'écrits qui visaient à faire ressortir les divers problèmes que les féministes noires pouvaient éprouver dans leur propre communauté et dans le mouvement féministe *mainstream*, lorsqu'elles voulaient construire une solidarité à la fois avec les hommes noirs et avec les féministes blanches, problèmes qui, disaient-elles, étaient encore plus aigus lorsqu'elles s'affichaient à la fois comme noires et comme lesbiennes.

Dix ans plus tard, le concept d'intersectionnalité a été construit par Kimberly Crenshaw (2005) en s'inspirant fortement des écrits du féminisme noir, pour cerner les causes de la violence faite aux femmes noires et pour montrer que les façons d'intervenir auprès d'elles pouvaient souvent être empreintes de racisme et, par conséquent, être inadéquates.

Crenshaw nous interpelle, car elle traite de la domination que vivent les femmes noires aux États-Unis en faisant ressortir le caractère inadéquat des interventions qui sont faites à leur égard par les services sociaux et les refuges pour femmes victimes de violence conjugale. Elle met de l'avant le sexisme qui prévaut aux États-Unis ainsi que la discrimination persistante envers les personnes noires qui existe dans cette même société, tout en insistant continuellement sur la nécessité de construire une solidarité entre les femmes, par-delà les conflits raciaux et les luttes entre les classes sociales. De plus, Crenshaw critique les féministes blanches, qui renforcent les différences et les rapports de pouvoir entre les femmes. Elle critique aussi les politiques antiracistes qui ne tiennent pas compte des rapports de domination que vivent les femmes noires, à l'intérieur de leur propre communauté. Enfin, ayant renvoyé dos à dos les féministes blanches et le mouvement antiraciste aux États-Unis, Crenshaw refuse de hiérarchiser les oppressions et de privilégier une lutte au détriment des autres. Le féminisme a, dit-elle, tout à gagner à regarder du côté des exclues, des groupes de femmes plus vulnérables et à s'informer de leur réalité. De leur côté, les femmes noires ont tout intérêt à préserver et à renforcer la solidarité féministe, sinon elles laisseront toujours passer au second plan leurs priorités en tant que femmes, au prix de leur intégrité physique et, tout simplement, de leur survie.

Selon cette lecture, Crenshaw n'a jamais avancé que la solidarité féministe n'était plus possible entre Noires et Blanches ; elle a voulu explorer les complexités et les contradictions que vivaient les femmes noires dans leur lutte contre le patriarcat et le racisme, de la même manière que dans le projet de Barbara Smith et de plusieurs féministes noires qui écrivaient aux États-Unis dans les débuts des années 1980. Refuser de conceptualiser la solidarité féministe aurait d'ailleurs été impossible pour ces femmes, cela aurait signifié, pour elles, nier un aspect essentiel de leurs luttes et de leur identité, et laisser la définition du féminisme aux femmes blanches, idée qui allait tout à fait à l'encontre de leurs objectifs sociaux et politiques.

Quelques années après, plusieurs théoriciennes ont critiqué le féminisme et ont mis en question les tentatives de celui-ci de se baser sur l'identité « femmes » pour promouvoir un ensemble de revendications féministes. Puis, plus récemment, on a vu apparaître des questionnements autour du mouvement féministe qui nous amenaient à nous demander si un « nous femmes » était encore possible et quelles étaient les luttes qui nous rassemblaient au-delà de nos différences en termes de classe, de communautés ethniques et d'orientation sexuelle. On se demandait aussi si le sujet du féminisme des années 1970/1980 était bien les femmes dans leur ensemble, en tant que classe ou catégorie sociale dominée, ou bien les femmes blanches, occidentales et hétérosexuelles de la classe moyenne.

À cet égard, notre projet – *Femmes et féminismes en dialogue* – vise à prendre en compte la diversité de situations d'oppression des femmes, de leurs identités et de leurs références, tout en mettant en œuvre des rencontres et des dialogues entre femmes. Il ne s'agit donc pas de rejeter l'idée des femmes comme un groupe social dominé, mais bien, comme pour Crenshaw, de saisir que pour les femmes plusieurs fois minoritaires, les catégories sociales ont « à fois du sens et des conséquences » (Crenshaw, p.76). Comme pour les féministes noires, il s'agit donc de tenir compte de la complexité de l'oppression et, par conséquent, de la nécessité d'établir des solidarités entre les femmes qui prendraient en compte le racisme et les différences historiques et culturelles entre les diverses communautés racisées. Par ailleurs, nier la catégorie sociale « femmes » pourrait contribuer, encore une fois, à faire passer les luttes féministes au second plan. En effet, si la catégorie « femmes » n'est plus valide, et, surtout, si l'exploitation et l'oppression des femmes sont tellement différentes parmi les cultures qu'elles ne peuvent plus être l'assise des luttes féministes, sur quoi peut-on se baser pour continuer à lutter ensemble ?

Alors, le mouvement féministe est-il encore possible et, si oui, à quelles conditions ? Comment, dans les faits, pouvons-nous retrouver une solidarité féministe et sur quoi cette solidarité peut-elle se fonder ? Un début de réponse serait de se rappeler que le mouvement féministe, en tant que tel, n'a jamais vraiment été homogène et que les luttes qu'ont menées les femmes vivant des oppressions multiples en font foi. Il y a toutefois toujours eu des moments forts, où nous nous sommes rassemblées malgré nos divergences et où nous nous sommes montrées solidaires contre le patriarcat et contre l'oppression que nous vivions en tant que femmes. En effet, toutes les luttes autour de l'intégrité physique, des droits de la personne, de la santé reproductive, de l'éducation et de l'égalité entre hommes et femmes nous semblent être toujours rassembleuses par-delà les priorités et les identités multiples. Et, nous pourrions aussi parler des luttes des femmes contre la pauvreté partout à travers le monde et de celles contre l'exploitation, le harcèlement et la violence sexuelle. Les dialogues instaurés au cours du projet international vont dans ce même sens et illustrent ainsi l'intérêt de la perspective intersectionnelle conjuguée à celle des médiations interculturelles pour renouer des solidarités entre femmes. La partie suivante démontre aussi l'intérêt de cette analyse pour comprendre et agir dans des situations d'oppressions et d'exclusions multiples.

3. Petite histoire d'arrimages et de tensions entre des femmes immigrées, racisées et des femmes de la société d'accueil au Québec

En 2013, à la suite d'une expérience de francisation destinée à des femmes immigrantes vivant dans un contexte de pauvreté, les intervenantes ont discuté du besoin d'un espace collectif pour continuer leurs échanges professionnels. Ces intervenantes, dont certaines étaient issues de l'immigration, ont entrepris avec enthousiasme des démarches d'arrimage pour se doter de buts communs afin de mieux intervenir auprès des femmes immigrantes. À la suite de ces initiatives, une table de concertation sur la situation des femmes immigrantes a été mise sur pied. Elle était composée d'intervenantes immigrantes et d'autres appartenant au groupe majoritaire, toutes rattachées principalement à des OBNL[2], soit en matière d'immigration ou de condition féminine. Leurs

---

[2] OBNL : organisations à but non lucratif.

perspectives étaient axées sur la prestation de services à des femmes immigrantes considérées en manque de ressources matérielles, symboliques, sociales et politiques. Les femmes venues d'ailleurs étaient perçues sous l'angle de la vulnérabilité et de la fragilité plutôt que comme des femmes résilientes avançant vers la reconnaissance de leurs droits citoyens.

La convergence des approches pour la complémentarité des services afin de mieux desservir les femmes immigrantes se réalise dès lors sur un fond de tension. La dichotomie femmes immigrantes fragiles et vulnérables versus des femmes affirmées, fortes et solidaires prend de l'ampleur. Des intervenantes et citoyennes issues de l'immigration résistent à être perçues sous un regard unique qui est, selon leurs perceptions, peu valorisant et ne reconnaissant pas les efforts et les luttes portées par les femmes venues d'ailleurs. Pourtant, la concertation continue à se consolider et un troisième groupe d'intervenantes, issues d'organisations qui portent d'autres missions, se joint à la démarche.

Les nombreux échanges organisés facilitent peu à peu une prise de conscience sur la diversité des conditions de vie, des parcours migratoires, des expériences et des intérêts des femmes immigrées et racisées, ce qui indique l'entrée de l'intersectionnalité dans les discussions. De par la nature des enjeux analysés au sein de ce collectif mixte et diversifié, les sensibilités des femmes immigrées ou racisées ont été mises à l'épreuve lorsqu'elles ont affirmé leur intention de reconnaissance sociale et politique au sein de la concertation naissante. Le mot *racisée* comportait son lot d'incompréhension. Le besoin d'explorer la défense de droits, qui n'avait eu jusqu'à maintenant qu'une place très marginale, n'avait pas été bien accueilli par les intervenantes s'identifiant à la société d'accueil ou au groupe majoritaire. Les arrimages initiaux, qui visaient la constitution d'alliances, avaient tranquillement viré vers une lutte interne pour la reconnaissance du courant de pensée qui devrait dominer, lutte qui s'était vite entremêlée à l'établissement de leaderships individuels, et ce, en lien avec les organisations où ces intervenantes œuvraient. L'expression de ces luttes se traduisait par des questionnements sur la personne qui devrait exercer le leadership afin de gagner davantage de crédibilité dans le milieu ; sur celle possédant l'expertise la plus reconnue pour intervenir *auprès* et *avec* ces femmes immigrées, et, finalement, celle à qui reviendrait le crédit des avancées réalisées par les actions collectives concertées.

Peu à peu les angles des analyses initiales s'élargissaient. Le regard se portait sur l'inclusion des femmes venues d'ailleurs au sein des équipes de travail et sur la gestion interne des organisations face à cette nouvelle réalité. Les gestionnaires d'organismes membres étaient-elles prêtes et outillées pour penser à une gestion des ressources humaines sur les axes d'un dialogue interculturel et intersectionnel ? Comment transformer les anciens paradigmes de gestion et de fonctionnement lorsqu'on commençait à intégrer l'intersectionnalité comme pratique quotidienne ? Est-ce positif de permettre l'expression des émotions lors des règlements des conflits interpersonnels au travail ? Le rapport différent à l'expression publique de l'émotion et de la rationalité, sur ce qui peut être nommé, constituait un obstacle majeur dans les règlements des conflits au sein des équipes de travail diversifiées.

Alors que la concertation commence timidement à s'orienter vers une perspective de reconnaissance sociopolitique, les luttes pour l'établissement des leaderships individuels et collectifs deviennent plus visibles et l'expression du conflit fait référence aux privilèges, mot mal toléré par plusieurs intervenantes du groupe majoritaire qui y voient une attaque envers leur dévouement et leurs engagements personnels. L'intersectionnalité est utilisée dans une posture discursive qui ne se traduit que rarement dans les attitudes et comportements des leaders de toutes origines.

Plusieurs défis se posent pour le travail collectif de la concertation, qui compte désormais sur la reconnaissance des autres acteurs du milieu communautaire. Un des plus saillants est la difficulté des leaders à accepter des espaces de création collectifs en dehors de leurs créneaux de contrôle habituels, soit leurs missions, leurs modalités de fonctionnement et de gestion de leurs organismes. L'intersectionnalité exige des réorganisations, lesquelles se butent à des résistances au sein des conseils d'administration ou auprès des autres intervenantes qui n'ont pas participé aux démarches collectives. D'autre part, d'autres éléments contextuels ne facilitent pas la convergence vers des espaces communs et consensuels, notamment ce qui a trait aux attentes et conditions des bailleurs de fonds. En effet, le financement était destiné à des missions très précises (femmes, immigration, familles, entre autres), et pour des projets terrain, le leadership était reconnu en fonction de la spécificité de la mission portée par le bailleur de fonds, qui ne s'inscrivait pas nécessairement dans des perspectives intersectionnelles. Pour avancer dans ce contexte, plusieurs organismes membres ont décidé de déposer des projets communs intitulés sous l'égide de l'interculturalité et l'intersectionnalité, tout en s'accordant à l'avance sur la désignation de l'organisme porteur et fiduciaire, qui garderait une plus grande visibilité dans le cadre d'un leadership partagé entre toutes les parties prenantes. Plusieurs des inconforts initiaux ont ainsi été dépassés.

Pourtant, de nouveaux défis sont venus les remplacer. À ce stade, il ne s'agit plus de convergence des approches et de reconnaissance des leaderships. Les organismes membres se confrontent à l'émergence de nouveaux leaderships capables de résoudre les anciennes querelles par une pratique réfléchie, mais qui exigent de nouvelles places, que les anciennes leaders ne sont pas prêtes à céder. Il s'agit de nouvelles leaders plus jeunes qui adhèrent aux discours universitaires en vogue. Par la création de nouveaux espaces émergents, en dehors des vieilles structures, des leaderships nouveaux arrivent sur la scène et ont à lutter pour établir leur crédibilité et légitimité… et la roue continue à tourner !

4. Entrecroisements, subalternités et intersectionnalités selon le féminisme latino-américain

Nous proposons ici une approche des réalités, particularismes et diversités en, avec et à partir de l'Amérique Latine selon notre point de vue de chercheures féministes latino-américaines. Les femmes latino-américaines, comme toutes les autres femmes, « nous sommes conditionnées par la matérialité incontournable de nos corps nés de femmes et nommées des femmes dès notre naissance. On nous assigne diverses identités telles que le genre, l'origine ethnique, l'orientation sexuelle, les relations de parenté. Incarnées et socialement situées, nous reconnaissons la partialité de ce que nous pouvons voir dans notre devenir femme et nous sommes conscientes de notre double subalternité en tant que femmes et en tant que Latino-Américaines » (Alvarado, 2014). C'est pourquoi il est urgent de nous penser nous-mêmes. Comment le faire, comment nous penser ? Nos différences et multiplicités se mêlent et s'entrecroisent, créent et traversent des frontières. Elles s'articulent aux fils colonisateurs qui nous enserrent et nous pénètrent dans tous les domaines de la vie. L'épistémologie féministe met en évidence les pratiques de domination pour des raisons de genre. En ce sens, Paty Castañeda (2008) souligne que l'objectif principal de l'épistémologie féministe est de « comprendre, expliquer, interpréter et renverser les connaissances qui ont soutenu l'androcentrisme dans la science ».

Dans le cas des pays du Sud, de l'Amérique latine en particulier, nous nous demandons : comment pouvons-nous parler de la femme ou des femmes ? Comment pouvons-nous inclure des femmes diverses et multiples, traversées par des oppressions et des dominations différentes dans un même récit ? D'importantes critiques ont été faites sur la notion de femme en tant que sujet universel construit par un féminisme hégémonique blanc-eurocentrique-bourgeois, centré historiquement sur les problèmes des femmes blanches, urbaines et hétérosexuelles. Et l'idée a été établie que toutes les femmes vivent exactement dans les mêmes conditions d'inégalité, invisibilisant les vécus des femmes noires, lesbiennes, ouvrières, paysannes, autochtones, trans, travesties, qui sont traversées par d'autres formes de discrimination et par l'articulation de celles-ci.

Pour bell hooks (1984), le féminisme doit partir d'une perspective qui vise à déraciner tout type d'oppression d'une communauté pour des raisons de race, de sexe, d'orientation sexuelle et de génération, complexifiant ainsi l'analyse, les mouvements et pluralisant ainsi les débats et la production de connaissance. Dans ce sens, selon Francesca Gargallo (2009), le féminisme et l'antiracisme sont apparus comme des courants politiques anti-hégémoniques, c'est-à-dire comme des réactions à des situations d'injustice réelles que la culture dominante ne remettait pas en cause, en périodes de crise et de réajustement des façons européennes traditionnelles de voir la politique et l'économie. Cette idée nous donne la « chair de poule », car elle nous amène à nous voir comme des femmes traversées par ces marques indécentes de domination et de colonisation. Cette histoire continue à faire mal à force d'injustice.

Le positionnement politique est indispensable en matière de recherche. Nous ne pouvons pas voir le monde de manière neutre, nous ne pouvons pas être apolitiques. *« Le personnel est politique »,* ont déclaré Kate Millett et les féministes de la deuxième vague. Et ainsi, il continue à être dans la rue, mais aussi, beaucoup plus, dans le monde universitaire. Pour cela, nous devons comprendre l'intersectionnalité race/genre/classe/sexualité, ce qui nous permet de comprendre l'indifférence des hommes envers les femmes noires, ou l'indifférence des hommes envers les femmes pauvres, ou l'indifférence des hommes envers les femmes trans, entre autres multiples croisements que nous pouvons faire.

Et le regard intersectionnel nous aide à comprendre les lectures plus complexes car il dévoile la norme. La norme nous dit que « la femme » est blanche, hétérosexuelle et qu'elle ne peut être qu'une mère ou une putain. Parler d'intersectionnalité nous permet de démasquer les relations qui se cachent derrière cette hypothèse universelle que l'on essaie d'appeler « la femme » et qui, en soi, n'a pas de sens, car cette « femme » conçue en termes universels et binaires a été l'interprétation du féminisme moderne occidental blanc et de classe et plus largement du monde occidental.

Si, en plus de nous positionner à partir d'une épistémologie féministe, nous nous arrêtons à l'Amérique latine et à l'épistémologie du Sud, nous nous trouvons déjà face à un triple problème : nous sommes des femmes, nous sommes féministes et nous sommes chercheures à partir d'une lecture latino-américaine et décoloniale, alors que les pensées sont mises en forme et lues avec une perspective du Nord et eurocentrique. À l'université, en tant qu'institution, les voix du Sud ne circulent pas comme des voix légitimes et reconnues. Se reconnaître en tant que féministes latino-américaines au sein de l'académie implique de remettre en question les idées d'universalité, d'objectivité et de neutralité. Dans cet espace, notre position éthique et politique est compromise lorsque nous essayons de casser le canon établi et d'en proposer un autre.

Comment fait-on ? Avec des lectures, citant d'autres féministes latino-américaines, oui. Mais également en intervenant dans les processus d'enseignement, dans les pratiques de recherche concrète, en générant des espaces de discussion et de débat où les problèmes et les positions marginales deviennent visibles. Notre engagement est d'autoriser les voix dissidentes, celles qui interrompent les discours hégémoniques. Il s'agit de permettre et d'encourager une « écologie de la connaissance », comme le propose Boaventura de Sousa Santos. Il s'agit de récupérer ces connaissances que la science hégémonique a non seulement exclues, mais qui les a aussi considérées comme bâtardes.

Cela nous fait-il oublier les différences ? Bien sûr que non. Mais nous les comprenons, nous les reflétons et nous nous occupons des croisements intersectionnels qui nous traversent et qui nous permettent de lire à partir des codes de l'inégalité. Pour nous voir nous-mêmes à partir du Sud, de l'Amérique latine, nous ne pouvons pas cesser de penser à la colonisation, en tant que processus historique qui a débuté dans nos corps de femmes, qui ont été soumis à des formes de subordination, de dépendance et d'exploitation de la part des hommes colonisateurs et colonisés. Les femmes ont été réduites au silence face à la violence qu'elles ont vécue. Selon María Lugones (2008), c'est alors que commence l'indifférence des hommes face à l'oppression des femmes et c'est le principal obstacle à la création de pactes de solidarité entre les sexes. La colonisation a entraîné des relations capitalistes, sexistes et inégalitaires fondées sur le sexe, la classe, la race, l'ethnie, l'âge et les différences culturelles. Par conséquent, pour décoloniser, il est nécessaire de dépatriarcaliser et décapitaliser. La colonisation était basée sur l'idée que nos peuples autochtones étaient inférieurs et on effaçait leurs visions du monde. Le capitalisme a creusé l'écart. Le capitalisme, le monde de la productivité et de la rentabilité ne sont pas les réalités de nos ancêtres. Dans le monde capitaliste, tout ce qui n'est pas nouveau, tout ce qui n'est pas jeune, tout ce qui n'est pas productif n'a aucune raison d'être, contrairement aux conceptions des origines, qui valorisaient par exemple l'ancestralité et la vieillesse. C'est aujourd'hui un ordre hétéropatriarcal, capitaliste et centré sur l'adulte.

Par conséquent, ce qui est né en Amérique latine est subordonné à la condition d'infériorité. D'autant plus si cela est généré par une femme. D'autant plus si cette femme est pauvre. Pire encore si elle est pauvre et lesbienne. Et pire encore, si elle est noire ou handicapée... C'est là que nous mène l'analyse intersectionnelle, ce qui nous permet de voir que l'oppression a de multiples facettes. Pour María Lugones (2008), c'est dans le système de genre moderne et colonial que commence la « domestication des femmes » ; plus tard, le capitalisme a supposé l'esclavage, la servitude, la subordination et l'exploitation.

Le défi auquel nous sommes confrontées aujourd'hui est de rendre explicite et de faire comprendre que l'hétéropatriarcat moderne ne peut être contrecarré que par une posture antiraciste, décoloniale, anticapitaliste, antipatriarcale et sans hétérosexualité forcée. Comme universitaires, nous devons également relever ce défi. Il nous faut changer de lunettes, que cet aveuglement épistémologique ne nous empêche pas de nous considérer comme sujets femmes dignes de mots, d'histoires et de possibilités. Nous devons viser le croisement, la communauté et le rire collectif, car nous trouvons dans le rire et la joie nos meilleurs outils de lutte, de révolte et d'autonomie féministes. Comment aurions-nous pu survivre dans ce monde si opprimé sans rire ? La joie et le collectif, configurés comme un acte de dissidence, constituent une attitude proactive de lutte à l'égard de l'hétéropatriarcat, intolérant et violent.

Conclusion

> *Unissez le complet et l'incomplet, le concordant et le dissonant, ce qui est en harmonie et en désaccord, de toutes choses, une et d'une, toutes les autres.*
> Héraclite

D'une part, le féminisme – en tant que mouvement social et courant épistémologique – n'est pas un champ consolidé dans un ensemble homogène ; d'autre part, la complexité ne peut pas être réifiée ou réduite à un modèle prédéterminé. Tous deux acceptent le défi du changement, du mouvement dynamique, de l'inattendu. Chaque unité complexe acquiert son autonomie dans la multiplicité des liens qui la composent, et c'est cette dynamique qui génère à la fois des récits, des trajectoires et des relations. Ainsi émergent des systèmes complexes, des unités hétérogènes en échange permanent dans un contexte actif.
Comme l'affirme Chantal Maillé (2015, p. 157) :
> puisque chaque contexte est spécifique, l'approche intersectionnelle ne peut se résumer à une formule universelle ; la nature de son projet nécessite que le concept reste un cadre flexible capable de saisir et de traduire la spécificité de chaque contexte.

« En tant que femmes nous avons toujours beaucoup à apprendre les unes des autres. » (Nadine Jammal)

Il nous faudra admettre qu'en tant que féministes, quel que soit notre âge, notre orientation sexuelle ou notre appartenance, ou pas, à une communauté racisée, on a beaucoup à partager. Il nous faudra aussi prendre conscience que c'est uniquement en s'informant des expériences, des parcours et des conditions de vie et de l'histoire des unes et des autres qu'on peut construire un dialogue entre les femmes et les féministes de diverses communautés, et qu'une solidarité peut être encore possible entre nous.

« Elles ont tant à dire et il y a si peu d'espace pour les entendre… » (Paola Bonavitta)

Il s'agit de rendre visibles et de rassembler les connaissances de la communauté et les connaissances collectives. Récupérons les voix, les pratiques et les histoires de nos ancêtres, de nos femmes autochtones, de nos femmes paysannes et de nos voisines de quartier. La pensée latino-américaine, les féminismes de la différence sont attachés à ces histoires, à ces mots, à ces actions. Et ainsi se renouvelle la sororité, ce pacte politique de genre entre les femmes, qui reconnaît la légitimité de chacune.

Une caractéristique des réseaux que nous traversons – en tant que systèmes *auto-co-organisés* – est qu'ils génèrent leurs propres frontières dans une dynamique leur permettant d'émerger et de vivre. Ce sont des réseaux (de réflexion-action) multicentriques, instables, non hiérarchisés, avec des nœuds multiples, où les interconnexions traversent les frontières, créent de nouveaux territoires de connaissances et d'expériences, perforent des strates et des catégories, offrant de multiples itinéraires possibles. Il n'est ni possible ni désirable de présenter des théories et des modèles fermés d'idées et d'actions, nous sommes des auteures et des actrices vivantes et impliquées dans nos diverses trajectoires et scénarios de vie à partir de nos liens, de nos identités, de nos croisements, de nos rencontres, de nos itinéraires et de nos parcours : « Il y a des problèmes et des affaires douloureuses pour lesquels il est presque impossible de transcender ses propres sentiments. Parmi ces problèmes figurent la violence interpersonnelle ainsi que ceux qui sont liés au genre. Il semble que lorsque les émotions sont plus intenses, on a tendance à dichotomiser les problèmes, à les voir en noir et blanc, à désigner le bien et le mal, les victimes et les bourreaux… et les réponses primitives prévalent » (Cecchin, 2002).

Nous proposons d'ouvrir des espaces et de multiplier nos réseaux. Nous faisons confiance au pouvoir du collectif, du commun, de nos différences, de nos modèles alternatifs d'organisation. Nous croyons à la force émancipatrice du dialogue et aux actions transformatrices qui en découlent. Pour rompre les structures patriarcales, nous devons soutenir à partir de la base, les structures féministes de transformation et de libération.

Bibliographie

Alvarado, M. (2014). Mujeres de América Latina: des(re)encuentros, tráfico de ideas y traducción. Estudios de filosofía práctica e historia de las ideas. versión Estud. filos. práct. hist. *Ideas*, *16*(1).

Bilge, S. (2009). Théorisations féministes de l'intersectionnalité. *Diogène*, *225*(1), 70-88.

Butler, J. (1990). *El género en disputa: El feminismo y la subversión de la identidad*. México : Paidós.

Crenshaw, K. (2005). Cartographie des marges, intersectionnalité, politique de l'identité et violence contre les femmes de couleur. *Cahiers du genre*, *2*(39), 51-82.

Castaneda S., Martha P. (2008). *Metodología de la investigación Feminista*. Fundación Guatemala- CEIICH. UNAM. Guatemala.

Cecchin G. (2002). *Irreverencia Una estrategia de supervivencia.* Ediciones Paidós Ibérica

Corbeil, C. et Isabelle M. (2006). Penser l'intervention féministe à l'aune de l'approche intersectionnelle : défis et enjeux. *Nouvelles pratiques sociales*, *19*(1), 40-57.

Flax, J. (1990). *Thinking Fragments: Psychoanalysis, Feminism, and Postmodernism in the Contemporary West*. Berkeley: University of California Press.

Flax, J. (1993). *Disputed Subjects: Essays on Psychoanalysis, Politics, and Philosophy*. New York/London : Routledge.

Galvez, L., Torres, J. (2010): *Desiguales. Mujeres y hombres en la crisis financiera*, Barcelona : Icaria.

Garcia Selgas, F. (2004). Feminist Epistemologies for Critical Social Theory: from Standpoint Theory to Situated Knowledge. Harding (org), *The Feminist Standpoint Theory Reader: Intellectual and Political Controversies*. London

Gargallo, F. (2009). El feminismo y su instrumentalización como fenómeno de mestizaje en nuestra América, Dans *Revista Venezolana de Estudios de la Mujer*, *14*(33).

Guillaumin, C. (1981). *Femmes et théories de la société : remarques sur les effets théoriques de la colère des opprimées*, Sociologie et société, *13*(2), 19-32.

Haraway, D. (2004). Situated Knowledge's: The Science Question in Feminism and the Privilege of Partial Perspective, Dans S. Harding (dir.). *The Feminist Standpoint Theory Reader: Intellectual and Political Controversies*. London : Routledge, 103-127.

Harding, S. (2008). *Sciences from Below: Feminisms, Postcolonialities, and Modernities*. Durham: Duke U Press.

Hill Collins, P. (2017). La diferencia que crea el poder: interseccionalidad y profundización democrática. Repéré à https://www.researchgate.net/publication/318024972_The_Difference_T hat_Power_Makes_Intersectionality_and_Participatory_Democracy.

hooks, b. (2004) Mujeres Negras. Dar forma a la teoría feminista. En: Hooks, B, Brah, A, Sandoval, C., Anzaldúa, G., *Otras inapropriables. Feminismos desde las fronteras. Traficantes de sueños*. Madrid. Repéré à http://www.nodo50.org/ts/editorial/otrasinapropiables.pdf.

Lugones, M. (2012). Subjetividad esclava, colonialidad de género, marginalidad y opresiones múltiples. Pensando los feminismos en Bolivia. Repéré à http://rcci.net/globalizacion/2013/fg1576.htm.

Lugones, M. (2008). Colonialidad y género. *Tabula Rasa*, 9, 73-101

Maillé, C. (2015). De l'articulation entre race, classe et genre : éléments pour une analyse féministe intersectionnelle au Québec. Dans N. Hamrouni et C. Maillé (dir.). *Le sujet du féminisme est-il blanc ?* (p. 155-174), Montréal : Les éditions du remue-ménage.

Najmanovich, D. (1995). El lenguaje de los vínculos. En E Dabas y D Najmanovich (comp.), *Redes. El lenguaje de los vínculos. Hacia el fortalecimiento de la sociedad civil*. Buenos Aires: Paidós.

Najmanovich, D. (2005). Estética del pensamiento complejo. *Andamios*, *1*(2), 19-42, Repéré à http://www.scielo.org.mx/scielo.php?script=sci_arttext&pid=S1870-00632005000300002&lng=es&tlng=es.

Smith, B. (1983). Introduction. Barbara Smith, Home Girl's, *A Black Feminist Anthology*, New York, Kitchen Table, Women of Color Press, p. xxii.

West, C. et Zimmerman, D.H. (1987). Haciendo género. *Género y Sociedad*, 1, 125-151.

CHAPITRE 3

Réflexions autour de la recherche-action-médiation

Mélissa Arneton, Liliana Kremer et Simone Emmert

Le développement de méthodologies actives, qu'elles soient qualifiées de collaboratives, participatives ou communautaires, permet de laisser la place à la participation des acteurs dans la conception d'études, la collecte ou l'analyse de données, comme c'est le cas pour la recherche *Femmes et féminismes en dialogue*. Certain-e-s chercheur-e-s considèrent que ces méthodes actives présentent un risque relativiste en mettant à mal une analyse universelle des comportements humains interindividuels, de groupes ou sociétaux et évoquent plutôt une complémentarité entre les données relevant d'une approche *etic* et celles issues d'une approche *emic* (p. ex. Cheung, van de Vijver et Leong, 2011). D'autres chercheur-e-s invitent, au contraire, à envisager les apports de ces travaux à une définition de l'altérité de manière autonome (Capdevielle-Mougnibas et de Léonardis, 2010). Bien que mobilisée dans l'investigation auprès de professionnel-le-s (p. ex. Gulfi, Piérart, Scozzari, Tétreault, Desmarais et Lindsay, 2016) ou de certains publics (p. ex. Vatz Laaroussi et l'équipe *Femmes et féminismes en dialogue*, 2019), l'analyse des implications, enjeux et limites de la recherche participative reste rare quand on s'intéresse aux phénomènes sociaux et psychosociaux dans une double approche critique : interculturelle et intersectionnelle. Or réfléchir sur les recherches collaboratives au sens large est nécessaire en termes de construction d'une connaissance scientifique généralisable, reproductible ou transférable et ayant du sens pour les acteurs et la société dans laquelle ils s'insèrent. Ce chapitre propose d'analyser le dispositif de recherche-action-médiation (Vatz Laaroussi et al., 2015). Cette méthodologie vise à fournir des éléments permettant aux personnes porteuses d'identités multiples de se sentir légitimes pour agir sur leur environnement ou pour faire reconnaître de manière effective leurs droits. Elle vise également la prise de conscience par les professionnel-le-s des représentations inconscientes qui peuvent influencer leurs pratiques avec les femmes qu'ils ou qu'elles rencontrent.

La recherche-action-médiation est un triptyque incluant recherche, action et médiation, elle se situe donc au croisement de conceptualisations méthodologiques. Dans ce chapitre, nous analysons chacune des dimensions successivement en mobilisant une approche ethnométhodologique[1] permettant d'examiner le dispositif à partir des besoins et des ressources des participantes (chercheures et non universitaires) du projet *Femmes et féminismes en dialogue*. Pour comprendre et expliquer la recherche-action-médiation dans cette perspective, il convient donc de se pencher sur les activités des participantes à partir de l'ensemble de manifestations, plus ou moins coordonnées de leurs activités. Si les co-auteures de ce chapitre ont toutes une profession scientifique (sciences sociales, psychologie, science juridique), elles sont également des intervenantes professionnelles (intervenante sociale, enseignante, avocate) qui ont des engagements extraprofessionnels dans le cadre d'activités de militance, d'animation ou de médiation. La diversité de leurs parcours de vie reflète également la diversité des vécus féminins en termes de générations, de cultures, de lieux de vie, de spiritualité, de rôles sociaux familiaux ou de migration. Les réflexions présentées s'inscrivent à la fois dans la pluralité du vécu au côté d'autres participantes au projet *Femmes et féminismes en dialogue*, mais aussi dans la mise en tension de la diversité des contributrices au projet.

1. La démarche de recherche-action collaborative comme creuset épistémologique

La recherche-action pour accéder aux sens donnés par les acteurs à un phénomène

La recherche-action collaborative est un modèle qualitatif interprétatif permettant d'approfondir l'étude des phénomènes dans leur contexte, et ce, tout en les comprenant du point de vue des acteurs impliqués. Pour cela, on ne cherche pas à obtenir des généralisations du phénomène observé. Le but de la recherche-action collaborative est de comprendre la densité et la profondeur des faits sociaux et de trouver des aspects communs dans chacun d'eux. Elle se caractérise comme étant :
1. Descriptive ou diagnostique : elle consiste à décrire ce qui est réel au moyen de l'observation et de l'opérationnalisation des concepts, en évaluant ce qui passe sur un champ précis du réel empirique.
2. Explicative : elle suppose de pouvoir créer des nœuds entre divers phénomènes et de mettre en relation des variables précises de façon à

---

[1] L'ethnométhodologie n'est ni un point de vue théorique ni un paradigme, mais une orientation méthodologique, qui inclut diverses techniques de recherche. L'approche ethnométhodologique met au centre de son analyse les processus avec lesquels les membres sociaux produisent et construisent un sens aux structures sociales dans lesquelles ils sont et dans lesquelles ils interagissent.

ce qu'elles permettent de comprendre ce qui arrive (Goyette et Lessard-Hébert 1988).
3. Cumulative : elle augmente la compréhension d'un phénomène par la mise en relation des variables.

Schématiquement, six étapes principales structurent une recherche-action collaborative.

Principales étapes structurant une recherche-action collaborative

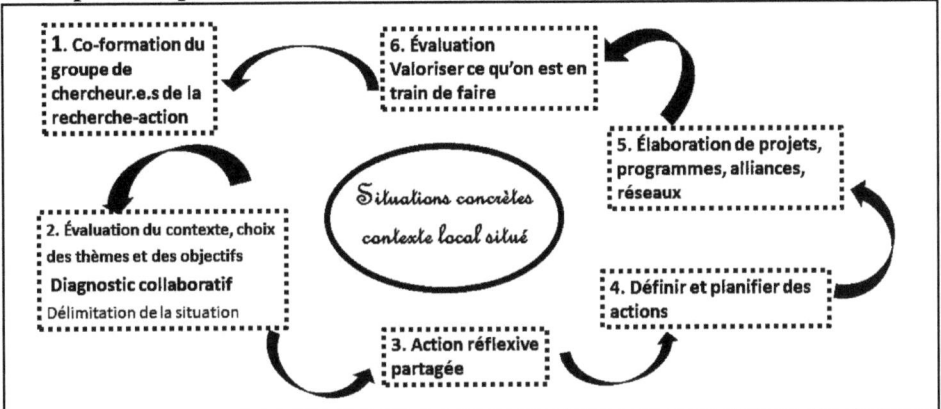

Cette forme de recherche a pour postulat la compréhension du sens de l'action sociale, dans le contexte du monde quotidien, et ce, à partir de la vision des participants (Sagastizabal et Perlo, 2002). C'est pourquoi le chercheur tente de comprendre les faits depuis la propre signification des sujets qui y sont impliqués, ce qu'il ou elle peut obtenir avec un contact étroit avec eux. Autrement dit, le scientifique essaie de réaliser tout au long des six étapes des actions avec les sujets (de la co-formation des groupes, à l'élaboration d'un diagnostic, à l'analyse réflexive du projet, à la définition des actions, à l'élaboration de réseaux ou à la valorisation de ce qui est en cours). Chaque étape est améliorée en tenant compte des précédentes et de leurs compréhensions lors d'activités participatives, dans lesquelles tous les acteurs impliqués sont présents. Selon nous, cette structure promeut ainsi un cadre liant théorie et pratique dans un tout unique que nous pouvons à la suite de Kemmis (1991) qualifier d'« idées en action ».

Les recherches-actions collaboratives s'inscrivent dans une perspective de la complexité permettant d'aborder « le paradoxe de l'un et du multiple » (Morin, 1995, p. 32). Selon Morin, les tentatives pour simplifier le complexe supportent le réductionnisme et des mutilations de la réalité à étudier. Le complexe est « ce qui ne peut pas se résumer dans un mot maître, ce qu'il n'est pas possible de ramener à une loi, ce qui ne peut pas être réduit à une idée simple. [...] c'est un mot problème et non un mot solution » (Morin, 1995,

p. 22). Lorsque nous ne reconnaissons pas la complexité des phénomènes sociaux, nous tombons dans une « intelligence aveugle » qui déshumanise les sciences en effaçant des sciences humaines la notion d'humain dans une « vision mutilante et unidirectionnelle » (Morin, 1995, p. 31). Dans la période historique qui est la nôtre, que certaines nomment ère de la connaissance, il est intéressant d'interroger quels outils il faut mobiliser pour étudier la complexité du réel dans le cadre d'une recherche-action collaborative en tenant compte des apports issus d'une position épistémologique critique.

Trois outils pour étudier les processus de production des connaissances par les acteurs

La réflexion positiviste des sciences ne peut pas expliquer pourquoi nous ne voyons pas que nous ne voyons pas. Pour cela, il faut considérer la réflexivité du processus perceptif. Il ne s'agit pas d'un processus mécanique dans lequel les acteurs impliqués sont une table rase sur laquelle des images sont imprimées ou sont comme des miroirs qui les reflètent. Selon nous, trois éléments sont à prendre en compte. Le premier est relatif à la posture d'humilité dont tout acteur doit faire preuve quand il ou elle tente de percevoir les significations d'un phénomène. Le second élément se rapporte à l'exercice de compréhension du phénomène et au fait qu'il repose sur une interprétation de ce qui est perçu par l'acteur-e. Enfin, le troisième élément est relatif à la phase de coconstruction des sens partagés du phénomène par différents acteurs.

La perception est une activité formative, productive, poïétique, et non un processus passif. La connaissance est une activité, penser c'est donner forme, réaliser des expériences, ce qui implique de concevoir de nouveaux espaces cognitifs rendant compte de phénomènes non linéaires, autoréférants et autopoïétiques mobilisés dans la perception elle-même, mais aussi à partir d'elle dans la production de sens et de connaissances. Ainsi définie, la réflexivité n'est pas dans une dichotomie antique ou moderne. La concevoir comme un espace de réflexion ouvert et articulé de la complexité permet de prendre en compte le défi posé par une pensée qui se retourne sur elle-même sans qu'elle soit qualifiée de solipsiste, c'est-à-dire sans que ce retour sur elle-même nie l'existence d'autrui et d'autres perspectives. Cette définition contribue à l'élaboration de nouveaux types de réseaux et de cartographies des connaissances dans un espace dynamique, qu'il soit individuel ou communautaire. Contrairement à la tradition positiviste de la science qui prétend focaliser seulement sur la logique, comme si celle-ci existait indépendamment des êtres humains et de leurs manières d'être en relations, on se doit aussi d'étudier la science comme une activité produite et développée dans un contexte culturel. Fox Keller (1983) montre que la science est une entreprise humaine qui doit être considérée comme telle. Elle souligne l'importance d'explorer les implications de ces nouvelles manières de cartographier la façon dont les connaissances sont produites, évaluées autrement dit validées, mais aussi leurs relations avec les collectifs qui les produisent et les « habitent », c'est-à-dire les façons dont ils s'en saisissent et les mobilisent. L'un des défis cruciaux auxquels nous faisons face est de sortir du piège dichotomique, en présentant les paradoxes comme les vannes évolutives qui nous permettent d'accéder à une expérience multidimensionnelle du monde en montrant l'affrontement entre le relativisme et une vision absolutiste, fondamentaliste et dogmatique. Dans un monde où domine le regard scientifique, basé sur une image statique, abstraite et réductrice du monde, la connaissance scientifique est générée d'un point de vue prétendument extérieur et universel quant au phénomène étudié. Or il convient de rappeler que comme tout point de vue humain, il est interne et situé. Épistémologiquement, il est intéressant de passer à une approche considérant la génération de points de vue mobiles, conscients de leur pouvoir et de leurs limites. Un savoir qui est conscient de son non-savoir, et qui accepte cette situation avec humilité, au contraire d'une approche socratique qui a fait de cette connaissance un exercice d'orgueil. Najmanovich (2008) invite ainsi à aborder les réseaux de sens et de construction de la connaissance avec une prudence philosophique, une audace dans la mise en contexte, l'acuité dans la distinction et la subtilité dans la narration.

Mobiliser l'herméneutique comme outil pour comprendre l'organisation des connaissances contribue à tenir compte de la complexité de l'interprétation de la réalité humaine. Cela permet une compréhension des phénomènes sociaux à divers niveaux : qu'il s'agisse d'une compréhension simple d'un état interprétatif, en passant par ce qui est complexe, abstrait, dense et élevé. Rappelons que philosophiquement l'herméneutique se définit à la fois comme une théorie et une praxis répandue de l'interprétation critique. Elle provient du terme grec *hermeneia* qui signifie interpréter, éventrer, traduire, expliquer, imaginer, exprimer ce qui permet de comprendre. Cullen (1984), ou Giannini (1998) considèrent que, pour pouvoir interpréter de manière compréhensive l'autre, il est requis de faire l'effort de reconstruire tout ce qui touche au sujet. La reconnaissance de cette impossibilité de reconstruction holistique suppose ainsi de reconnaître l'interprète et son environnement en tant qu'éléments intrinsèques conditionnant le sens et l'utilité du récit produit par cet autrui. Gadamer (1999), l'un des fondateurs de l'École herméneutique, soutient que l'interprétation doit éviter l'arbitraire et les limitations surgies des habitudes mentales, en centrant son regard sur les choses et sur les discours. Suivant Heidegger, il met l'accent sur l'aspect ontologique de l'herméneutique, en soutenant que la spécificité de l'être humain réside dans la compréhension. Gadamer (1999) soutient que le sens d'un texte appartient à son auteur, mais aussi à celui qui essaie de le comprendre. Il ajoute que si « en général on peut dire en première approche d'une expérience ou d'un texte, que cela peut ne pas avoir de sens ou que ce sens ne concorde pas avec nos attentes, c'est ce qui nous fait nous arrêter et nous occuper de la possibilité d'une différence dans l'usage du langage ». Soulignons qu'entre un lecteur et un texte existe un processus d'ouverture et de reconnaissance constant, qui est qualifié de mouvement dialectique. Par conséquent, le processus d'interprétation du discours est perçu comme étant ce que Zemelman (1994) pointe comme un processus inachevé et en construction permanente. Ricœur (1998) précise que dans la mesure où l'acte de lire est la contrepartie de l'acte d'écrire, la dialectique de l'événement et du sens si essentiel à la structure du discours génère dans l'acte de lire une dialectique corrélative entre l'acte de compréhension et celui de l'explication. Echeverría (1997) propose d'ajouter à l'analyse et à l'interprétation la dimension des préjugés comme élément transversal à toute action interprétative. Ainsi le sens d'un phénomène est dynamique puisqu'il peut changer en fonction de la conscience historique de celui ou celle qui désire le comprendre.

Considérer la complexité d'un phénomène amène à prendre en compte à la fois les processus individuels et interindividuels d'interprétation et de compréhension dudit phénomène, mais aussi de mobiliser la manière dont les connaissances sont élaborées et construites dans les interactions communautaires. L'interactionnisme symbolique est l'une des orientations qui partagent les idées basiques du processus herméneutique ou interprétatif. Son but est d'essayer de comprendre le processus d'assignation de symboles avec une signification au langage parlé ou écrit et au comportement dans le cadre des interactions et d'échanges sociaux. Dès les trente premières années du XXe siècle jusqu'à aujourd'hui, la communication a été théorisée depuis différentes perspectives : de manière physico-mathématique avec Shannon et de Weaver, psychologique en se basant sur la perception avec Moles, sociale avec Saussure qui rattache langage et communication ou encore selon une approche anthropologique cognitive avec Lévi-Strauss. Les approches interactionnistes de la communication dans lesquelles prend naissance l'interactionnisme symbolique incluent également plusieurs approches renvoyant aussi bien à la communication de masse qu'à une approche critique de la communication, promues par l'École de Francfort. L'interactionnisme symbolique dont Blumer et l'École de Palo Alto sont deux tenants considère la communication en tant qu'interaction sociale. L'un des postulats de cette approche est que les définitions des relations sociales sont interactivement établies par les participants, de façon à ce que la communication puisse être entendue comme base de toute relation. Plus précisément, de la nature symbolique des interactions se détache leur nature pragmatique dans la vie

sociale. Il s'agit alors d'étudier l'interprétation faite par les acteurs des symboles nés de leurs activités interactives, et ce, en cherchant à identifier les interactions des individus dans des scènes naturelles de développement. Blumer (1968) considère trois prémisses de l'interactionnisme symbolique :
1. Les humains agissent par rapport aux choses sur la base des significations que ces choses ont pour eux et elles. Autrement dit, les gens agissent sur la base de la signification qu'ils ou elles attribuent aux objets et aux situations qui les entourent.
2. La signification de ces choses dérive, ou surgit, de l'interaction sociale qu'un individu a avec les autres acteurs.
3. Ces significations sont utilisées comme un processus d'interprétation effectué par la personne dans sa relation avec les choses qu'elle trouve, et sont modifiées à travers dudit processus.

L'interactionnisme symbolique vise alors à étudier les significations subjectives et les attributions individuelles et collectives du sens que les personnes assignent au monde. Flick (2004, p. 31) prend comme « point empirique de départ les significations que les individus attribuent à leurs activités et environnements ». Le langage est alors conçu comme un vaste système de symboles. Les mots sont des symboles parce qu'on les utilise pour signifier des choses, et ils rendent ainsi possibles tous les autres signes. Les actes, les objets et les mots existent et ont une signification seulement parce qu'ils ont été ou peuvent être décrits au moyen de l'usage de signifiés (mots en langue orale ou écrite ou signes en langue des signes ou en idéogrammes).

Une heuristique de la complexité est certes présente dans la recherche-action-médiation comme dans les autres recherches-actions collaboratives, notamment dans la construction partagée des interprétations d'un phénomène, mais elle intègre également une dimension pragmatique de contextualisation de l'action. Pour identifier le problème saillant mis en évidence par l'ensemble des participantes dans le cadre de la recherche-action-médiation *Femmes et féminismes en dialogue*, des chiffres ont permis de rendre compte de manière distanciée de l'existence de discriminations à l'encontre des femmes qui ont tenté d'obtenir des subventions. En effet, la mise en œuvre de politiques publiques selon l'hégémonie du *new management* nécessite de positionner la tension par rapport à son contexte. Au-delà d'une visée techniciste et managériale de la notion d'action entendue en tant que démarche de résolution de problème par un système (une organisation ou des politiques publiques agissant au nom des individus), il convient de rappeler qu'étymologiquement et conceptuellement l'action est une opération (donc un élément concret, visible dans le réel) résultant d'une démarche de traitement de l'information mise en œuvre par un acteur agissant. Cet agent peut aussi bien être de l'ordre du système que de l'individu. La figure du politique qui est représentative dans le *new management* du système ne doit pas occulter les autres manières d'agir et de concevoir l'action. Autrement dit, le sens pragmatique du terme « action » ne doit pas occulter le fait que l'action est aussi l'opération d'un ou une acteur-e qui envisage son déroulement en tenant compte de son propre objectif.

2. L'agentivité en action pour changer ce qui perturbe les acteurs

Si traditionnellement les recherches-actions visent à transformer le monde, que cela soit dans un cadre psychosocial (p. ex. Gulfi et al., 2016) ou dans un cadre pragmatique centré sur une économie de résolution de problème (p. ex. Allard-Poesi et Perret, 2004), dans le dispositif de recherche-action-médiation, le terme « action » invite à considérer le statut des participant-e-s. D'objets ou sujets d'un phénomène à étudier, toutes et tous deviennent les acteurs et les auteurs d'un processus de changement. La recherche-action-médiation vise trois niveaux de changements des représentations et des comportements face à un phénomène engendrant de la tension : intra-individuels, entre les individus appartenant à des groupes différents ou entre les groupes eux-mêmes. Cette section tente à travers des exemples de contextualiser les apports méthodologiques de la recherche-action-médiation. Les différentes phases de la démarche sont tout d'abord présentées, ensuite la dimension constructiviste de l'action dans l'élaboration de nouvelles connaissances est abordée avant d'évoquer le cadre de l'engagement dans lequel les acteurs mettent en place un agir pour réduire les tensions.

Trois phases actives pour amorcer des changements

La recherche-action-médiation comporte trois phases se déroulant les unes après les autres afin de fournir un cadre sécurisant et incitatif pour permettre ces changements. Tout d'abord, les groupes de prémédiation réunissent des individus appartenant à un groupe homogène auquel ils ou elles peuvent s'identifier. Si le terme de « pré-médiation » peut également être utilisé, il donne l'idée qu'il s'agit d'une phase préalable à un processus. Or cette phase en deux étapes fait partie intégrante de la démarche globale de recherche-action-médiation. La première étape des groupes de prémédiation permet aux participant-e-s d'échanger au sein d'un endogroupe sur leurs représentations de ce qui en fait l'unité ou la spécificité et sur l'hétérogénéité des membres qui le composent. La seconde étape permet aux membres d'un groupe particulier d'évoquer les représentations d'autres groupes, par exemple avec l'activité « Je nous vois/elles me voient/Je les vois » (pour une explication du déroulement, voir le guide *Féminismes en dialogue*, 2017, p. 46). Cette étape conduit les groupes de participantes à se donner un nom et à choisir des éléments qu'elles souhaitent présenter aux autres femmes lors de la phase suivante (affiches, expositions de tissus en wax, réalisations artisanales...).

Ensuite, la deuxième phase de la recherche-action-médiation réunit les membres des différents groupes au cours d'un forum afin de leur donner un espace commun d'interactions pour exposer leurs représentations d'eux-mêmes et celles de membres d'exogroupes. Qu'il s'agisse de la création d'un conte mobilisant les expériences et les savoirs de chacune ou de l'évocation de saynètes quotidiennes dans un dispositif de type théâtre-forum, ces activités visent à permettre l'apprentissage ensemble de nouvelles manières de voir, d'expliquer et d'agir sur les situations dans lesquelles les participant-e-s vivent des tensions. Élaborer collectivement à partir de supports concrets permet de générer des savoirs en action dépassant ce que chacune aurait pu concevoir seule. Enfin, la troisième phase de la recherche-action-médiation s'inscrit dans la prise de décisions collectives pour agir ensemble afin de changer les choses au niveau individuel, organisationnel et politique. L'organisation d'un grand dialogue ouvert vers la société auquel sont conviés aussi bien des décideurs politiques ou d'associations, des professionnel-e-s que celles et ceux intéressé-e-s par le thème comme celui réalisé à Montréal en décembre 2017 dans le cadre de *Femmes et féminismes en dialogue* est un exemple d'actions collectives issues du projet. Le présent ouvrage en est un autre.

Le sens des tensions est coconstruit en groupe en tenant compte à la fois d'éléments théoriques, d'analyses scientifiques et de savoirs expérientiels. C'est pourquoi il est important qu'une diversité d'acteurs participe à une recherche-action-médiation. Même si la multiplicité des appartenances groupales présente un risque organisationnel pour faire collaborer et interagir des acteurs ayant des objectifs et des finalités différentes, la coconstruction collective d'un sens partagé est l'un des éléments clés pour que les participant-e-s puissent appréhender des phénomènes dans leur complexité. Prendre en compte les valeurs et les représentations de la société dans lesquelles un phénomène ou une tension apparaît nécessite de prendre conscience des attendus et des valeurs des acteurs individuels et de ceux de leur(s) communauté(s) d'appartenance (Wallin-Ruschman et Patka, 2016). Dans le projet *Femmes et féminismes en dialogue*, la pluralité des expériences vécues par les femmes (handicapées ou non, migrantes, issues de l'immigration ou non, monde rural ou urbain, éduquées ou non) permet à l'ensemble des participantes de réfléchir à la multiplicité des manières d'agir pour et au service des femmes.

Une définition socioconstructiviste de l'action

Contrairement à la proposition de Morrissette (2013) de distinguer recherche-action et recherche collaborative, le processus de recherche-action-médiation a la volonté de conserver l'action comme constitutive du dispositif. En effet, c'est par l'action que les apprentissages se réalisent et conduisent à des changements face à une situation problématique engendrant des tensions, autrement dit des déséquilibres (organisationnels, sociétaux ou des insatisfactions individuelles). Cette manière positive de regarder les individus en se centrant sur leurs potentiels, ce à quoi ils et elles aspirent, ce qu'ils et elles construisent dans l'ici et le maintenant, y compris dans un cadre ségrégatif ou engendrant des rapports de domination réels ou supposés, permet à chacun-e de réfléchir sur ses pratiques et sur ses valeurs et de définir ce qu'il ou elle peut faire pour changer les choses à son niveau. Deux registres d'actions sont mobilisés : celui de l'action individuelle et celui de l'action collective. Ainsi au niveau individuel, des notions comme l'*empowerment* ou les capabilités peuvent être mobilisées pour permettre à chaque participant-e d'avoir conscience de son propre pouvoir d'agir. Ce ressourcement avec d'autres personnes partageant des préoccupations similaires par rapport à un phénomène de tension, même si toutes n'ont pas les mêmes représentations de ce qu'elles veulent mettre en place pour les réduire, participe à l'élaboration commune d'actions collectives. Dans le cadre du projet *Femmes et féminismes en dialogue*, même si le féminisme fait l'objet de représentations et de discours multiples, la mise en synergie des participantes leur permet de se mobiliser pour lutter contre les discriminations vécues par les femmes au travers par exemple de la déclaration proposée à l'issue du grand dialogue de Montréal présentée en conclusion de cet ouvrage. Il ne s'agit pas tant d'une réalisation finale, mais d'un vecteur pour permettre à une minorité d'agir en bâtissant de nouvelles normes pour le vivre-ensemble qui seront diffusées dans la société. Les femmes sont minoritaires non pas en raison d'un effectif numérique faible, mais en raison de la minorisation de leur parole dans l'espace public. Le dispositif de recherche-action-médiation contribue alors à l'émergence d'une minorité agissante qui en tant que telle souhaite se mettre en action pour changer les choses (Tilly, 1984).

La définition de l'action repose aussi sur un postulat constructiviste et interactionniste prenant à la fois en compte les acteurs, les contenus qu'ils et elles souhaitent transmettre et partager et les productions qu'ils et elles utilisent pour échanger (Weil-Barais et Resta-Schweitzer, 2008). Chacune des trois phases de la recherche-action-médiation produit des artefacts dont la réalisation pour autrui invite les participant-e-s à marquer un temps d'arrêt réflexif pour l'élaborer. L'action favorise la conceptualisation des changements, l'acquisition de nouvelles manières de faire ou d'être face à une tension interne ou externe présente dans l'environnement (Vergnaud, 1996). Elle contribue à la fois à changer les choses au niveau social, mais également à se changer individuellement. Au départ les représentations et les pratiques habituelles des acteurs sont inopérantes ce qui entraîne des tensions internes. La mobilisation en groupe de nouvelles manières d'agir permet ensuite de voir ce qui pose problème aux individus puis de faire émerger et développer de nouvelles manières de faire. L'un des objectifs d'une recherche-action-médiation est que les nouvelles représentations coconstruites et partagées permettent à l'individu de s'adapter à de nouvelles tensions en mobilisant les savoirs acquis précédemment. Ainsi la création de manière collaborative avec les participantes de supports de diffusion du projet *Femmes et féminismes en dialogue* auprès du grand public est l'occasion d'aller plus loin dans l'*empowerment*. Choisir comment et pourquoi réutiliser les productions réalisées précédemment, déterminer comment les déployer et comment évaluer leurs effets à court et moyen terme sont autant de compétences que des professionnelles, des militantes ou des responsables associatives peuvent mobiliser dans leur action de terrain. Certaines participantes ont également choisi de travailler ensemble de manière autonome dans le cadre de la création d'activités comme celle d'une exposition autour du dialogue interreligieux par exemple.

Un engagement et une volonté d'agir des acteurs s'inscrivant dans des temporalités

Aussi bien dans les groupes de prémédiation que dans le forum ou le grand dialogue, la mise en échange de la singularité des vécus des participant-e-s permet des changements des représentations propres à chaque individu au travers des actions qu'il ou elle engage tout au long de la mise en œuvre d'une recherche-action-médiation. La dimension temporelle est donc un élément important à considérer. De plus, la participation des acteurs tout au long du processus est nécessaire afin de comprendre les choses pour les changer collectivement. Généralement, le temps de la recherche est considéré comme long, celui de l'action doit prendre en compte des attentes à court terme, tandis que le temps de la médiation s'inscrit à la fois dans le court et le moyen terme. Or la dimension scientifique d'un projet s'inscrit dans un processus temporel long permettant des va-et-vient entre investigation, interprétation des phénomènes et confrontation à des théories établies afin de pouvoir conceptualiser et réfléchir sur les actions à entreprendre avant de les engager. Si les actions sont souvent considérées comme s'inscrivant dans une immédiateté liée à une effectivité des opérations mises en œuvre par un agent, l'action peut également s'inscrire dans une visée à moyen terme. La recherche en tant que déroulement d'une démarche de traitement de l'information dont la finalité est de produire des connaissances explicatives ou compréhensives d'un phénomène est une action. Dans le cadre de *Femmes et féminismes en dialogue*, les actions ne sont pas uniquement composées de réponses opérationnelles à des situations de tensions avec l'organisation de groupes de prémédiation ou l'essaimage du projet. La participation de l'ensemble des actrices, qu'elles soient ou non universitaires, au recueil de données ainsi qu'à la construction des interprétations des phénomènes de tension qu'elles vivent sont autant d'actions qui participent au maintien de l'attention et de la motivation tout au long du processus de recherche-action-médiation. Il s'agit aussi d'actions qui permettent d'assoir la validation des analyses conduites de manière collaborative avec les chercheures. Les activités de médiation réalisées durant les phases formelles de regroupement des participantes s'inscrivent dans le court terme, dans l'ici et le maintenant qu'elles vivent ensemble. Au contraire, les retours réflexifs sur ce qu'elles ont vécu sont en partie différés. Ce processus peut les amener à changer leurs représentations et à développer de nouvelles formes de pratiques dans leur environnement quotidien à moyen terme. Il faut noter qu'évaluer les effets du dispositif global de recherche-action-médiation sur les participantes et sur leur environnement s'inscrit sur une longue échelle de temps.

En sus des différences de temporalité des phases liées au fait que les changements de soi peuvent s'inscrire à court et à moyen termes tandis que les changements de l'environnement s'inscrivent dans un temps plus long, il faut, à ce titre, considérer le rapport au temps des différents acteurs. Dans le cadre du projet *Femmes et féminismes en dialogue*, les différences entre participantes chercheures, participantes professionnelles et participantes individuelles s'inscrivent tout autant dans des cultures nationales que dans un engagement différent de chaque femme par rapport au dispositif. Les femmes, les plus confrontées à des tensions liées à des discriminations, ont pu éprouver que le forum et le grand dialogue (phases du dispositif les plus susceptibles d'avoir des effets notables sur leur environnement) étaient éloignés dans le temps. En effet, il s'est écoulé près d'une année entre le moment où la demande de financement de la recherche-action-médiation a été déposée et la tenue du forum-colloque international. Cet intervalle a pu être perçu comme long pour les actrices professionnelles ou associatives engagées dans la démarche. Au contraire, pour les actrices chercheures plus habituées à être dans un temps long, ces douze mois ont pu être vécus comme un temps court. Le dispositif nécessite en effet l'instauration d'une confiance mutuelle entre actrices chercheures et actrices associatives ainsi que le développement de pratiques organisationnelles communes. Travailler ensemble sans que l'une ou l'autre des catégories d'actrices soit en situation de consommateurs d'un dispositif ou d'objets d'étude nécessite une inscription temporelle selon une méthode de petits pas. Précisons que le déploiement de la recherche-action-médiation n'a pas toujours permis la mise en place des trois phases séquentielles (groupes de prémédiation/forum/grand dialogue) dans chaque pays. Ce qui a pu engendrer le sentiment de temporalités multiples chez les femmes mobilisées au niveau transnational. Pour les participantes québécoises, le projet international reposait sur la diffusion et la transférabilité d'un projet sur *Les féminismes en dialogue* datant de 2015 et qui s'était conclu par un grand dialogue avec des participantes de divers pays et des décideurs organisationnels ou politiques en 2017. En France comme dans d'autres pays, seule la phase de prémédiation s'est tenue durant l'année financée. Même si la présentation du travail réalisé collectivement était initialement envisagée lors d'un événement des associations partenaires, les douze mois du projet ont surtout été le temps de se former à l'animation des activités de médiation, de mener des groupes de prémédiation et d'avancer dans le recueil et l'analyse de données auprès des grandes témoins individuelles[2].

Dans le cadre d'une recherche-action-médiation, l'action s'engage donc aussi bien à un niveau intra-individuel dans la démarche d'élaborations de nouvelles connaissances en action et de changement de soi face à des phénomènes de tensions impliquant l'identité individuelle de chaque participant-e, qu'à un niveau interindividuel ou social. En tant que membre d'un ou de plusieurs groupes d'appartenance, chaque participant-e à une recherche-action-médiation peut changer les conditions ou les représentations menant à définir puis dépasser ce qui pose problème à un niveau local et situé pour plusieurs groupes et plus généralement au vivre-ensemble dans la société. Les trois niveaux de changement des représentations et des comportements face à un phénomène engendrant de la tension se matérialisent donc par deux registres d'action, l'un se référant aux actions pouvant être mises en place individuellement et l'autre aux actions menées collectivement. Participer à la construction collective d'un sens partagé contribue par l'implication des acteurs au développement et à la diffusion de nouvelles représentations concernant non pas la nature du problème, ce qui pourrait être stérile et renvoyer chacun-e à des remises identitaires impossibles, mais la manière de définir ce qui fait problème et ce sur quoi ils et elles peuvent agir pour passer des stéréotypes à des connaissances contextualisées et situées. Si l'articulation entre les deux registres d'action s'enclenche pour chaque participant-e durant le déroulement temporel de la recherche-action-médiation, les effets sur la société ne peuvent s'envisager que dans un temps long. La diffusion de nouvelles manières d'envisager les tensions par les participant-e-s à une recherche-action-médiation va passer par des situations de désapprentissage puis d'apprentissages proposés à d'autres individus et d'autres groupes, voire par des phases d'échanges et de discussion pour modifier encore une fois les représentations ou pour élaborer ensemble d'autres manières d'agir avant de pouvoir construire politiquement des actions qui tiennent compte des réalités des relations sociales entre les individus (Elcheroth et al., 2011).

---

[2] Ces entretiens visent à fournir des éléments éclairants sur les vécus des tensions par des femmes dont l'engagement est reconnu par les membres de leur groupe d'appartenance.

3. Médiation : l'apport de la médiation ou comment construire un sens partagé

La recherche-action-médiation place au cœur des rencontres et des échanges entre les individus l'élaboration de quelque chose de commun. Elle nécessite ainsi de s'intéresser à quelque chose en tension. Mais comment discuter/agir pour réduire les tensions et faire ensemble ? Les pratiques artistiques de création servent d'intermédiaire pour que les participant-e-s rentrent en contact. Dit autrement, une fonction de médiation est donnée à un support de création (artistique, virtuel ou réel) afin qu'en chaque participant-e se réalise un processus psychologique d'apprentissage. Les médias sont utilisés en tant que vecteurs physiques ou virtuels pour agir sur le monde et communiquer entre participant-e-s. La médiation permet ainsi une acculturation de chaque participant-e-s aux cultures des autres en leur permettant de construire collectivement de nouvelles manières d'être et de se considérer. Est-ce à dire que la médiation est un outil au service d'un dispositif de recherche-action ? Nous proposons de présenter ici ce que la médiation apporte au triptyque recherche-action-médiation. Nous évoquerons notamment les questions qu'ouvre la traduction du nom du dispositif avec la médiation. Nous aborderons ensuite en quoi la médiation permet de créer un espace commun de construction de sens, enfin, la fonction propre de la médiation au triptyque sera présentée.

Les questions qu'ouvre le mot « médiation »

Durant la mise en œuvre de la recherche-action-médiation *Femmes et féminismes en dialogue,* nous nous sommes posé beaucoup de questions sur le dispositif à mettre en œuvre, sur comment expliquer aux collègues scientifiques la méthodologie que nous mettions en œuvre. Leurs questions de type « C'est quoi ce que vous faites ? », « Vous faites une recherche appliquée sous forme d'intervention, c'est ça ? », nous ont amenées à l'écriture collaborative de ce chapitre. En effet, la recherche-action-médiation (avec un trait d'union entre chaque terme) renvoie à la fois à une juxtaposition des notions et au fait que mener ensemble conjointement, ce dispositif est plus que l'addition des effets séparés d'une recherche, d'une action, d'une médiation. Le chapitre 1 de cet ouvrage aborde la dimension communautaire du mot médiation au Québec ou en Argentine, mais aussi son lien avec la reconnaissance des diversités au sein d'un même espace national comme la Suisse où plusieurs populations sont en contact. Mais l'utilisation et la traduction du nom du dispositif dans d'autres pays participant à *Femmes et féminismes en dialogue* a révélé des enjeux épistémologiques liés à la traduction.

En Allemagne, la notion de « médiation » impose toujours un conflit, que l'on cherche à résoudre. En français de France, médiation, c'est ce qui fait lien entre deux entités, ce terme est aussi employé lorsque des médias sont utilisés comme moyen de faire du lien pour apprendre ou pour entrer en dialogue (des supports artistiques, des images médiatiques de publicité, des films…). Concernant la mise en place méthodologique de la recherche-action-médiation, des différences selon les disciplines et les langues sont apparues entre les participantes, et ce, qu'elles soient universitaires ou non. La médiation et la recherche-action ne semblent pas avoir le même statut dans les douze pays dans lesquels le projet s'est déployé. En Europe, il y a une dichotomie qui distingue les universités consacrées aux sciences fondamentales ou théoriques et celles qui sont dans une perspective de sciences appliquées. Une certaine forme de hiérarchie conduit à considérer que les premières sont supérieures aux secondes. Au Québec et plus généralement dans les universités américaines, qu'elles soient d'Amérique du Nord ou du Sud, il n'y a pas de distinction stricte séparant sciences fondamentales et sciences appliquées. Dans les universités francophones canadiennes, le travail social est ainsi reconnu, accepté. En Europe, cette discipline est une science appliquée, qui est considérée comme plutôt secondaire, voire tributaire de sciences humaines et sociales plus établies comme la psychologie ou la sociologie. Si dans le pays originaire du dispositif de recherche-action-médiation, le Québec, mener une recherche-action a une légitimité scientifique en tant que méthode qualitative, ce n'est pas le cas dans l'ensemble des pays dans lesquels le projet *Femmes et féminismes en dialogue* s'est déployé. Pour dépasser ce clivage entre recherche fondamentale et recherche appliquée pour lesquelles les savoirs scientifiques seraient mobilisés pour résoudre des problèmes, l'analyse épistémologique réalisée dans la première partie de ce chapitre invite à interroger la définition même de ce qui fait problème dans l'élaboration d'une recherche-action. Le statut accordé au problème n'est donc plus dans une visée empirique de trouver une solution universelle pour le résoudre, mais dans une perspective symbolique. Il s'agit de s'intéresser au sens accordé à ce problème, c'est-à-dire à ce qu'il signifie pour les acteurs qui le vivent. La recherche-action-médiation promeut ainsi un paradigme dans lequel faire et agir ensemble pour construire la connaissance est en soi une finalité scientifique.

La médiation comme espace de construction de sens

Dans l'optique d'offrir un espace commun pour construire du sens à plusieurs, la médiation permet aux participant-e-s d'être à l'écoute de la diversité qu'il y a entre eux et elles afin de coconstruire des connaissances permettant de vivre ensemble. Il s'agit donc d'une mise en relation au sein d'une même unité de temps et de lieu d'individus ayant des opinions, des représentations ou des pratiques différentes. L'espace que permet la médiation pour avoir conscience des stéréotypes et des préjugés contribue à désapprendre les comportements opprimants. Par exemple, pendant la mise en œuvre du projet *Femmes et féminisme en dialogue* en Allemagne, les femmes ont commencé à faire connaissance, elles ont appris ce qu'elles ont en commun puis elles ont établi des liens amicaux qui perdurent encore aujourd'hui[3]. Un autre aspect central d'un stéréotype est que le comportement est appris, autrement dit les préjugés sont transmis par l'environnement. Les aspects de l'apprentissage des préjugés et des pratiques discriminatoires/opprimantes incluent que ces pratiques et attitudes peuvent être « désapprises » et remplacées par des comportements empathiques et non opprimants (pour des exemples de méthodes, voir le chapitre 1 sur la médiation et l'interculturalité ainsi que le chapitre 5 sur la réflexivité). La médiation permet d'enclencher un processus sur soi-même ainsi que sur les autres dans un processus d'interrelation. Il faut préciser qu'agir ensemble a non seulement des effets sur les autres qui participent à la médiation, mais aussi sur ceux et celles avec lesquels nous pouvons ensuite interagir. En effet, le processus de médiation permet de changer ce qui est acquis précédemment grâce à une socialisation continue. Afin de construire ensemble du sens, les acteurs sont invités à parler de leur propre singularité à partir de leur vécu individuel en s'exprimant à la première personne du singulier, et ce, afin d'accueillir la singularité de l'autre (pour plus d'informations, voir le chapitre 1 ou le chapitre 5 sur la réflexivité). L'entrée dans ce processus d'échange, de reconnaissance des similarités et des différences avec les autres passe par la mise en œuvre dans le dispositif d'une horizontalité des rapports non seulement déclarée, mais effective dans le quotidien des interactions et des échanges.

L'établissement de pouvoirs équilibrés

Coconstruire, modifier nos propres représentations nécessite de reconnaître que l'autre est compétent tout autant que nous, mais peut-être d'une autre manière. Tout particulièrement dans le cadre de thèmes nécessitant de réfléchir de manière intersectionnelle aux relations de pouvoir, il convient que tou-te-s les participant-e-s à une recherche-action-médiation aient une confiance mutuelle afin de pouvoir contribuer activement à la construction de connaissances partagées. La médiation offre un cadre et une éthique permettant l'établissement de pouvoirs équilibrés entre les participant-e-s. Elle peut se définir comme l'intervention dans une situation de conflit d'une tierce partie neutre, impartiale, pouvant être acceptée par les parties et dépourvue de pouvoir décisionnel. Elle se limite à aider les parties à accepter de rechercher une solution convenable au conflit. Son rôle est utile dans les

---

[3] Voir à ce sujet l'atelier mené sur le campus adventiste de Friedensau relaté dans le chapitre 6.

conflits hautement polarisés dans lesquels les parties ont été incapables d'établir un dialogue fructueux ou lorsque les parties sont en apparence acculées dans une impasse (Herrera et Passano, 2007). Dans de nombreuses mises en œuvre de recherches collectives ou collaboratives (Allard-Poesi et Perret, 2004 ; Capdevieille et Mougnibas, 2010 ; Gulfi et al., 2016), les chercheur-e-s ont la posture de cette personne tierce qui a une fonction de mise en relation dans un principe de neutralité. Si un déséquilibre apparaît, c'est la responsabilité de la personne médiatrice de rétablir un équilibre entre les participant-e-s. Mais avoir une horizontalité équilibrée est nécessaire afin de maintenir la confiance mutuelle des participant-e-s. Dans le cadre de la recherche-action-médiation, originellement la fonction de médiation est tenue par des chercheures le temps de former des professionnelles ou des usagères à l'animation et à l'utilisation de grilles interprétatives pour analyser les phénomènes observés à l'œuvre dans le cadre du processus. Dans le respect de la reconnaissance des savoirs mutuels, chacune des participantes peut, si elle le souhaite, être animatrice d'une activité ou d'une séquence et durant le temps de cette opération être dans une situation de neutralité.

Dans le cadre d'une recherche-action-médiation, les animatrices ont un pouvoir sur les autres participantes, mais elles acceptent ensuite de le perdre afin que chacune puisse à tour de rôle être dans cette fonction. Il ne faut pas nier que la mise en dialogue d'un thème en tension ainsi que la perte de privilèges ou l'identification des privilèges dont nous ne sommes pas conscient-e-s peuvent créer des situations de conflits symboliques ou un climat de violence au travers des mots prononcés. La reconnaissance des privilèges n'est pas un processus facile, toutefois il serait erroné de catégoriser selon une division dichotomique dans laquelle lorsqu'une personne a des privilèges, elle serait automatiquement du côté des oppresseurs. Afin de permettre à chacun-e d'exprimer ses opinions, de mettre en partage ses savoirs avec les autres participant-e-s, les animateurs-rices d'une recherche-action-médiation sont amené-e-s à porter une attention particulière aux éléments suivants :

- Disposer et construire continuellement un cadre d'échanges sécurisant et convivial permettant l'expression ;
- Mettre en œuvre une horizontalité des rapports sans présélection ou peur devant les changements de statuts (pour les chercheur-e-s, les professionnel-le-s par rapport aux usager-ère-s, les usager-ère-s prenant la parole devant ceux ou celles considéré-e-s habituellement comme des expert-e-s) ;
- Avoir un thème d'échanges fortement engageant pour les participant-e-s, et ce, quel que soit leur statut ou leur groupe d'appartenance ;

- Mettre en œuvre des actions au niveau collectif et individuel. Il sera alors aussi possible d'utiliser les pouvoirs et les privilèges individuels pour lutter contre le déséquilibre.

Dans le cadre de chaque recherche-action-médiation, ces éléments de vigilance peuvent s'opérationnaliser différemment. Ainsi dans *Femmes et féminismes en dialogue*, ils sont perceptibles au travers des treize étapes présentées ci-dessous. Si la position de tiers dans un cadre rappelant l'intervision est promue dans la recherche-action-médiation, il faut noter que l'ensemble des participant-e-s est garant de l'élaboration de connaissances communes.

Le processus de recherche-action-médiation (extrait du guide méthodologique Les féminismes en dialogue, 2017, page 11)

1. Partir d'une situation collective de malaise, de tension, de conflit ouvert ou potentiel	2. Dresser le paysage, faire des entrevues avec des témoins clés
3. Développer une équipe interculturelle et intergénérationnelle de recherche action médiation	4. Recruter des participant-e-s en réseaux en s'appuyant sur nos liens de confiance, en en créant de nouveaux, en utilisant les réseaux et les expériences existant déjà, en reconnaissant les apports de ces expériences et les apports et expertises des participant-e-s
5. Mener des groupes de pré-médiation avec des productions artistiques et collectives	6. Mener un Dialogue rassembleur avec les différents groupes et en utilisant les productions artistiques. Mettre en situation de confiance, d'échanges, de collaboration. Nouvelles productions collectives
7. Mener l'analyse et la recherche de nouvelles connaissances tout au long du processus	8. Construire et utiliser des outils d'évaluation du processus tout au long du projet (entrevues audio, filmées, questionnaires etc.)
9. Effectuer un suivi avec les participant-e-s sur le contenu et sur le processus	10. Animer un groupe final de clôture et de transfert
11. Systématiser l'analyse	12. Écrire et diffuser oralement tout au long du processus
13. Continuer l'analyse et la diffusion écrite et orale après la fin du projet	

Ici, la médiation n'est donc pas envisagée comme un outil au service d'un dispositif de recherche-action, mais comme un élément constitutif et contributif aux développements de connaissances communes pour définir collectivement un sens partagé à une situation de tension que l'on souhaite dépasser en améliorant les connaissances mutuelles et en en créant de nouvelles. La mise en action dans un espace de médiation permet de mettre les participant-e-s en posture réflexive les un-e-s avec les autres et avec eux-mêmes ou elles-mêmes. Autrement dit, la recherche-action-médiation en tant que processus de construction ou de changement des connaissances auquel collaborent différentes personnes a intrinsèquement une fonction de médiation. Il s'agit alors d'un nouveau paradigme dans lequel chacune des parties (recherche, action, médiation) est reliée avec toutes les autres et dont l'architecture multidimensionnelle permet de dépasser une approche cumulative des parties prises deux à deux.

En conclusion : *seules, nous ne voyons pas que nous ne voyons pas* !

Les réflexions présentées dans ce chapitre résultent de l'analyse selon une approche ethnométhodologique des points d'achoppement et des tensions vécus et discutés ensemble durant une recherche-action-médiation menée dans différents pays. La visée de faire changer les choses, assumée par ce dispositif, fait penser à la définition de la recherche appliquée. Sa mise en œuvre produit certes des actions, mais également des connaissances d'ordre scientifique sur la compréhension et l'explication du monde social des êtres humains. Si le problème dans une recherche-action ou dans une recherche collaborative peut être catégorisé selon deux axes croisés (p. ex. Albano, 2012 ; Allard-Poesi et Perret, 2004 ; Morrissette, 2013) considérant un premier continuum relatif à la visée principale de la recherche (scientifique ou de changement social) et un second continuum correspondant au pouvoir d'agir des acteurs incluant ou non le ou la chercheur-e (les participants traduisent les données du problème par eux-mêmes versus le chercheur propose des traductions aux participants), alors le pari de la recherche-action-médiation est de tenter de rester à l'intersection de l'ensemble des axes sans privilégier des pôles par rapport à d'autres. La dénomination « recherche-action médiation » inscrit le dispositif dans la lignée la recherche-action, mais elle laisse envisager la médiation comme un outil, or dans la recherche-action-médiation, le tout dépasse chacune des parties. C'est pourquoi nous avons donc choisi de symboliser par des traits d'union la fusion[4] des trois éléments du triptyque

---

[4] L'utilisation de traits d'union sans espace permet d'accéder au sens de la fusion que la proposition « rechercheactionmédiation » ne rendrait pas lisible. Il invite à considérer la recherche-action-médiation comme un syntagme unique même s'il est composé. L'absence d'espace entre le trait d'union et les mots permet de considérer qu'il ne s'agit pas d'une simple juxtaposition des trois termes.

« recherche-action-médiation ». L'appellation « recherche action-médiation » permet quant à elle de considérer ensemble action et médiation comme un tout indissociable, mais cette écriture peut également laisser croire que la focale sera mise sur la dimension scientifique. De plus, étant donné qu'il s'agit d'un dispositif original peu connu, l'utilisation des traits d'union permet de figer l'expression comme un tout. Chaque participant-e peut avoir une finalité propre à sa participation au dispositif de recherche-action-médiation, mais un objectif commun de niveau méta les réunit toutes et tous : réduire des tensions en faisant changer les choses. La mise en commun des savoirs permet la coconstruction de connaissances, qu'il s'agisse de création ou de transformation d'anciennes représentations ou de reconfiguration des pratiques, elle contribue ainsi à changer soit les caractéristiques de la situation, soit les explications qui en sont données. Les changements peuvent aussi bien être perceptibles au niveau intra-individuel, qu'entre les individus appartenant à des groupes différents ou encore entre les groupes eux-mêmes.

Bibliographie

Albano, R. (2012). *Action- Research / La recherche-action/ La ricerca-intervento*. Bologna : TAO Digital Library.

Allard-Poesi, F. et Perret, V. (2004). Les représentations du problème dans la recherche-action : Définitions et illustration au travers de l'élaboration d'un projet stratégique. *Finance Contrôle Stratégie, 7*(4), 135-156.

Blumer, H. (1982). El Interaccionismo Simbólico. Perspectiva y Método. Editorial Hora s.a.

Capdevielle-Mougnibas, V. et de Léonardis, M. (2010). Ségrégation sociale et responsabilité du chercheur : donner la parole à ceux qui ne l'ont pas. *Recherches qualitatives. 29*(2) 132-159.

Cheung, F. M., van de Vijver, F. J. R. et Leong, F. T. L. (2011). Toward a new approach to the study of personality in culture. *American Psychologist, 66*(7), 593–603.

Cullen, C. (1984). La Hermenéutica : Horizonte de las aporías en toda Interpretación. *Revista Argentina de Psicología, 15*(36).

Echeverría, R. (1997). *El Búho de Minerva*. Santiago, Chili : Ed. Dolmen.

Elcheroth, G., Doise, W. et Reicher, S. (2011). On the knowledge of politics and the politics of knowledge: How a social representations approach helps us rethink the subject of political psychology. *Political Psychology, 32*(5), 729–758.

Équipe Québec « Les féminismes en dialogue ». (2017). *Guide d'accompagnement pour une recherche action-médiation*. Sherbrooke : Université de Sherbrooke. Repéré à https://feminismes101.wixsite.com/feminismesendialogue/boite-a-outils.

Flick, U. (2004). *Introducción a la investigación Cualitativa*. Madrid : Editorial Morata.

Fox-Keller, E. (1985). *Reflections on Gender and Science*. Yale University

Gadamer, H-G. (1999 – 2000). *Verdad y Método. Vol. I y II*. Madrid : Ed. Sígueme.

Giannini, H. (1998). *Breve Historia de la Filosofía*. Santiago: Ed. Universitaria.

Goyette, G. et Lessard-Hébert, M. (1988*). La Investigación-acción. Funciones, Fundamentos e Instrumentos*. Barcelone : Laertes.

Gulfi, A., Piérart, G., Scozzari, E., Tétreault, S., Desmarais, C. et Lindsay, S. (2016). La collaboration entre les familles migrantes d'enfants en situation de handicap et les intervenants sociaux qui les accompagnent : entre défis à relever et ressources mobilisées. *Revue suisse de travail social, 19/20*, 73-91.

Herrera, A. et da Passano, M. G. (2007). *Gestion alternative des conflits fonciers*. Rome, ftp://ftp.fao.org/docrep/fao/010/a0557f/a0557f01.pdf (17.07.2017).

Kemmis, S (1991). Mejorando la educación mediante la investigación acción. Dans M.C. Salazar (dir.), *La investigación-acción participativa : inicios y desarrollos* (p. 175-204). Espagne : Editorial Popular : Organización de Estados Iberoamericanos para la Educación, la Ciencia y la Cultura, OEI : Sociedad Estatal Quinto Centenario.

Morin, E. (1995). *Introducción al Pensamiento Complejo*. Barcelone : Editorial Gedisa..

Morrissette, J. (2013). Recherche-action et recherche collaborative : Quel rapport aux savoirs et à la production de savoirs ? *Nouvelles pratiques sociales, 25*(2), 35-49.

Najmanovich, D. (2008). *Mirar con nuevos ojos: nuevos paradigmas en la ciencia y pensamiento complejo*. Buenos Aires : Ed. Biblos.

Sagastizabal, M.A. et Perlo, C. (2002). *Investigación-Acción Como estrategia de Cambio en las Organizaciones*. Buenos Aires : Editorial La Crujía.

Sirvent, M. T. et Universidad de Buenos Aires Facultad de Filosofía y Letras Instituto de Ciencias de la Educación ea Desarrollo sociocultural y educación permanente. (1989). *Investigación participativa: Mitos y modelos*. Buenos Aires: Facultad de Filosofía y Letras.

Ricoeur, P. (1998). *La Teoría de la Interpretación. Discurso y Excedente de Sentido*. Madrid : E. SigloXXI.

Tilly, C. (1984). Les origines du répertoire de l'action contemporaine en France et en Grande-Bretagne, *Vingtième siècle. Revue d'histoire, 4*, 89-108.

Vasilachis de Gialdino, I. (1992). *Métodos Cualitativos I. Los problemas teórico-epistemológicos*. Buenos Aires : Centro Editora de América latina.

Vatz Laaroussi, M. (dir.). (2015). *Les rapports intergénérationnels dans la migration. De la transmission au changement social*. Québec : Presses de l'Université du Québec.

Vatz Laaroussi, M. et l'équipe Femmes et féminismes en dialogue. (2019). Les médiations au croisement des approches interculturelles, de l'intervention féministe et des perspectives intersectionnelles. Dans A. Heine et L. Licata (dir.), *Psychologie interculturelle en pratiques*. Bruxelles : Éditions Mardaga.

Vergnaud, G. (1996). Au fond de l'action, la conceptualisation. Dans J.-M. Barbier (dir.), *Savoirs théoriques et savoirs d'action*. (p. 275-292). Paris : Presses universitaires de France.

Wallin-Ruschman, J. et Patka, M. (2016). Learning From Critical Collective Spaces: Reflections on the Community-Diversity Dialectic in Safe Spaces, *Journal of Social and Political Psychology, 4*(1), 318–331.

Weil-Barais, A. et Resta-Schweitzer, M. (2008). Approche cognitive et développementale de la médiation en contexte d'enseignement-apprentissage. *La nouvelle revue de l'adaptation et de la scolarisation, 42*, 83-98.

Lettres entre amies, printemps 2018

Chère Michela-Claudie,
Lors de notre dernière rencontre, tu m'as dit que tu souhaitais échanger avec moi et que tu voulais me connaître davantage. Tu m'as aussi dit que notre rencontre t'a confrontée pour la première fois à une femme musulmane voilée, féministe, engagée et très humaine. Tes propos sincères m'ont touchée. Ils m'ont permis de respirer profondément une bouffée d'air frais, celle qui nous ranime lorsqu'on se sent enfin compris ! Mais que veux-tu savoir sur moi chère Michela-Claudie ? Un passé que j'ai laissé derrière moi dans mon Algérie et qui continue de s'emparer d'une grande partie de moi-même et de guider certains de mes pas ? La femme que j'étais avant ? Mon parcours migratoire avec son lot de sacrifices, de luttes et de défis à relever ? Que veux-tu connaître au juste ? En moi, il existe plusieurs identités qui parfois se confrontent et divergent, et parfois convergent jusqu'à la symbiose. Je ne suis pas une femme. Je suis plusieurs femmes ! Je suis la mère, je suis l'épouse, je suis l'immigrante, je suis la citoyenne engagée dans les causes justes, je suis la professionnelle. Mais aux yeux de beaucoup de personnes, une seule identité reste visible : celle de la musulmane voilée dans une société sécularisée. Je suis une femme comme n'importe quelle autre avec des journées ordinaires, des responsabilités familiales et des engagements socioprofessionnels. Mes journées commencent toujours tôt et finissent tard. Je gère ma famille, mon travail, mon temps et surtout mes émotions. Mes émotions ! Attention, j'ai appris à les taire, à ne pas trop en parler à haute voix. Ce n'est pas permis de parler des émotions dans une société comme la nôtre, à moins que tu sois en face d'un psychologue chargé de te soutenir et de t'aider à mieux les gérer. Nous devons étouffer nos émotions afin de ne pas basculer au-dessous de la performance. Toujours la performance, car il est exigé de nous, les femmes, d'aller toujours de l'avant, et de s'accrocher à ce mode de vie de constante compétition et de vitesse effrénée. Nous devons être continuellement et sans répit, de bonnes mères, de bonnes conjointes, de bonnes professionnelles…, et dans toute cette spirale chère amie, y a-t-il vraiment une place pour les émotions ?

Chère Fatiha,
Ton message me touche particulièrement car tu mets en évidence la place de l'émotion. En effet, mettre des mots sur nos émotions n'est pas chose facile. Et globalement, le projet *Femmes et féminismes en dialogue* m'a aidée sur ce point. Originaire de Madagascar, je suis une femme qui ressent beaucoup de colère face à la pauvreté et à l'injustice. Avec le recul, je réalise que j'étais, depuis mon adolescence, engagée dans la justice sociale et les principes féministes. L'émotion qui dominait chez moi était la colère. Cette émotion m'a amenée dès mon plus jeune âge, à m'engager socialement. Avec le temps,

les épreuves de la vie m'ont appris à apprivoiser cette colère et à la transformer en une force me permettant d'avancer. Mes parents étaient engagés dans un mouvement catholique nommé Justice et foi. Impliquée dans ce mouvement, mon adolescence fut marquée par des engagements auprès des jeunes : développer leur leadership et leur engagement social. Ces engagements ont pris beaucoup de mon temps et ont forgé ma personnalité. En effet, toute jeune, j'étais déjà consciente de l'impact de l'inaccessibilité des services (éloignement des écoles, des hôpitaux, eau potable) et par ricochet de l'inégalité des chances dans la société. J'étais sensible à ces causes, car maintenant et avec du recul, je réalise que je les ai intériorisées depuis de mon enfance. Aussi, j'étais très proche de ma grand-mère. Cette dernière, lors de nos soirées autour du feu pendant la préparation du repas du soir, me racontait son enfance. Elle était orpheline. Je l'admirais, car malgré son vécu difficile, elle était battante. J'admirais aussi ma mère qui était une femme à forte personnalité qui a toujours exprimé ses opinions avec courage et détermination. De son côté, mon père manifestait une tendresse et une grande capacité d'écoute, ce qui nous permettait d'être nous-mêmes. Dans ma famille, il y a souvent eu des divergences d'opinions et de façons de vivre, mais mes parents avaient du respect envers nous. À mon avis, et sans le savoir, mon père était féministe même si on ne prononçait pas ce terme à cette époque-là. Disons que mes parents ne faisaient pas de différence de genre quant à l'éducation de leurs enfants.

Chère Michela-Claudie,
Rappelle-toi mon amie du jour où nous avons partagé l'histoire pleine de gloire, mais aussi de souffrances de la reine Ranavalona III, la dernière souveraine de Madagascar, qui a choisi l'Algérie comme terre de son exil forcé, et y resta jusqu'à son décès en 1917. Cette partie de l'histoire commune à nos deux pays et le destin tragique de cette reine, une femme, nous ont rapprochées. Ce sont mes émotions qui m'ont amenée à m'engager dans ma nouvelle voie professionnelle : l'intervention psychosociale et la médiation interculturelle. Des émotions que je n'ai pas réussi ou plutôt pas voulu étouffer. Ces émotions m'ont mise sur une voie humaniste qui privilégie l'écoute et l'entraide. Une écoute dont j'avais grandement besoin à mon arrivée sur ma terre d'accueil. La voie que j'ai choisie me permet d'être authentique. Elle m'a préservé de la réification de mon être et de mon âme en me maintenant profondément humaine !

Chère Fatiha,
Mon immigration au Québec rejoint cette soif de dépassement de soi, de même que mon parcours universitaire met en lumière le rôle de l'individu acteur de son développement. Je crois que chaque humain a du potentiel. Malheureusement, des variables externes sont quelquefois un frein à tout

épanouissement. De mon côté, j'ai vécu comme tout immigrant, le choc migratoire, climatique et le manque de réseau professionnel. Toutefois, sur mon parcours, j'ai rencontré des personnes qui m'ont aidée à avancer et à croire à mes rêves. Les rencontres avec les femmes immigrantes au Québec m'ont grandement inspirée. J'ai rencontré des femmes immigrantes fortes et battantes. Également, mon parcours professionnel a grandement influencé mon identité de femme.

Chère Michela-Claudie,
Je tiens à te dire que mon expérience migratoire, même parsemée d'embûches et d'obstacles à relever, m'a tout de même permis de grandir et de m'ouvrir davantage au monde qui m'entoure. Vivre dans une société culturellement diversifiée a fait éclater mes boîtes de vision. Je ne regarde plus certaines situations sous un seul angle, celui qui me sécurisait, mais j'ai appris à les scruter sous plusieurs angles différents. J'ai appris que « C'est notre regard qui enferme souvent les autres dans leurs plus étroites appartenances, et c'est notre regard aussi qui peut les libérer » (Amin Maalouf, 1998). Le forum, et le colloque sur *Femmes et féminismes en dialogue* ont non seulement représenté selon moi deux espaces qui ont permis de rassembler les femmes de tous horizons et de tous les champs professionnels autour d'un objectif commun qui est la solidarité universelle, mais ils ont aussi permis à ces femmes d'échanger, de partager et d'exprimer leurs appréhensions et leurs attentes. Ma plus grande satisfaction dans ces espaces de dialogue fut de rencontrer des femmes, sans préjugés ni idées préconçues. Te rencontrer chère Michela-Claudie et surtout échanger avec toi, nous découvrir et nous apprécier mutuellement au-delà de nos différences nous a permis à toutes les deux, et chacune à sa manière, de briser les carcans qui nous tenaient otages de cette peur qu'on a de l'autre, celui ou celle qui est culturellement différent-e de nous.

Chère Fatiha,
Mon engagement auprès du projet *Femmes et féminismes en dialogue* m'a permis de rencontrer des femmes fortes, capables d'action et de changement. Ma soif de connaître l'autre, je l'ai vécue lors ma rencontre avec toi, Fatiha. Pour moi, chaque femme est unique et ce que j'ai appris avec toi est un dialogue unique. Je me rappelle de toi dès le début de notre rencontre, comme une femme calme et aimante. Une année s'est écoulée et je t'ai revue, Fatiha, en 2017 lors du forum et congrès international à Montréal. Nous étions panellistes à la même table ronde.

Chère Michela-Claudie,
Pour conclure cet échange, permets-moi de te dire que fortes de notre parcours migratoire, de nos expériences de vie et de notre rencontre, nous avons appris

à nous distancier de notre zone de confort et à scruter le monde avec les lunettes de la diversité et des valeurs universelles. À mon avis, la plus forte croyance demeure celle qui nous sensibilise à l'essence humaine et qui nous rattache les uns aux autres, et au-delà de nos différences, quelles qu'elles soient. Toi et moi avons réussi à poser la première pierre à l'édifice de notre amitié. Une amitié qui j'espère grandira chaque jour davantage à l'image de notre espoir en un avenir meilleur et de notre ouverture sur le monde qui nous entoure.

CHAPITRE 4

Les arts comme vecteurs et créations de médiations

Myriame Martineau, Audrey Lamothe, Jade Fauteux, Maïté Simard, Zanafy Gladys Abdoul et Faniry Ranaivo Rahamefy

> *Images play a crucial role in defining and controlling the political and social power to which both individuals and marginalized groups have access. The deeply ideological nature of imagery determines not only how other people think about us, but how we think about ourselves.*
> Pratibha Parmar

Dans ce chapitre, nous nous intéressons aux différentes formes artistiques qui ont permis aux participantes de cette recherche de prendre conscience de la puissance de la parole et du dialogue pour développer des solidarités, de saisir comment mettre en place des espaces de cocréation pour « se mettre en action » et ainsi transformer les rapports de domination et d'inégalités sociales envers les femmes. Les arts soulèvent souvent des questions de subjectivité et d'interprétation, les normes esthétiques, les critères de représentation de la beauté n'étant souvent pas les mêmes selon le genre et les sociétés dans lesquelles ils se donnent à voir et à apprécier. Pourtant, nous communiquons, nous nous exprimons, nous partageons certaines valeurs et expériences à travers l'art (Becker, 2009). C'est cette forme de médiation qui fait appel à nos sens, à notre mémoire, à notre vécu, à la création d'un espace commun convivial et agréable que nous avons voulu expérimenter dans cette recherche. L'intervention artistique est devenue un élément clé de la compréhension mutuelle de la démarche d'une médiation interculturelle et intersectionnelle et a été au cœur de ce processus de recherche.

Nous avons ainsi mis en place plusieurs types d'ateliers (conte, théâtre-forum, arts visuels, correspondances) pour permettre aux femmes, quels que soient leurs origines, religions, statuts sociaux, âges, situations de handicap, de se rencontrer et de mettre en pratique leur conception du féminisme d'aujourd'hui, ses pratiques, ses luttes, ses convergences et tensions. Il s'agit, dans ce chapitre, de rendre compte des réflexions et des transpositions possibles dans les milieux universitaires, communautaires, militants, que certains ateliers ont suscitées et engendrées. Comment les participantes ont-elles réussi à construire un lien significatif, en privilégiant l'usage de stratégies, visant à rééquilibrer les enjeux de pouvoir dans notre société ? Deux autres exemples illustrent parfaitement la démarche de recherche, à savoir le processus de création de visuels pour (re)présenter la recherche et le slam comme outil de médiation. Nous retrouvons enfin dans ce chapitre un témoignage d'une militante argentine, vivant dans une zone rurale, qui nous propose sa vision du féminisme à travers les arts et qui vient confirmer que les pratiques artistiques utilisées permettent de développer une mobilisation féministe d'envergure.

1. Le théâtre-forum : création d'un espace de dialogue et d'intervention sociale

Inspiré de la pédagogie des opprimés de Paolo Freire, le théâtre-forum est une technique de théâtre mise au point dans les années 1960 par Augusto Boal (1977, 1978) au Brésil. Il s'agit de courtes scènes illustrant des situations conflictuelles tirées de la réalité des participantes. Ces saynètes se terminent en impasses, créant ainsi une réaction chez le public. Celui-ci est appelé à entrer en jeu en montant sur scène, à sortir de la passivité, afin d'expérimenter différentes avenues qui pourraient modifier le cours de l'histoire qui se déroule sur la scène, en devenant une spect-Actrice. Cette forme de théâtre populaire vise à rééquilibrer les rapports de pouvoir en place. En s'inspirant de la pensée de Freire (1982, p. 44), « Personne ne libère autrui, personne ne se libère seul, les hommes [et les femmes] se libèrent ensemble », le théâtre-forum cherche à transformer les rapports de domination dans l'action. Il favorise la création d'espaces collectifs d'échange et d'interaction, où le conflit et les tensions constituent des forces de transformation sociale. Le but n'est pas de trouver une solution unique à un problème donné, mais plutôt d'expérimenter collectivement différentes possibilités face à un enjeu commun auquel les actrices et le public s'identifient.

Sans perdre de vue les systèmes d'oppression qui constituent les rapports de pouvoir, le théâtre-forum tente d'aborder les inégalités sociales à partir d'un processus de renforcement du dialogue et transporte la réflexion dans l'action. Il s'agit d'un outil puissant permettant de construire des solidarités à travers un processus de transformation sociale. Ainsi, le jeu des actrices en interaction avec les interventions des spect-Actrices, devient source de changement en vue de réfléchir et créer des rapports plus égalitaires. Le théâtre-forum, en tant qu'outil artistique d'intervention sociale, se définit comme un « théâtre rassembleur » (Guilbert, 2004, p. 109) où les thématiques abordées sont infinies (Lamothe, 2017). L'utilisation de cet art permet d'entrer en communication avec l'autre par l'écoute, la parole, le ressenti, l'expérience de chacune. La créativité, la liberté d'action et le respect mutuel deviennent des éléments clés pour bâtir l'histoire. Ce type d'intervention aspire à installer le jeu au cœur des dynamiques, malgré les différences culturelles et les tensions présentes. La coopération devient nécessaire, afin de mener à terme un processus dialogique dirigé vers la recherche d'harmonisation entre les individus (Gélinas et al., 2013).

Le théâtre-forum est sollicité pour sortir de la perspective intellectuelle et vise à se doter d'un espace d'exploration afin de réfléchir dans l'action et dans l'expression. Autant lors du Grand dialogue de 2016 que dans le cadre du Forum international de 2017, les ateliers artistiques thématiques ont été organisés en sous-groupes dans le but de faciliter l'échange et la prise de parole, car c'est en se racontant que l'on commence à entrer en dialogue. Il a ainsi permis de partir des rapports de pouvoir pour aller vers la médiation. Dans le cadre de la recherche, cette ambiance favorable avait été instaurée grâce à plusieurs mois de travail conjoint. La visée commune de dialogue sert alors de base et de ciment pour aborder des questions plus difficiles, apprendre collectivement et travailler à la création de ponts et de solidarités. Dans les ateliers, les jeux brise-glace sont souvent les premiers outils utilisés pour entrer en relation les unes avec les autres. Ces petites activités, parfois anodines, servent à la création d'un climat d'ouverture et facilitent la cohésion du groupe.

> *Thèmes abordés lors des forums 2016 et 2017 :*
> ➤ *Pression sociale face aux déplacements plus lents des personnes à mobilité réduite.*
> ➤ *Préjugés envers les employées portant le voile et travaillant dans le service à la clientèle.*
> ➤ *Manque de considération de l'opinion professionnelle des femmes dans les réunions de travail mixtes (saynète préparée avec l'aide d'interprètes et jouée sans mot).*
> ➤ *Discrimination des personnes plus âgées lors des entrevues d'embauche.*

Le travail en petits groupes a pour but d'ouvrir des espaces de parole et donner aux participantes l'occasion de s'exprimer sur ce qu'elles ont envie de communiquer au groupe, ce qui les touche et les révolte. Des thématiques sont ainsi retenues collectivement et, de là s'articulent les messages que le groupe désire porter plus largement. Les témoignages individuels inspirés de situations quotidiennes concrètes sont ensuite repris de manière collective au travers d'improvisations. Ce processus permet, entre autres, d'explorer différentes perceptions et expériences à travers des mises en scène créatives et favorise le regroupement des situations personnelles, singulières et individuelles afin d'en tisser un enjeu collectif.

Finalement, les participantes présentent les saynètes devant le grand groupe. Il s'agit alors d'une occasion pour visibiliser certaines situations d'exclusion et d'inégalité rencontrées par les actrices et, par la suite, les spect-Actrices sont invitées à intervenir dans la recherche de solutions.

La reprise de pouvoir des personnes est au centre du processus, ainsi que l'exploration des alliances qui serviront à renverser les rapports d'oppression. Dans un premier temps, cette démarche artistique de médiation permet aux actrices de prendre la parole et de dénoncer des injustices issues de leurs expériences. Dans un deuxième temps, la présentation devant un public prédisposé au dialogue et à la construction de solidarités permet de sensibiliser des personnes qui ne sont pas nécessairement familiarisées avec les enjeux présentés. Finalement, le travail collectif de recherche de solutions à travers l'intervention par le jeu théâtral se déploie dans un espace de dialogue en soi. La mise en scène d'injustices et l'intervention collective par le théâtre-forum n'ont pas pour but de transformer les injustices par la pensée « magique », mais plutôt de mettre en commun la richesse des réflexions sur la reprise de pouvoir, tout en suscitant une réflexion approfondie sur le déploiement de possibles rôles d'alliées face aux situations d'injustice mises en scène.

Par le mouvement, l'utilisation de l'espace et les interrelations entre les participantes, le théâtre-forum se rapporte à cette sensibilité langagière plutôt qu'esthétique, afin d'informer, de sensibiliser, voire même d'éduquer le public à l'égard de sujets d'intérêts communs et de valeurs sociales notables. Ayant recours à leurs propres schèmes expérientiels et référentiels, à leurs émotions, à leur ressenti, les actrices bâtissent les scènes ensemble. Elles utilisent le regard, l'écoute, le mouvement et la parole (ou pas), et ce, en s'inscrivant davantage dans la spontanéité que dans le paraître. Pruneau (2014) aborde l'art comme un système de création, de formation, d'éducation, de changement social. Le pouvoir de rapprochement entre les participantes et le public est au cœur de la démarche. Le théâtre-forum interpellera le public par son contenu plutôt que par son aspect superficiel.

Cette forme d'art où le pouvoir d'agir est attribué aux participantes et par la suite, aux spect-Atrices qui prendront part à l'action permet de construire un dialogue où les cultures s'entrecroisent et où les liens se tissent sans préavis. Cet espace de création collective permet : « […] l'expression d'identités riches, complexes et hybrides tout en créant un espace propice pour les échanges […] » (Trudel, 2001, p.24). Même avec certaines tensions pouvant être présentes au cœur de l'action ou parmi le public, le contact humain s'établit, une proximité se crée et l'expression de différentes identités est révélée. Les règles de base énoncées au début du rassemblement théâtral et artistique, telles que le respect, la non-violence, l'appel à l'empathie plutôt qu'au jugement amènent à tisser des liens de solidarité, qui peuvent perdurer au-delà des mises en scène. Les barrières de la langue peuvent être mises de côté lors du jeu. Pour ce faire, une traduction simultanée, ainsi que l'usage de gestes et de mouvements sont utilisés à la place de la parole.

Le désir de mise en action et d'échange dans un espace inclusif et ouvert à des pratiques interculturelles suscite la création de liens significatifs. Il est question d'un théâtre qui nourrit les esprits, dans un objectif de valorisation du pouvoir de soi et de l'autre, de rencontre grâce à l'entremise de l'art agissant comme un outil de médiation interculturelle accessible à toutes. La mise en scène des situations problématiques nommées par les participantes permet, entre autres, de parodier les difficultés, de les transformer, de progressivement prendre de la distance. En discutant des enjeux collectivement, les participantes ont l'occasion de les dépasser : elles réalisent qu'elles ne sont pas seules à les vivre et qu'elles ne sont pas seules pour leur faire face. Cette démarche favorise le développement d'alliances et invite au travail commun afin d'explorer d'autres manières d'aborder les enjeux soulevés. Cet exercice d'échange collectif a par ailleurs

Témoignage d'une participante à l'atelier de conte.

- ➢ *Chaque femme qui devenait conteuse est allée au plus profond d'elle-même pour livrer aux autres femmes, sans filtre, une partie de son histoire personnelle. Plusieurs émotions ont traversé le groupe, des rires aux éclats jusqu'aux larmes.*
- ➢ *Les femmes ont réellement pu faire des liens entre leurs histoires et celles des autres, produire un dialogue qui provenait du cœur et non de la tête. Elles étaient solidaires et fortes ensemble.*
- ➢ *Chaque femme qui prenait place sur la chaise de la conteuse semblait également entrer en relation avec elle-même et se comprendre un peu mieux.*
- ➢ *Cet atelier a surtout démontré la grande générosité des participantes les unes envers les autres, leur a permis de dévoiler ainsi une parcelle de qui elles sont, de leurs peurs comme de leurs aspirations*

contribué concrètement à l'émergence de solidarités entre les participantes lors des forums.

Cette approche a permis de créer des ponts entre les participantes de cultures et de milieux différents, de mieux se connaître, se comprendre et de porter un regard empreint d'ouverture et de respect chez soi et chez l'autre, grâce au fait d'avoir vécu cette expérience ensemble. Une solidarité palpable a clairement émergé, à la suite de cette expérience. Il apparaît ingénieux d'avoir recours à cet outil dans d'autres contextes, par volonté de transformation sociale et de rapprochement des communautés culturelles. Lors du Forum international des jeunes des quartiers du monde, initié par l'organisme Quartiers du Monde, à Salé, au Maroc (édition 2013), les participantes ont employé le théâtre-forum, dans le but d'aborder les rapports de genre et d'équité. De nombreuses divergences culturelles sont ressorties des mises en scène et les réactions des spect-Actrices ne sont pas passées sous silence. Comme les spect-Actrices peuvent prendre part à l'action, les rapports de pouvoir ont été dénoncés, puis les différences et les similitudes culturelles ont été mises en lumière. Après le jeu, une discussion s'est amorcée, afin de nommer les points de convergence et de divergence et d'amener des pistes de solution. Cheminer ensemble selon les limites de chacune, tel était le défi. Sans aucun doute, l'usage du théâtre-forum au sein de cette recherche a contribué à la construction de solidarités qui se veulent durables et équitables, sans être acquises. C'est donc à nous de prendre soin de ces solidarités en les alimentant d'actions qui permettent de préserver les acquis et de renforcer davantage les liens établis.

2. Le « racontage » : vers une cocréation collective d'un chemin de parole féministe

Qui n'a pas envie de se faire raconter des histoires ? À notre connaissance, personne. Qui a envie d'en raconter ? À notre connaissance, quelques-unes seulement. Car le processus de prise de parole en public n'est jamais facile, agrémenté de peurs et de sensation d'être démunie. Il nous fait battre le cœur trop vite, il nous rend les mains moites, il nous fait rire ou pleurer, il suscite toutes sortes d'émotions que nous avons du mal à canaliser. S'il est vrai que le conte existe dans toutes les cultures, que ceux et celles qui n'ont plus d'histoires à se raconter finissent par voir leur culture disparaître, la résurgence de cette pratique artistique permet de comprendre la puissance de la parole publique, en particulier des femmes, et de ce qu'elle dénote de vécus communs, de solidarités et de ponts à créer pour enrayer les rapports de domination de notre société.

C'est à partir du postulat du conte comme outil ludique de médiation interculturelle (Martineau, 2015) que se sont mis en place ces ateliers. L'objectif primordial est de permettre aux femmes de découvrir leur chemin de parole et de saisir qu'il est à la fois unique et universel, qu'il résonne avec d'autres chemins de paroles similaires malgré des contextes sociopolitiques et historiques différents, qu'il comporte « en soi » une ouverture à l'autre, dès lors qu'on accepte ce désir d'accueillir et d'être accueillie dans le dialogue proposé. Afin de maximiser cette proposition, nous avons donné comme consigne aux participantes d'apporter un objet représentatif de leur culture dans son sens le plus large ET important pour elles personnellement. Elles doivent le présenter en quelques minutes devant les autres. Une fois la présentation faite par tout le monde, la conteuse reprend en racontant un conte à tiroir, où elle insère des bouts d'histoires racontées par chacune, et ainsi cocrée avec les participantes une histoire à partager.

Nous avons constaté à travers ces ateliers que le conte et l'expérience de « racontage » proposés permettent une participation d'une mémoire partiellement partagée qui se construit à partir de « tris, ajouts, éliminations dans les héritages » et qui suppose une « écoute partagée » à l'intérieur d'un groupe restreint, « où les mémoires individuelles veulent et peuvent s'ouvrir les unes aux autres » (Candau, 2005, p. 80-81). Car les contes aujourd'hui appuient « une prise de conscience des individus de leur caractère propre et les aident à intégrer la communauté » (Hernandez, 2006, p. 39). Ces ateliers ont offert aux participantes une certaine assurance pour prendre la parole en public, en faisant don d'une partie de soi à l'autre, tout en découvrant les multiples interactions possibles avec leur propre vécu et histoire. Ces expériences de « racontage » ont été des découvertes pour les participantes, où elles ont pu libérer leur créativité, en toute confiance et convivialité, en partageant leurs émotions, leur ressenti, ainsi que le plaisir de raconter et de se raconter. Car le conte est non seulement une pratique sociale, mais aussi un art de la relation. Dans ces ateliers, il est apparu comme un espace de visibilité de l'altérité, de diverses voix et paroles qui sont porteuses de sens et qui font écho à notre propre condition de femmes, dans son entièreté, comme le souligne le témoignage d'une des participantes. Ces ateliers ont enfin montré que le conte, avant tout vecteur d'interculturalité, puisqu'il se donne à entendre dans toutes les cultures, reste un outil puissant de médiation entre les femmes du monde et qu'il a le mérite d'offrir une infinie panoplie de dialogues, d'échanges et d'actions convergentes.

3. Les défis de la représentation visuelle : un partage de regards pour « les féminismes en dialogue »

Les images et les questions de représentations visuelles ne sont jamais bien loin des questions de pouvoir. En effet, elles forment une grande partie de notre relation au monde et ainsi influencent la construction de notre propre image de soi et de l'autre (Dipti, 2000 ; Tildenberg et Gomez, 2015). Non seulement l'image du corps féminin, mais aussi l'image du corps racisé, et plus largement l'image du corps social ont depuis toujours été façonnées dans les sphères publiques au travers des différentes plateformes de discours politiques, médiatiques, artistiques afin d'affirmer et d'assurer certaines visions d'identités et de rôles sociopolitiques (Coleman, 2012 ; Tildenberg et Gomez, 2015 ; Ahmed, 2012). Ainsi, derrière chaque image produite, nous retrouvons la question de qui regarde et de qui est vu, de qui est inclus et de qui est marginalisé du regard public.

De même que celui qui crée les images a le contrôle du regard, il a aussi un rôle d'influence sur le dialogue lui-même. Ainsi, porter la représentation visuelle de la recherche *Femmes et féminismes en dialogue* exige de constamment garder ces questions à l'esprit et de se rappeler sa propre subjectivité. Tout au long du processus, depuis les groupes de discussion ayant mené au Grand dialogue de novembre 2016 à Montréal, nous avons produit différents supports visuels (deux affiches et un jeu de cartes) en gardant en tête ces défis que représente l'image dans un contexte féministe, interculturel et intergénérationnel.

Dans le cadre de la recherche, ces supports visuels servent de déclencheur à la réflexion et à la parole. En effet, l'utilisation du langage visuel et symbolique peut permettre une ouverture à l'expression qui n'aurait pas été possible au travers d'un langage plus direct, qui souvent peut être vécu comme plus menaçant et ainsi potentiellement nuire au dialogue (Moon, 2007). L'utilisation du symbolique permet aussi non seulement de créer un pont entre le soi et l'autre, entre le monde intérieur et le monde extérieur, mais aussi entre l'inconscient et le conscient, et ainsi toucher à plusieurs couches de sens chez l'individu qui regarde (Case et Dalley, 2014).

Dans le jeu « Cartes solidaires », qui vise à faciliter des discussions dans des groupes de femmes, nous avons créé des cartes inspirées par les témoignages exprimés et les échanges qui se sont déroulés lors de l'ensemble de la recherche. Les cartes représentent des obstacles vécus par des femmes de divers horizons ainsi que des stratégies permettant de surmonter ceux-ci. Nous avons aussi ajouté à chaque catégorie (obstacle et stratégie) des cartes « au choix » afin de permettre un espace de parole libre et personnalisé, qui ne soit pas dicté ou influencé par les thèmes et les images que nous avons choisis. De plus, à la suite de la discussion, nous proposons aux femmes un espace d'expression non verbale, leur permettant de dessiner leur propre carte, terminant ainsi le débat sur un ton plus réflectif. De cette façon, le rapport regardant-regardé est partagé et chacune peut trouver son espace de parole.

4. Slam et vécus féminins malgaches : à mi-chemin entre traditions et revendications

Le slam est un art verbal qui prend de l'ampleur dans le paysage littéraire et artistique malgache. Il attire surtout les jeunes et se conjugue aussi bien au masculin qu'au féminin, d'où l'intérêt d'en parler, car il laisse des traces quand il s'agit d'influer sur les opinions exprimées dans la culture populaire. Le slam est devenu la voix des revendications par excellence, car de la forme au rythme, il respire une certaine vigueur qui combine l'envie d'innovation et un cri venu du plus profond de l'âme des artistes mêmes. En effet, « […] il arrive que le slam poésie devienne un moyen de contestation à part entière contre le système » (Zo Anaëlle, 2013). D'emblée, le slam et les revendications féministes semblent faire bon ménage. Mais quels féminismes et quels vécus féminins sont exprimés à travers cet art ?

Plusieurs aspects de l'expérience des femmes sont abordés par les jeunes slameuses malgaches. De la jeune fille qui ne pourra mettre un pied devant l'autre sans l'approbation et la protection d'un père ou d'un frère et qui rêve au prince charmant pour la sortir du foyer paternel (Madagaslam, 2018) à la mère adolescente qui doit affronter l'œil inquisiteur des voisins et de son enfant qui lui demande continuellement pourquoi sa famille est différente de celle des autres (POPMUSE Madagascar, 2016), en passant par l'épouse-femme active qui jongle entre sa carrière et son foyer et qui doit justifier ses choix, même devant de parfaits étrangers (24h MADA, 2017), le vécu féminin est un terrain de prédilection des slameuses.

Cependant, une certaine divergence est à noter dans ces expressions multiples. À titre d'exemple, Caylah se rebelle contre le fait qu'une fille, même dans le ventre de sa propre mère, est prédestinée à être une mère à son tour et à n'exister qu'à travers les autres (PNUD Madagascar, 2017). Comme son nom l'indique, Poète Rebelle, elle, tient des propos phallocrates visant les femmes actives qui manquent à leurs devoirs d'épouse dont la vaisselle, le cirage de parquet, le repassage et la cuisine qui, selon elle, sont des obligations que la femme a accepté d'assumer en contractant un mariage. Il y a un décalage dans les discours proclamés par les femmes sur elles-mêmes.

De quel vécu ou ressenti féminin le slam est-il donc le porte-parole ? Depuis sa tendre enfance, une fille malgache n'a pas beaucoup de choix par rapport à ce qu'elle veut et peut être et/ou devenir. Contrairement à son frère, une petite fille se doit de bien se tenir et d'apprendre les lois de la bienséance. À l'adolescence, elle devra se familiariser avec les *trucs et astuces* pour devenir une mère de famille extraordinaire et une bonne fée du logis, car c'est ce qui définit son futur inconditionnel : une mère, cette femme forte et courageuse qui ne se plaint guère même lorsqu'elle croule sous le poids du devoir qu'elle porte seule. Lorsqu'elle devient une adulte à part entière, ses choix de vie et son expression de soi restent conditionnés par ce qu'on attend d'elle, bien plus que par ce qu'elle est. On lui offre tout un éventail de ce qu'est la femme et de ce qu'elle doit être, mais elle n'est pas libérée de cette pression de la « fragile perfection »[1], du « paraître bien » que véhiculent les diktats de la société depuis la nuit des temps.

Il s'agit d'un poids que le slam en tant qu'art verbal a permis de corriger, sinon de renégocier. Sur cette scène ouverte, contrairement à l'ordre établi du droit à la parole traditionnel, les femmes et les jeunes ont la liberté de s'exprimer, mais cette liberté reste ponctuelle et contrôlée par la plateforme scénique, par les lois de la performativité ainsi que par l'attente de l'auditoire. On semble vouloir avancer à pas de géant si on se fie aux nombreuses actions en faveur de l'égalité des genres et de la libération des femmes (Andriamanisa, 2013). Pourtant, les enjeux ne vont pas au-delà de la scène.

Malgré le côté revendicateur de cette forme artistique (Forson, 2016 ; Freland, 2016 ; Sedson, 2018), force est donc de constater que les discours qui s'y tiennent ne sortent pas des schémas traditionnels imposés par la société. Les cartes que les femmes ont entre leurs mains sont truquées. En somme, la femme malgache n'est jamais sortie du statut limitatif de la femme épouse et mère que la société traditionnelle a édicté et érigé en règle absolue, que ce soit dans son vécu ou dans l'expression du féminin à travers les arts, dont le slam. Malgré ce constat mitigé, le slam en tant qu'art verbal qui gagne en popularité reste prometteur puisqu'il parle tant aux jeunes qu'aux autorités. Il offre un espace de médiation à la fois sécurisé et ouvert pour révolutionner les discours sur les femmes et le genre.

Conclusion

Les pratiques artistiques utilisées dans cette recherche-action-médiation sont révélatrices des remarquables possibilités de mise en commun des aspirations, défis et enjeux du féminisme actuel à l'échelle internationale. Elles montrent

---

[1] Dans la culture malgache, une femme est souvent appelée *fanaka malemy* (objet fragile).

que l'art est non seulement un puissant vecteur de médiation interculturelle et intersectionnelle, mais qu'il participe fortement à la « mise en action » de ponts, d'alliances et de solidarités entre les participantes provenant de cultures et de milieux différents. Le théâtre-forum, comme le conte, sont des approches ludiques qui favorisent la connaissance de soi et de l'autre, l'intercompréhension, l'apprentissage d'une prise de parole en public qui renforce l'estime de soi et l'ouverture aux autres. C'est aussi le fait d'avoir expérimenté « ensemble » ces pratiques artistiques, de nommer « ensemble » les tensions, divergences, stéréotypes à l'égard des féminismes des Nords et des Suds, de trouver « ensemble » des stratégies et des actions communes pour éradiquer les rapports de domination dans nos sociétés, qui nous autorise à parler de « réel » dialogue pour lutter « ensemble » à l'amélioration de la condition des femmes dans le monde. Car être féministe, aujourd'hui comme hier, et le revendiquer, ne va pas de soi. Cela exige de modifier son regard sur soi, sur l'autre, sur le monde pour finalement créer des alliances prometteuses.

La démarche de la représentation visuelle de cette recherche qui est exposée ici est un bon exemple de cette difficulté que nous pouvons éprouver à se regarder soi et à regarder l'autre sous des perspectives différentes et multiples. Une autre difficulté est de nommer les obstacles qui brouillent notre vue et de trouver des stratégies pour les surmonter afin d'arriver à instaurer ce dialogue. Les « cartes solidaires » ont mis à l'épreuve ces multiples regards, mais sont devenues des résultats concrets des médiations réalisées. Surtout, elles ont agrandi notre espace de parole, encore bien souvent peu entendu et peu reconnu. Quant à la réflexion vis-à-vis du slam comme outil de médiation et de revendication, elle reprend ce qui a été maintes fois énoncé lors de la recherche, à savoir que les femmes et les féministes doivent (ré)apprendre à prendre la parole en public pour contrer les stéréotypes patriarcaux existants encore à leur égard.

Cette recherche a mis en évidence que l'art est un remarquable vecteur de médiation interculturelle et intersectionnelle. En offrant des chemins d'expressions variés et multiples qui s'appuient sur le travail symbolique, l'art facilite l'installation d'un espace où chaque participante au dialogue a pu trouver une voix qui lui convient et un canal pour la faire entendre. En agissant ainsi comme une sorte de pont, l'art possède, quelle que soit la forme que l'on privilégie, cette force, cette puissance, ce potentiel d'engagement pour se « mettre en action », créer et cocréer des alliances, des solidarités, des dialogues riches et surtout préserver les acquis féministes, renforcer les liens établis entre chercheures, étudiantes, militantes et garder la capacité de continuer à « avancer » comme « femmes fortes, résistantes, femmes de paix », comme le souligne la déclaration des *Femmes et féminismes en dialogue*. Ces formes artistiques choisies comme outils de médiation interculturelle permettent de briser les barrières et de s'ouvrir vers un dialogue rassembleur et solidaire. Le pouvoir de l'art nous amène souvent à vivre des expériences riches humainement qui favorisent le rapprochement et la construction de liens durables, au-delà des frontières.

Bibliographie

24h Mada. (2017). *Madama by Poète Rebelle*. Vidéo en ligne. Repéré à https://web.facebook.com/24hMada/videos/2050592475164280/.

Ahmed, L. (2012). *A Quiet Revolution; The veil's Resurgence, from the Middle East to North America*. London: Yale University Press.

Andriamanisa, R. (2013). *Lettre Femme*. [Vidéo en ligne]. Repéré à https://www.youtube.com/watch?v=9_Ft5r5jrN0&feature=youtu.be.

Becker, H S. (2009). *Comment parler de la société. Artistes, écrivains, chercheurs et représentations sociales*. Paris : La découverte.

Boal, A. (1977). *Théâtre de l'opprimé*. Paris : François Maspero.

Boal, A. (1978). *Jeux pour acteurs et non-acteurs*. Paris : François Maspero.

Candau, J. (2005). *Anthropologie de la mémoire*. Paris : Armand Colin.

Case, C. et Dalley, T. (2014). *The image in Art Therapy in The handbook of Art Therapy* (3ᵉ éd.). London: Routledge.

Coleman, R. (2012). *The bodies becoming*. Manchester: Manchester University Press.

Forson, V. (2016). Caylah : la révolution slam de la Grande Île. *Le Point Afrique*. Repéré à http://afrique.lepoint.fr/culture/musique-madagascar-caylah-la-revolution-slam-de-la-grande-ile-17-02-2016-2019095_2256.php.

Freire, P. (1982). *Pédagogie des opprimés*. Paris : petite collection Maspero.

Freland, F.-X. (2016). Madagascar : Caylah, slameuse malgré elle. *Jeune Afrique*.
Repéré à http://www.jeuneafrique.com/mag/300314/culture/madagascar-caylah-slameuse-malgre/elle.

Guilbert, L. (2004). *Médiations et francophonie interculturelle*. Québec : Les Presses de l'Université Laval.

Gélinas, C., Tadloui, J-E, Vatz Laaroussi, M. (2013). Médiations interculturelles : défis et enjeux pour un meilleur Vivre ensemble. *Centre d'études ethniques des universités montréalaises (Ceetum)*.

Repéré à http://www.ceetum.umontreal.ca/documents/capsules/2013-enjeux/vatz-tad-gel-enj-2013.pdf.

Hernandez, S. (2006). *Le monde du conte. Contributions à une sociologie de l'oralité*. Paris : L'Harmattan.

Lamothe, A. (2017). *L'art comme outil de médiation interculturelle favorisant le dialogue et l'appropriation du pouvoir d'agir chez les femmes provenant de groupes marginalisés* (Essai de maîtrise). Sherbrooke : Université de Sherbrooke.

Madagaslam. (2018). *Leslie - Telenovelas TV (#SlamNati8nal2017)*. [Vidéo en ligne]. Repéré à https://www.youtube.com/watch?v=pnXZBQgnNC8.

Martineau, M. (2005). Conte et inter-cultures au Québec : vers une pratique collaborative d'un lien de mémoire. *Alterstice, 5(2)*, 79-88

Moon, B. L. (2007). *The Role of Metaphor in Art Therapy; Theory, Method, and Experience*. Springfield: Charles C. Thomas Publishers LTD

Pnud Madagascar (2017). *#SGSMada #2030NOW : Soigner les maux par les mots, Caylah*. [Vidéo en ligne].
Repéré à https://www.youtube.com/watch?v=eC7Nth8LHhQ.

Popmuse Madagascar. (2016). *Caylah - Mère Enfant*. [Vidéo en ligne]. Repéré à https://www.youtube.com/watch?v=9jqMtE_28v4.

Pruneau, J. (2014). *Il est temps de dire les choses*. Montréal : éditions Dialogue Nord-Sud.

Quartiers du Monde (QDM) (s.d.). *Activités internationales – Les Forums Internationaux de jeunes*.
Repéré à http://www.quartiersdumonde.org/jeunes/pagina?id=11&locale=fr.

Sedson, A. (2018). Barry Benson : Les slameurs malagasy manquent de soutiens. *La Dépêche de Madagascar*. Repéré à http://www.ladepeche-madagascar.com/culture/barry-benson-les-slameurs-malagasy-manquent-de-soutiens/.

Tildenberg, K. et Gomez, C. (2015). Selfies, Image, and the Re-making of the Body. *Body and Society, 21*(4), 77-102.

Trudel, M. (2001). Le Carnet de voyage : L'expérience de l'immigration et son expression dans un projet en arts plastiques. *Art actuel, 56*, 20-24. Repéré à http://id.erudit.org/iderudit/9424ac.

Vatz Laaroussi, M. (dir.). (2017). *Guide d'accompagnement pour une recherche-action-médiation : Équipe Québec « Les Féminismes en dialogue »*. Université de Sherbrooke.

Zo, A. (2013). Le slam poésie à Madagascar. *Goethe-Institut d'Afrique du Sud*. Repéré à http://www.goethe.de/ins/za/prj/spw/plc/all/fr11316164.htm.

Nous, fileuses et tisserandes
Témoignage de Loli Bracamonte

> *Les fées aiment les bonnes fileuses.*
> *Elles tournent elles-mêmes*
> *divinement. On dit : filer, tisser*
> *comme une fée.*
> (La sorcière, Jules Michelle)

Nous avons décidé de faire du filage et du tissage sous différentes formes, considérant qu'il s'agit de savoirs et d'un travail qui nous ramènent aux temps les plus anciens de l'humanité et qui nous relient à nos origines, à la terre et à nos besoins les plus élémentaires de soin et de protection. Filer et tisser nous permet de renouer avec cette fonction féminine souvent négligée ou dévalorisée qui consiste à générer du « bien-être domestique ».

Comme d'autres activités telles que la méditation, la danse, l'écriture, la prière, le chant, le filage et le tissage nous permettent d'accéder à ce monde profond que nous n'apercevons habituellement que subrepticement, dans un endroit où se déroulent visions, miracles, imaginaires, inspirations, remèdes, monde singulier de fées et de « petites personnes », vieilles choses qui se sont transmises de génération en génération, de femme en femme, remplis de souvenirs, d'esprits de la nature, de nos lieux. Les ateliers de textile que nous faisons deviennent un fait culturel qui se déplace, se transforme, perdure et perpétue une connaissance qui dépasse la zone proposée et d'où dérivent une autre connaissance *fait à la main* (cuisine, herbes, animaux) ou *émotionnelle* (maternité, relations, expériences). L'action répétitive de faire tourner les fuseaux, d'entrelacer les réseaux et les trames nous relie dans un *repos actif* avec les rites collectifs du mate, des lectures, des récits et des conversations de la vie quotidienne et nous permet d'habiter un moment du cycle temporel qui unit le passé, le présent et le futur.

Dans ce sens, nous cherchons à retrouver le *gynécée* médiéval, en tant qu'espace où les femmes se sont regroupées et ont exprimé leur expérience pour créer un savoir quasi magique et une manière d'assumer le monde de la communauté. Cette fois, le temps du *gynécée* est un temps englobant, une matrice proprement dite, qui nous permet de recréer un espace symbolique, favorisant non seulement la créativité et la socialisation, mais aussi nous fournissant des ressources et des outils concrets pour la production de ces magnifiques produits textiles.

L'approche que nous valorisons dans ces ateliers de textile, au-delà de ses objectifs strictement pratiques et productifs, intègre l'intention de fournir des ressources, de nous renforcer en tant que personnes actives même lorsqu'on pose le métier à tisser et de promouvoir le lien approprié avec cet art merveilleux de tisser le tissu social. Si nous pouvons compter sur ces savoirs pour choisir nos méthodes de travail, pour faciliter l'appropriation participative du savoir-faire sur le filage et le tissage artisanaux afin de créer des produits de qualité pouvant être exposés ou commercialisés, nous serons alors capables de passer à travers ce monde avec un nombre infini de fils et de couleurs.

En poursuivant nos croissances individuelles et collectives, nous avons rejoint le *Collectif de Femmes du Chaco américain* et participé à l'atelier sur les méthodologies de la recherche-action-médiation dans le cadre du projet *Femmes et féminismes en dialogue*. L'expérience que nous avons pu vivre nous a transformées, car nous nous sommes découvertes lors de la rencontre avec d'autres femmes, et nous avons vécu une reconnaissance de nos désirs, de nos luttes, de nos liens dans des territoires très différents et pourtant partagés. Cela a été pour nous un très bel exercice de renforcement de liens. Toutes ensembles, femmes rurales, urbaines, artistes, professionnelles, au foyer et de toutes les classes sociales, nous avons partagé une approche qui est de reconnaître et d'exercer nos droits ainsi qu'une même posture, celle de la défense d'une vie digne et de nos habitats.

Ces réunions, à notre avis, facilitent et promeuvent le tissage, tissage que nous construisons « entre toutes », pour nous soutenir, pour prendre soin de nous-mêmes et des autres, pour nous renforcer mutuellement. Des mots comme sororité, solidarités, lutteuses, aimantes, courageuses, fortes, humaines ont émergé pendant ces rencontres et, lorsque chacune les a prononcés, nous en avons ressenti un esprit très puissant.

> - *Tisserandes*, nous tissons avec des hommes, des enfants et entre nous, pour protéger le tissu de la vie.
> - *Créatrices*, nous donnons naissance à nos petits-enfants et aux enfants de nos rêves.
> - *Guérisseuses*, nous connaissons les secrets du corps, du sang et de l'esprit parce qu'ils forment un tout et sont identiques.
> - *Amoureuses*, nous nous embrassons joyeusement, hommes, enfants, animaux et arbres, en écoutant leurs joies et leurs peines avec nos cœurs.
> - *Alchimistes*, nous chassons les racines de la violence, de la destruction et de la profanation du féminin et nous transformons les blessures culturelles.

> • *Protectrices de l'âme de la terre*, nous retirons les ténèbres de leur cachette et nous honorons les royaumes invisibles.
> • *Diverses*, nous nous immergeons dans les mystères de la vie où nous nous trouvons, que ce soit en sécurité, émerveillées ou en souffrance.
> • *Chanteuses, danseuses* et *poétesses*, nous invoquons la mère Kali pour nous aider à nous rappeler qui nous sommes au cours de notre voyage dans la vie.

CHAPITRE 5

De la réflexivité à l'altérité

*Michèle Vatz Laaroussi, Mélissa Arneton, Fatiha Bensalah
et Michela Claudie Ralalatiana*

Introduction : la réflexivité dans tous ses états

La réflexivité est une des conditions essentielles des relations interculturelles, de la perspective intersectionnelle, des médiations et du dialogue. En effet, ce processus permet à la fois de prendre conscience de ses préjugés et privilèges, mais aussi de faire le pas de côté, la décentration de ses propres références, si nécessaires dans toute communication interculturelle. Rentrer en réflexion sur sa propre pratique, ses idées, ses représentations, ses relations, ses pensées et ses références, voici le propre de cette approche qui est utilisée désormais tant dans l'analyse des pratiques professionnelles en intervention sociale ou en éducation par exemple, que dans les perspectives biographiques et les recherches qualitatives ethnographiques ou critiques.

Bien des outils ont été développés pour soutenir la réflexion sur soi et son rapport avec les autres dans diverses situations : le journal de bord en intervention et en recherche, les incidents critiques dans une perspective de médiation ou encore des supports artistiques ouvrant sur une métaréflexion. On y devient l'objet de notre propre réflexion et l'art, l'écriture, la schématisation, les échanges, les débats éthiques permettent de dépasser une perspective d'introspection qui pourrait apparaître individualiste, narcissique, voire égoïste pour aller vers une lecture décentrée de nous-mêmes et recentrée sur l'altérité, se construisant tant dans nos représentations, images et stéréotypes qu'en situation de relation-communication-médiation interculturelle. Plus encore, le dialogue s'il est l'objet de la réflexivité peut aussi en être considéré comme un produit, en ce sens la réflexivité n'est ni seulement individuelle, ni le seul fait du professionnel face à un usager, mais bien collective, partagée, coconstruite et objet de renouvellement, de discussion et de transgression. La réflexivité devient, tout comme le dialogue, une action qui transforme chacun, chacune et qui peut aussi apporter plus d'égalité au sein des rapports sociaux et plus de démocratie dans la manière de les construire.

Ce chapitre s'intéresse à la réflexivité dans ses assises épistémologiques, mais aussi dans ses développements méthodologiques et dans ses créations.

Le projet *Femmes et féminismes en dialogue* y est utilisé comme illustration, comme filtre réflexif, mais aussi comme une occasion d'enrichir le concept et ses opérationnalisations. La première partie donne quelques éléments épistémologiques et situe la réflexivité par rapport aux théories intersectionnelle et interculturelle, en s'intéressant plus spécifiquement à la réflexivité collective. La seconde, à partir du projet, revient sur le sens et les vecteurs de la réflexivité des actrices chercheures, en s'intéressant à la question des femmes en situation de handicap. Dans un troisième temps, on aborde les liens conceptuels et concrets entre réflexivité, altérité et médiation interculturelle, au travers d'un texte personnalisé et réflexif, et finalement la dernière partie, elle aussi, concrétise cette perspective personnalisée en s'intéressant à l'écrit comme expérience réflexive et comme partage entre et avec des femmes immigrantes en apprentissage linguistique. Ainsi ce chapitre, comme l'ensemble de l'ouvrage, croise les perspectives des auteures, mais aussi plusieurs identités et plusieurs Je, qui, mis en résonnance, construisent un Nous collectif réflexif.

1. La réflexivité au croisement entre l'interculturalité et l'intersectionnalité

Issue du courant de la phénoménologie, la réflexivité définit une réflexion se prenant elle-même pour objet, elle renvoie ainsi à la prise de conscience de soi. On parle aussi de conscience réflexive.

Après les philosophes et les théologiens, les sociologues se sont intéressés au processus réflexif qui permet de réfléchir sur son action, sur sa pratique en prenant de la distance en situation d'évaluation et de formation (Barbier, 1990). Bourdieu (2004) utilise le terme pour parler d'une forme d'auto-analyse tenant compte des contextes, des rapports sociaux et de la trajectoire sociale. Les anthropologues ont développé le concept comme une méthodologie de recherche s'intéressant au sens donné par les acteurs à leur situation et à leurs actions. St-Arnaud et al. (2002) sont allés plus loin avec la praxéologie qui consiste en une réflexion dans l'action, une articulation entre la théorie, la science et l'action, portée par la réflexion de l'acteur qui y est engagé. Ainsi la praxéologie se situe dans le prolongement de la recherche-action visant « un changement par la transformation réciproque de l'action et du discours, partant d'un discours spontané à un dialogue éclairé, voire engagé. » (St-Arnaud et al., 2002, p. 31). Recherche et pratique expérientielle et phénoménologique, la praxéologie s'inscrit aussi dans le courant du constructivisme et prend en compte les expressions et les manifestations de tous les acteurs en regard de leur démarche commune. Ainsi le processus de réflexivité se développe sur l'expérience vécue et sur le sens que prend la réalité pour les acteurs, produisant ainsi une forme de dialogue.

En réfléchissant sur ses actions et sur ses représentations, l'acteur est amené à prendre de la distance par rapport à la réalité dite objective, mais aussi par rapport aux réactions attendues, aux discours dominants et à ses propres références autant qu'aux références culturelles majoritaires. Cette distance avec ce qui serait une vision objective, neutre, mais qui, le plus souvent, renvoie aux perspectives des groupes dominants dans une société donnée, doit ainsi amener à prendre conscience de ses propres référents, mais aussi de ses filtres, de ses préjugés et dans un dernier temps de ses privilèges. Le processus réflexif lorsqu'il est ainsi construit, permet de rendre visibles les rapports sociaux inégalitaires et les forces, pouvoirs, discriminations et oppressions à l'œuvre tant dans une situation donnée que dans une relation.

Ce processus réflexif s'inscrit directement dans une perspective de l'approche interculturelle que Montgomery et Agbobli (2017) décrivent comme critique et qui inclut à la fois les niveaux micro (les interactions entre acteurs) et macro (les contextes). On retrouve la réflexivité parmi les dimensions de ce paradigme critique qui comprend l'ouverture au questionnement, le cadrage permettant la prise de conscience des référents et filtres, le positionnement concernant les statuts sociaux (culture, classe sociale, genre, couleur de peau, histoire, génération, capacitisme), le dialogue vu comme un partage d'expériences et l'agir, visant le changement social. Dans cette approche, la réflexivité est associée à l'introspection, mais aussi à l'observation des comportements et valeurs des personnes ainsi qu'à la capacité de chacun à modifier ses actions (Bourassa Dansereau, 2019).

On retrouve cette même perspective au travers des trois paradigmes de l'intervention en situation interculturelle (Vatz Laaroussi, 2010). En particulier, le paradigme concernant l'intervention avec les minorités est associé à des sociétés qui privilégient des politiques multiculturalistes comme le Canada ou la Grande-Bretagne, mais s'effectue aussi envers des groupes particulièrement discriminés dans les diverses sociétés. Les *Noirs, les musulmans, les juifs, les Autochtones* (Premières Nations en Amérique du Nord), les *Roms* en Europe font le plus souvent partie de ces minorités « ethnicisées ». S'appuyant sur les théories marxistes d'exploitation, de domination, d'impérialisme et de lutte des classes, cette approche a été nourrie par les féministes radicales et en particulier les féministes afro-américaines, mais aussi par les interventions menées par et avec des communautés autochtones aux États-Unis, au Canada et dans plusieurs pays d'Amérique latine. Le concept d'émancipation y est mis de l'avant, émancipation des communautés et des personnes qui passe par une conscience individuelle et collective des rapports sociaux construisant et maintenant les minorités et leur place dans la société.

Cette perspective ouvre sur une collectivisation des problèmes vécus et sur des actions visant une transformation de ces rapports aliénants. On parle d'empowerment et de responsabilisation collective, de rapports de force, de représentation politique des minorités, de participation sociale et citoyenne des individus et de leurs groupes. Cette prise de conscience des rapports sociaux dont les personnes sont à la fois actrices et prisonnières peut s'effectuer au travers d'un processus réflexif qui ne s'arrête pas à un individu, mais qui construit un dialogue, au sein d'une équipe, d'un groupe ou d'un collectif. Débats publics, dialogues citoyens sont ainsi un vecteur de réflexivité, avec le partage d'expériences parfois communes, parfois différentes, selon les contextes, les trajectoires et les places sociales occupées.

On l'a vu, les théories et les pratiques d'intersectionnalité permettent aussi de comprendre et de visibiliser ces rapports sociaux complexes et inégalitaires ainsi que les identités multiples que les acteurs y développent. On s'intéresse à l'articulation de ces inégalités qui amènent à des effets additionnés, situés et contextualisés, dont la production et reproduction de discriminations et de privilèges, la construction de stéréotypes et préjugés qui filtrent le regard sur les autres et sur soi-même. On regarde à la fois les variables macros (les grandes dimensions de l'oppression) et leurs effets micros (les expériences individuelles de discrimination et de domination) (Bilge, 2009). Les dimensions abordées par l'analyse et l'intervention intersectionnelle sont multiples et peuvent se diversifier selon les points d'oppression vécus par les personnes et les groupes : le genre, l'orientation sexuelle, la classe sociale, la «race» (dans le sens d'un construit social), la génération, la capacité (associée au capacitisme, forme de discrimination envers les personnes ne correspondant pas aux normes sociales de capacité), la culture, la religion, et bien d'autres encore.

La réflexivité est aussi un des vecteurs nécessaires à l'analyse intersectionnelle, mais doit sortir d'une perspective purement ontologique, en lien avec soi, ses propres valeurs et référents, pour entrer dans une perspective d'altérité qui vise à réfléchir sur soi par rapport à l'autre, le différent, mais aussi sur l'autre, par rapport à soi, le tout en prenant en compte les inégalités qui marquent ces altérités multiples. Là encore, seule la réflexivité dialogique, celle du dialogue et de la contradiction, voire du conflit, permet d'identifier ces rapports d'altérité inégalitaires et oppressifs pour aller vers un changement social et de nouveaux rapports aux autres et à soi-même.

Dans cette orientation qui relie les approches interculturelles et intersectionnelles autour de leur vecteur commun de réflexivité, il paraît pertinent d'insister sur la narration qui est un des outils privilégiés de ce processus comme déjà abordé au chapitre 1. Selon Doré et al. (2018), les approches narratives participent à la construction des représentations sociales portées par les actrices et acteurs et amenant à leur mobilisation vers du changement social. En favorisant le récit de soi et la rencontre des autres, la narration, à la fois réflexive, dialogique et critique, permet de remettre en question « des identités assignées, des invisibilités de fait, des limites de soi » intériorisées.

Dès lors le processus de réflexivité encadré par les approches et théories de l'interculturalité et de l'intersectionnalité, contextualisé dans des rapports sociaux situés et souvent inégalitaires, porté par la mise en commun des expériences, la narration et le dialogue critique permet de transformer ses propres comportements, représentations, pensées, mais aussi ses actions et interventions en tenant compte de l'unicité des besoins de chaque femme, de son positionnement social et de sa trajectoire. Ainsi la réflexivité, qu'on peut qualifier d'engagée, est en soi projet de transformation sociale et d'émancipation individuelle et collective.

2. La réflexivité scientifique au prisme de la mise en œuvre d'une société inclusive

Entendre la réflexivité en tant que vecteur d'analyse d'une démarche, qu'elle s'inscrive dans un paradigme intersectionnel ou interculturel, amène, tout particulièrement dans le cadre d'une recherche collaborative, à interroger son intérêt heuristique pour les chercheur-e-s y participant. Cette seconde partie revient sur le sens et les vecteurs de la réflexivité, en s'intéressant aux représentations, postures et valeurs associées à la prise en compte de situations de handicap. En France, l'entrée dans le projet *Femmes et féminismes en dialogue* avec des femmes en situation de handicap a favorisé la participation sociale de toutes, dans une perspective horizontale, à une action commune. Ce processus contribue ainsi à une démarche de recherche inclusive sans misérabilisme ou condescendance. Tout comme les *cultural studies* invitent à interroger les rapports du chercheur ou de la chercheure aux phénomènes étudiés, les *disabilities studies* conduisent à considérer la légitimité des acteurs et actrices à étudier le handicap de manière critique (Albrecht et al., 2001; Lavergne, 2007). Il est donc important que les chercheur-e-s prennent en compte leurs propres représentations de manière réflexive. En effet, bien qu'une horizontalité des rapports soit promue dans le cadre de la recherche-action-médiation, la démarche de construction des connaissances repose au départ sur les postures des chercheures (Capdevieille-Mougnibas et de Léornadis, 2010; Thoreau et Despret, 2014). Elles apportent aussi bien le cadre bienveillant initial avec une approche épistémologique des individus comme capables que des éléments de théorisation partagés avec les autres participantes lors des activités ou des premiers éléments d'analyse.

L'exercice de la réflexivité en sciences humaines et sociales invite à un travail d'élaboration introspectif de l'acteur ou de l'actrice sur ses propres comportements, mais il conduit également à situer ses propos et à envisager la portée de ce qu'il ou elle fait. Ainsi dans la construction et la mise en œuvre du projet en France, une attention particulière a été portée aux manières d'être en relation avec les participantes non issues du milieu universitaire. Pour contextualiser, je prendrais l'exemple de la venue de Michèle Vatz Laaroussi, initiatrice des projets Québec et international, pour former les participantes françaises. À la suite des contacts pris avec une présidente d'association qui nous dit qu'elle est d'accord et qu'elle va motiver ses adhérentes pour participer, une journée de formation et d'échanges sur les outils de médiation est organisée. Si le voyage de la conférencière invitée est pris en charge[1], il manque de l'argent pour l'accueil des participantes. Après discussions entre chercheures du projet France, parce qu'il nous semble difficile pour des raisons pratiques et psychologiques de demander à chaque participante d'apporter lors d'une première rencontre un mets à partager, nous décidons, en tant que chercheures à l'origine de la demande, de payer les repas et les boissons à titre exceptionnel. Il y a eu discussion, car utiliser des deniers personnels pour financer une recherche interroge fortement la neutralité scientifique. Ce choix nous permettrait-il d'interroger et analyser les situations de manière distanciée ? Ne serions-nous pas affectivement tentées de rendre compte de certains échanges de manière particulière ? Face à toutes ces interrogations éthiques, il nous semblait malgré tout essentiel d'assurer un accueil logistique de qualité. En effet, en France, le temps des repas a une valeur forte et nous ne voulions pas que les participantes puissent avoir l'impression qu'en raison de leur handicap, ou pour d'autres raisons, l'accueil sur notre lieu de travail était moindre que celui réservé habituellement aux professionnels ou aux conférenciers.

Mener un projet de manière inclusive, c'est-à-dire sans discrimination entre personnes en situation de handicap ou non, conduit la chercheure spécialiste du handicap à réinterroger les modèles théoriques qu'elle utilise pour analyser et interpréter les résultats, et ce, encore plus quand la posture épistémologique concernant la construction des connaissances considère que les résultats de la recherche sont une coconstruction des différents acteurs et actrices en tenant compte de leurs points communs et de leurs différences. Certes, la recherche-action-médiation a permis la construction de solidarités et la mise en place d'actions ensemble : la participation de femmes en situation de handicap au projet a ainsi contribué à ce que le groupe leur fasse une place

---

[1] Par la subvention du Conseil de recherche en sciences humaines du Canada au projet international *Femmes et féminismes en dialogue*.

dans la déclaration commune rédigée lors du forum-colloque. Mais, le processus de réflexivité des chercheures leur permet de considérer que la plus-value principale du dispositif réside dans la reconnaissance de ce que les participantes font et comment elles contribuent à la société. En effet, les femmes en situation de handicap, qui se sont investies dans le projet, sont engagées au quotidien dans le vivre-ensemble et des activités communautaires dont elles sont les moteurs.

Proposer à des femmes en situation de handicap de participer à un projet de recherche-action sur les féminismes revient, pour celles qui ont accepté, à reconnaître leur pouvoir d'agir dans la recherche, mais aussi plus généralement dans la société. C'est pourquoi nous avons choisi d'être dans une relation d'échanges symboliques, mais aussi concrets afin que les femmes se sentent actrices du projet. Habituellement en France, les universités et projets de recherche ne défraient pas les participant-e-s. Aussi pour valoriser le temps de participation et l'investissement des femmes dans le projet, nous avons choisi de nous rendre disponibles pour les participantes des milieux associatifs en répondant à leurs sollicitations qu'elles soient ou non liées directement au projet. Ce choix d'ordre éthique pouvant concerner n'importe quel acteur ou actrice nous semblait tout particulièrement essentiel pour les femmes avec qui nous étions. En effet, des échanges avec certaines participantes indiquaient des sentiments mitigés concernant les relations avec les scientifiques. L'une des femmes a par exemple exprimé le sentiment d'être un cobaye avec certains chercheurs venant observer et écouter puis repartant ensuite rédiger des articles ou des théories sans plus se soucier d'elle. Il s'agit alors pour la scientifique d'entendre les critiques et les demandes des femmes de la société civile afin de construire ensemble un projet prenant en compte des expertises différentes, mais qui ont le même poids dans les échanges. Nous nous sommes donc engagées dans un processus de reconnaissance réciproque.

Comme le mentionne le chapitre 3, la recherche-action-médiation n'existe qu'à l'intersection des enjeux et besoins individuels des participantes, tenir compte de ce point dans le déroulement de la recherche nécessite de mobiliser une approche réflexive. Le handicap n'étant pas prévu initialement comme un élément du projet de recherche, il occasionne des incidents critiques (Cohen-Emerique, 2011) dont l'analyse dévoile la réflexivité *en train de se faire* de chercheures issues de disciplines différentes. Même si la conscience de l'altérité fait partie de leurs expériences et si elles disposent d'outils de réflexion permettant d'analyser de manière critique les phénomènes psychosociaux, la prise en compte de femmes en situation de handicap conduit à la réinterrogation de leurs pratiques et de leurs manières de faire face à des situations inédites. Le fait de ne pas avoir d'expérience professionnelle spécifique que cela soit de manière empirique ou théorique, concernant le handicap, a pu conduire à des situations dans lesquelles la valeur promue par les chercheures et plus généralement par le projet n'a pas été atteinte (situations analysées dans le chapitre relatif aux femmes en situation de handicap). Il faut préciser qu'une plus grande sensibilité à la question du handicap (par des relations personnelles de type connaissances avec des personnes en situation de handicap) a amené en dehors du projet, certaines universitaires à reconsidérer leurs pratiques professionnelles après un retour sur elles-mêmes face à des situations qu'elles considèrent émotionnellement ou cognitivement comme n'ayant pas été satisfaisantes vis-à-vis d'elles-mêmes et des autres.

Ainsi ce que l'analyse réflexive du projet *Femmes et féminismes en dialogue* met en perspective, du point de vue d'une actrice du milieu universitaire, est le fait que la bientraitance ne doit pas seulement être un regard, une posture, mais doit se concrétiser par des actes. Prendre en compte les inégalités qui marquent des altérités multiples comme les situations de handicap nécessitent du chercheur ou de la chercheure de se décentrer de ses propres valeurs et références, notamment quand il ou elle n'est pas en situation de handicap. Il ne suffit pas de déclarer une valeur, comme l'inclusion par exemple, comme présupposé ou comme dimension éthique, il faut l'appliquer et en premier lieu se l'appliquer en tant qu'acteur ou actrice du vivre-ensemble avec humilité et tout au long de sa vie.

3. Être une femme musulmane voilée dans la société québécoise

Depuis mon installation au Québec, la question de la présence des musulmans en Occident est devenue centrale dans mon projet professionnel. Étant moi-même une musulmane voilée dans une société qui se proclame sécularisée, cette question me touche personnellement et me projette malgré moi au centre de certains discours sociaux parfois explosifs et assez violents. Dans ma vie de tous les jours, j'assume paisiblement deux segments de mon identité : celui de femme pratiquante et celui de citoyenne intègre et féministe. Or, selon la culture du groupe majoritaire de ma société d'accueil, ces deux éléments sont perçus comme étant incompatibles, voire antagonistes. Les rapports d'altérité, parsemés de méconnaissance et de préjugés auxquels je fais souvent face, me confrontent à des situations, où c'est souvent l'autre qui définit mon identité et lui construit des murs et des frontières. Cet autre m'impose un choix existentiel et dissocie de cette identité et contre mon gré la dimension féministe que je ne cesse de revendiquer tout en étant pratiquante de la religion musulmane. Et pourtant, mon identité n'est pas figée. Je la perçois comme hybride et extensible dans la mesure où elle intègre au fil du temps des épreuves émotionnelles et rationnelles, des éléments nouveaux, et quand il m'arrive de faire son examen, « je fouille ma mémoire pour débusquer le plus grand nombre d'éléments [...], je les aligne, je les assemble je n'en renie aucun » (Maalouf, 1998).

Les rapports d'altérité auxquels je fais face m'obligent à prendre conscience combien il est difficile et complexe pour une femme voilée de vivre au Québec ou en Occident. Le passage d'une culture à l'autre rend sensible la variabilité des modèles de référence dans les relations interpersonnelles où la représentation de l'autre varie en fonction des référents socioculturels. L'étranger est soit un objet de curiosité, soit perçu comme porteur de menaces (Mannoni, 2016). Selon mon expérience, cette question va au-delà des dimensions politiques, religieuses ou sociales qui lui sont habituellement attribuées. Elle interpelle une instance invisible, celle de la conscience existentielle.

La réalité de mes deux champs de pratique professionnelle en intervention psychosociale et en médiation interculturelle me pousse à maintenir constamment un esprit critique et à développer une réflexivité professionnelle. Il s'agit d'adopter une posture qui nous permet de soumettre à la critique notre propre pratique ainsi que le contexte d'où émerge toute production intellectuelle. On ne peut produire une connaissance sans faire au préalable un travail sur soi.

Ma présente réflexion reflète, en bref, le cheminement intellectuel et personnel de la femme musulmane, féministe et libre que je suis. Une femme qui a choisi la médiation interculturelle à la fois comme moyen et voie incontournables pour secouer les esprits et ébranler les idées préconçues et radicales, afin de contrer tout rapport d'altérité qui s'inscrit dans l'ignorance et dans la méconnaissance de l'autre. S'écartant de l'idée de vouloir porter un regard fataliste ou essentialiste sur la question des musulmans, cette réflexion qui, de prime abord, semble adopter une perspective narcissique de vouloir parler de soi, permet en réalité de développer à partir d'une réflexion sur soi, une réflexion sur les autres et pour les autres. Il s'agit de développer des approches et stratégies permettant de renforcer les relations interculturelles entre individus ou groupes, et ainsi créer des possibilités de solidarités universelles notamment entre femmes, dans le but d'amorcer des avancées à la fois rassembleuses et porteuses de changements. J'ai l'ultime conviction qu'aucune avancée ne peut se faire sans partage d'opinions ou d'expériences professionnelle, sociale ou personnelle. C'est avec cette générosité personnelle et intellectuelle de témoignage et de partage qu'il nous serait possible de déconstruire des préjugés, tous et toutes, et de bâtir des ponts qui porteraient notre idéal d'un monde avec moins de discrimination et de violence. Un monde juste et égalitaire pour tous et toutes et au-delà de nos différences.

Le partage d'opinions ou d'expériences nécessite un espace qui respecte certains critères (ouverture, écoute sans préjugés, etc.). Ces critères étaient très présents tout au long du projet *Femmes et féminismes en dialogue*. Au sein des groupes de femmes, la différence culturelle n'a, à aucun moment, été mise de l'avant comme une entrave. Les participantes échangeaient sur divers sujets d'ordre social, religieux, culturel, mais, toujours avec empathie et dans le respect de l'autre. Elles apprenaient à se découvrir et à bien se connaître afin de mieux se reconnaître. C'est cet esprit d'ouverture et de dialogue sain et constructif qui m'a incitée à aller jusqu'au bout de cette expérience, et à maintenir ma participation aux différentes étapes du projet. Un projet que j'ai perçu comme une brèche d'espoir au changement social et comme un sentier illuminé guidant les pas des femmes vers une solidarité universelle.

La solidarité universelle entre femmes à laquelle j'aspire ne représente pour moi ni un fantasme ni une utopie. Elle demeure certes un idéal difficile à atteindre, mais serait-il impossible ? Tel que je l'ai évoqué, j'ai été confrontée tout au long de mon parcours migratoire aussi bien sur le plan personnel que professionnel, à des situations où les rapports de pouvoir, de domination et de discrimination étaient assez violents. Ces rapports d'altérité complexes deviennent difficiles à saisir et à gérer lorsqu'ils sont entretenus par des femmes contre d'autres femmes : le groupe majoritaire contre les groupes minoritaires, les groupes minoritaires en position de pouvoir contre ceux en situation de vulnérabilité, etc. Cette perversion dans les interactions entre femmes est un indicateur qui révèle qu'au sein de la société il existe autant de stratifications dans les rapports d'autorité et de pouvoir que dans les positions sociales.

Dans le cadre du projet *Femmes et féminismes en dialogue*, et tout au long des ateliers, forum et colloque, il était très intéressant d'échanger avec les femmes de tous horizons et de constater au départ une divergence d'opinions et d'expériences. Au fil du temps et des discussions, le débat prenait une autre tournure et convergeait tout naturellement vers un objectif commun à toutes les participantes, à savoir, comment développer une solidarité entre femmes et améliorer nos conditions de vie. Il est important de dire qu'il a émergé de ce dialogue, trois espaces à ne pas omettre de souligner; le premier imposait une réflexivité, le second invitait parfois à une médiation interculturelle et le troisième favorisait le rapprochement et permettait de tisser des liens professionnels et même amicaux entre participantes.

Mes apprentissages de ce projet demeurent compatibles avec les principes de ma profession et son esprit rassembleur. J'ai appris à travers cette expérience que pour favoriser un dialogue constructif, il demeure nécessaire de : 1- Combiner le cognitif à l'affectif et le subjectif à l'objectif, afin de renforcer, dans la posture professionnelle, la réflexivité, qui est une dimension de la conscience. 2- Se distancier de ses schèmes culturels et de ses représentations. 3- Développer une empathie et demeurer ouvert et à l'écoute de l'autre, car la conviction de l'autre autant que la sienne est l'expression d'une quête. Il s'agit d'une « *éthique de posture* » (Lemieux, 2008). Appréhender l'altérité non seulement en voyant la différence en l'autre, mais aussi en se voyant soi-même dans le regard de l'autre, permet un regard réciproque qui peut être source de changement pour soi et pour l'autre.

4. Faire jaillir ses pouvoirs et bâtir des ponts à travers l'écriture réflexive et le dialogue

La générosité, l'ouverture d'esprit des participantes tant du forum, du congrès que dans les ateliers d'écriture m'ont amenée à vouloir partager cette démarche avec d'autres femmes. Je présente ici une démarche réflexive qui pourrait être un outil réflexif pour des femmes immigrantes non francophones inscrites dans les cours de français du ministère de l'Immigration, de la Diversité et de l'Inclusion ou des groupes de femmes dans les centres d'accueil des immigrants. Cette activité peut être également offerte dans d'autres lieux (centre d'accueil des immigrants) et contextes (jumelage interculturel, groupes de parents). Durant le forum, plusieurs ateliers étaient offerts aux femmes, dont un d'écriture. Le climat était propice au retour à soi, à l'écriture et à l'écoute des écrits des autres. La responsable ou l'animatrice aidait chaque membre du groupe à être à l'aise (écoute active, empathie, acceptation inconditionnelle des autres). Les approches choisies permettaient d'être à l'aise avec soi-même et les autres. Elle installait une relation égalitaire et de confiance entre elle et les autres participantes. À titre d'exemple, au début de l'atelier et dans un esprit d'ouverture et de respect, elle expliquait le déroulement (durée de l'écriture, la période de lecture à haute voix de la lettre) et les modalités de l'atelier d'écriture (thèmes libres, confidentialité des échanges durant les ateliers). Concrètement, chaque participante présentait son parcours, migratoire ou non, partageait ses préoccupations du moment, ses motivations de participation à l'atelier. Pour le choix du thème, dans notre atelier, il s'agissait d'écrire une lettre à une femme sur un sujet de tension entre femmes qui nous préoccupait individuellement ou collectivement et proposer une solution commune. À la fin de l'écriture individuelle, chacune était invitée à lire sa lettre à haute voix.

J'ai participé à l'atelier d'écriture du forum pour trois raisons. Premièrement, l'écrit réflexif m'est familier. J'ai appris à tenir un journal réflexif de mon parcours d'immigration. Adopter l'écrit réflexif m'aide à mettre des distances sur mes émotions (reconnaître les émotions, les ressentis), poser un regard objectif sur une situation, identifier les blocages pour faire ressortir mes potentiels. Concrètement, j'écris tout ce qui se passe dans ma tête, mes émotions du moment (sans filtre, sans censure, sans jugement). Quand je ne suis plus dans l'émotivité, je relis ce que j'ai écrit pour en dégager le sens de la situation (apprentissage et autoévaluation). Dans l'objectif d'approfondir et de partager les bénéfices de l'écrit, j'ai entamé un parcours doctoral (Ralalatiana, 2014). En effet, j'ai montré le pouvoir de l'écrit pour mettre en évidence les potentiels (projet de vie, motivation d'accomplissement, socialisation langagière) des femmes immigrantes non francophones en processus d'apprentissage du français au Québec. Et pour la troisième raison, maintenant dans le monde professionnel, je souhaite continuer mes apprentissages tant sur moi que sur les autres. Grâce à ma participation à l'atelier d'écriture, j'ai appris beaucoup sur moi-même et sur les autres femmes. J'ai vu la force de l'écrit et du dialogue pour débloquer mes préjugés envers moi-même, envers les autres et ensuite nous avons pu voir, identifier les potentiels en chacune de nous.

C'est pour ces raisons et avec cet esprit d'ouverture et de générosité que je propose le déroulement de l'écrit réflexif suivi de dialogue avec des femmes immigrantes en processus d'apprentissage du français dans le milieu universitaire, collégial et communautaire et avec les personnes dans les centres d'accueil et intégration des immigrants. Pour les femmes immigrantes en processus d'apprentissage du français, l'atelier vise à écrire et à partager à travers le dialogue les préoccupations du moment, les obstacles à l'insertion à la société québécoise. L'activité a pour but de développer la conscience de leurs potentiels et ceux des autres et la construction d'un dialogue commun autour de leurs préoccupations et de leurs potentialités.

En effet, la réflexivité conçue à travers l'écrit individuel suivi d'un dialogue collectif contribuera à une atténuation des bouleversements et pertes de repères lors de l'immigration ainsi qu'à une meilleure connaissance de soi et des autres. On connaît bien les difficultés de l'immigration (perte du statut et du réseau social, stress, redéfinition des rôles au sein de la famille, perte de repères relativement à l'exercice de la parentalité et pour la gestion des crises familiales, difficulté dans la conciliation travail/famille/étude, divorce, violence conjugale) et les obstacles vécus par les personnes immigrantes (oppressions intersectionnelles, racisme, discrimination, déqualification professionnelle, non-reconnaissance des acquis...) mais chacune en fait une expérience subjective différente qui mérite d'être exprimée.

L'écriture de soi est une démarche personnelle. Elle met l'individu face à lui-même. Les bénéfices de l'écrit sont multiples : meilleure connaissance de soi, plus grande conscience de son potentiel et de son pouvoir. De plus, l'écrit facilite l'analyse des actions posées et des changements apportés sur le plan personnel, social. En outre, il permet de noter les réalisations. Finalement, c'est un outil qui favorise à la fois le retour d'expérience, l'identification des blocages et des résistances internes tout comme externes et le rejaillissement des potentiels. Cette habitude nourrit la motivation à court et à long terme, et, en contexte d'apprentissage et d'insertion dans une nouvelle société, l'écrit contribue également au processus d'alphabétisation des immigrants, à leur persévérance aux études tout en étant un outil de reconnaissance de leur propre culture et de leur propre identité (Ralalatiana, 2014; Ralalatiana et al., 2016).

> L'activité consiste à tenir un journal personnel et à en discuter en groupe vers le milieu de la participation aux cours de français. Les lieux de rencontre interculturels peuvent aussi s'inspirer de ce modèle. L'activité vise à poser un regard sur soi et sur les autres avant la participation aux cours de français, durant et à la fin du cours. Le dialogue mi-parcours contribue à une connaissance des blocages (préjugés), à la construction de connaissances communes. Pour faciliter l'écriture, le choix des thèmes est libre (exemples : les préjugés, les défis de l'immigration, la socialisation langagière et culturelle). Cette activité peut être présentée pendant les heures d'animation et de monitorat en approfondissement des activités déjà offertes aux adultes (les valeurs de la société québécoise, les préjugés). Pour obtenir une participation et un engagement des participants, il serait primordial de prêter une attention particulière aux stratégies pour que les ateliers se déroulent dans un climat de confiance. Également, si je me réfère aux ateliers que j'ai animés, ma participation avec mon propre témoignage, la posture d'ouverture et de respect des autres m'ont grandement aidée.

La mise en place de cette activité présente plusieurs défis d'après mes expériences en tant qu'animatrice, formatrice, chercheure auprès des immigrant-e-s. En effet, j'anticipe les défis relatifs à la maîtrise de la langue française (français écrit et oral), aux caractères des personnes (timidité, difficulté à s'ouvrir…). D'autres défis, tel le lieu de déroulement de l'atelier peuvent s'ajouter. Concrètement, selon mes expériences, l'atelier était plus facile à implanter dans les centres communautaires, centres de femmes (présence exclusive des femmes) que dans les autres lieux d'apprentissage du français (université …) où les apprenants en langue étaient mixtes.

Ainsi l'immigration est une renaissance à soi-même. L'écrit réflexif vise à mettre en évidence et à donner le pouvoir aux individus et à la collectivité. Soulignons aussi les avantages à court et à long terme d'une meilleure connaissance de soi et des autres en vue d'une meilleure gestion de la vie personnelle, familiale et un meilleur vivre-ensemble.

Conclusion : une éthique de la réflexivité?

Ce chapitre nous a permis de poser un regard analytique et critique sur le processus de réflexivité. Avant tout, pour parler et écrire sur la réflexivité, nous avons laissé la place aux actrices porteuses du processus, partageant ici leurs expériences et les effets innovants d'une perspective réflexive interculturelle et intersectionnelle. Si on comprend que la réflexivité, portée par des outils comme l'écrit ou le récit, se déroulant dans un contexte convivial et mettant en œuvre des relations horizontales et égalitaires, est la prémisse du dialogue et du changement, il est aussi nécessaire d'en poser certaines limites. Celles-ci sont d'abord d'ordre éthique, la professionnelle, la citoyenne, la chercheure, la militante remplissent des fonctions et des mandats différents et le processus de réflexivité dans lequel elles s'engagent ne peut les effacer. Il est nécessaire de les nommer, de les poser, de les utiliser comme des réflecteurs dans la réflexivité individuelle, mais aussi de les éclairer et de veiller à leur articulation dans la réflexivité collective. De la même manière, la dimension ontologique du processus réflexif ne peut être noyée dans son expression collective tout comme le dialogue ne peut disparaître derrière la reprise de pouvoir individualisée. Et encore, la perspective profondément intime de la démarche se doit d'être couverte par des règles de confidentialité qui apportent la sécurité psychologique, émotionnelle et affective nécessaire à chacune. La réflexivité est alors une dynamique à la fois psychologique, sociale, éthique, interculturelle et dialogique.

Bibliographie

Albrecht, G. L., Ravaud, J.-F. et Sticker, H.-J. (2001). L'émergence des disability studies : état des lieux et perspectives. *Sciences sociales et santé, 19*(4), 43-73.

Barbier, J.-M. (1990). L'évaluation en formation. Paris : PUF.

Bilge, S. (2009). Théorisations féministes de l'intersectionnalité. *Diogène, 225*(1), 70-88.

Bourassa Dansereau, C. (2019). L'intervention interculturelle féministe : intervenir en conciliant les enjeux interculturels et de genre. Dans A. Heine et L. Licata (dir.), *Pratiques de psychologie interculturelle*. Édition Mardaga.

Bourdieu, P. (2004). *Science of Science and Reflexivity*. Polity.

Capdevielle-Mougnibas, V. et de Léonardis, M. (2010). *Ségrégation sociale et responsabilité du chercheur : donner la parole à ceux qui ne l'ont pas. Recherches qualitatives, 29*(2) 132-159.

Cohen-Emerique, M. (2011). *Pour une approche interculturelle en travail social. Théories et pratiques*. Paris : Presses de l'EHESP.

Doré, C., Caillouette J., Vatz Laaroussi M., Kremer L., Yanes C., Campos L. (2018). Genre, diversité et territoire : l'utilisation des approches narratives dans une recherche partenariale transnationale. *Recherches sociographiques*, LIX, 1-2.

Lavergne, C. (2007). La posture du praticien-chercheur : un analyseur de l'évolution de la recherche qualitative. *Recherche qualitative, 3,* 28-43.

Lemieux, R. (2008). Penser la religion au Québec. *Globe : revue internationale d'études québécoises, 11*(1), 230.

Maalouf, A. (1998). *Les identités meurtrières*. Paris, France : Éditions Grasset.

Mannonni, P. (2016). *Les représentations sociales.* Coll. « Que sais-je? ». Paris : Presses universitaires de France.

Montgomery, C. et Agbobli, C. (2017). Mobilités internationales et intervention interculturelle : conceptualisations et approches. Dans C. Montgomery et C. Bourassa-Dansereau (dir.), *Mobilités internationales et intervention interculturelle: théories, expériences et pratiques,* Québec : PUQ.

Ralalatiana, M.C., Debeurme, G. et Vatz Laaroussi, M. (2016). Diversité dans l'approche pédagogique: l'écrit sur soi à travers la trajectoire langagière. Le Français langue étrangère / seconde en fête : mythes, réalités et partage de bonnes pratiques. Numéro spécial des *Reflets* 35e anniversaire de l'Association québécoise des enseignants de français langue seconde (AQEFLS).

Ralalatiana, M.C. (2014). *Trajectoires langagières de femmes immigrantes au Québec: étude qualitative auprès de femmes inscrites en francisation.* (Thèse de doctorat). Sherbrooke : Université de Sherbrooke.

St-Arnaud, Y., Mandeville, L. et Bellemare, C. (2002). La praxéologie, *Interactions*.6 (1), printemps. Repéré à https://www.usherbrooke.ca/psychologie/fileadmin/sites/psychologie/espace-etudiant/Revue_Interactions/Volume_6_no_1/V6N1_ST-ARNAUD_MANDEVILLE_BELLEMARE_p29-48.pdf.

Thoreau, F. et Despret, V. (2014). La réflexivité. De la vertu épistémologique aux versions mises en rapports, en passant par les incidents diplomatiques. *Revue d'anthropologie des connaissances, 8*(2), 391-424.

Vatz Laaroussi, M. (2010). Interculturalité, interdisciplinarité et développement: les enjeux pour la formation et les pratiques en travail social. Dans C. Bolzman et M. Manço (dir.), *Transnationalité et développement*, Paris : L'Harmattan.

CHAPITRE 6

Les conditions du dialogue

Liliana Kremer, Chantal Doré, Zoly Rakotoniera, Gisella Segura et Aylen Sosa Luna

> *C'est par la parole et l'action que nous nous Insérons dans le monde humain.*
> Hannah Arendt.

Le dialogue, à la fois comme idée, action, moyen et finalité, est au cœur de l'hypothèse de travail de *Femmes et féminismes en dialogue* : le fait d'élargir et d'inclure nos différences nous permet de reconnaître l'autre comme un interlocuteur légitime. C'est une démarche qui nous a permis non seulement de générer des reconnaissances nouvelles, mais aussi de promouvoir un dispositif de prévention et d'amélioration des rapports sociaux, là où on percevait que les différences qui nous opposent peuvent prévaloir sur celles qui nous complètent et nous enrichissent.

Qu'est-ce qu'on peut se dire que l'on n'a pas encore nommé ? Un dialogue inspiré théoriquement du modèle de médiation transformative (Folger et al., 2017) est axé sur les personnes. Ce regard transformateur cherche à comprendre et à respecter les choix de l'autre à partir d'une coconstruction qui entrelace les histoires des différents acteurs participants. Gadamer (1992) a proposé comme hypothèse de base qu'il est possible d'apprendre par le biais des conversations. Sa thèse s'inscrit dans l'idée qu'un processus éducatif, dans le sens large du terme, est lié à la compréhension de l'autre. C'est en écoutant l'autre que l'on est en train d'ouvrir des chemins pour vivre la solidarité. Chacun peut ou doit apprendre à reconnaître et à surmonter les antagonismes vis-à-vis des autres, ce qui signifie prendre soin de l'autre, l'entendre, le respecter. Également, on envisage le dialogue comme une valeur éthique, une quête du bien-être commun, une possibilité de construction de consensus et un mode de soutien des pratiques démocratiques dans nos vies, que ce soit dans les sphères privées ou publiques.

Quels sont les territoires symboliques et matériels que l'on se permet de partager, d'interroger, au-delà des réponses que l'on n'a pas encore trouvées ? Avec notre projet *Femmes et féminismes en dialogue,* on cherche à forger des mécanismes et des processus collectifs pour promouvoir des dialogues entre des femmes-actrices hétérogènes. Cette visée a été l'idée de base de notre méthodologie : construire des scénarios possibles d'échange pour pouvoir, à travers de multiples langages, aboutir à un partage dynamique des croyances et des idées. Selon Bajtín[1], « toute compassion implique un dialogue ». Il souligne que tous les énoncés ont un rapport inévitable avec ce que disent les autres et ce qu'on présuppose qu'ils disent. Un dialogue met en présence des personnes et des groupes d'intérêts différents qui s'engagent à se pencher sur une question dont les enjeux sont mutuels, mais pas nécessairement communs. Il suppose que les personnes dans des positions et des circonstances différentes ont des points de vue différents sur le même problème et qu'elles disposent vraisemblablement à ce propos d'informations, de parcours, d'idées et de récits différents. Un dialogue permet aux participant-e-s de voir les problèmes du point de vue des un-e-s et des autres. Ce partage les conduit à une meilleure compréhension des problèmes, une compréhension porteuse d'améliorations significatives pour des politiques ou des programmes. Ce processus peut être une puissante plateforme de plaidoyer en faveur de certains droits et une source d'informations et de solutions.

1. Des conditions systémiques

Quelles sont les conditions nécessaires pour mettre en place un dialogue ? Dans le cadre de notre projet, nous avons considéré l'existence préalable de conditions politiques, environnementales et psychosociologiques qui favorisent le dialogue.

Les conditions sociopolitiques du dialogue reposent sur un contexte démocratique favorable à la formulation des accords, à la compréhension et à l'écoute entre les acteurs concernés. Elles promeuvent par le fait même la participation démocratique des acteurs et actrices du dialogue. Les structures et les processus d'un dialogue social fécond sont susceptibles de résoudre des questions sociales, culturelles, environnementales, économiques, politiques, liées à des différences de genre, etc., ainsi que de promouvoir une bonne gouvernance démocratique et de favoriser la paix aux échelles micro et macro territoriales et sociales. Pour permettre le dialogue social, deux conditions reliées doivent être considérées : d'un côté, les personnes et les organisations doivent être indépendantes et chacun doit avoir une capacité d'autonomie personnelle, avec une maîtrise des informations pertinentes pour sa participation réelle au dialogue social. D'un autre côté, l'affirmation d'une volonté personnelle et politique de s'engager dans le dialogue avec toutes les parties concernées est incontournable. Protagoras[2] traita ces questions qui sont au cœur des interrogations primordiales des sciences sociales sur les

---

[1] https://www.researchgate.net/publication/28226362_Voz_sentido_y_dialogo_en_Bajtin.
[2] Originaire d'une cité grecque de la côte thrace, Abdère, Protagoras est né vers 490-485.

possibilités et les conditions du vivre et de l'agir ensemble. Les dialogues portent des questions sous-jacentes axées sur les fondements du lien social, les conditions de la participation citoyenne, sur la condition humaine, l'art, la politique, la démocratie, la justice et l'éducation, lesquels participent d'un paradigme politique de l'action collective.

Les conditions environnementales sont des conditions préalables à toute amorce de dialogue : des savoirs partagés requièrent des dispositifs d'échange, du temps et des espaces. Prendre en compte ces conditions pratiques est non seulement aidant, mais nécessaire. Les dispositifs d'échange peuvent prendre plusieurs formes et répondre à diverses dispositions personnelles permettant à toutes de s'exprimer de la manière qui leur est la plus favorable. Nous avons expérimenté les témoignages oraux ou écrits, des ateliers artistiques (photo, conte, dessin, arts plastiques, etc.), théâtre forum, ateliers en petits groupes, retour en séance plénière, production d'affiches, activités brise-glace, jeux de rôles, etc. L'animation souple et dynamique contribuait à dépasser la gêne et à favoriser le dialogue et l'apprentissage de toutes. La question du temps, bien qu'elle semble aller de soi, est pourtant fondamentale. Avoir le temps de s'exprimer, de partager, de prendre des moments d'arrêt afin de bouger, de profiter de moments informels pour créer des liens dans de micro-espaces de rencontre et de discussion autour d'une collation et d'un café constituent à la fois une exigence et une réponse à un besoin de reprendre son souffle et d'échanger dans l'informel. Divers espaces sont nécessaires afin de permettre des activités en petits groupes, et une grande salle pour les rencontres plénières et les partages en grand groupe.

Les conditions psychosociologiques impliquent le désir et la volonté qui président à la réussite de ces échanges, une disposition à l'écoute et un respect dans la réciprocité des dialogues qui favorisent l'ouverture d'esprit, le sentiment de pouvoir s'exprimer et d'être respectée dans ses convictions, ses interrogations, ses malaises, l'autonomie et la créativité de chacune dans cette démarche dialogique. Toutes ces attitudes d'engagement constituent autant de conditions de succès et participent à la réussite du dialogue.

L'un des concepts importants est celui proposé par Mead (1934). Le *self*, ou *soi-même*, se rapporte à la capacité de se considérer soi-même comme objet/sujet et présuppose que la communication entre les êtres humains est un processus social. Ses mécanismes sont la réflexion et la capacité de se mettre à la place des autres et d'agir comme ils le feraient. Le processus social est intériorisé dans l'expérience des individus impliqués. Par de tels moyens qui permettent à l'individu d'adopter l'attitude de l'autre envers lui, l'individu est consciemment formé pour s'adapter à ce processus et pour modifier le résultat dudit processus dans n'importe quel acte social donné. Mead identifie deux aspects ou phases du self : *je* et *moi*. *Je*, c'est la réponse immédiate de quelqu'un à l'autre ; c'est l'aspect incalculable, imprévisible et créateur du *self*. Les personnes ne savent pas d'avance quelle sera la réaction du *je*. Le *je* réagit contre le *moi* qui est l'ensemble des attitudes des autres que l'on assume.

2. Les sens et les formes de dialogues

Le dialogue n'est pas un débat contradictoire, il n'est pas un bavardage ni un discours unidirectionnel, ni une joute pour convaincre, ni une quête de *la vérité*, non plus, un rapport uniquement rationnel. Le dialogue est plus qu'une conversation, c'est un échange d'idées, de convictions, de visions, une reconnaissance de l'altérité. Il vise à coconstruire, non pas tant un consensus qu'un échange pour faire avancer, en ce qui nous concerne, une vision du monde plus juste et inclusive dans lequel toutes se reconnaissent. L'angle méthodologique du présent chapitre nous reporte à l'affiche du Forum intitulée *Dialoguer, dialogue, grand dialogue* dans laquelle sont mentionnées plusieurs indications liées à la pratique et aux conditions du dialogue. Cette affiche nous invite aussi à oser le dialogue malgré ses incertitudes.

> *Il arrive un moment où il est nécessaire d'abandonner nos vêtements qui ont pris la forme de notre corps et d'oublier les chemins qui nous conduisent toujours aux mêmes endroits. C'est le moment de la traversée. Si nous n'osons pas la tenter, nous resterons toujours à la marge de nous-mêmes !* Fernando Pessoa

Au centre de tout dialogue, on trouve le langage ; ou plutôt, des langages, car les mots ne sont pas que des mots, ils constituent nos outils communicationnels, voire de multiples langages : des dessins, des photos, des rires, des gestes, des expressions corporelles. Pour Gadamer, le langage est aussi incontournable pour la vie humaine que l'air que l'on respire... Il le pose comme un acte constitutif de l'être humain, qui emplit la totalité des sphères de la convivialité humaine, de la compassion et de la connivence, de la quête d'un consensus chaque fois plus ample (Gadamer, 1992).

Le dialogue est un agir. Dialoguer est une action en soi alimentée par une posture épistémologique, politique et subjective quant aux multiples croisements des savoirs. Dialoguer, raconter, narrer une histoire, témoigner engagent la subjectivité individuelle des personnes impliquées et l'intersubjectivité collective du groupe. Ce dialogue construit à partir d'expériences exprime la subjectivité du *je* et devient un *nous* intersubjectif qui intègre la diversité et les relations interculturelles dans un souci partagé du monde commun ouvrant *in situ* sur une démocratie participative. Cette prise de parole individuelle et collective que représente le dialogue est un processus à la fois psychologique, sociologique et politique de reconnaissance d'intérêts parfois convergents, parfois divergents. Il a pour fonction de (se) rendre visible et audible face à soi et aux autres, y compris face aux institutions et aux pouvoirs publics (Doré, 2017).

L'espace narratif et dialogique promeut la création de lien et de sens à partir des expériences individuelles et collectives. Cet espace devient un agir politique qui mobilise, ici les femmes de diverses origines et appartenances, pour des pratiques et une vision du monde plus conformes aux attentes féministes légitimes qui visent un monde plus juste, inclusif et respectueux des diversités.

Dans cette perspective, nous présentons deux exemples éloquents de processus de dialogue durant le déroulement de notre projet *Femmes et féminismes en dialogue* dans le monde.

3. Vers un dialogue sur l'avortement à Madagascar

À Madagascar, l'avortement demeure un problème majeur de santé publique étant donné le nombre élevé d'avortements clandestins et de décès qui en résultent[3] (Gastineau, 2010). Jusqu'à ce jour, c'est l'article 317 du Code pénal français de 1810 qui régit l'avortement. La dépénalisation peut en partie résoudre le problème, mais les divergences d'opinions concernant l'avortement restent un facteur de blocage. Un dialogue est donc nécessaire pour trouver une solution qui correspond à la réalité des femmes malgaches. Ainsi, dans le cadre du projet international *Femmes et féminismes en dialogue*, le problème de l'avortement a été choisi par l'équipe malgache comme projet pilote.

Le premier défi est inhérent à la tenue d'un dialogue sur l'avortement dans le contexte malgache et repose sur le fait que l'avortement est un sujet tabou. Dans la culture malgache, surtout dans les régions centrales du pays[4], la sexualité fait partie de l'ineffable (Jorgen, 1970). L'attitude générale vis-à-vis de ce qui touche la sexualité est objet de censure. La sexualité féminine en particulier demeure dans le domaine de l'indicible surtout dans la capitale, la femme « doit taire son plaisir et ses attirances. » (Rakotomalala, 2012). Dans

---

[3] On estime à 575 le nombre de femmes malgaches qui meurent chaque année des complications de l'avortement.

un tel contexte socioculturel, il n'est pas surprenant que l'avortement soit entouré d'un nuage de silence et de mythes tels que « *l'avortement provoque le cancer du système reproductif ou rend stérile* ».

Le deuxième défi à surmonter pour qu'un dialogue puisse avoir lieu est certainement la capacité à pouvoir faire parler les femmes. En effet, dans la culture traditionnelle malgache, que ce soit à travers une conversation formelle ou informelle, le Malgache préfère rester silencieux plutôt que dire ce qui peut être considéré comme indécent ou blessant (Bonvillain, 2001). La parole est réservée aux hommes, les femmes qui ont l'habitude de parler sont des *akohovavy maneno* ou poules qui chantent. Quand les femmes malgaches sont obligées de parler, surtout de sujets délicats, elles parlent la *langue tournée* (Yaguello, 1976), c'est-à-dire qu'elles ne disent pas ce qu'elles pensent ou ne pensent pas ce qu'elles disent.

Pour qu'un dialogue soit possible, il est nécessaire de briser le silence autour de l'avortement en montrant qu'on peut aborder un sujet aussi épineux que l'avortement en public. Pour ce faire, l'équipe malgache a jugé essentiel d'encourager ceux et celles qui s'intéressent au sujet de l'avortement à s'exprimer à travers une séance de prédialogue. Ainsi, un forum prédialogue, une des conditions de la tenue d'un grand dialogue, a été organisé à l'Université d'Antananarivo en septembre 2017.

Le prédialogue a réuni 150 participant-e-s de la société civile, des universités et de la sphère politique. Le forum a été organisé à l'Université d'Antananarivo sous la forme d'un hommage à Simone Veil. L'objectif était de mettre en commun les idées et les différents points de vue sur l'avortement à Madagascar et surtout de montrer qu'on peut et qu'on doit parler de l'avortement publiquement. La question posée aux cinq panélistes était : faut-il décriminaliser l'avortement provoqué, comme le recommandent les instances internationales des droits de l'homme, dont le Comité des droits de l'homme qui a examiné le rapport de Madagascar en juillet 2017 à Genève ?

Les cinq interventions ont en effet mis en exergue les enjeux de la dépénalisation de l'avortement à Madagascar. Deux des intervenants ont donné leurs points de vue fondés sur les principes des droits de l'homme. Sur la base des dernières recommandations du Comité des droits de l'homme pour Madagascar et des données disponibles sur les liens entre prohibition de l'avortement et taux élevés de mortalité maternelle, les panélistes ont montré qu'il est du devoir de l'État et de la société malgache d'améliorer la jouissance du droit des femmes à la vie en faisant baisser la mortalité maternelle, ce qui passe, entre autres mesures, par la décriminalisation de l'avortement.

La panéliste qui a présenté un point de vue différent sur l'avortement, notamment une femme pasteure, a parlé des enjeux éthiques du combat de Simone Veil et les a confrontés à la foi chrétienne. Elle a également discuté de la femme chrétienne malgache et de sa position face à l'interruption volontaire de la grossesse, et aussi face à une éventuelle loi qui pourrait ne pas être conforme à ses convictions.

Les nombreuses questions et remarques de l'assistance ont prouvé qu'il est possible de s'exprimer sur l'avortement publiquement si on offre aux participants le cadre et l'occasion de parler. Les connaissances ainsi que les points de vue du grand public sont aussi diversifiés que ceux des panélistes. Ces opinions étaient construites autour des notions d'autonomie des femmes ; de la responsabilité individuelle et de la liberté de conscience ; des droits sexuels et reproductifs ; de l'*empowerment* des femmes ; de leur santé physique et mentale ; des relations de pouvoir et entre les genres ; du public et du privé ; de l'éthique ; de la citoyenneté et de la démocratisation des sociétés. Mais le point saillant qui mérite d'être mentionné est qu'à plusieurs reprises les participants ont mentionné la nécessité de poursuivre la conversation. Ceci démontre l'importance du prédialogue en tant que condition du dialogue dans le contexte malgache. Par ailleurs, la réaction des médias par rapport au forum est révélatrice du rôle du prédialogue. En effet, l'événement a attiré l'attention des journalistes et a fait la une de plusieurs quotidiens de la capitale. « Hommage à Simone Veil : l'avortement évoqué sans tabou » [5] est un des titres évocateurs du fait qu'un sujet dont on n'osait pas discuter jusqu'ici ait été abordé dans la sphère publique.

Il est probablement important aussi de souligner qu'après la tenue du forum, une association pro-choix a été constituée. Composée en majorité de jeunes femmes âgées de vingt-cinq à quarante ans, cette association s'exprime fondamentalement sur les réseaux sociaux. À ce jour, elle a plus de 6000 abonnées. Une telle situation reflète l'importance d'un prédialogue comme catalyseur qui incite les langues à se délier.

En résumé, dans le contexte malgache, la possibilité d'un dialogue dépend de deux choses : de qui va parler et du sujet qui va être abordé. Comme le sujet de l'avortement qui a été choisi dans le cadre du projet *Femmes et féminismes en dialogue* est culturellement délicat, les conditions doivent être remplies pour que le dialogue puisse avoir lieu. La solution adoptée a été la tenue d'un prédialogue qui a eu pour objectif d'avancer vers un changement d'attitude sur l'avortement. Un tel changement commence par le fait d'oser en parler en public et accepter d'entendre ce qui se dit. On peut dire que cette première

---

[5] L'actualité.mg (26 septiembre 2017).

étape a été franchie et que la tenue d'un tel dialogue à Antananarivo est à présent possible.

4. Le processus dialogique avec des membres du Collectif des femmes du Chaco américain

Dans les différents prédialogues et ateliers réalisés avec divers groupes, nous avons pu remarquer, presque toucher, l'hétérogénéité de notre territoire. Des femmes paysannes, autochtones et urbaines du Collectif des Femmes du Chaco américain, appartenant à l'écorégion du Chaco américain formée par l'Argentine, la Bolivie et le Paraguay, ont travaillé de concert avec des groupes de femmes chercheures, des associations d'étudiant-e-s de l'Université et des organisations de la société civile de la province de Cordoba, Argentine.

Voici les conclusions élaborées lors du forum de clôture du projet où ont participé des femmes des différents groupes intervenant dans le processus. Cent vingt-cinq femmes des trois pays ont participé au forum. Elles ont mis sur pied huit groupes de prémédiation, dans un univers majoritaire de femmes dites non féministes.

Sur la question « *comment on se voit ?* », les mots clés ressortis ont été :	
Dites féministes	Dites non féministes
Force, compromis, peuple, politiques, besoins, regards, lutteuses, rencontres, joie, voix, action collective, forces, injustices, douleur, voix, constructions partagées, respect.	Lutteuses, activistes, fortes, organisation, engagées, courageuses, solidaires, joies, voix, aimants, soignantes, douleur, injustices, production, travail, terres, nos droits, éducation, réclamations, unies.
« *Comment voient-elles les autres ?* »	
les femmes dites féministes à l'égard des non féministes	*les femmes dites non féministes à l'égard des féministes*
Conscientes, conservatrices, soumises, invisibilisées, porteuses de stéréotypes, solidaires, travailleuses, mères, diverses, engagées.	Engagées, intéressées, lutteuses, opportunistes, collaboratrices, sûres d'elles, courageuses, solidaires, en quête d'égalité, libres.
« *Comment croit-on être vues par les autres ?* »	

Les dites féministes	Les dites non féministes
Organisées, collaboratrices, Blanches, privilégiées, inflexibles, persévérantes, bizarres, méconnaissantes des autres, contradictoires, adversaires, réflexives, généreuses.	Courageuses, sûres, inférieures, grosses, rêveuses, organisées, mères, intéressées, entrepreneuses, non acceptées, méprisées, reconnaissantes.

Cet échange était une occasion de réfléchir et de discuter à propos du féminisme et des différentes façons de s'organiser. Le dialogue public ne surgit pas spontanément, c'est plutôt une conversation provoquée dans l'intention que les participants soient impliqués, qu'ils puissent être des protagonistes d'un processus de compréhension et dans l'objectif de trouver des nouvelles significations. Le terme public n'implique pas que ces conversations doivent être réalisées par beaucoup de personnes, les sujets qui se discutent sont d'intérêt public et c'est cela qui leur donne leur spécificité, le pouvoir de travailler depuis les histoires et les trajectoires personnelles (Kremer et al., 2016).

Diverses questions surgissent concernant les manières d'atteindre les objectifs des dialogues publics, c'est-à-dire comment générer des conversations, comment faire pour que les participants s'impliquent en devenant parties prenantes et des contributeurs et contributrices de nouvelles significations à partir de leurs trajectoires et récits. C'est ici que ressort la facilitation comme un outil pour faire avancer les dialogues, « La facilitation et la médiation [...] sont des moyens pour créer et pour maintenir des conditions d'une plus grande collaboration. Ce sont des procédures pour que les impliqués puissent prendre en charge d'une manière constructive, créatrice et collaborative leurs conflits » (Kremer, 2015). La facilitation encourage l'émergence d'idées provenant des participants et on doit soigneusement porter attention à ce que la voix de chaque membre soit entendue et considérée, ainsi que les différentes conceptions, valeurs et croyances existantes dans le groupe.

Nous avons avancé en mettant de l'avant l'utilité des dialogues de groupe entre femmes comme générateurs d'espaces de réflexions, d'échanges réciproques à la rencontre avec l'autre, en construisant de nouveaux discours et des narrations collectives à partir des expériences vécues, sans nous soumettre les unes aux autres et en dehors des injonctions. Il s'agit de pouvoir expérimenter les différences comme recours politique et organisationnel, tout en reconnaissant la diversité d'expériences. Cela permet de comprendre la complexité et les multiples aspects des féminismes actuels ainsi que l'intérêt de groupes qui ne s'identifient pas aux féminismes pour connaître, réfléchir et se positionner face à ceux-ci par rapport à leur propre décision.

Conclusion : dialoguer pour s'ouvrir !

Il n'y a pas de modèle unique, idéal, pour un dialogue. Dans notre projet, les dialogues ont été organisés de manière à donner à toutes les parties la possibilité d'y contribuer et nous avons porté une attention particulière à l'utilisation des techniques de médiation citoyennes mobilisatrices de conversations et de réflexions inattendues. Tout le processus a été accompagné par des facilitatrices expérimentées, c'est-à-dire compétentes qui connaissent bien les enjeux. Et finalement, ces dialogues se sont déroulés et achevés avec des engagements de toutes les participantes.

> Pour Bajtín, la vie est dialogique par nature.
>> Vivre, c'est participer à un dialogue [...] et nous participons à ce dialogue tout entier et tout au long de notre vie [...] L'être humain se donne entièrement à la parole et ce mot fait partie du tissu dialogique infini de la vie humaine. Chaque pensée, chaque vie fait partie de ce dialogue inachevé avec toute sa personnalité, avec tout son destin. (Llovet, et al., 2005, p. 376).

Dialoguer, c'est aussi s'ouvrir à la compréhension. Nous pouvons expérimenter les dialogues, mais nous devons aussi nous former à la *compréhension*, parce qu'elle est l'aspect distinctif de la construction de savoirs partagés. Être solidaires, c'est partager des savoirs, nous devenons alors capables de sortir de nous-mêmes, de nous ouvrir dans un mouvement de compréhension de l'autre, pour nous rencontrer dans une reconnaissance commune (Aguilar, 2003).

Bibliographie

Aguilar, L. (2003). Conversar para aprender. Gadamer y la educación. *Sinéctica, Revista Electrónica de Educación*, (23), 11-18.

Arendt, H (1994). *Condition de l'homme moderne*. Paris : Pocket Agora.

Bonvillain, Nancy (2001) *Women and Men: Cultural Constructs of Gender*. New Jersey : Prentice Hall, Inc.

Doré, C. (2017, mai). *Des pratiques de dialogue public et de mobilisation renouvelées pour des territoires interculturels plus démocratiques.* Communication présentée au XVIe Congrès international de l'ARIC, Antananarivo, Madagascar.

Équipe Québec « Les féminismes en dialogue » (2017). *Guide d'accompagnement pour une recherche action-médiation*. Sherbrooke : Université de Sherbrooke.

Équipe "Tramando", Córdoba, Argentine « Les féminismes en dialogue » (2017). Documents de systématisation. FCS-UNC.

Folger, J. P., Poole, M. S., Stutman, R. K. (2017). *Working Through Conflict: Strategies for Relationships, Groups, and Organizations*. New York : Routledge.

Gadamer, H-G. (1992). "Hombre y lenguaje" Verdad y método II. (Traducción de Manuel Olasagasti sobre el original alemán Warheit und Methode). Salamanca, España : Sígueme.

Gastineau, B., (2010). *Santé de la reproduction et avortement à Antananarivo Madagascar : résultats d'une recherche originale*. Repéré à https://www.researchgate.net/publication/267698340.

Jorgen, Ruud (1970). *Taboo, A Study of Malagasy Customs and Beliefs*. Antananarivo : Trano Printy Loterana.

Kremer L. et autres (2016). *La construcción de conocimientos situados y significativos desde el que-hacer compartido en territorios y redes académicas/comunitarias*. En Respuestas transdisciplinares en una sociedad global: Aportaciones desde el Trabajo Social.

Kremer Liliana (2015). *La facilitación de conversaciones públicas: Perspectivas educativas y comunicacionales para una intervención profesional del Trabajador Social fundada y reflexiva*. Facultad de Ciencias Sociales, Universidad Nacional de Córdoba, Argentina.

Llovet, Jordi et al (2005). *Teoría literaria y literatura comparada*. Barcelona: Ariel.

Mead, G. H. (1934). *Mind, Self, and Society*. Chicago : University of Chicago Press.

Rakotomalala, M., (2012). *À cœur ouvert sur la sexualité merina (Madagascar). Une anthropologie du non-dit*. Paris : Karthala.

Yaguello, Marina. (1976). *Les mots et les femmes*. Paris : Payot.

PARTIE 2

INTERSECTIONNALITÉ ET INTERCULTURALITÉ EN ACTION : RÉFLÉCHIR ET AGIR ENSEMBLE

Entrevue de Ruth Altminc avec Norma Miranda

Norma est une femme immigrée portant des marqueurs de différence, résidant et travaillant au Québec, Canada, dans une organisation visant à renforcer les relations interculturelles et à contrer les préjugés racistes.

Madame Miranda, comment avez-vous vécu votre parcours professionnel en tant que femme immigrée et porteuse de marqueurs de différence ?

N.M – Je suis sage-femme de formation, dans mon pays d'origine, le Chili, j'ai travaillé auprès des communautés autochtones, des communautés extrêmement vulnérables du point de vue social, car elles sont encore trop discriminées. Lorsque je suis arrivée au Québec en 1988, en croyant venir vivre dans une société riche, j'ai découvert d'autres formes de pauvreté. Mon premier choc a été lié au fait que mes acquis, mes diplômes, n'avaient pas été reconnus. Alors, je suis devenue membre du Regroupement Les Sages-femmes du Québec, lors du mouvement « Accoucher ou se faire accoucher ». Plusieurs femmes immigrées y participaient, elles représentaient 80 % des membres. Vingt pour cent étaient des infirmières québécoises, anglophones et francophones, qui avaient suivi un cours d'une année pour exercer la profession de sage-femme en dehors du Québec, dans des pays en voie de développement. Dans les années 1980, les structures du mouvement des femmes au Québec étaient assez rigides. Plusieurs femmes immigrées ne se sentaient ni bienvenues ni reconnues. Mon contact avec le féminisme québécois se faisait par le biais de ma participation au Regroupement Les Sages-femmes du Québec. Il s'agissait d'un féminisme qui montrait aux femmes venues d'ailleurs, considérées comme soumises, comment devenir fortes et autonomes, en leur apprenant *l'empowerment,* mais sans reconnaître leurs divers savoirs. Les féminismes d'ailleurs n'étaient pas reconnus et on ne parlait même pas d'eux. Les structures de défense des droits des femmes au Québec avançaient sans le regard des femmes immigrantes. Par ailleurs, la profession de sages-femmes n'était pas reconnue par les médecins et les autres professionnels de la santé, et de plus, les modèles d'intervention des sages-femmes des Suds et des Nords étaient très différents.

Voyez-vous des différences entre les conditions de vie des femmes auprès et avec lesquelles vous avez travaillé au Sud et au Nord ?

N.M. – Je trouve qu'il y a des similitudes et des différences. La problématique semble être la même, mais dans des contextes très différents. Même dans les pays riches, il y a des femmes qui vivent dans des conditions de pauvreté et d'exclusion sociale qui ressemblent un peu à celles des pays pauvres. Certes, la pauvreté des femmes est vécue de façon différente, et le travail des intervenantes l'est aussi. Au Chili, on travaillait beaucoup l'aspect social, il avait autant de poids que l'aspect médical. En tant que sages-femmes, nous réalisions des analyses globales et intégrées de la vulnérabilité des familles pour bien intervenir par la suite auprès de chaque femme. Tandis que dans le cadre de mon expérience professionnelle au Québec, dans les années 1980, j'ai été confrontée à une analyse où l'on mettait toutes les femmes dans un même modèle d'intervention, bien que l'on sache que, par les divers parcours de vie et caractéristiques personnelles, le modèle ne convenait pas nécessairement à toutes les femmes.

Qu'avez-vous retiré de votre participation à la recherche-action-médiation interculturelle *Femmes et féminismes en dialogue* ?

N.M. – J'ai beaucoup aimé que cette recherche soit partie de la reconnaissance de plusieurs féminismes. Auparavant, je n'avais jamais entendu parler de la reconnaissance de cette diversité au Québec. Ayant écouté le discours des organisations des femmes pendant des années, je les considérais comme assez paternalistes ou maternalistes envers les femmes d'ailleurs. Ce que j'ai trouvé intéressant dans ce dialogue est le fait que les femmes d'ailleurs ont pu échanger et ont été reconnues, nous avons compris qu'il existe plusieurs formes de féminismes qui s'expriment différemment selon les contextes de chaque société. Au Québec, je reconnais que le féminisme est très avancé, mais cela ne veut pas dire qu'ailleurs il n'existe pas, car les femmes luttent pour de meilleures conditions, parfois même au risque de leur vie. Au *Grand dialogue* du Québec, j'ai remarqué que les femmes d'ici avaient de l'écoute. J'ai été agréablement surprise de voir que les féministes québécoises plus jeunes étaient très ouvertes à l'écoute et à la reconnaissance des différences. De plus, au grand rassemblement où sont venues les femmes de l'international, j'ai compris à travers les discours des femmes vivant dans des situations de grande précarité et pauvreté, qu'il y a aussi un leadership féminin très fort ailleurs. J'aurais aimé que des femmes, comme celles du Chaco, aient eu plus de visibilité au colloque, comme d'autres groupes l'ont eue. J'ai beaucoup apprécié que nous arrivions à reconnaître que les luttes des femmes pour de meilleures conditions de vie soient valables tant ici qu'ailleurs.

Mais il nous reste encore du chemin à faire. Lors du colloque international, nous étions deux femmes handicapées à participer à une table ronde avec d'autres panellistes. Afin de faciliter notre mobilité, nous sommes restées dans un premier niveau et les autres panellistes se sont assises à un niveau plus haut. Alors nous deux, comme des personnes handicapées, nous étions plus bas, et les autres plus haut. Est-ce que les autres auraient pu s'asseoir à nos côtés ? Je me sentais comme un marqueur qui disait « voilà les femmes handicapées, ici en bas et plus haut, voilà les femmes non handicapées ». Pourtant, nous devrions parler toutes comme femmes. Ce n'est pas mon handicap qui parle. Je suis très consciente de mon handicap, mais quand je parle, je suis une femme comme les autres. Les organisatrices ont adapté l'espace pour nous, mais les autres femmes ne se sont pas adaptées à nous.

Quelles pistes de solidarité entre ces divers féminismes d'ici et d'ailleurs proposez-vous ?

N.M – Les femmes qui vivent ailleurs, dans des contextes de violence systémique, sont parfois disparues et tuées. Même ici au Canada, il y a 1186 femmes autochtones disparues. Si nous consolidons un mouvement international, les gouvernements accorderont plus d'attention face à la disparition des femmes et à celles qui réclament de meilleures conditions de vie, car ces gouvernements sauront que ces femmes ne sont pas seules, elles compteront sur l'appui d'autres femmes à l'international, la solidarité de la force et du nombre.

CHAPITRE 7

Femmes et féministes des Nords et des Suds : entre proximité et distance

*Amel Mahfoudh, Javorka Zivanovic Sarenac Dorra Mahfoudh,
Aimée Danielle Lezou Koffi et Miriam Vilcay*

Femmes et féminismes en dialogue est une initiative collective et internationale qui offre une occasion unique pour penser les rapports entre des mouvements féministes appartenant à des aires géographiques longtemps opposées et inégales, et qui le sont encore. Une inégalité entre, d'une part, les pays occidentaux développés dits du « Nord » qui occupent une position dominante sur le plan économique, social et politique, et, d'autre part, les mouvements issus de pays dits du « Sud », moins développés et souffrant d'écarts économiques et politiques au niveau international. Ces inégalités se reflètent dans les rapports entre les mouvements féministes et entravent la communication et l'échange. Même si les rencontres internationales concernant les droits des femmes se sont multipliées, celles favorisant un réel échange et une collaboration égalitaire restent exceptionnelles.

Les mouvements féministes au Nord et au Sud se sont développés dans l'échange et l'interconnexion d'abord à un niveau régional et ensuite à un niveau international. Au Nord et au Sud de la Méditerranée, les premières rencontres féministes internationales remontent au début du 20ᵉ siècle. Cependant, l'alliance entre femmes du Nord et du Sud a toujours été altérée par l'emprise coloniale et les conflits internationaux. Le colonialisme a soumis une large partie des pays du Sud (Afrique, Moyen-Orient, Amérique du Sud, Asie) à une domination économique et culturelle. Dans ce sens, l'engagement des féministes du Sud a longtemps articulé luttes nationales anticoloniales et luttes féministes. Face à une politique coloniale hégémonique, les féministes occidentales n'ont pas toujours été vigilantes quant aux effets racistes et sexistes de leurs discours et actions. Toutefois, ce mélange a favorisé une circulation des idées et une coconstruction, parfois dans l'affrontement, d'un champ féministe transnational.

Ce rapport alternant proximité et distance a suscité une prise de conscience chez les unes et les autres qui a permis de réfléchir aux rapports de pouvoir, de donner une place à chacune et de décoloniser le féminisme. Ce mouvement a été surtout impulsé par les groupes minoritaires au sein des pays occidentaux, particulièrement le féminisme noir aux États-Unis qui a dénoncé les inégalités entre les femmes et souligné l'importance de prendre en compte les facteurs de discrimination, particulièrement la race, en plus du sexe, donnant lieu au développement de la perspective de l'intersectionnalité (Hill Collins, 2016). L'héritage du féminisme noir a ouvert un champ important d'expression au niveau international et a fourni des instruments d'analyse et de réflexion aux mouvements féministes du Sud.

La volonté de s'affirmer et de s'affranchir passe par la formation de réseaux et par la production d'une réflexion et une historiographie des mouvements. En produisant une réflexion sur leur histoire et les parcours de leurs mouvements, les féministes du Sud reprennent la parole et s'imposent comme actrices. Au Sud de la Méditerranée, en Tunisie et plus largement au Maghreb, l'histoire des mouvements de femmes et de l'engagement féministe remonte au début du 20e siècle (Mahfoudh et Mahfoudh, 2014). La construction de réseaux et la circulation des idées féministes ont permis de créer une synergie et de donner un pouvoir de revendication plus audible dans chaque pays. Ces féministes du Maghreb ont de tout temps été attentives à ce qui se passe sur le plan international et y ont participé activement.

Nous avons ainsi vu se former plusieurs réseaux réunissant des féministes du Sud désireuses de se réapproprier leur histoire, leurs combats et surtout de produire des connaissances sur leurs propres conditions qu'elles sont les plus à même d'analyser pour y apporter des solutions. On peut citer notamment le réseau africain AFARD[1], une organisation qui réunit les féministes africaines francophones et anglophones autour de l'objectif de produire elles-mêmes une connaissance sur leurs conditions. Les fondatrices de l'AFARD avaient cette volonté de décoloniser le savoir sur les femmes africaines et de stimuler les collaborations panafricaines. L'organisation est née durant la décennie des Nations Unies pour les femmes. Dans le présent chapitre, nous avons également un aperçu du travail collectif des groupes féministes en Amérique latine. Même si l'appellation féministe n'est pas toujours revendiquée, ces groupes réunissent des femmes appartenant à différentes catégories (femmes noires, femmes indigènes, femmes migrantes, femmes blanches, etc.) qui ont su travailler ensemble dans un combat féministe antipatriarcal et décolonial.

Ces mouvements féministes nationaux et régionaux ont été mis en contact et ont pu intensifier leurs échanges grâce notamment aux conférences internationales onusiennes. Ces rencontres ont révélé l'écart qui sépare ces divers mouvements et particulièrement les divergences entre féministes du Nord et du Sud (Verschuur et Destremau, 2012). Par exemple, les premières critiques concernaient la difficulté d'une partie des féministes à prendre en

---

[1] Association africaine pour la recherche et le développement

compte la question de la classe et de la race et d'y opposer un féminisme universaliste réfutant la diversité des parcours et des choix des femmes en matière d'émancipation. Ces tensions au sein des mouvements féministes ne sont pas uniquement entre le Nord et le Sud, mais elles existent également dans les féminismes du Sud. Les tensions entre des féministes de diverses appartenances sociales et ethniques traversent ces mouvements. Les femmes urbaines instruites qui sont souvent dans des sphères occidentalisées accèdent à un statut qui les éloigne des autres femmes et voient leur légitimité à porter la voix de leurs compatriotes remise en question. Le cas de la Serbie montre cette difficulté des féministes à s'imposer hors des villes, une situation engendrée par les pressions politiques, la guerre et un retour en force du patriarcat qui ont rendu leur combat difficile. Elles ont toutefois réussi à mobiliser les femmes autour de sujets qui les touchent toutes, à savoir les violences conjugales, les difficultés économiques, etc. Les féminismes du Sud ont également été obligés de s'imposer dans une tension permanente avec les politiques qui tentent de les instrumentaliser. En Côte d'Ivoire, les féministes sont amenées à résister à l'instrumentalisation politique, à garder une proximité avec la population tout en essayant de changer l'ordre social patriarcal qui dévalorise les femmes osant s'imposer dans l'espace public indépendamment de leurs familles et conjoints.

Dans ce sens, l'expérience de dialogues entre femmes et féministes (objet de ce livre) prend tout son sens pour amener les femmes, quelles que soient leurs appartenances, à exprimer et analyser les tensions qui traversent leurs mouvements et pouvoir ainsi envisager une collaboration dans le respect de chacune.

Dans le présent chapitre, les femmes et féministes serbes, tunisiennes, ivoiriennes et latino-américaines font preuve de détermination et d'une grande force pour déjouer les rapports de pouvoir. Elles s'appuient, d'une part, sur une histoire qui rend visible leur action dans le temps démontrant que le féminisme n'est pas exogène à leur société. D'autre part, leur force et leur mobilisation montrent leur capacité à défendre les droits des femmes et à proposer des solutions sociales et politiques, à la fois adaptées à leur société et servant de fondements à des mouvements transnationaux.

1. Le mouvement féministe en Serbie : rapports au féminisme avant, pendant et après la guerre civile

En 1978, à Belgrade (la capitale de l'ex-Yougoslavie) a été organisée la première rencontre des *Femmes féministes camarades*. Cette rencontre a été un tournant de l'histoire du féminisme et de la société civile, et ce, grâce au travail des femmes de trois grandes villes : Belgrade, Zagreb et Ljubljana.

Pour la première fois, la question des femmes a fait l'objet d'un débat sérieux. Les féministes, organisatrices de l'évènement, ont veillé à ce que le débat ne soit pas dominé par les hommes ni par l'idéologie communiste. Enfin, la question de la discrimination envers les femmes était au centre des discussions et non reléguée dans la rubrique varia. À la suite de cette prise de position courageuse, les organisatrices ont subi des pressions ouvertement ou indirectement de la part de la Ligue des communistes (Mladjenović, 2003).

Afin de répondre au besoin d'intensifier les liens entre les militantes, le premier rassemblement féministe yougoslave a eu lieu en 1987 à Ljubljana. Ces féministes avaient en commun de nombreuses valeurs comme la solidarité, le partage, le soutien de l'activisme entre les femmes. Le rassemblement a été aussi un moment pour exprimer le soutien collectif aux femmes engagées dans l'art et la culture, et pour les droits des femmes LGBT. C'est à cette occasion que la première réunion de travail sur le lesbianisme a eu lieu. Trois rassemblements féministes ont suivi : à Zagreb, à Belgrade, et le dernier a eu lieu à Ljubljana en 1991 juste avant la guerre, avec le titre « Les bonnes filles vont au ciel, les mauvaises filles vont à Ljubljana » (Mladjenović, 2003).

Les féministes, depuis l'émergence du mouvement, et jusqu'au début des guerres yougoslaves, se sont battues pour améliorer la situation sociale et économique des femmes : un accès à l'éducation, de meilleures conditions de travail, le droit de vote et la sécurité sociale, plus de ressources pour la garde des enfants, des lois protégeant les femmes et garantissant l'égalité des chances et l'égalité des droits, etc. Aussi, les féministes défendaient une conception sexiste de la violence, y compris celle de la guerre : les auteurs de la violence étaient des hommes et les victimes, des femmes et des enfants. À cette époque, la nationalité ne jouait aucun rôle. Les guerres (1991-1995) ont fondamentalement changé cette vision, car l'affiliation nationale d'une personne a depuis une influence déterminante pour son avenir. La situation nouvellement émergente a influencé, entre autres, la manière dont ces féministes se sont penchées sur la violence de guerre, ce qui a défini qui était l'auteur de la violence et qui était la victime. Les informations provenant des fronts de guerre ont divisé les femmes militantes entre celles qui ont pris une nouvelle identité serbe, une nouvelle identité croate, une nouvelle identité bosniaque, etc. Cependant, malgré cette séparation nationale, ces militantes n'ont cessé de préconiser l'arrêt des viols de guerre et d'autres crimes de guerre ainsi que de remédier à leurs conséquences. Dans leur pays et à l'étranger, elles ont parlé, écrit et protesté contre ces violences et ont fourni une aide psychosociale et humanitaire aux femmes violées et à d'autres réfugiés (Miškovska Kajevska, 2016).

Après la guerre, et au début du 21ᵉ siècle, la société serbe a connu une résurgence du courant traditionaliste et patriarcal où le « féminisme » revêtait une connotation très négative. Aujourd'hui, une femme sur quatre croit que le féminisme humilie le *sexe fort* (les hommes), qu'il mélange les rôles traditionnels et perturbe l'équilibre naturel entre les sexes. Le féminisme, un mouvement peu populaire dans les zones rurales, est essentiellement porté par les femmes instruites et urbaines.

Malgré ces résistances sociales, plusieurs groupes féministes sont actifs en Serbie. Ces militantes organisent des ateliers sur diverses problématiques qui touchent les femmes : la violence (conjugale, sexuelle, psychologique, etc.) ; la solidarité entre les femmes ; la prostitution ; la culture et l'art ; la situation économique, sociale et financière. Il existe aussi des ateliers féministes mobiles nommés *travelling* qui sont l'occasion pour distribuer du matériel d'information sur les droits des femmes, pour présenter les différentes recherches féministes et les statistiques sur l'ampleur de la violence contre les femmes en Serbie et dans le monde. Ces ateliers offrent la possibilité d'organiser des projections de films positifs et inspirants pour les jeunes femmes, dont les héroïnes sont des femmes qui se battent et qui changent le cours de l'histoire.

Le mouvement féministe en Serbie a eu un impact significatif sur les sciences humaines et sociales. Particulièrement en sociologie, on a vu se développer un champ d'études féministes qui a appelé à dépasser les critiques non fondées et à travailler sur l'épistémologie et la méthodologie féministe (Spasić, 2003). Sekulić (2016) souligne qu'il n'y a pas de conditions spéciales pour l'acceptation des résultats de la recherche féministe, mais se pose parfois le problème de leur (dé) contextualisation politique et sociale. Le féminisme fait partie du changement paradigmatique des sciences sociales et, comme tout autre paradigme, ne peut être ni prouvé ni réfuté, comme cela est possible dans les sciences dites dures. Dans le cadre d'un changement de paradigme, le féminisme pose toutefois de nouvelles exigences complexes et qui comprennent l'obligation d'une approche sexospécifique (non sexiste) en recherche à toutes les étapes de sa réalisation ; une revue critique et le rejet total du patrimoine patriarcal en sciences sociales selon lequel le féminisme peut être un simple ajout aux corpus d'approches théoriques et de recherche et, finalement, la nécessité que le travail universitaire et scientifique applique des principes d'égalité des sexes dans la société, pour améliorer la position sociale des femmes et les intérêts sociaux généraux (Sekulić, 2016). Ainsi, le féminisme en Serbie est également une exigence politique et en même temps une perspective scientifique des relations sociales.

2. Le mouvement féministe en Tunisie : entre discriminations, menaces et solidarité

La circulation des personnes et des idées a été un facteur crucial dans la constitution du mouvement des femmes en Tunisie. Plusieurs travaux d'historien-ne-s montrent que les féministes tunisiennes ont toujours été attentives à ce qui se faisait au-delà des frontières. Les pionnières étaient en contact avec plusieurs féministes de la première vague en Syrie, Égypte ou Turquie qui militaient à la fois dans le mouvement féministe et le mouvement nationaliste de leur pays. Dans ces pays, les premiers journaux et ouvrages critiques des femmes apparaissent dès 1910. La participation des militantes à des rencontres féminines internationales dont le premier Congrès de la Fédération démocratique internationale des femmes (Paris, 1945) a joué un rôle important dans la constitution de réseaux transnationaux et la prise de conscience d'une condition féminine partagée. Rappelons qu'en Europe cette période correspondait au mouvement des suffragettes pour le droit de vote des femmes[2]. Les gains réalisés par les femmes au Nord ont eu certainement des effets sur la mobilisation féminine au Sud de la Méditerranée, en particulier pour faire reconnaître l'action des femmes et leur place dans le champ politique.

Face à l'occupation coloniale, les premières militantes tunisiennes ont rapidement eu un double engagement au sein du mouvement national et pour les droits des femmes. Elles se sont organisées en groupes et associations selon leur appartenance sociale et leurs affinités politiques. Comme dans d'autres pays, les premières associations (1936) ont été créées par des femmes ou filles de notables[3] et occupaient traditionnellement le champ des œuvres caritatives. Les femmes font alors des collectes afin d'assurer le financement des étudiants tunisiens à l'étranger qu'on voyait comme les futurs cadres du pays. Elles tentent de convaincre les femmes de dépasser progressivement leur condition de mère et d'épouse en s'engageant dans des actions sociales et politiques (Bakalti, 1996 ; Ben Taleb, 2006 ; Mahfoudh et Mahfoudh, 2014 ; Marzouki, 1993). Issues en majorité de familles citadines, instruites et aisées, ces premières militantes ont pu disposer d'une certaine marge de liberté et d'autonomie. Elles ont pu utiliser les espaces privés qu'elles contrôlaient, pour créer des clubs et des cercles littéraires qui sont devenus des espaces mixtes d'échange et de réflexion et ont contribué à l'émergence d'une conscience politique et féministe.

---

[2] Rappelons qu'en 1918, les femmes britanniques de plus de 30 ans ont obtenu le droit de vote.
[3] La plus connue a été fondée par Bchira Ben Mrad.

D'autres militantes politiques de cette première période (1944), de diverses origines sociales et confessionnelles (musulmane, juive et chrétienne), se disent laïques et de gauche. En rupture avec la tradition féminine d'engagement dans le domaine caritatif, elles placent la situation des femmes au cœur de la mobilisation et en premier le droit à l'éducation, condition première de l'émancipation féminine. Bien que différentes, les militantes des deux mouvances se sont battues côte à côte pour obtenir le droit de vote pour les Tunisiennes, qu'elles obtiendront en 1957.

Quelques hommes ont participé activement (relais et médiateurs) à ce mouvement des femmes. La majorité d'entre eux appartenait au mouvement réformateur de l'islam qui prône une vision progressiste, laquelle, pour faire évoluer les règles, entreprend d'interpréter le texte sacré selon le contexte historique de son apparition. Parmi eux, Tahar Haddad, militant syndicaliste, formé à la grande mosquée Zitouna, publie en 1930 son ouvrage *Notre femme, la législation islamique et la société*. Il remet en question plusieurs lois attribuées à la charia comme l'obligation de porter le voile, la polygamie, l'inégalité dans l'héritage, le mariage des filles mineures, la tutelle matrimoniale, etc. Son projet a provoqué une levée de boucliers. Mais ses idées progressistes ont inspiré les législateurs lors de l'élaboration du Code du statut personnel (CSP) adopté après l'indépendance du pays en 1956. Le CSP place ainsi la Tunisie à l'avant-garde des pays arabo-musulmans pour ce qui est des droits des femmes et de l'égalité des sexes.

Dès l'indépendance, l'État national s'engage dans des politiques publiques volontaristes et égalitaristes qui réduisent les écarts de genre dans la sphère privée et dans la sphère publique. Toutefois, ces changements qui sont des acquis importants pour les femmes restent l'œuvre d'un État autoritaire et paternaliste, qui met sous tutelle les associations de femmes et contrôle ou interdit celles qui se veulent autonomes. Ceci se traduit par une instrumentalisation de la cause des femmes et l'utilisation d'une image positive de leur condition comme vitrine du régime dans les sphères internationales.

Les années 1970 sont celles du désenchantement politique : absence de libertés, répression de la société civile, en particulier des opposants politiques femmes et hommes. Sur le plan économique, la loi de 1972 ouvre le pays au capital international et à l'industrie d'exportation. Les grèves estudiantines à l'université tunisienne (1972) précèdent les premières grèves des ouvrières du textile et de la confection (1975) puis les grèves syndicales et les émeutes populaires (janvier 1978). Elles donnent aux femmes l'occasion d'investir l'espace public, d'émerger comme actrices de premier plan dans la contestation et fournissent des pionnières pour le mouvement féministe émergent.

Par ailleurs, l'implication des femmes dans les mouvements sociaux accroît leur présence et leur visibilité dans les domaines de la réflexion et de la recherche. À l'université, les années 1970 voient apparaître les premières thèses de doctorat de chercheurs tunisiens. Parmi les femmes, certaines se reconvertissent en choisissant des objets de recherche dans le champ des études sur les femmes et en soumettant leurs disciplines aux questionnements des théories féministes. Les thèmes sont : les inégalités entre les sexes en matière de scolarisation, le travail et la vie familiale, le couple et l'émancipation de la femme, la sexualité et la reproduction, etc. Le contexte national mais aussi le contexte international (1975, Année internationale de la femme) incitait à l'engagement féministe et à la découverte de perspectives de réflexion, d'échanges et de solidarité.

C'est au cours de cette période qu'émerge le mouvement autonome des femmes tunisiennes qui, dans un contexte de répression politique, emprunte d'abord comme lieu d'expression les espaces culturels. Un Club d'étude de la condition des femmes est créé en 1977 au sein du Club culturel Tahar Haddad par une poignée de femmes. Le Groupe Tahar Haddad, comme on l'appelait alors, est composé principalement d'étudiantes, de générations pionnières d'enseignantes, de chercheures et de militantes politiques de gauche. La plupart avaient acquis leurs premiers outils de lutte dans les structures politiques estudiantines avant de les quitter en raison de la domination patriarcale.

Débats et mobilisations des femmes se succèdent dans des espaces publics larges (clubs d'étudiants, universités, maisons de culture, syndicats, Ligue des droits de l'homme, etc.). Les groupes de femmes souvent informels se retrouvent dans des lieux privés (de nombreuses réunions de coordination se tenaient dans les domiciles). Ces lieux étaient étroitement articulés entre eux par les pratiques partagées des militantes et leur multipositionnement dans l'espace national et transnational.

Cette dynamique rythmée par l'agenda international (Décennie des Nations unies pour la femme 1975-1985, Conférence mondiale de la femme de Beijing 1995, Beijing plus dix en 2000, etc.) s'étend aux trois pays du Maghreb réunissant l'ensemble du mouvement associatif féminin ainsi que des universitaires et des intellectuelles militantes. Elle contribue à la construction d'une réflexion sociologique et historique en particulier, qui donne lieu à plusieurs publications scientifiques (mais aussi militantes) sur le statut des femmes dans le marché de l'emploi et leurs conditions de travail

(Mahfoudh, 1982), leur participation syndicale (Mahfoudh, 1988), leur parcours de militantes (Jrad, 2003) ou encore leurs formes d'organisations contestataires (Marzouki, 1993).

Au Maghreb et en Afrique, au cours des années 1980, le mouvement des femmes se structure autour de journaux (tels que *Nissa* en Tunisie, *Le 8 mars* au Maroc, *Echo* en Afrique). Ces journaux, malgré des moyens limités, collectent et diffusent des informations, critiquent et donnent la parole aux activistes féministes dans les pays arabes (Jordanie, Palestine, Maroc, etc.), en Afrique et dans le monde, citent leurs publications et félicitent celles qui ont publié, ont eu des prix ou accédé à des postes importants dans leurs pays ou aux Nations Unies.[4]

L'Association des femmes africaines pour la recherche et le développement (AFARD) est la première association panafricaine engagée dans la recherche féministe. Elle a été fondée en 1977 par un petit groupe de femmes chercheures africaines, militantes politiques et féministes, trois sociologues et une médecin[5], réunies à Wellesley en 1976 à l'occasion de la réunion mondiale d'expertes chargées de mettre en œuvre le plan d'action et les recommandations de la première Conférence mondiale des femmes organisée par les Nations Unies (Mexico, 1975).

Cette association s'est donnée pour mission de renforcer le pouvoir d'action des femmes en articulant la réflexion aux revendications. Dans cet objectif, chaque recherche réalisée est suivie d'une publication[6] et celles-ci sont diffusées aux professionnel-le-s, aux représentants politiques et au grand public. Le langage scientifique est vulgarisé, les concepts simplifiés pour les rendre accessibles à la population. Pour la réalisation des recherches-actions, considérées comme une des clefs d'évolution de la condition féminine, des groupes de réflexion sont créés auxquels participent les féministes et chercheures ainsi que des adhérentes de toutes les catégories de la population.

Des branches nationales sont implantées dans la majorité des pays africains, des groupes pilotes sont instaurés et certains entreprennent des

---

[4] Leïla Shahid, première ambassadrice de la Palestine, Fatima Mernissi, membre du Conseil d'université des Nations unies.
[5] Il s'agit des sociologues : Marie-Angélique Savané (Sénégalaise et directrice de la revue *Famille et développement*), Fatima Mernissi (Marocaine et auteure d'une thèse sur « Sexe, Idéologie, Islam », Dorra Mahfoudh-Draoui (Tunisienne, auteure d'une thèse sur les inégalités scolaires entre les filles et les garçons). Nawal el Saadaoui, Égyptienne, médecin et auteure de publications dont « La femme et le sexe ».
[6] Les axes prioritaires portent sur les rapports entre genre et justice économique, gouvernance démocratique, violence à l'égard des femmes, changements climatiques, migration.

recherches comparatives. En Tunisie a été constituée en 1983 une des premières branches nationales, devenue en 1989, l'Association des femmes tunisiennes pour le développement et la recherche (AFTURD). Dans les grands événements internationaux, l'AFARD intervient pour faire un plaidoyer en faveur de la cause des femmes africaines et porter sur les scènes publiques et politiques les combats de l'AFARD.

Des réseaux de chercheures et de militantes se constituent et des études comparatives sont menées. Elles fournissent aux militant-es des connaissances objectives sur leurs sociétés et alimentent les plaidoyers pour leurs droits. Elles donnent lieu à des séminaires internationaux et des échanges qui renforcent la solidarité. Par exemple, dans les trois pays du Maghreb, une première recherche féministe comparative sur les « Femmes diplômées du Maghreb, pratiques novatrices », est publiée en 1994. Les chercheures de ce groupe dans les trois pays ont été les fondatrices du réseau Collectif 95 Maghreb Égalité créé en 1992 dont l'objectif est de travailler collectivement sur l'avancement des droits des femmes au Maghreb.

Dans leurs publications, les féministes pionnières dans les pays du Maghreb et d'Afrique[7] commencent à déconstruire les évidences autour des concepts de genre et à montrer qu'il s'agit de constructions sociales qui peuvent être modifiées par l'action politique. Pour ces militantes, la lutte contre le patriarcat se situe sur plusieurs fronts : dans l'espace privé, contre l'inégal partage des tâches domestiques et l'éducation sexiste ; dans le marché du travail pour défendre l'inégalité des chances ; dans l'espace politique pour avoir droit à la décision ; dans l'espace public pour échapper à la violence.

3. Le mouvement féministe en Côte d'Ivoire : liens, tensions et solidarités avec les pays du Nord

De plus en plus, le destin des populations des pays en développement se joue lors de grands rassemblements, conférences internationales ou sommets. De là, les objectifs et priorités pour l'épanouissement et l'amélioration des conditions de vie de ces populations sont fixés. La population féminine n'est pas en marge de ce mode de fonctionnement. Ainsi, comme indiqué dans la préface, quatre rencontres internationales majeures concernant les situations économiques, sociales et politiques des femmes ont eu lieu :
- La Conférence mondiale de l'Année internationale de la femme à Mexico en 1975.

---

[7] Fatima Mernissi (Maroc), Fatma Oussedik (Algérie), Marie-Angélique Savané (Sénégal), Dorra Mahfoudh-Draoui (Tunisie).

- La Conférence mondiale de la Décennie des Nations Unies pour la femme *Égalité, développement et paix* à Copenhague en 1980.
- La Conférence mondiale chargée d'examiner et d'évaluer les résultats de la Décennie des Nations Unies pour la femme à Nairobi en 1985.
- La Conférence mondiale sur les femmes *Lutte pour l'égalité, le développement et la paix* à Pékin en 1995.

Ces rassemblements auront contribué, pour ce qui concerne l'Afrique francophone, à introduire la problématique du genre au cœur des préoccupations sociales et politiques. De nombreux États ont ratifié des conventions s'engageant pour plus d'égalité entre les hommes et les femmes. Dès lors, de nombreux domaines d'action prioritaires ont été identifiés et pris en compte par les approches axées sur le genre, en l'occurrence, la santé, l'éducation, les violences faites aux femmes, etc. Il serait difficile de nier les progrès réalisés. Et pourtant ! Il subsiste encore des résistances liées au féminisme et au genre. En effet, de façon générale, en Afrique, des voix se sont élevées contre le féminisme à l'occidentale, y voyant une forme vicieuse de la domination occidentale. Or, comme le souligne Sow : « il y a une histoire des femmes comme il y a une histoire des féminismes. Elles se côtoient, se croisent et interfèrent à l'instar des théories que nous construisons ou déconstruisons aujourd'hui dans divers domaines » (2009, p.9).

La trajectoire du féminisme en Afrique

Le féminisme en Afrique est étroitement lié à l'histoire des femmes africaines durant la période coloniale et postcoloniale.

La femme colonisée

Coquery-Vidrovitch (2007) pointe une représentation négative de la femme colonisée. Elle est pratiquement ignorée, décrite comme un être primitif, sauvage. Les textes de l'administration coloniale mettent en exergue des relations de genre patriarcales et conservatrices : « toute initiative féminine, toute femme récalcitrante ou rebelle à l'ordre établi comme un danger menaçant la famille "traditionnelle" idéale. Leur objectif principal était de discipliner le corps, la conduite, les pensées et la mobilité de ces femmes » (p.72). Des rapports à l'usage du ministère des Colonies soulignent sa valeur marchande.

La situation de la femme va empirer avec l'avènement des villes. En effet, pour combler les besoins en main-d'œuvre, les hommes sont instruits puis travaillent en ville comme commis. Leurs épouses les suivent. Elles sont femmes au foyer ou vivent de petits commerces. Hors de leur cadre social d'origine, elles sont fragilisées et totalement dépendantes des hommes. Toutefois, l'attrait des villes et la recherche de liberté favorisent un exode rural féminin. Pourtant ces femmes ont été particulièrement stigmatisées par le conformisme colonial (seule l'Africaine paysanne était *acceptable*). La colonisation va procéder à une déstructuration sociale et une reconfiguration des sociétés africaines, renforçant le pouvoir des hommes par une scolarisation exclusive et un accès au statut de commis et privant les femmes de leurs prérogatives dans les sphères rurales.

La femme africaine des indépendances

L'ouvrage *Femmes d'Afrique noire* (1960), un collectif dirigé par Denise Paulme marque la naissance véritable de l'étude de la condition des femmes en Afrique. Il s'agira, pour les chercheur-e-s, de se questionner sur la représentation des femmes en relation avec différents thèmes, mais surtout, de réagir face à des représentations eurocentrées. Par exemple, la division du travail et les rôles spécifiques y sont montrés comme authentiques et légitimes. Ils sont des gages de la liberté et de l'indépendance des femmes vis-à-vis des hommes (père, frère, mari). La femme africaine ne se sent ni humiliée, ni asservie, mais plutôt complémentaire de l'homme, du moins selon les observations des chercheurs. Ils analysent la condition des femmes africaines en intégrant l'approche du genre. C'est sa situation socioéconomique plus que son identité qui est analysée. Le développement de la recherche africaine a intégré plusieurs approches et une méthodologie d'analyse féministe selon le genre et les chercheurs œuvrent pour une prise en compte des contextes spécifiques en Afrique.

On ne peut pas nier que le féminisme suscite peur et méfiance chez les Africaines et fait sourdre différentes interrogations que Sow (2009) évoque : le sens forgé par les féministes anglo-saxonnes (p.16) ; les meilleures manières (pour les francophones) de traduire les concepts de l'anglais (p.16) ; comment toucher la majorité des femmes non locutrices d'une langue occidentale (p.17) ; et enfin « comment créer des concepts et un langage féministes communs qui transcendent les diversités linguistiques et culturelles, en tant que locutrices du mandeng, du yoruba, du xhosa, du amharique » (p.17). En somme, les apories du féminisme en Afrique noire sont d'ordre linguistique, culturel et épistémologique.

Féminisme et genre en Côte d'Ivoire

En Côte d'Ivoire, l'histoire du féminisme commence dans la sphère politique. En effet, les épouses de militants du PDCI-RDA[8] emprisonnés s'organisent au sein d'un Comité féminin pour la lutte et l'émancipation de l'homme noir. Elles marchent alors sur la prison de Grand-Bassam pour la libération de leurs époux. Lors de l'indépendance du pays est créée en 1963 l'AFI, l'Association des femmes ivoiriennes. L'AFI est un organe du PDCI-RDA et « s'est d'ailleurs assignée pour objectif principal, l'émancipation sociale et économique de la femme ivoirienne » (NAWAY.NET, p.10). Mais avec l'avènement du multipartisme en 1990, l'AFI s'essouffle, mais fait des émules. Les différents partis politiques ont, à leur tour, leur comité féminin. Malheureusement, les femmes ne servent qu'à la mobilisation et n'ont pas d'impact sur l'orientation politique des partis.

La crise économique et la prise de conscience de la condition féminine favorisent la création de nombreuses associations. Elles s'impliquent « dans tous les secteurs du développement national avec des projets économiques, culturels, de formation, d'éducation, d'alphabétisation, de santé » (NAWAY.NET, p.13). Les femmes du secteur rural ne sont pas en reste. Elles s'organisent en coopératives pour vendre leurs produits et pour suivre des cours d'alphabétisation. Au fil du temps, ces associations constituent une force de pression sur les autorités gouvernementales.

Au niveau juridique, les différentes constitutions du pays (1960 à 2016) consacrent le principe d'égalité entre l'homme et la femme. La loi sur le mariage est révisée deux fois. La version de 2013 consacre l'égalité entre les conjoints qui gèrent conjointement le foyer. Au sein du ministère de la Solidarité, de la Famille, de la Femme et de l'Enfant est créée une direction de l'Égalité.

D'autres outils sont élaborés, participant de la visibilité des femmes comme le compendium des compétences féminines de Côte d'Ivoire. En 2013, la loi sur le mariage est révisée, abolissant la relation hiérarchique entre les conjoints. Ceux-ci gèrent conjointement le foyer. L'accent a été mis sur l'éducation de la petite fille par la sensibilisation et l'obligation de scolariser les enfants jusqu'à 16 ans.
Malgré ces avancées au niveau sociopolitique, beaucoup reste à faire. Les associations féminines semblent être devenues un tremplin pour des femmes en quête de visibilité, suscitant la méfiance des unes et des autres. Les représentations du féminisme et des problématiques de genre ne trouvent pas

---

[8] Parti démocratique de Côte d'Ivoire-Rassemblement démocratique africain.

toujours un écho favorable auprès des populations. Dans les cultures où la femme n'existe socialement que par le mariage et la maternité, les choix de vie mettent à mal les efforts des associations qui elles-mêmes mènent des actions qui restent ponctuelles.

En conclusion, en Afrique de façon générale et en Côte d'Ivoire en particulier, les représentations négatives du féminisme et des problématiques de genre les inscrivent davantage dans l'action que dans la parole : l'on ne se dit pas féministe, l'on agit. Les femmes ne traduisent pas leurs besoins en termes d'équité ou d'égalité avec les hommes, mais plutôt en termes de mieux-être. Les associations développent, à l'instar de l'Association femmes initiatives positives (AFIP), des créneaux tels que la formation, la solidarité, le réseautage et le mentorat. Il s'agit aujourd'hui que les femmes prennent conscience de leur potentiel et se donnent les moyens d'actionner les différents leviers nécessaires pour leur épanouissement.

4. Débats féministes en Amérique latine : l'expérience des femmes productrices et rurales du Collectif trinational de femmes du Chaco américain

L'implantation du projet au sud de l'Amérique latine a été réalisée, d'un côté avec des femmes rurales, paysannes, indigènes et urbaines du Collectif de femmes du Chaco américain, appartenant à l'écorégion du Chaco américain, formée par l'Argentine, la Bolivie et le Paraguay. D'un autre côté, l'étude s'est réalisée avec des groupes des femmes chercheures, des centres d'étudiants de l'Université nationale de Cordoba, et des organisations de la société civile de la Province de Cordoba, Argentine.

Comme l'a exprimé Liliana Kremer (2015), les femmes rurales ne représentent pas une catégorie homogène et parlant d'une seule et même voix, au contraire, « elles sont des femmes appartenant et vivant dans des contextes dissemblables, elles reflètent des préoccupations et des enjeux qu'elles récupèrent en construisant une structure à partir de leurs propres perspectives et parcours publics et privés, d'où elles construisent leurs identités et projets. Leur sentiment d'appartenance (d'indigènes, de migrantes, de paysannes, de commerçantes, de fonctionnaires, de *bagayeras*[9], de dirigeantes de quartier, de mères, d'éducatrices, d'activistes, d'académiciennes, etc.), leurs lieux de provenance et les espaces qu'elles occupent (famille, travail, militantisme, réseaux communs, amis) font qu'elles regardent leurs réalités à partir de lieux distincts, qu'elles désignent les problèmes qui leur sont significatifs et qu'elles fassent des choix différents... »

---

[9] *Bagayeras* : femmes faisant la contrebande, expression du patois local.

Malgré l'hétérogénéité de ces groupes, leurs processus organisationnels s'appuient sur la revendication des droits des femmes dans une perspective de genre, puisqu'elles sont celles qui produisent, organisent, réalisent des travaux domestiques, prennent soin des autres, etc. Mais elles n'ont pas de reconnaissance, de rémunération pour ces travaux ni la possibilité de participer dans les espaces de décision politique. Malgré la lutte pour les droits des femmes, introduire des sujets en relation aux féminismes dans les groupes de femmes rurales et productrices constitue tout un défi, étant donné que les premières représentations sur le féminisme sont fragmentées et stéréotypées.

En Argentine, en Bolivie et au Paraguay (et dans beaucoup d'autres pays), les médias hégémoniques ont une grande influence sur la construction de représentations autour du mouvement féministe, sur la circulation des préjugés où les femmes sont présentées comme pleines de ressentiment et violentes. Le discours des médias vise à maintenir les valeurs traditionnelles de différenciation du genre, où les femmes doivent se comporter en suivant un ensemble de règles qui les définit comme subordonnées, rattachées aux soins du foyer et des enfants, et où les standards de beauté nient la diversité des corps. Les actes de rébellion pour se libérer et s'exprimer face à ce qui est imposé sont punis, les femmes sont traitées de mauvaises femmes, mauvaises mères, putes.

Dans ce cadre, pouvoir introduire des débats en relation avec ce que nous entendons par féminisme ou simplement le fait de nommer le mot dans certains espaces reste encore un tabou ou crée un malaise. Ceci a été exprimé par des femmes participantes du projet lors des premières rencontres : « Quelle est la nécessité de sortir toutes nues pour manifester ? »; « le féminisme et le machisme sont deux positions extrêmes »; « elles sont violentes et elles ne me représentent pas ».

Nous soutenons que le dépassement des préjugés et des stéréotypes est indispensable, et un outil possible est la création d'espaces et de temps pour que des femmes avec différentes histoires, idéologies, parcours, religions, appartenance géographique ou ethnique, âge, scolarisation, emploi, classe sociale, s'identifiant ou non au féminisme, se rencontrent pour dialoguer et pour réfléchir sur leur parcours. « Le dialogue public ne surgit pas spontanément, c'est plutôt une conversation provoquée dans l'intention que les participants soient impliqués, qu'ils puissent être des protagonistes d'un processus de compréhension et dans l'objectif de trouver de nouvelles significations. Le terme public n'implique pas que ces conversations doivent être réalisées par beaucoup de personnes, les sujets qui se discutent sont d'intérêt public et c'est cela qui leur donne leur spécificité, pouvoir travailler depuis les histoires et les trajectoires personnelles » (Doré et al., 2018).

Diverses questions surgissent au moment de penser comment atteindre les objectifs des dialogues publics, c'est-à-dire comment générer des conversations, comment faire pour que les participantes s'impliquent en devenant partie prenante et soient en mesure de produire de nouvelles significations à partir de leurs trajectoires et narrations. C'est ici que la médiation peut être mobilisée pour faire avancer les dialogues, car

> [l]a facilitation et la médiation [...] sont des moyens pour créer et pour maintenir des conditions d'une plus grande collaboration. Ce sont des procédures pour que les impliqués puissent prendre en charge d'une manière constructive, créatrice et collaborative leurs conflits (Kremer, 2015, p. 57).

La facilitation encourage l'émergence d'idées provenant des participants et doit soigneusement porter une attention à ce que la voix de chaque membre soit entendue et considérée, ainsi que les différentes conceptions, valeurs et croyances existantes dans le groupe. Avoir mis sur pied des dialogues publics avec des femmes rurales et productrices a ouvert la porte à de nouvelles représentations du féminisme à partir de la reconnaissance des luttes partagées, par rapport à l'éducation des enfants, à la nécessité de continuer à s'organiser, aux changements générationnels et au rôle de la femme dans la sexualité, comme l'expriment les participantes : « Il faut changer les mentalités des femmes qui élèvent des enfants, un changement générationnel est nécessaire, mais il est difficile parce que le machisme est bien instauré » (femme au foyer, 39 ans) :

> Au début, ce n'était pas comme maintenant, on me disait que j'étais une folle lorsque je menais les femmes. Il y avait des femmes qui avaient peur de moi, une peur générée par d'autres groupes, par exemple, on leur disait de ne pas se rendre à nos réunions parce que sinon elles allaient perdre un certain bénéfice. Et tout cela à cause que nous sommes des femmes qui pensent.

Conclusion à plusieurs voix

Nous voulons mettre de l'avant l'importance des dialogues de groupe entre femmes comme générateurs d'espaces de réflexion, d'échange réciproque, de rencontre avec l'autre, en construisant de nouveaux discours et des narrations collectives à partir des expériences vécues, sans nous soumettre les unes aux autres et en dehors des impositions normatives des sociétés et des dominants. Il s'agit de pouvoir expérimenter les différences comme recours politique et organisationnel, tout en reconnaissant la diversité des expériences. Cela permet de comprendre la complexité et les multiples aspects des féminismes actuels ainsi que l'intérêt de groupes qui ne s'identifient pas aux féminismes, de se connaître, de réfléchir et d'opter pour la solidarité et l'échange plutôt que pour la compétition et le conflit.

Bibliographie

Bakalti, S. (1996). *La femme tunisienne au temps de la colonisation: 1881-1956*. Paris: L'Harmattan.

Ben Taleb, I. (2006). *Le débat autour du voile au cours de la première moitié du 20e siècle*. (Mémoire de maîtrise d'études féminines). Institut supérieur des sciences humaines, Tunis, Tunisie.

Coquery-Vidrovitch, C. (2007). « Des femmes colonisées aux femmes de l'indépendance», *Genres et sociétés en Afrique. Implications pour le développement*. Paris, Cahiers de l'INED (Institut national d'études démographiques), p. 69-99.

Doré, C., Caillouette, J., Vatz Laaroussi, M., Kremer, L., Yáñez Canal, C. et Campos Flores, L. (2018). Genre, diversité et territoire : l'utilisation des approches narratives dans une recherche partenariale transnationale. *Recherches sociographiques*, 59(1-2), 149-168.

Haddad, T. (1930). *Notre femme dans la législation islamique et la société*. Réédité sous le titre Notre femme, la législation islamique et la société, éd. Maison tunisienne de l'édition, Tunis, 1978.

Hill Collins, P. (2016). *La pensée féministe noire*. Montréal : Les Éditions du remue-ménage.

Jrad, N. (1996). *Mémoire de l'oubli : Réflexion critique sur les expériences féministes des années quatre vingt*. Cérès productions.

Kremer L. (2015). *La facilitación de conversaciones públicas: Perspectivas educativas y comunicacionales para una intervención profesional del Trabajador Social fundada y reflexiva*. Facultad de Ciencias Sociales, Universidad Nacional de Córdoba, Argentina.

Mahfoudh, D., et Mahfoudh, A. (2014). Mobilisations des femmes et mouvement féministe en Tunisie. *Nouvelles questions féministes*, *33*(2), 14-33.

Mahfoudh, D. (2014). Le Collectif Maghreb-Égalité 95 : pour un mouvement féministe maghrébin. *Nouvelles Questions Féministes*, *33*(2), 132-135.

Marzouki, I. (1993). *Le mouvement des femmes en Tunisie au XXe siècle*. Tunis : Cérès productions.

Miškovska Kajevska, A. (2016). Biografske karakteristike i ratni stavovi: beogradske i zagrebačke feministkinje 90-ih godina xx vek. Dans

Feministicki Forum Filozofskog Fakulteta: Izabrani radovi iz studija roda (185-211). Institut za sociološka istraživanja, Filozofski fakultet u Beogradu.

Mlađenović, L. (2003). Feminist Politics in the Anti-war Movement in Belgrade: To Shoot or Not To Shoot ? U: Giles, W., De Alwis, M., Klein, E., Silva, N., Korać, M., Knežević, Đ. i Papić, Ž. (dir.), *Feminists Under Fire: Exchanges across War Zones*, Toronto: Between the Lines.

NAWAY.NET (s.d.). Groupe de travail Côte d'Ivoire, *Le féminisme en Côte d'Ivoire*, Travail réalisé dans le cadre du Master en Autonomisation et Leadership dans les Projets de Développement. Inscrit au Projet 10-cap1-0863 *Jeunes femmes, Autonomisation et Développement en Afrique subsaharienne*, cofinancé par l'Agence espagnole de coopération internationale pour le développement et exécuté par Fundación Mujeres.

Sekulić, N. (2016). Odnos naučnog mišljenja, političkog opredeljenja i društvenog konteksta u feminističkim istraživanjima (Relationship between scientific approach, political attitude and social context in feminist research). Dans *Feministicki Forum Filozofskog Fakulteta: Izabrani radovi iz studija roda* (5-22). Institut za sociološka istraživanja, Filozofski fakultet u Beogradu.

Sow, F. (dir.). (2009). *La recherche féministe francophone. Langues, identités et enjeux.* Paris : Karthala.

Spasić, I. (2003). *Feminizam i sociologija svakodnevnog života.* Filozofija i društvo XXII–XXIII.

Verschuur, C. et Destremau, B. (2012). Féminismes décoloniaux, genre et développement. *Revue Tiers Monde,* 1, 7-18.

CHAPITRE 8
Chapitre
Inégalités, exploitations et discriminations

Amel Mahfoudh, Khadija Elmadmad, Paola Bonavitta, Zoly Rakotoniera et Michèle Vatz Laaroussi

Introduction : l'égalité en question

L'égalité entre les hommes et les femmes est l'un des fondements des droits humains et une caractéristique essentielle des sociétés démocratiques. Mais elle est absente dans une grande partie des pays du globe où les femmes subissent continuellement l'injustice, la violence et les dénis de droits. Des avancées sont notables dans différentes sociétés, mais des situations d'inégalité économique, politique, sociale et juridique perdurent dans le monde entier. Contrairement aux espoirs du XXe siècle, la démocratie, en soi, n'est pas garante de l'égalité entre les hommes et les femmes ni même entre les femmes.

Cette inégalité prend plusieurs formes et différentes facettes. Ainsi, dans tous les pays, les écarts entre taux d'activité féminin et taux d'activité masculin restent importants, et cet écart tend même à augmenter dans les pays dits émergents (Organisation internationale du travail, 2018). Les femmes sont plus susceptibles d'occuper des emplois précaires, et ce, encore plus dans les pays dits émergents, et de manière générale les niveaux de revenu des femmes en emploi restent inférieurs à ceux des hommes. Les femmes ne jouissent pas de droits égaux dans plusieurs domaines des droits civils, politiques, économiques, sociaux et culturels. Dans la vie privée comme dans la vie publique, les femmes sont généralement tributaires des hommes et dépendent d'eux et de leur bon vouloir. Cette inégalité se fonde sur diverses justifications et fait référence parfois à la différence entre la constitution physique de la femme et de l'homme, souvent à la culture patriarcale et aux rapports de classes, et aussi à certains principes religieux qui sont quelques fois mal compris ou mal interprétés.

La pauvreté systémique des femmes, les normes sociales patriarcales, les préjugés contre les femmes, mais aussi entre les divers groupes de femmes continuent à maintenir toutes les femmes, et en particulier certains groupes minoritaires de femmes, dans des situations d'inégalité, d'exclusion et d'oppression. Tout comme les inégalités, la lutte pour l'égalité des femmes a toujours existé au Nord comme au Sud. Ce chapitre est construit à l'image d'un entonnoir afin de proposer une trame de lecture des rapports sociaux de domination entre hommes et femmes, mais aussi entre femmes. Cette lecture nous amène à saisir, au travers des avancées juridiques et internationales du droit des femmes, le chemin qui reste à parcourir tant pour les femmes vivant dans des pays du Sud que pour celles qui, dans les pays occidentaux dits à haut niveau de développement humain, vivent de multiples exclusions et oppressions liées à leur mode de vie, à leur pauvreté ou à leurs appartenances. Dans toutes ces situations, les inégalités économiques s'articulent de manière exponentielle aux exploitations vécues par les femmes qui se trouvent prises dans des rapports sociaux d'oppression dont la colonisation, le capitalisme et le sexisme sont les fondements. Pour déconstruire les stéréotypes et préjugés, nous examinerons ici divers types d'inégalités présentes dans le cadre juridique, mais aussi dans la société en général, dans les tâches traditionnellement assignées aux femmes et les hiérarchies qui leur sont imposées par leur histoire, leur société et les rapports internationaux. Après avoir présenté le cadre juridique des droits des femmes contemporains, on verra comment le corps des femmes continue à faire l'objet d'exploitation en Amérique latine au travers des fonctions économiques qui leur sont imposées. On s'intéressera aux diverses inégalités matérielles et sociales vécues par les femmes en Tunisie et on conclura cette partie sur une photo très illustrative des inégalités entre femmes dans toutes les sociétés du Sud et du Nord avec l'exemple des rapports entre patronne et bonne à Madagascar.

1. Les droits des femmes au niveau international

La lutte en faveur des droits humains et plus spécifiquement des droits des femmes a engendré l'accord sur des principes égalitaires et l'adoption de conventions internationales prônant l'interdiction de la discrimination contre les femmes. Parmi ces conventions, on peut mentionner la Charte des droits de toutes les femmes dans le monde : la Convention sur l'élimination de toutes les formes de discrimination à l'égard des femmes (en anglais, *Convention on the Elimination of All Forms of Discrimination Against Women*, dont l'abréviation juridique internationale est CEDAW) du 18 décembre 1979 qui rappelle les droits inaliénables des femmes[1]. Le 6 octobre 1999, elle a été complétée par un Protocole facultatif qui fait obligation aux États signataires d'enregistrer et prendre en considération les plaintes de victimes de discriminations auprès du Comité pour l'élimination de la discrimination à l'égard des femmes.

L'esprit de la CEDAW s'inspire des principes fondamentaux des Nations Unies qui ont proclamé l'égalité des droits des hommes et des femmes. La

---

[1] La Convention peut être consultée à l'adresse suivante
https://www.ohchr.org/EN/ProfessionalInterest/Pages/CEDAW.aspx.

Convention expose en détail les droits des femmes. Une place particulièrement importante est faite au statut juridique des femmes et à la nécessité pour elles de jouir de tous leurs droits civils, politiques, économiques et socioculturels. Ces droits sont contenus principalement dans la Déclaration universelle des droits de l'homme du 10 décembre 1948 et dans les deux pactes des droits de l'homme adoptés par les Nations Unies le 16 décembre 1966. Ils comprennent, d'une part, les droits et libertés qui impliquent généralement une abstention d'intervention des États dans les libertés de chaque personne et qui permettent à l'individu d'exercer sa citoyenneté et de protéger son intégrité physique (tels que la liberté de pensée, d'expression, d'association, de religion ou l'interdiction de la torture et de l'esclavage, le droit de vote, etc.) et, d'autre part, les droits économiques, sociaux et culturels ou les droits créances pour lesquels les États sont tenus d'intervenir pour prendre les mesures appropriées pour garantir à toute personne un niveau de vie suffisant et favoriser l'amélioration constante de ses conditions d'existence (tels que le droit à la santé, à l'éducation, au travail, à la sécurité sociale, etc.).

La Convention, en plus d'être une déclaration internationale des droits des femmes, énonce un programme d'actions pour que les États parties garantissent l'exercice de leurs droits. Elle vise aussi à élargir la conception que l'on a des droits de l'homme ou droits humains et reconnaît que la culture et la tradition peuvent contribuer à restreindre l'exercice par les femmes de leurs droits fondamentaux. Ces influences se manifestant sous forme de stéréotypes, d'habitudes et de normes qui donnent naissance à une multitude de contraintes juridiques, politiques et économiques qui freinent le progrès des femmes. Les États parties sont tenus de modifier les schémas et modèles des comportements socioculturels en vue de parvenir à l'élimination « des préjugés et des pratiques coutumières, ou de tout autre type, qui sont fondés sur l'idée de l'infériorité ou de la supériorité de l'un ou l'autre sexe ou d'un rôle stéréotypé des hommes et des femmes » (art. 5).

La Convention reconnaît explicitement que « la discrimination généralisée contre les femmes existe toujours » et souligne qu'une telle discrimination « viole les principes de l'égalité des droits et du respect de la dignité humaine ». Elle définit la discrimination comme « toute distinction, exclusion ou restriction fondée sur le sexe dans les domaines politique, économique, social, culturel et civil ou dans tout autre domaine ». La CEDAW réaffirme le principe de l'égalité en demandant aux États de prendre « toutes les mesures appropriées, y compris des mesures législatives, pour assurer le plein épanouissement et le progrès des femmes en vue de leur garantir l'exercice et la jouissance des droits de l'homme et des libertés fondamentales sur la base de l'égalité avec les hommes » (art. 3).

Ainsi, prise dans son ensemble, la Convention fournit un cadre de travail très complet pour lutter contre les diverses forces qui ont créé et maintenu les discriminations fondées sur le sexe et les inégalités entre les femmes et les hommes. La majorité des États du monde ont adhéré à cette convention et ont accepté ses dispositions. Parmi les pays qui n'ont pas ratifié la Convention figurent les États-Unis. Plusieurs pays ont formulé des réserves pour restreindre l'application de cette convention parce que ses dispositions n'étaient pas compatibles avec leur conception générale de la famille ou parce qu'elles allaient à l'encontre des règles religieuses. Par exemple, l'Arabie saoudite a formulé une réserve qui déclare que dans le cas de « divergence entre les termes de la Convention et les normes de la loi musulmane, le Royaume n'est pas tenu de respecter les termes de la Convention qui sont divergents »[2].

Par ailleurs, la Convention reste assez mal connue et non promue, peu d'États l'appliquent dans les faits. Elle est aussi très peu utilisée par les juridictions nationales des pays qui l'on ratifiée. Aujourd'hui, le chemin reste encore long pour arriver à assurer une égalité absolue entre les femmes et les hommes, partout dans le monde. La lutte pour arriver à cette égalité a besoin d'être encouragée et intensifiée.

Dans le cadre d'un atelier international tenu le 27 août 2018, une table ronde a été organisée spécialement sur la CEDAW et sur son application dans les pays du Nord et du Sud. Cette table ronde a recommandé de prendre en considération l'existence de cette convention et d'œuvrer pour son application en vue de défendre les droits des femmes et réduire les inégalités dont elles font l'objet[3].

---

[2] Pour plus d'informations sur les États qui ont ratifié la Convention ainsi que sur les réserves qui ont été formulées, voir le site des Nations unies :
https://treaties.un.org/pages/ViewDetails.aspx?src=IND&mtdsg_no=IV-8&chapter=4&clang=_fr,

[3] Pour plus d'informations sur le CIRFF2018 et sur cet atelier, voir : 8e Congrès international des recherches féministes dans la francophonie, Université Paris Nanterre, in : https://cirff2018.parisnanterre.fr/

> **Recommandations de la table ronde Femmes et droit familial – Des visions interculturelles**
> La CEDAW est importante, mais elle est méconnue, même parmi les militant-e-s des droits des femmes. Il est important de la promouvoir et de la faire ajouter au programme des écoles des pays signataires dès le primaire, au secondaire et à l'université.
> Il serait utile qu'une brochure simplifiée résumant l'existence de la CEDAW et mettant en lumière ses aspects importants soit mise à la disposition de ceux et celles qui devraient l'utiliser : citoyens, migrants, ONG, praticiens du droit (avocats et juges notamment), politiciens, etc.
> Il est urgent que le Comité de la CEDAW suggère à l'Assemblée générale des Nations unies d'adopter une recommandation par laquelle les pays membres recevront des informations précises sur la manière dont la Convention doit être utilisée afin de mieux promouvoir les droits des femmes et l'égalité entre les sexes.
> Il serait important que des sanctions soient prévues et appliquées en cas de non-application par des pays signataires des dispositions de la Convention.
> Il est nécessaire de revoir les réserves posées par certains pays à la Convention qui vident parfois tout le contenu de cette convention.
> L'ignorance des droits en faveur des femmes est un obstacle systémique à l'émancipation réelle des femmes. L'éducation aux droits des femmes et de la famille reste un enjeu majeur particulièrement pour les femmes les plus vulnérables, moins éduquées, en milieu rural ou dépendantes de leur famille ou mari. Des stratégies pour faire connaître ces droits devraient être financées ainsi que les ONG qui peuvent les mettre en œuvre.
> Chaque fois que cela est nécessaire ou possible, des lois doivent être reformulées de manière plus neutre et non *genrée* et s'adresser aux hommes comme aux femmes.
> Les effets néfastes des stéréotypes et des préjugés envers les femmes, particulièrement les plus vulnérables d'entre elles, doivent aussi être combattus. L'éducation des filles doit être considérée comme une priorité et doit être encouragée et facilitée.
> Il est essentiel de favoriser et de renforcer la coopération et la solidarité entre les pays et entre les militant-e-s dans les pays du Nord et du Sud, le tout sans hiérarchie et en tenant compte de leurs besoins, intérêts et enjeux spécifiques.

2. Le corps des femmes : des territoires d'inégalité

L'Amérique latine est la région du monde où les inégalités sont les plus criantes, où deux personnes sur trois sont pauvres. De la même manière, 80 % des femmes sont employées comme travailleuses domestiques, c'est-à-dire qu'elles occupent un emploi mal rémunéré, peu reconnu et rendu invisible (Commission économique pour l'Amérique latine – CEPAL, 2010). Elles souffrent de l'exploitation, de la discrimination et de l'exclusion : elles abattent de doubles et triples journées de travail et doivent coordonner des rythmes distincts, des horaires et des contraintes multiples. Bien que la participation féminine ait augmenté sur le marché du travail, la réponse sociale et masculine face à ce changement dans la culture et dans les comportements des femmes est lente et pratiquement imperceptible.

Dans le cas particulier de l'Argentine, la pauvreté atteint 31,2 % de la population et, bien qu'elle ait été réduite, les brèches de féminisation de la pauvreté ont augmenté selon la CEPAL (2007 ; 2008 ; 2011). Ainsi les femmes sur le marché du travail ont des statuts faibles, avec de moindres possibilités de promotion et les emplois les plus pénibles. Leurs tâches sont souvent au-dessous de leurs capacités individuelles. Kabeer (1998) remarque que la pauvreté peut être vue d'une double manière : comme la privation de la possibilité de satisfaire des besoins basiques et comme privation des moyens pour les satisfaire. Les femmes sont pauvres dans la mesure où elles ne disposent pas de temps pour chercher les manières les plus appropriées de satisfaire leurs besoins et une proportion importante d'entre elles manque de revenus qui leur sont propres (Bonavitta, 2017). Ainsi, pour les femmes, en plus de mesurer la pauvreté sur le plan du revenu, il est pertinent de l'évaluer en termes de temps, parce qu'une part de leur travail – le domestique – n'est pas valorisé monétairement, mais il peut se mesurer en temps (Arriagada, 2006). Les femmes ne disposent pratiquement pas de temps libre, de loisir ou plus généralement de temps destiné au plaisir. Elles travaillent sans cesse : à leurs travaux formels (rémunérés), dans le foyer (non rémunéré) et dans des espaces de militantisme, d'aide ou de coopération (non rémunéré). Les employées domestiques sont parmi les travailleuses les plus vulnérables. Ce secteur est particulièrement limité par le caractère atomisé du travail, qui empêche d'unir les revendications face aux patrons et à l'État, ce qui laisse les travailleuses dans une situation de violation de droits (Shokida, 2018).

Dans des régimes de bien-être de modèle familialiste, comme ceux qui abondent en Amérique latine (CEPAL, 2010), les femmes sont historiquement chargées de combler les tâches liées aux soins et aux travaux ménagers de manière non rémunérée. Ce travail gratuit est complété par les services donnés par le secteur public et privé qui composent l'économie du soin rémunéré. Notons aussi la part importante du secteur informel au travers des réseaux, des coopérations et de l'entraide mutuelle que les femmes construisent sur leurs territoires. De plus, la subjectivité des femmes, comme l'a remarqué Franque Basaglia (1983), est une subjectivité pour les autres et leurs corps sont des corps pour les autres. La division du travail est sexuelle : il y a une distribution du travail entre hommes et femmes, en différenciant les activités et en attribuant les espaces selon le sexe. Cette division sexuée engendre la distribution rigide des rôles tant dans la famille que dans le monde du travail, elle augmente ainsi les inégalités de genre.

En ce qui a trait au travail lié aux soins, il reste réalisé essentiellement par les femmes dans toute l'Amérique latine. En Argentine, 75 % des tâches liées aux soins sont réalisées par les femmes et 25 % par les hommes (Shokida, 2018). Pourquoi donc ? Parce que dans la division sexuelle du travail, l'espace privé et le travail reproductif ont été attribués aux femmes, alors que l'espace public et le travail productif ont été réservés aux hommes. Le patriarcat a imposé l'idée que les femmes devaient prendre soin des autres par amour. Par amour pour leurs fils, leur époux, leur famille, les femmes prenaient soin, lavaient, faisaient attention aux autres. Elles se convertissaient en éternels êtres-pour-les-autres. En cela, le patriarcat a triomphé dans son alliance solide avec le capitalisme : les hommes se développent professionnellement pendant que les femmes (mères, grand-mères, tantes, maîtresses, bonnes d'enfant) prennent soin des enfants des hommes pour qu'ils puissent continuer à travailler durant des journées de travail étendues. Elles, sans rémunération ni reconnaissance, sont déplacées vers un espace privé dans lequel les stimulations sont limitées. Le capitalisme existe grâce à ce travail gratuit déguisé en amour et il continuera de perdurer tant que nous ne réfléchirons pas à ces mandats oppresseurs qui empêchent les femmes de se développer et les hommes de prendre soin des autres eux aussi. L'Amérique latine ressent les effets pervers de l'inégalité qui est aussi un phénomène mondial.

Comment remédier à cette inégalité des territoires entre hommes et femmes ? D'abord, on se doit d'amorcer des démarches politiques publiques avec une perspective de genre permettant le développement professionnel des femmes et faisant la promotion de l'équité dans la distribution des tâches au sein de la famille (soins, tâches ménagères, etc.). Il est aussi nécessaire de promouvoir des réglementations sur les travaux ménagers qui sont accomplis dans la praxis informelle pour assurer la formalisation et la reconnaissance légale de ce travail. On doit également promouvoir la création et le maintien de garderies, de jardins d'enfants dans les lieux de travail et d'études des femmes et des hommes, afin que la responsabilité des enfants ne retombe pas seulement sur les femmes.

3. Le visage féminin de la pauvreté en Tunisie

Afin de comprendre l'appauvrissement des femmes en Tunisie, il faut remonter aux années 1990, lors de la mise en œuvre du programme d'ajustement structurel (PAS) imposé par les bailleurs de fonds internationaux et adopté en 1986. Le PAS tunisien visait en priorité la réduction des dépenses de l'État et du niveau de la dette. Dans les faits, il s'est traduit par une politique de limitation de l'État social. Les effets du PAS sur l'emploi féminin en sont la partie invisible, ils ont été peu pris en compte. Or, en réduisant les emplois accessibles aux femmes, il les a poussées vers le travail informel sous-payé, non déclaré et n'offrant aucune garantie. La réduction des services de santé et des services sociaux a eu pour effet de transférer ce travail aux femmes qui l'accomplissent gratuitement. La réduction des dépenses publiques s'est faite en grande partie sur le dos des femmes. Ce contexte économique des années 1990 est à l'origine de plusieurs problèmes observés actuellement. Ainsi l'exclusion des femmes est fortement liée à la conjoncture économique et à la rareté des ressources.

Durant les années 2000, le combat contre la pauvreté devient un crédo international et il est inscrit dans les Objectifs du millénaire pour le développement adoptés par les États. La Tunisie a pris des engagements dans ce sens. Un bilan de l'état d'avancement de la Tunisie en 2013 souligne les réalisations en matière de réduction de la pauvreté, de l'égalité entre les sexes dans l'éducation, des droits, de la participation politique (MDCI et UNICEF, 2013). Cependant, la santé des femmes et particulièrement lors des naissances est encore précaire puisque le taux de mortalité maternelle est encore élevé : 33,6 pour 100 000 naissances alors que l'objectif mondial est de 18,7 pour 100 000 naissances.

Des politiques éducatives aux conditions d'emploi

La situation des femmes dans le domaine des études et de la formation a connu une grande avancée depuis l'indépendance. Les Tunisiennes connaissent le taux de scolarisation le plus élevé de la région maghrébine, il est de plus de 98 % au primaire, 90 % au secondaire et 76,6 % au niveau supérieur. Au niveau du secondaire et du postsecondaire, la proportion des filles dépasse celle des garçons (Gribaa et Depaoli, 2014). Cependant, sur les vingt-deux filières d'enseignement, les filles sont fortement présentes dans quatorze filières : les sciences sociales et humaines, les langues, l'économie, le journalisme, l'agriculture ainsi que les services. On remarque tout de même une percée dans les filières identifiées au niveau international comme plus masculines telles que : l'ingéniorat (29 %), l'architecture (34,5 %), la médecine vétérinaire (35,9 %), l'informatique (47,4 %) et les mathématiques (49,4 %). Malgré ces performances, les femmes sont toujours plus touchées que les hommes par l'analphabétisme (28 % par rapport à 12 %). Pour expliquer cette contradiction, il y a lieu de supposer que dès que les jeunes femmes quittent les lieux formels d'éducation, elles se retrouvent à la maison sans possibilités d'accès à un travail ou à des formations. Elles perdent ainsi rapidement leurs acquis, alors que les garçons en continuant à travailler vont avoir plus d'occasions pour apprendre et entretenir leurs connaissances.

L'emploi des femmes n'a pas connu la même progression que celle de leur scolarisation et diplomation (INS, 2017). Selon les résultats du recensement de la population tunisienne en 2014, le taux d'activité des femmes est largement plus faible que celui des hommes, environ 28 % contre 72 % pour les hommes. Les femmes ne sont pas sur le marché du travail salarié et elles font le plus souvent du travail ménager, non rémunéré et ne garantissant pas de revenu à la retraite. D'ailleurs, selon l'étude de Gribaa et Depaoli (2014), 10 % des femmes ayant déclaré un emploi en 2007 sont des aides familiales, alors que les hommes ne représentent que 4,1 %. Par ailleurs, malgré une scolarisation importante des femmes et une présence forte au niveau des études supérieures, elles sont confinées dans des emplois subalternes et elles sont minoritaires parmi les cadres supérieurs et dans les postes de direction. Elles ne sont que 14,7 % à occuper un poste de direction. Elles sont également sous-représentées dans les métiers de l'ingéniorat (24,4 %).

Contrairement à l'emploi masculin qui est diversifié, plus des deux tiers de l'emploi féminin sont concentrés sur quatre secteurs : l'enseignement (particulièrement primaire et secondaire), les services, la santé et l'action sociale ainsi que l'industrie. Les femmes sont surreprésentées dans les emplois de secrétariat (61 %), d'enseignantes du primaire (52,1 %), d'enseignantes du secondaire (44,7 %), d'ouvrières dans l'industrie (72,7 %), et d'employées de maison (70,5 %). Cependant, le taux de diplomation universitaire de plus en plus important des femmes se traduit par une entrée dans des bastions masculins tels que les métiers d'ingéniorat, d'informatique et les métiers scientifiques. Elles représentent près de 30 % des cadres supérieurs scientifiques et intellectuels. La féminisation de ces postes a connu une progression de 10 % entre 1999 et 2007, alors qu'elle n'a été que de 4 % durant la même période pour les postes de direction. Nous sommes manifestement dans un système freinant et discriminant les femmes dans la progression de leur carrière, ce qui est désigné dans la littérature par le plafond de verre.

Le poids des normes sociales, des milieux de vie et des classes sociales

La faible activité professionnelle et la difficulté de progression dans la carrière pour les femmes pourraient aussi être une conséquence de leur double charge de travail professionnel et familial. L'enquête budget-temps (UNIFEM – MAFF, 2011) montre que les femmes mariées ont tendance à garder leur emploi et à assumer en plus la surcharge de travail à la maison. Les femmes toutes catégories confondues assumaient jusqu'à huit fois plus de temps de travail domestique que les hommes (en moyenne 5 h 16 pour les femmes contre 39 minutes pour les hommes). Ces derniers par contre investissent plus de temps dans le travail professionnel (4 h 17 en moyenne en heures supplémentaires contre 1 h 32 pour les femmes). Ainsi, un minimum de deux heures de travail ménager est réalisé pour les élèves filles. Les femmes ayant un emploi professionnel ont, quant à elles, une double journée de travail puisqu'en plus de leur journée de travail, elles font 4 h 18 de travail domestique. Enfin, les femmes au foyer assument 7 h 1 de travail domestique, soit l'équivalent d'une journée d'emploi, de manière gratuite et non visible.

Par ailleurs, les statistiques de 2014 du ministère des Affaires sociales montrent qu'une forte proportion des bénéficiaires du Programme d'aide aux familles nécessiteuses sont des femmes (MAS, 2014). Elles sont même plus nombreuses dans certains gouvernorats tels que celui de Tunis où il y a 9675 femmes par rapport à 6052 hommes, à Nabeul (4399 femmes par rapport à 3835 hommes) et à Gafsa (6110 femmes par rapport à 5422 hommes) (MAS, 2014). Ce programme d'aide sociale montre que les femmes sont les premières victimes de l'appauvrissement des familles en donnant à voir une féminisation de la demande d'aide sociale. Il faut noter qu'en fusionnant la condition des femmes à celle de la famille, ces chiffres sont probablement en deçà de la réalité car ils ne prennent pas en compte les divers profils de la vulnérabilité féminine.

Or, les régions rurales et la situation des femmes prises conjointement posent un défi de taille aux politiques sociales et économiques. Ces régions ont longtemps souffert d'un déficit de ressources, d'investissement économique et de développement par rapport aux régions côtières. Ce retard de développement a un impact sur la situation des femmes. L'enquête nationale du budget-temps susmentionnée montre que les femmes de ces régions rurales assument une partie importante du travail agricole, et ce, souvent de manière non rémunérée et qui s'ajoute à leur charge de travail domestique (7 h 28 pour les femmes contre 5 h 10 pour les hommes). De plus, les femmes en tant que force de travail sont retirées assez rapidement du système scolaire et elles sont peu encouragées à suivre une formation professionnelle. Ce phénomène est expliqué également par l'éloignement des centres de formation et surtout par une faible valorisation de la formation pour les filles. Contrairement à celles-ci, les garçons bénéficient le plus souvent de l'encouragement des parents pour poursuivre leur éducation.

Les nouvelles figures de la pauvreté féminine

Le choix de considérer les femmes uniquement en lien avec l'unité familiale a longtemps laissé invisibles certaines formes d'exclusion et les situations économiques et sociales qui les produisent. On retrouvera dans le chapitre suivant la situation de marginalisation et d'exclusion des mères célibataires. Un autre exemple est pris ici, celui de l'itinérance qui constitue elle aussi un stade extrême de pauvreté et d'exclusion sociale. En Tunisie, les femmes itinérantes et sans-abri ont longtemps été invisibles et ignorées. C'est un phénomène difficile à imaginer et qui va à l'encontre de la croyance collective en l'existence d'une solidarité familiale qui fonctionnerait comme un filet social afin que chaque personne soit, d'une manière ou d'une autre, aidée et prise en charge. Cependant, la disparition des familles élargies et les diverses crises économiques qui ont réduit les ressources économiques familiales ont participé à l'effritement de cette solidarité. De plus, les femmes sont souvent exclues du partage des héritages, les mariages sont plus précaires et les divorces aggravent la vulnérabilité économique et sociale des femmes. Autant de facteurs qui en s'accumulant peuvent conduire certaines femmes à la rue.

La précarisation du travail participe également à créer de nouvelles figures de pauvreté, les travailleuses pauvres. Une recherche sur les travailleuses domestiques, les bonnes, a souligné la situation difficile de ces femmes (AFTURD, 2009). Ce profil de travailleuses pauvres englobe également les employées occupant des postes peu qualifiés dans l'administration ou l'industrie, des secrétaires, des assistantes ou des ouvrières qui gagnent souvent moins que le revenu minimum de référence pour un emploi à temps complet en Tunisie. Ces femmes arrivent à s'en sortir tant qu'elles bénéficient d'un logement familial et souvent d'une aide occasionnelle de certains membres de la famille. Mais ces femmes restent à la merci d'un événement ou problème (décès d'un parent, grossesse hors mariage, récupération du logement par un frère, expulsion d'un logement, etc.) qui romprait cet équilibre précaire et les menacerait de décrochage et de se retrouver à la rue et sans domicile.

4 La patronne et la bonne : les inégalités entre femmes à Antananarivo, Madagascar

Les employées de maison à Madagascar ont attiré l'attention des travailleurs sociaux et des médias particulièrement depuis les années 2000. Victimes de plusieurs formes d'injustice, elles reflètent les rouages d'un pays en voie de développement où la politique sociale ne fonctionne pas. Fondée sur une étude d'un groupe de 57 employées domestiques à Antananarivo en 2017, cette contribution a pour but d'apporter un éclairage sur la condition de vie de ces femmes et les inégalités sociales dont elles font l'expérience.

La condition de vie des travailleuses

Âgées de quinze à soixante-dix ans, la majorité des employées domestiques que nous avons rencontrées viennent des régions avoisinantes de la capitale. Très peu qualifiées, elles choisissent de venir en ville où la demande en matière de travailleuses domestiques est grandissante, pour échapper au chômage et à la pauvreté. En effet, plus de la moitié des familles préfèrent employer des femmes pour diverses raisons, dont la perception stéréotypée de la distribution des rôles : les femmes s'acquittent mieux des travaux ménagers que les hommes. Ainsi, ces femmes migrent dans la capitale pour survivre comme le mentionne Asinome qui a 48 ans, et font face à une autre forme de pauvreté (2012).

La majorité des employées domestiques sont logées et nourries par leurs employeurs. Dans la plupart des cas observés, le logement en question consiste en un espace d'environ un mètre carré où dormir la nuit, parfois sur un matelas ou une natte. Cet espace peut se trouver dans la cuisine, le débarras ou le couloir. En ce qui concerne la nourriture, elles mangent trois fois par jour pour certaines, une ou deux fois pour d'autres. La journée d'une employée de maison tananarivienne peut s'étaler de 5 h à 21 h. Les tâches incluent nettoyage, toilette des enfants, accompagnement des enfants à l'école, cuisine, lessive, et courses diverses. Le salaire médian est de 40 000 ariarys par mois, soit environ 15 dollars américains. Elles ont deux demi-journées de congé par mois, et c'est le seul moment dont elles disposent pour s'adonner à des loisirs.

Ce travail très mal payé est totalement exclu de toute protection légale. Selon le rapport mondial sur le secteur informel, « seulement 10 % des travailleurs domestiques bénéficient d'une protection du travail équivalente à celle dont bénéficient les autres travailleurs » (Organisation internationale du travail [OIT], 2018). Les employées domestiques d'Antananarivo ne sont pas des exceptions. Embauchées de façon informelle, elles travaillent sans contrat. Ainsi, elles ne bénéficient pas d'assurance maladie, leurs soins de santé dépendent de la bonne volonté des employeurs. Elles peuvent perdre leur emploi à tout moment et ne reçoivent ni préavis, ni recommandation, ni pension.

Des inégalités enracinées

La présentation de la condition de vie des employées de maison à Antananarivo nous fait comprendre que les inégalités entre elles et leur *Madama*[4] sont évidentes. C'est pourtant l'origine de ces inégalités qui probablement nécessite une discussion plus approfondie. En effet, une analyse de leurs représentations mutuelles nous montre que ces inégalités sont liées à des préjugés profondément enracinés.

---

[4] C'est généralement le terme utilisé par les employées de maison pour désigner leur patronne.

Les employeurs pensent que les domestiques sont d'une capacité mentale inférieure et doivent être traitées en conséquence. Une telle infériorité se manifeste, par exemple, par le fait qu'elles sont facilement tentées de voler si des objets précieux sont laissés à leur portée. Ainsi, les employeurs éprouvent constamment le besoin de leur dicter ce qu'elles doivent faire, ne prennent pas au sérieux ce qu'elles pensent, et tentent de leur inculquer une attitude servile.

La perception des domestiques est basée sur ce que Jacklyn Cock (1980) définit comme la supériorité naturelle des employeurs. Un comportement typique des employées de maison à Antananarivo consiste à ne jamais contredire la patronne même quand elles savent que cette dernière a tort. Cette idée se reflète aussi dans le fait qu'un grand nombre de domestiques ne disent jamais à leur patronne qu'elles démissionnent. Elles préfèrent inventer des motifs pour rentrer (temporairement) dans leurs familles, comme la maladie d'un proche, un mariage ou une inhumation, et ne reprennent plus leur travail après. Pour les domestiques interviewées, cette façon de partir permet d'éviter les confrontations et explications. Ainsi chacune intériorise sa position dans la hiérarchie sociale et justifie au travers de ses comportements des rapports profondément inégalitaires portés par les sociétés patriarcales et capitalistes, mais aussi par la colonisation qui a instauré des inégalités colonisé-colonisateur devenues les normes des rapports sociaux contemporains.

Quelles actions pour la protection des employées de maison malgaches ?

Ainsi le travail domestique à Madagascar se rapproche de l'asservissement. Les travailleuses sont majoritairement recrutées depuis la campagne et exploitées, avec généralement un salaire qui est largement inférieur au salaire minimum prévu par les législations du travail. Or, la protection des employées devrait aller de pair avec les actions de l'Organisation internationale du travail qui visent à promouvoir des politiques et des stratégies pour étendre la protection sociale et la protection du travail aux travailleurs domestiques dans le cadre d'un ensemble de mesures s'inscrivant dans une politique plus large de formalisation de la société en général. Sur le plan pratique, ces actions devraient se traduire en premier lieu par des campagnes de sensibilisation des employées domestiques à devenir membres des associations qui protègent les droits des femmes au travail. Le renforcement des lois relatives au travail et de la politique sociale relève du devoir de l'État et doivent absolument figurer parmi ses priorités. En ce qui concerne les préjugés qui sous-tendent la relation de domination entre les patronnes et leurs employées domestiques, un travail de médiation et de déconstruction des préjugés et privilèges s'impose.

> **Comment lever les discriminations ?**
> La domination qui caractérise la relation entre employeure et employée de maison, illustrée par un exemple à Madagascar, est la manifestation explicite des préjugés portés tant par les femmes que par les hommes, de l'histoire coloniale et des rapports de classes dans une société patriarcale. Pour résoudre le problème, l'État doit renforcer sa politique sociale, les employées de maison doivent connaître et revendiquer leurs droits et la société tout entière devrait se débarrasser des préjugés, déconstruire les privilèges et apprendre à accepter « l'Autre ».

Conclusion : le cumul des inégalités, une trame de lecture des rapports sociaux de domination

On le voit, l'appauvrissement des femmes, leur oppression au travers d'emplois subalternes et infériorisés, leur accès difficile aux droits fondamentaux et leur cantonnement au travail domestique informel représentent des réalités transnationales. Le chapitre suivant nous amène à comprendre comment ces inégalités se combinent, s'articulent et se multiplient dans des situations de marginalisation et d'exclusion des femmes, là encore dans des sociétés diverses mais selon des processus semblables.

Bibliographie

AFTURD – Association des femmes tunisiennes pour la recherche et le développement (2009). *Les aides ménagères à temps complet. Violence et non droits*. Rapport de recherche.

Amoron'i Mania, Analamanga et Vakinankaratra (2018). *Étude de base sur le travail domestique des enfants*. OIT Rapport femmes. Repéré à https://www.ilo.org/global/research/global-reports/weso/trends-for-women2017/WCMS_619597/lang--fr/index.htm.

Arriagada, I. (2006). *Dimensiones de la pobreza y políticas desde una perspectiva de género*. 85, CEPAL.

Asinome, E. (2012). (Re)naître à Tanà : trajectoires de vie des employés domestiques au temps des crises socio-économiques. Politique sociale et Développement, *Revue de la Faculté de droit, d'économie, de gestion et de sociologie*. Numéro spécial (4).

Basaglia, F. (1983). *Mujer, locura y sociedad*. Universidad Autonoma de Puebla.

Bonavitta, Paola (2017). Asignación Universal por Hijo y los roles de género. *Revista Punto Género*. (8), 4-19.

Cock, Jacklyn (1980). *Maids and Madams: a Study in the Politics of Exploitation*. Johannesburg : Ravan Press.

CEPAL (2011). *Panorama social de América latina*. Chile : CEPAL.

CEPAL (2010) *Panorama social de América latina*. Chile : CEPAL.

CEPAL (2009) *Panorama social de América latina*. Chile : CEPAL.

CEPAL (2007) *Panorama social de América Latina* 2006. Chile : Publicación de las ONU.

CEPAL (2004). *Entender la pobreza desde la perspectiva de género*. Unidad Mujer y Desarrollo. CEPAL-UNIFEM. Italia. 52.

Gribaa, Boutheina, and Giorgia Depaoli (2014). *Profil genre de la Tunisie*. Tunis: CREDIF et Union européenne.

Institut national des statistiques (INS). (2017). Recensement général de la population. *9 : Caractéristiques économiques de la population*. Tunisie.

Kabeer, N. (1998). "Tácticas y compromisos: nexos entre género y pobreza", Dans I. Arriagada et Torres, C. (dir.). *Género y pobreza. Nuevas dimensiones.* Chile : Ediciones de las Mujeres.

Ministère des Affaires sociales. (MAS) (2014). *Annuaire des statistiques sociales* Tunis: Ministère des Affaires sociales – Direction des études et de la planification stratégique.

Ministère du Développement et de la Coopération internationale (MDCI) et l'UNICEF. (2013). *Analyse de la pauvreté en Tunisie. Une approche de privation multiple.*

Shokida, N. (2018). *La desigualdad de género se puede medir. Economía feminista.* Repéré à http://economiafeminita.com/la-desigualdad-de-genero-se-puede-medir/.

UNIFEM – MAFF (2011). *Budget temps des femmes et des hommes en Tunisie*. (étude réalisée entre 2006 et 2010).

CHAPITRE 9

Marginalisations, luttes et solidarités : l'espoir au croisement des oppressions

Séverine Mayol, Naoual Laaroussi, Nadia Benzarti, Maude Doré-Caillouette, Guadalupe Huerta et Michèle Vatz Laaroussi

Comme on le voit dans le chapitre 8, les inégalités, exploitations entre les femmes et les hommes et entre les femmes elles-mêmes font partie du fonctionnement de plusieurs sociétés, et ce, malgré des avancées importantes. Plus ou moins encadrées par des lois qui sont elles aussi plus ou moins appliquées et des normes socioculturelles toujours patriarcales et impérialistes, des femmes continuent à faire face à des discriminations, des exclusions et aussi des marginalisations qui tendent à les renvoyer dans les groupes minoritaires, non reconnus et stigmatisés. Ainsi, une femme écartée socialement de manière symbolique ou concrète, pour son comportement, son apparence, ses croyances, son expression, est vue comme menaçant l'ordre établi, la cohésion sociale, les normes en vigueur et les représentations dominantes. L'individualisation et l'atomisation des problèmes sociaux amènent les femmes à devenir responsables et à se sentir coupables de leur propre exclusion rendant ainsi difficiles, voire parfois impossibles, les liens d'entraide et de solidarité. Cependant, dans les marges, les femmes luttent contre les injustices et développent un tissu social féminin et féministe inclusif qui remet en cause les privilèges établis.

Ce chapitre s'intéresse à ces processus de marginalisation qui prévalent dans toutes nos sociétés, au Sud comme au Nord, pauvres comme riches. La première partie permet de comprendre les dynamiques de marginalisation et de stigmatisation, en s'appuyant sur des exemples aux États-Unis et en France. La deuxième partie s'intéresse aux femmes de la marge à Montréal : travailleuses du sexe, consommatrices de drogues, femmes autochtones itinérantes, et autres femmes victimes d'exploitation qui sont actrices de nouveaux réseaux d'entraide et impliquées dans l'approche de réduction des méfaits. Écrit avec un ton personnel et empathique, ce texte ouvre la voie des solidarités entre femmes et se poursuit dans la troisième partie par une réflexion militante et professionnelle sur les réalités vécues par des femmes marginalisées et exclues en Tunisie parce qu'elles sortent volontairement ou non des normes socioculturelles imposées par la société. Sur un ton tout aussi personnel que professionnel et solidaire, on revient dans la quatrième partie à Montréal où on s'intéresse aux pratiques intersectionnelles avec des femmes victimes de violence conjugale. En plus de croiser les dynamiques d'oppression vécues par ces femmes, le texte illustre les réalités d'une pratique d'intervention féministe qui articule les regards et les actions. Ces textes du Nord et du Sud nous permettent ainsi d'entamer un cheminement sur le regard que nous portons sur ces femmes marginalisées, stigmatisées, invisibilisées, chemin que nous poursuivons avec la dernière partie du chapitre qui traite des expériences d'exclusion et de solidarité entre femmes paysannes en Argentine et plus largement en Amérique latine. Ce chapitre se conclut sur l'espoir de construire des liens entre les femmes marginalisées et, plus largement, entre toutes les femmes.

1. Les processus de marginalisation des femmes : quelques situations du monde occidental

Aborder les inégalités sociales amène à décrire, présenter et dénoncer les situations d'injustice sociale, les déséquilibres et les écarts qui se creusent dans les sociétés contemporaines. Celles-ci laissent un pan entier de l'humanité de côté. Parler d'inégalités sociales donne l'impression qu'il existe une certaine inertie dans les positions sociales, héritées plus souvent qu'acquises. Nous souhaitons aborder ici la marginalisation comme un processus qui éclaire ces phénomènes de stratifications au-delà des questions d'inégalités sociales et qui aboutit à l'isolement social de certaines femmes, quelle que soit leur position socio-économique et parfois même au-delà des représentations communément admises de la femme marginalisée.

Si la pauvreté est à la base de la plupart des situations de grande marginalité dont le parangon est la personne itinérante, le/la clochard-e en France, elle ne circonscrit pour autant pas toutes les situations de marginalité comme l'illustrent les exemples rapportés dans ce chapitre par les participantes au projet. Quels sont les points communs entre les femmes victimes de violences sexuelles, les femmes sans désir de maternité, les femmes homosexuelles, les personnes transgenres ou encore les femmes militantes dans les sociétés patriarcales ? Ces femmes, aux caractéristiques sociales diverses, sont marginalisées selon les sociétés, les époques ou les moments de leur vie. Les inégalités sociales, et notamment socio-économiques, génèrent une désagrégation du corps social ainsi qu'une ségrégation spatiale, elles ne sauraient cependant être désignées comme les seuls facteurs de la marginalité sociale.

La (grande) marginalité est un point de chute, une arrivée, en d'autres termes, la marginalité est la fin d'un processus social. Ce processus est constitué de plusieurs mécanismes sociaux, s'inscrivant dans un temps social long au cours duquel la société ou le groupe dominant désigne les « menaces » à l'ordre établi, définit et affirme les normes sociales. Plusieurs descriptions de ce processus coexistent et permettent d'éclairer ces mécanismes sociaux complexes permettant dans un sens de définir qui est *in* et qui est *out,* tout en dépassant ces positions statiques : un *in* peut devenir *out* et vice-versa. L'ensemble des éléments façonnant nos visions du monde et nos raisons d'agir contribue alors à nous positionner plus ou moins près du centre dans un subtil jeu social contribuant à définir la norme, et à attribuer et endosser des stigmates, mais également à cacher, minimiser ou retourner certains stigmates dont nous sommes porteurs et porteuses et qui pourraient conduire à notre propre marginalisation.

En reprenant à notre compte le concept d'intégration de Durkheim défini comme l'ensemble des processus permettant l'attachement des individus à la société sur la base de leur volonté commune à *faire société,* les acteurs sociaux que nous sommes définissent et délimitent les appartenances de tout un chacun, tout comme notre propre appartenance et participation à la société par rapport à un centre qui représenterait un degré maximal d'inclusion. Dans ce schéma, une personne marginalisée se retrouve poussée vers les bords du cercle, plus ou moins loin du centre inclusif. Ce mécanisme s'exerce au sein de chacune des strates sociales et se révèle être, de manière paradoxale, un puissant facteur d'intégration sociale, notamment pour celles et ceux à la limite de la marginalisation.

Les mécanismes du harcèlement scolaire collectif constituent un bon exemple de cette double dynamique de la marginalisation : lorsque dans une classe, un-e élève devient victime, un grand nombre de celles et ceux qui assistent en silence au harcèlement expriment leurs craintes de se retrouver dans la position de l'élève harcelé. Ainsi, le harcèlement conduit à la marginalisation d'un élève dans son groupe classe et à une forme d'intégration des témoins passifs dont certains pourraient devenir également victimes. Une recherche dans les écoles de Washington montre que, dans le cadre du harcèlement homophobe à l'école, un nombre important parmi les victimes ne sont pas homosexuelles : sur 100 victimes, 38 sont des élèves ayant pris publiquement la défense de personnes homosexuelles, 31 sont des élèves qui, selon des stéréotypes de genre, semblent (aux yeux des agresseurs) homosexuel-le-s et 49 sont des élèves se déclarant homosexuel-le-s (Pietrantoni, 1999).

Ainsi, nous sommes toutes et tous, à chaque instant, susceptibles de contribuer à la marginalisation d'individus ou à notre propre marginalisation. Le processus de marginalisation est un processus socialement situé, ainsi une caractéristique partagée par deux femmes peut conduire l'une à vivre le processus de marginalisation, alors que l'autre sera pleinement intégrée.

Prenons l'exemple des femmes sans descendance en France. Les recherches menées auprès de ces femmes, mais aussi des hommes sans enfant, soulignent une forte marginalisation de ces femmes, suspectées de ne pas vouloir d'enfant, car trop carriéristes, trop égoïstes, etc. Rester sans enfant est un choix qui éloigne de la norme familiale, ainsi en témoigne le « silence pesant, gros de questions non posées ou de préjugés tenaces comme celui d'avoir eu une enfance malheureuse » (Gotman, 2017). Ces femmes sont alors prises dans un processus de marginalisation orchestré par d'autres femmes et d'autres hommes pour qui la norme familiale dominante a du sens et à laquelle ces personnes adhèrent et se conforment. Cependant, si la femme qui choisit de ne pas avoir d'enfant est handicapée, la situation est perçue différemment et cette femme échappera probablement au processus de marginalisation. C'est au contraire le désir d'enfant en situation de handicap qui conduit à la marginalisation (Morin, 2013).

Enfin, une dernière caractéristique du processus de marginalisation, conséquence de cette mise à la marge d'individus, est, comme le désigne Erving Goffman (1975), l'appropriation et la revendication du stigmate. Afin de sortir du processus de marginalisation, les individus marginalisés pour des raisons semblables revendiquent parfois la caractéristique déviante qui les marginalise. Ainsi, comme tous les porteurs de stigmates, la personne marginalisée apprend des stratégies d'évitement, développe la solidarité avec les personnes se trouvant dans la même condition. Cette appropriation du stigmate permet alors non seulement de rompre l'isolement social induit par le processus de marginalisation, mais peut également contribuer à renormaliser la situation et faire cesser la marginalisation. Ainsi, pour faire face à la mise au ban de la société, les femmes sans enfants s'organisent et se regroupent jusqu'à refuser d'expliquer leur choix et à jouer les bêtes de foire comme en témoigne cet avertissement[1] :

> À l'attention des parents ou personnes désirant des enfants : ce site ne s'adresse pas à vous. Il n'a pas pour but de nous justifier auprès de gens qui ne comprennent pas nos choix. Accueillir des personnes pour « tenter de nous comprendre » ou « par curiosité » n'est absolument pas sa vocation. Toute inscription dans ce but n'est donc pas désirée.

Nous laisserons alors à Goffman (1975) le soin de conclure ce cadrage sur les processus de marginalisation, soulignant la singularité des parcours marginalisés pourtant porteurs d'espoir :

---

[1] http://sansenfants.forumactif.org/

Lorsque le but ultime est d'ôter le stigmate de la différence, l'individu qui lutte pour ce faire finit souvent par s'apercevoir que sa propre vie s'en trouve politisée à tel point qu'elle s'écarte encore plus de l'existence normale qu'il s'est vu refuser à l'origine – même s'il reste vrai que ses efforts profiteront largement à la génération suivante, mieux acceptée grâce à lui.

2. À Montréal : le cumul des exclusions…

En Amérique du Nord, beaucoup de femmes vivent de l'exclusion, que ce soit par leur statut d'immigration, la couleur de leur peau, une situation de handicap, etc. Mais il importe de penser aussi aux personnes en situation d'itinérance, aux personnes utilisatrices de drogues, aux travailleuses du sexe, aux personnes autochtones en milieu urbain ou encore aux personnes sans papiers qui sont exclu-e-s et en marge de notre système économique, social et politique. Certaines personnes cumulent plusieurs de ces stigmates ou enfreignent plusieurs tabous de nos sociétés capitalistes, prohibitionnistes et racistes. Enfin, dans ces groupes de personnes, il y a évidemment des femmes. Des femmes dont les identités sont multiples, des femmes aux parcours si différents, et pourtant si semblables.

Les femmes marginalisées dont je vais vous parler sont des proches, des femmes avec qui je milite, avec qui je travaille et avec qui j'ai bâti des liens de confiance. Je parlerai donc en tant que travailleuse du milieu communautaire (ONG au Québec), dans le domaine de la réduction des méfaits[2] et de la promotion de la santé, en tant que femme racisée et en tant que femme vivant dans des cercles marginalisés. En effet, il s'agira d'une analyse basée sur mes propres expériences de vie et de travail avec une lentille intersectionnelle. Les femmes marginalisées cumulent plusieurs oppressions et fardeaux: le sexisme et la misogynie, le non-accès à des logements salubres (encore plus si elles sont monoparentales), le non-accès à des emplois, des services non adaptés (soit aux femmes, soit aux personnes marginalisées), le fardeau de la contraception et la violence qui s'ensuit (particulièrement pour les travailleuses du sexe), les rapports de pouvoir genrés avec les revendeurs de drogues, etc.

Évidemment, toutes ces femmes n'ont pas le même passé, mais il existe des mécanismes de marginalisation qui touchent chacune d'elles. Par exemple, le fait d'être une femme en situation d'itinérance pose de nombreux enjeux sociaux, familiaux et sanitaires. Citons notamment ceux qui concernent la maternité, la sexualité, l'hygiène corporelle, les menstruations, les

---

[2] https://www.inspq.qc.ca/espace-itss/l-approche-de-reduction-des-mefaits

dynamiques de pouvoir genrées qui s'immiscent dans les relations des gens de la rue, le racisme envers les femmes autochtones, le colonialisme qui est encore présent dans nos façons d'aborder la consommation et de régler des problèmes. L'un des mécanismes qui contribue le plus à la marginalisation des femmes est la violence qui leur est faite que ce soit dans un couple, une famille ou entre ami-e-s. Souvent les femmes se sentent seules, sans ressource et délaissées. Si elles n'ont pas un entourage qui les soutient, elles se verront aux prises avec d'autres problèmes qui empièteront sur leur vie courante, délaisseront leur travail et rentreront dans un cercle vicieux que l'on appelle aussi le cycle des portes tournantes. Finalement, il est évident que la criminalisation et la judiciarisation des personnes marginalisées jouent un grand rôle dans ce cercle vicieux. Les conditions géographiques de mise en liberté et de probation ont des impacts importants sur les personnes marginalisées. Les quadrilatères[3] pour une travailleuse du sexe par exemple la privent souvent de son lieu de travail et donc de son moyen de survivre. Pour une utilisatrice de drogues, le quadrilatère va la couper de ses ressources de méthadone (au besoin), de son accès à des médicaments, à des ressources en réduction des méfaits, à des cliniques spécialisées, etc. Ainsi ces mesures qui contraignent l'espace ne font que renforcer la marginalisation de ces femmes.

De même, une femme qui consomme des drogues ou qui vit dans la rue, et qui a un enfant sera jugée par *les gens dans la norme*, ces *entrepreneurs de morale* autorisés par leur statut d'inclus et leur position sociale à étiqueter (Becker, 1985), à la fois pour ses actes, pour sa consommation, pour l'éducation de ses enfants. Elle risquera à tout moment de perdre son enfant aux mains du Directeur de la protection de la jeunesse qui adopte une lecture très prohibitionniste et raciste de l'utilisation des drogues. En effet, la prohibition des drogues (dont l'alcool), et donc la Guerre aux drogues, est née aux États-Unis, il y a un siècle, issue de volontés racistes des travailleurs blancs réactionnaires et conservateurs de catégoriser et d'associer chaque type de drogue à une minorité ethnique (l'opium et les Chinois, les Noirs et les Latinos, avec la cocaïne ou le crack, les Autochtones et l'alcool) et d'en faire des combats et luttes racistes et xénophobes (Lebeau Lebovici, 2010).

---

[3] Les quadrilatères sont des zones de territoire que les personnes judiciarisées se voient interdire de fréquenter lors de leurs jugements. Il s'agit le plus souvent d'espaces dans lesquels elles ont commis des délits, mais leur délimitation reste à la discrétion de la police et des juges.

Les femmes immigrantes, racisées[4] et autochtones, aux habitudes culturelles différentes de la majorité se verront aussi souvent plus interpellées par la police et seront aussi plus à risque de vivre de la violence de la part d'un conjoint, d'un ex-conjoint ou d'un partenaire de vie, la famille étant, pour elles, essentielle. De plus, les organismes qui viennent en aide aux personnes marginalisées (accès à des soins de santé spécifiques, accès à des produits d'hygiène féminine, accès à un *safe space* après avoir vécu des agressions sexuelles, etc.) ne sont souvent pas accessibles et adaptés aux besoins spécifiques des femmes, encore moins aux besoins des femmes racisées et autochtones qui subissent plus de stigmatisation et font l'objet de préjugés de tous côtés. Et à l'inverse, les ressources pour les femmes (ressources pour femmes victimes de violence par exemple ou maisons d'hébergement) ne sont pas adaptées aux femmes marginalisées qui consomment, qui vivent du travail du sexe ou qui vivent dans la rue, en plus d'être largement insuffisantes.

Ces femmes exclues et marginalisées, comme tout groupe opprimé de notre société, vont donc mettre en place des stratégies pour survivre. Il existe bien évidemment des stratégies individuelles, mais je vous parlerai principalement de celles qui sont mises en place collectivement, car briser l'isolement et la solitude chez les personnes marginalisées est primordial.

> Dans les groupes contre-culturels et organismes de défense des droits dans lesquels j'ai milité, nous nous disions souvent qu'il est mieux de se regrouper pour lutter ! Que ce soit :
> * en créant des outils spécifiques pour les femmes utilisant des drogues (ex. : le Poing Levé par exemple est un outil collaboratif sur la santé des femmes qui consomment qui a été créé de concert avec un organisme en réduction des méfaits, mais surtout avec des femmes utilisant des drogues et vivant avec le VIH ou l'hépatite C);
> * en s'associant à des groupes de femmes non mixtes pour parler des réalités sans se faire juger et stigmatiser ou mener des actions politiques concrètes (ex : le groupe Black Indegenous Harm Reduction Alliance qui comme le dit son nom regroupe des personnes noires et autochtones en réduction des méfaits, qui sont souvent jugées à la fois par leur communauté et par les personnes blanches (dominantes dans ce cas-ci);
> * en formant un groupe par et pour s'entraider[5], partager nos réalités ou se donner des trucs selon les situations vécues (ex. : Stella est un groupe par et pour les travailleuses du sexe, afin qu'elles puissent vivre et travailler en sécurité et avec

---

[4] Selon Véronique de Ruder, la racisation consiste à réduire l'autre à son identité ethnique ou raciale réelle ou supposée. C'est un processus de racisme et un rapport social de domination. Colette Guillaumin a été la première à utiliser ce terme et les termes associés à femmes racisées. Pour plus d'informations : L'idéologie raciste, genèse et langage actuel (1972). Repéré à https://www.persee.fr/doc/ierii_1764-8319_1972_mon_2_1.

[5] Il s'agit de groupes de pair-e-s vivant des situations semblables ou proches.

> dignité, elles ont mis en place certains outils comme la liste des mauvais clients qui est un outil indispensable pour être en sécurité, des feuillets d'information légale, des guides sur le travail du sexe, le Guide Dope dans une optique de réduction des méfaits, des soupers communautaires non mixtes, une clinique médicale, etc.).

Finalement, j'inviterai chaque femme à faire une introspection, à réfléchir sur ses propres préjugés, sur les raisons qui font que nous ne sommes pas solidaires avec des femmes qui consomment, avec des femmes qui font du travail du sexe, avec des femmes qui ont des parcours de vie différents et en dehors de la norme sociale dominante. Je nous invite toutes à tenir compte du parcours de ces femmes, à découvrir la résilience incroyable dont elles font preuve, à parler de solidarité avec elles, à les voir dans leur globalité plutôt que seulement au travers de leur différence.

3. Des femmes exclues et marginalisées en Tunisie

Comme on l'a vu précédemment, en Tunisie, le système social est patriarcal. Il engendre l'accroissement des violences faites aux femmes et légitime les discriminations qu'elles subissent par la normalisation et la banalisation des violences.

> Deux grandes études nationales ont été effectuées afin de décrire les taux élevés des violences faites aux femmes. La première[6], élaborée en 2010 par l'Office national de la Famille et de la Population (ONFP), relève un taux de 47.5% de femmes ayant été victimes de violences dans l'espace privé et particulièrement dans les relations conjugales. La deuxième étude[7], faite en 2015 par le Centre de recherches, d'études, de documentation et d'information sur la femme (CREDIF), révèle un taux de 53.5% de femmes ayant subi une des formes de violences dans l'espace public.

Au cours des dernières années, des avancées sur le plan législatif ont été mises en œuvre en faveur des droits des femmes. Lors de l'adoption de la nouvelle constitution[8] en 2014, le principe de l'égalité était mis en exergue à travers l'article 47 où l'État s'engage à protéger les droits acquis de la femme et veille à les consolider et les promouvoir ; il garantit l'égalité des chances entre l'homme et la femme pour l'accès aux diverses responsabilités et dans

---

[6] MedCités Repéré à
http://www.medcities.org/documents/10192/54940/Enqu%C3%AAte+Nationale+Violence+envers+les+femmes-+Tunisie+2010.pdf.

[7] Voir : https://drive.google.com/file/d/0B9juKescTZSMZy1KejFZdzNjclU/view?pref=2&pli=1&fbclid=IwAR3zL8YM-TAFs31xuoEzJS-oE1JORiV3EGfBybI6ywpy3OjGb_0K5umi6ng.

[8] Voir : http://www.legislation.tn/sites/default/files/news/constitution-b-a-t.pdf.

tous les domaines, et il s'emploie à consacrer la parité entre la femme et l'homme dans les assemblées élues. L'État prend les mesures nécessaires en vue d'éliminer la violence contre les femmes. En 2017, une loi intégrale contre toutes les formes de violences faites aux femmes et aux petites filles[9] a été adoptée et mise en application au début de l'année 2018. Toutefois, et malgré les avancées législatives, les discriminations et les inégalités persistent encore sur le plan social. Les femmes qui n'obéissent pas aux normes sociales établies traditionnellement subissent d'abord de l'exclusion de la part de leur famille, puis une marginalisation sociale.

L'exclusion des femmes est justifiée dans leur environnement immédiat par la non-obéissance au rôle de génitrice qui leur est attribué par les stéréotypes sociaux. Ce rôle restreint à la reproduction humaine ne leur permettrait pas l'accès à la jouissance de leur sexualité ni aux choix de vie en rapport avec cette dernière. En effet, en Tunisie, les marginalisations les plus perçues sont toujours en relation directe avec la sexualité féminine. Qu'il s'agisse de situations liées à des choix plus ou moins contraints comme le divorce, la grossesse hors mariage ou le travail du sexe ou qu'elles soient liées à une question d'orientation sexuelle non hétérosexuelle ou encore à des maladies ou infections sexuellement transmissibles, toutes servent de raisons pertinentes à l'exclusion de la part de la famille et à une marginalisation par l'environnement social.

La vulnérabilité des femmes devient double, d'une part par le caractère discriminatoire de leur place dans la société patriarcale et, d'autre part, du fait de la situation d'intolérance aux différences. Ainsi, une femme qui déroge au conformisme établi par la société sera, non seulement marginalisée par son sexe, mais également du fait de son comportement jugé déviant. Respectant les normes sociales préétablies par le système, les femmes se retrouvent dans une situation de dépendance économique, affective et psychologique. La marginalisation et l'exclusion qui se traduisent par la rupture des liens familiaux et sociaux se répercutent sur le sentiment d'appartenance et donc sur les repères spatiaux, temporels et psychiques.

Avec la révolution de 2011 et l'ouverture démocratique, la mobilisation associative a permis de faire la lumière sur les situations des mères célibataires marginalisées à la naissance d'un enfant hors mariage et jetées hors du foyer familial, sans aucune ressource. L'ONFP estime les naissances hors mariage à environ 1200 à 1600 enfants par année.

---

[9] Voir : http://www.legislation.tn/sites/default/files/news/tf2017581.pdf.

En Tunisie, le droit à l'avortement et à la contraception reste trop limité. Une recherche réalisée par l'Association tunisienne des femmes démocrates (ATFD)[10] en 2013 montre que, sur les 24 centres de planification familiale de l'ONFP (Office national de la Famille et de la Population), seuls 14 ont un personnel médical capable de faire des avortements, un manque qui n'est pas compensé par une offre supplémentaire de l'hôpital public. De plus, cette étude de Santé-Sud souligne les tentatives de dissuasion et de culpabilisation des femmes par le personnel de certains centres de l'ONFP. La seule solution est souvent de s'adresser au secteur privé lucratif dont les services sont onéreux, ce qui n'en fait pas un moyen de recours accessible pour la plupart des femmes.

Au moment de la naissance, au nom de la protection de l'enfance et notamment afin d'éviter un infanticide, un accompagnement social et éducatif se met en place. La recherche réalisée par Santé-Sud sur le cas des mères célibataires souligne cette présence des professionnel-le-s pour s'assurer que l'enfant puisse avoir trace de sa naissance et essayer d'avoir des informations sur le père. Ainsi, c'est bien l'avenir de l'enfant qui prime et qui est l'objet de préoccupations, et la loi ne protège pas du tout les droits de la mère. La procédure qui inclut une déclaration à la police stigmatise ces femmes et amène plusieurs d'entre elles à fuir les services publics par crainte de représailles.

Par une organisation civile, nous avons rencontré une femme de 32 ans, ayant un enfant âgé de 3 ans né en dehors du mariage, qui avait été recommandée par le ministère de la Femme, de la Famille et de l'Enfance. Cette femme s'est d'abord auto-exclue lorsqu'elle s'est rendu compte qu'elle était enceinte. Elle a échappé au cadre familial durant les neuf mois de grossesse pour sa propre protection. Le sentiment de peur éprouvé face aux opinions de sa famille sur sa propre personne, et la culpabilité ressentie à la suite d'un acte consenti l'ont amenée à sortir de ses relations familiales et sociales momentanément avant l'accouchement. Lorsqu'elle a voulu entamer les procédures de l'attribution du nom patronymique pour son fils, le système policier était dans l'obligation de faire une enquête durant laquelle il a été révélé à la famille de cette femme que leur fille avait eu une relation sexuelle illégitime. L'exclusion de cette jeune fille a débuté par le refus catégorique de son frère de l'accepter dans la famille au motif qu'elle brisait l'honneur familial. Une série de sanctions sociales ont ensuite été appliquées : interdiction d'accéder au territoire du quartier et de la ville, restriction de sa liberté de circulation, répression des relations sociales contrôlées par des menaces de mort auxquelles le système judiciaire et policier ne répond

---

[10] https://directinfo.webmanagercenter.com/2013/03/29/fsm-2013-atfd-evoque-les-menaces-contre-le-droit-a-lavortement/

> pas du fait du refus de suivre des affaires qu'il estime être de simples spéculations fondées uniquement sur des paroles.
> Sa vulnérabilité économique, son milieu défavorisé et les conditions de dépendance qu'elle a intériorisées l'ont contrainte à se réfugier chez le père de son fils, en dépit des violences physiques, verbales, sexuelles et psychologiques que ce dernier lui faisait subir. L'exclusion de cette femme est intersectorielle : par elle-même, par sa famille et même par le système étatique. Son orientation vers les structures associatives a été effectuée par une des institutions de l'État qui ne dispose ni du budget ni des moyens nécessaires à sa prise en charge. Ces moyens déficients sont conditionnés par l'absence de la priorisation des problématiques des femmes dans le système étatique, et ce, malgré la lutte des féministes et des organisations pour la promotion des droits des femmes et de leurs conditions de vie dans le pays.

Face à ces situations, je suis persuadée que la solidarité doit prendre une place importante dans la vie des femmes et dans le développement de leur autonomie psychique, économique et sociale. Les structures féministes de prise en charge des femmes victimes de violences sont essentielles à leur résistance aux violences et aux discriminations. Le soutien mis en place par ces structures féministes, comme les centres d'écoute et d'orientation ou encore les espaces d'hébergement, permet aux femmes de se réapproprier leur sentiment de pouvoir débutant par le contrôle de leur corps, la prise de décision et des possibilités de choix. Elles se retrouvent là dans un environnement d'acceptation, de tolérance et de soutien affectif, respectant les différences et brisant les tabous. Le silence enfin rompu, elles s'avancent pour entamer une vie dans l'autonomie et l'indépendance.

> **Quelques structures associatives tunisiennes féministes :**
> Association tunisienne des femmes démocrates
> Association BEITY pour les femmes en difficultés de logement
> AFTURD : Association des femmes tunisiennes pour la recherche sur le développement
> Association WAAÏ : Jeunes pour la santé sexuelle et reproductive

4. L'intersectionnalité en intervention auprès des femmes ayant vécu de la violence conjugale

Ainsi la violence conjugale, autant au Nord qu'au Sud, est un problème social qui amène encore aujourd'hui des femmes à devoir se protéger. J'ai eu la chance de côtoyer ces femmes courageuses à travers ma pratique professionnelle d'intervenante sociale au Québec dans un hébergement qui les accueille. Ces centres d'aide par et pour les femmes ont été conçus en Amérique du Nord par le mouvement féministe des années 1970; les travailleuses de ces organismes communautaires tentent depuis de mettre en oeuvre la pensée féministe dans l'intervention après des femmes touchées par ces violences.

Dans mes deux années de travail auprès d'elles, j'ai pu participer à des réflexions autour du renouvellement de l'intervention féministe. Il s'agit principalement de mieux comprendre l'impact d'appartenir à un groupe social marginalisé (par exemple, les femmes s'identifiant comme immigrantes ou Autochtones) ainsi que de saisir la complexification des situations vécues par les femmes victimes de violences (générant des problèmes de santé mentale ou de la dépendance à des substances psychoactives). Les travailleuses ont toujours mené une réflexion critique sur leurs pratiques, mais l'attrait de l'analyse intersectionnelle pour l'approche d'intervention féministe s'est fait davantage sentir depuis quelques années. La question de l'intégration de l'approche intersectionnelle aux pratiques d'intervention s'est posée. L'organisme communautaire où je travaille a donc participé depuis 2012 avec la Fédération des maisons d'hébergement pour femmes à des réflexions sur cette question.

L'approche intersectionnelle aide l'équipe d'intervenantes à voir comment une femme peut participer à des systèmes d'oppression ainsi que les subir comme le racisme, le sexisme, le colonialisme, l'hétérosexisme, le cisgenrisme, le capacitisme et l'âgisme sont ceux qui sont le plus scrutés en ce moment. En intervention de groupe et individuelle, nous nous préoccupons beaucoup de la perception que la femme a de ces oppressions ainsi que des forces développées par rapport aux violences structurelles. Nous faisons ressortir la résilience et les mécanismes développés pour réagir à des situations de vie.

L'intervention qui se veut féministe et intersectionnelle vise aussi à questionner les intervenantes sur leurs privilèges (éducation, couleur de peau, pleine mobilité, etc.) afin de les aider à comprendre l'impact que leur position dans la société peut avoir sur leur jugement à l'égard des femmes aidées. L'équilibre reste difficile entre la vision critique de la société (marquée par des rapports de pouvoir dans plusieurs sphères de la vie) et la place pour l'agentivité de la femme. Nous sommes appelées à dénoncer les stigmatisations et discriminations vécues dans la société par des groupes de femmes; celles judiciarisées, recevant l'aide sociale, femmes voilées, travailleuses du sexe, femmes transgenres, etc. Ces discriminations systémiques peuvent amener des femmes à avoir peur d'aller chercher de l'aide quand elles vivent de la violence conjugale. Les services sociaux et de santé font également partie des sources d'oppression pour plusieurs femmes; la bureaucratie ou les préjugés des professionnels peuvent faire partie des violences institutionnelles que les femmes perçoivent.

La flexibilité de nos cadres d'intervention a été une réponse importante pour tenter d'être plus inclusives et de ne pas rester dans un modèle où prime la vision de la femme blanche, cisgenre et hétérosexuelle. Ainsi, des organismes s'informent sur l'inclusion des femmes trans afin d'adapter leurs services et contrer le fait que de nombreuses femmes trans ne sont pas acceptées dans des hébergements sociaux d'urgence qui sont divisés par genre. Nous avons aussi une réflexion constante sur des règles de vie ou des exigences que les intervenantes ont envers les femmes hébergées ou lors des services externes : est-ce que les règles sont trop rigides? Comment sont-elles vécues par les résidentes? Ces réflexions s'effectuent en équipe de travail et en gardant en tête l'objectif d'amoindrir les rapports hiérarchiques liés inévitablement aux statuts différents entre *intervenante* et *femme aidée*.

L'intersectionnalité peut avoir plusieurs rapports avec le travail social : elle peut servir à analyser des pratiques et des organisations, être un cadre théorique pour mieux comprendre des réalités vécues ou être un outil pour comprendre notre position et nos jugements comme intervenante. Face à cette versatilité, Baril (2013, p.53) suggère que

> le caractère vague et indéfini de l'intersectionnalité n'est [...] pas une *limite en soi,* mais constitue l'une de ses forces; en demeurant ouverte à des redéfinitions, à l'intégration de nouvelles dimensions, elle cultive l'humilité nécessaire qui la préserve de verser dans des formes de réductionnisme et de dogmatisme.

Je conclurai en soulignant le courage et la résilience dont font preuve les femmes que j'ai rencontrées. Afin de soutenir leurs forces dans l'adversité, la réflexivité, la solidarité et le tournant vers l'approche intersectionnelle sont nécessaires.

5. Marginalités et solidarités entre les femmes de milieu rural

La perspective d'une solidarité internationale et inclusive des femmes de tous les horizons doit prendre en compte la réalité d'autres groupes de femmes qui vivent de l'exclusion et sont particulièrement invisibles et vulnérables, comme les femmes de milieu rural en Amérique latine. En effet, malgré les avancées des mouvements de femmes en Argentine et dans le monde, les discriminations et les inégalités empêchent toujours les femmes d'avoir un accès équitable aux ressources naturelles et aux moyens de production tels que la terre, l'eau, le crédit. De ce fait, certaines restent au bas de l'échelle et sont exclues de diverses formes de participation et représentativité dans toutes les sphères de la vie. Ces exclusions et inégalités touchent surtout et d'une manière particulière les femmes des communautés rurales isolées. Depuis quelques années, j'ai parcouru les chemins de campagne du Chaco, là où la diversité s'impose à nos yeux au sein d'un environnement aride, sous un soleil brûlant et avec la présence silencieuse et modeste des caroubiers près de quelques maisons isolées.

Sur ces routes, j'ai pu connaître des femmes courageuses, des femmes avec d'énormes savoirs, des travailleuses de la terre, soignantes de leur territoire, qui habitent ces espaces et défenseures de savoirs lointains. J'ai participé à des réunions durant lesquelles les inévitables *matés*[11] s'entremêlaient aux confidences et conversations informelles. C'est là que j'ai entendu leurs demandes pour les droits à la terre, à l'eau, sur l'urgence d'investir pour avancer dans la production, sur la nécessité pour elles d'accéder à des technologies appropriées à leurs besoins, à une communication qui puisse traverser les distances et sur l'urgence absolue de politiques pour combattre la violence.

En résonance avec leurs voix, plusieurs auteures (Deere et León, 2002; Agarwal, 1986; 2009) insistent aussi sur le rôle des femmes dans l'agriculture et sur leurs difficultés d'accès aux ressources naturelles et productives, en particulier, pour l'occupation et la possession de la terre. Elles donnent une visibilité à la situation des femmes dans le monde rural latino-américain et à la discrimination historique dont elles ont souffert quant à la propriété de la terre, et ce, malgré le travail qu'elles font tous les jours. Elles défendent l'hypothèse selon laquelle lorsque les femmes sont plus autonomes économiquement, cela favorise directement leur pouvoir de négociation dans l'unité domestique et dans le contexte public, même si elles soutiennent que, l'« accès à la terre » ne signifie pas le « droit à la terre ». En effet, en Amérique latine, les femmes peuvent hériter et posséder la terre à leur nom, mais cela ne signifie pas qu'elles en soient les propriétaires légitimes puisque socialement on va attendre d'elles qu'elles vendent leurs droits à l'héritage à un frère par exemple. De même, cela ne signifie pas qu'elles ont un contrôle réel, car la terre héritée par une femme fait partie directement du patrimoine familial qui est administré par le chef du foyer, l'homme.

> Selon la FAO (*Food and agriculture organization of the United Nations*), 60% à 80% de la production des aliments est le fruit du travail des femmes dans les pays du Sud; soit 50% à l'échelle mondiale, bien que la majorité d'entre elles ne soient pas propriétaires.

Ainsi les femmes du monde rural ont été responsables pendant des siècles des tâches domestiques, du soin des personnes, de l'alimentation de leur famille, de la production agricole pour la consommation de leurs proches, des échanges et de la commercialisation des excédents de leurs potagers, tout en

---

[11] Boisson traditionnelle sud américaine.

prenant en charge le travail reproductif, productif et communautaire, et en occupant une sphère privée et invisibilisée. Cette division des rôles réserve aux femmes la prise en charge de la maison, de la santé, de l'éducation et de leurs familles, accordant aux hommes le contrôle productif des terres et l'usage des technologies. Ainsi on a préservé les rôles désignés comme féminins et masculins jusqu'à aujourd'hui (Vivas, 2012). La dévaluation du travail des femmes, et par conséquent des femmes elles-mêmes, est l'un des facteurs qui naturalisent leur vulnérabilité, renforcent la violence et leur discrimination – dans la plupart des cas – allant jusqu'à multiplier les oppressions, en tant que femmes, en tant que travailleuses précaires, ouvrières informelles, paysannes, etc. Ainsi on méprise leurs connaissances ancestrales dans la gestion du travail productif, dans l'agriculture, en ce qui concerne les soins de santé, ou encore l'environnement. Cette dévalorisation et ces violences ont parfois entraîné leur expulsion et le déracinement de leurs territoires. Elles ont été forcées de migrer vers des zones périurbaines et urbaines, où les niveaux de précarité et de marginalisation augmentent.

Cependant, ces femmes se sont aussi organisées face aux barrières et oppressions qu'elles rencontrent. C'est ainsi qu'une multiplicité d'expériences locales menant vers l'autonomisation des femmes germe sur ces territoires, qu'il s'agisse de groupes de productrices, de collectifs qui travaillent l'argile, la laine, le cuir, de défenseurs de l'environnement, de réseaux d'accompagnement face à des actes de violence. Ces femmes organisent des espaces de formation en matière de santé, de pratiques collectives de plantations. Elles tissent des réseaux de soins et luttent pour la reconnaissance de leurs droits en tant que femmes dans les zones rurales et pour visibiliser leurs revendications pour et dans une vie sans violence. Et ces expériences s'élargissent d'une petite échelle au niveau régional vers le national et le transnational. Dans le nord de la province de Córdoba, nous avons commencé avec ces groupes de femmes à nous rencontrer et à travailler ensemble pour l'accès à une santé globale et de qualité. Ce début nous a permis de nous reconnaître et d'échanger sur nos besoins, de partager nos doutes, nos cheminements et nos réflexions. Nous avons commencé à mener des stratégies communes, car nous nous sommes rendu compte que nous nous enrichissions par l'expérience et par la voix des autres, par l'échange de nos regards et de nos silences, par la danse, le partage d'un *maté*, des sourires et peu à peu, par l'établissement de la joie comme outil de lutte.

En conclusion : comprendre et partager

Au fil de ces réflexions et expériences multiples, souvent douloureuses, mais aussi pleines d'espoir, nous comprenons et nous ressentons que le fait de tisser ensemble, de partager les expériences et les vécus, de promouvoir des articulations et des stratégies communes représente la seule et meilleure façon de contrer l'isolement, la déconnexion, l'exclusion, la marginalisation et l'oubli. Ainsi, ensemble, avec nos différences et nos vulnérabilités, avec nos stigmates et nos résiliences, nous participons au soutien et au développement de nos luttes, de nos résistances, de nos libertés, de notre existence.

> *Prendre soin de la vie, prendre soin des grains qu'on cultive, prendre soin de la mémoire, prendre soin de nos territoires... implique aussi, c'est une condition, prendre soin de celles qui prennent soin des tous et des toutes...*
> Claudia Korol

Bibliographie

Agarwal, Bina (1986). Hogares fríos y pendientes áridas: la crisis del combustible de madera en el Tercer Mundo. Nueva Delhi : Ed. Aliados.

Agarwal, Bina (2009). "Compromiso con Sen sobre las relaciones de género: conflictos cooperativos, falsas percepciones y capacidades relativas", En Kanbur, Ravi : Basu, Baril.

Baril, A. (2013). *La normativité corporelle sous le bistouri : (re)penser l'intersectionnalité et les solidarités entre les études féministes, trans et sur le handicap à travers la transsexualité et la transcapacité* (Thèse de doctorat). Ottawa : Institut d'études des femmes, Université d'Ottawa.

Becker Howard S. (1985). *Outsiders. Études de sociologie de la déviance.* Éditions Métailié.

Deere D. y León M. (2000). Género, propiedad y empoderamiento: tierra, Estado y mercado en América Latina. TM Editores : UN, Facultad de Ciencias Humanas.

Goffman, E. (1975). Stigmate, les usages sociaux des handicaps. Paris : Les Éditions de Minuit.

Gotman, A. (2017). Le choix de ne pas avoir d'enfant, ultime libération ? Travail, genre et sociétés, 37(1), 37-52.

Guillaumin, C. (1972). *L'idéologie raciste. Genèse et langage actuel.* Nice : Institut d'études et de recherches interethniques et interculturelles.

Korol, C (2016). "Somos tierra, semilla, rebeldía Mujeres, tierra y territorio en América Latina", Grain-Acción por la Biodiversidad-América Libre.

Lebeau Leibovici Bertrand (2010). Drogues : sortir de la prohibition ? *Chimères*, 3(74), 113-121.

Morin, B. (2013). Accompagner vers la parentalité les personnes en situation de handicap : Parents comme tout le monde ? Lyon : Éd. Chronique sociale,

Pietrantoni, L. (1999). L'offesa peggiore L'atteggiamento verso l'omosessualità: nuovi approcci psicologici ed educativi, Pisa, Edizioni del Cerro.

Vivas, E (2012). Soberanía alimentaria, una perspectiva feminista. Rebelión, 9 de febrero de 2012.
Repéré à http://www.rebelion.org/noticia.php?id=144380
file:///D:/rural/000000_ReNAF%20-%20ReNOAF.pdf.

CHAPITRE 10

Prendre en compte les situations de handicap pour comprendre la pluralité des vécus féminins

Mélissa Arneton, Zineb Rachedi, Samia Enjelvin, Jade Fauteux, Margaret Kopoka, Séverine Mayol et Michèle Vatz Laaroussi

Ce chapitre est issu des rencontres en cours du projet *Femmes et féminismes en dialogue*, de femmes travaillant auprès de publics féminins en situation de handicap en France et au Canada, de femmes en situation elles-mêmes de handicap ou de mères d'enfants en situation de handicap. Certaines questions issues de nos pratiques et de nos vécus ont émergé notamment concernant les discriminations vécues au quotidien de manière parfois flagrante, mais plus fréquemment de manière insidieusement invisible. Il nous est apparu d'autant plus utile de réfléchir collectivement à ces questions que le groupe France a choisi de se constituer autour du handicap ; choix qui a introduit ce thème dans le projet au niveau international. Ce chapitre est structuré en trois parties qui s'enrichissent mutuellement et qui ont été pensées de manière complémentaire les unes par rapport aux autres. Il tente de refléter l'approche contributive promue dans le projet qui reconnaît comme légitimes différents champs d'expertise tant universitaire que professionnelle ou acquise dans le quotidien. Ce qui est discuté et réfléchi ici, ce n'est pas tant la manière, éthique ou pratique, dont le thème du handicap a été analysé dans le projet, mais plutôt l'apport de la prise en compte des situations de handicap et des dominations induites, ressenties ou produites à la pluralité des vécus féminins. Autrement dit, nous voulons à travers cette contribution amener le lecteur ou la lectrice à étudier l'effet des paroles individuelles ou des groupes de personnes qui sont à l'intersection de différentes catégorisations de publics, d'usagers, de communautés ou de perspectives théoriques. La première partie vise à contextualiser la question de la prise en compte du handicap dans la recherche-action-médiation par rapport aux différentes approches théoriques contemporaines. La seconde partie interroge les croisements des catégorisations relatives aux situations de handicap et celles relatives au genre. Enfin, la troisième partie invite à considérer quelques préconisations issues de nos pratiques et de nos usages réflexifs.

1. Élément de contexte concernant société et handicap

L'objectif d'une recherche-action-médiation est de changer les choses, ce qui signifie que les participantes sont invitées à agir en prenant conscience de situations de dominations multiples y compris lorsqu'elles sont invisibles ou invisibilisées comme le handicap. Ces vécus concernent jusqu'à 20 % de la population mondiale en considérant le critère d'inclusion le moins administratif. Bien que les pays des différentes participantes au projet international aient ratifié la Convention relative aux droits des personnes handicapées[1], nous nous sommes rendu compte que le manque de données et d'analyse concernant les situations de dominations et de discriminations en lien avec le handicap étaient peu connues des femmes participantes[2]. Le changement de paradigme d'investigation du handicap des années 2000 (d'une définition centrée sur l'individu et ce qu'il ne peut pas faire à une définition du handicap comme situationnelle) n'était pas non plus communément partagé. Or la mobilisation vers une approche psychosociale permet de considérer le handicap au travers notamment des interactions entre les acteurs/l'environnement/l'individu dans une perspective située en se centrant sur la dimension écologique des habitudes, des comportements et des moyens mis à disposition pour que les individus en situation de handicap puissent accéder à l'ensemble des domaines de la vie et puissent participer pleinement à la société. Cette approche contribue à l'identification des discriminations à l'encontre des personnes en situation de handicap et elle vise à considérer que ce n'est pas l'individu qui est handicapé, mais la société qui le ou la handicape (OMS, 2001 ; Fougeyrollas, 2007). C'est l'absence d'aménagements, tant sur le plan architectural que sur le plan des pratiques sociales, permettant à l'homme ou la femme, ayant une déficience, trouble, désavantage temporaire ou chronique restreignant ses activités physiques, cognitives ou psychiques, d'exprimer son potentiel et de participer pleinement dans différents espaces sociaux, qui le ou la place dans une situation de handicap. Cette conception du handicap permet également de considérer que le trouble dont les individus peuvent être porteurs n'est pas obligatoirement un élément constitutif de leur identité qu'ils souhaitent revendiquer. Une personne en situation de handicap peut ainsi se considérer comme avant tout étant issue de l'immigration ou comme ayant une identité construite autour de sa foi ou de son genre.

Généralement, les promoteurs de modèles prenant en compte l'environnement concernant le handicap considèrent que ces derniers peuvent contribuer à faire réaliser dans la pratique les objectifs d'inclusion de toutes et tous comme prévu par la Convention relative aux droits des personnes handicapées. Il faut souligner que celle-ci est la première convention

---

[1] Tous les pays participants l'ont signée en 2007 sauf la Bolivie qui l'a signée en 2008.
[2] Alors que dans le milieu des femmes en situation de handicap, de nombreuses associations en ont connaissance et agissent contre la violence envers les femmes handicapées (aussi bien à un niveau national comme l'association française Femmes pour le Dire Femmes pour Agir qu'au niveau international comme Handicap International – humanité & inclusion).

internationale qui a un statut juridique fort, c'est-à-dire qu'elle contraint les États signataires à mettre en œuvre une société inclusive pour tous ses membres aussi bien en ce qui concerne la promulgation de lois, de changements législatifs ainsi que dans le suivi de leurs applications. Il ne s'agit plus seulement de déclarations d'intentions, comme l'occasionne la ratification de la Convention pour les droits des femmes ou la Convention sur l'élimination de toutes les formes de discrimination à l'égard des femmes, puisque les articles 33 et 34 de la Convention relative aux droits des personnes handicapées proposent directement des procédures d'évaluation du suivi de sa mise en œuvre. L'application de la Convention est évaluée par les Nations unies tous les deux ans pour chaque pays l'ayant ratifiée.

De précédents travaux ont montré l'importance du développement ces dernières années de politiques et de recherches universitaires sur le droit à la différence et le respect de chacun dans une perspective promouvant l'*empowerment* de tous les citoyens (Albrecht, Ravaud et Sticker, 2001 ; Fraser, 2005). Malgré tout, les analyses sont plutôt homogénéisantes et participent à un stéréotype de la personne *handicapée* comme de genre neutre, asexué, dont le handicap est lié à une déficience physique due à un accident ou une déficience intellectuelle congénitale. Généralement, il ou elle est considéré-e comme étant en situation de précarité économique et de vulnérabilité sociale lorsqu'il s'agit d'une situation de déficience intellectuelle. Or il y a des différences dans les vécus, les parcours et les trajectoires des personnes en situation de handicap selon le genre (Joselin et Popescu, 2018). Au niveau international, seulement 41,7 % des femmes en situation de handicap achèvent un premier cycle de scolarisation tandis que le taux est de 50,6 % pour les hommes en situation de handicap[3] (Officer et Posarac, 2012). Des discriminations dans l'accès à l'emploi, l'accès aux soins ou l'indépendance financière des femmes considérées au prisme du handicap sont également constatées aussi bien dans les pays économiquement favorisés que défavorisés. De même, plusieurs travaux indiquent l'existence d'une prédominance des violences sexuelles chez les femmes en situation de handicap. En effet, Stimpson et Best (1991) estiment que 83 % des femmes en situation de handicap sont ou seront victimes de violence sexuelle au cours de leur vie. Le phénomène n'est pas documenté spécifiquement par rapport aux femmes issues de l'immigration en situation de handicap, mais d'après les propos recueillis dans les entrevues d'une recherche menée au Québec (Fauteux, 2017), il semble que la complexité des situations vécues et la crainte

---

[3] Les femmes et les hommes n'étant pas en situation de handicap achèvent en plus grand nombre le premier cycle de scolarisation : le taux est de 52,9 % pour les premières et de 61,3 % pour les seconds.

des répercussions contribuent à décupler la vulnérabilité de ces femmes face à différents niveaux de violences et d'agressions sexuelles.

De plus, les stéréotypes et idées préconçues véhiculés largement dans la société d'accueil voulant que les femmes immigrantes soient soumises, ne connaissent pas leurs droits en tant que femmes immigrantes au Canada ou en France, par exemple ou ne maîtrisent pas la langue pour entreprendre des démarches de dénonciation, contribueraient à augmenter le risque d'agression, que ce soit dans les transports adaptés ou encore dans un contexte de soins dispensés à domicile, pour ne citer que quelques exemples. La prise en compte du genre est donc pertinente et nécessaire pour aller plus loin dans la compréhension des phénomènes de discriminations visibles et invisibles envers les personnes en situation de handicap et leurs familles. Mobiliser les savoirs issus de vécus intersectionnels en considérant les différentes caractéristiques de la vie des individus permet de considérer la diversité humaine et les rapports de domination que le vivre-ensemble peut engendrer.

2. Approche intersectionnelle des vécus féminins des situations de handicap

Le développement de critiques et d'analyses centrées sur les dominations induites par des catégorisations du corps a permis notamment de réfléchir à la présence d'une norme sociale partagée relative à la fois au corps sain, d'une part, et au corps masculin, d'autre part (Masson, 2015). Centré sur des catégorisations visibles, le capacitisme est l'une des manières d'envisager la prise en compte de manière intersectionnelle des vécus. Mais il est également possible de réfléchir de manière plus intégrée à ces questions en considérant à la fois les apports du capacitisme, la prise en compte des biais liés à l'immigration et les travaux sur le genre.

Les personnes issues de l'immigration sont très fréquemment sujettes à plusieurs niveaux de discrimination et il est souvent difficile de relier ces dynamiques d'exclusion à un système unique puisque l'immigration n'est pas identifiée en soi comme un système d'oppression. Toutefois, le fait d'être une personne immigrante, issue de l'immigration ou racisée dans un pays occidental contribue à rendre visibles une multitude de caractéristiques qui varient selon les individus et les trajectoires et qui peuvent se cumuler (pays d'origine, couleur de la peau, religion, statut migratoire, langue parlée...). En considérant les différents facteurs de discrimination spécifiquement reliés aux composantes de l'identité des personnes issues de l'immigration, il ressort de cela qu'ils et elles sont à la croisée de plusieurs systèmes d'oppression (racisme, colonialisme, impérialisme...). L'approche *Immigration Bias* fait référence à une première intersection tentant de rendre compte de la complexité et de l'interaction des inégalités systémiques liées à l'immigration. La position qu'occupe chaque personne parmi ces systèmes influencera l'apparition ou non de barrières systémiques tout au long du processus d'intégration à la société d'accueil, voire au-delà. Il faut aussi considérer que l'*Immigration Bias* s'articulera conjointement avec d'autres systèmes de domination comme le capacitisme relatif à une norme sociétale d'un corps considéré comme valide et actif, l'hétéropatriarcat considérant les rapports de genre par rapport à une norme hégémonique masculine ou encore avec le capitalisme.

Cette action conjuguée des différents systèmes d'oppression est particulièrement difficile à prendre en compte au sein de sociétés spécialisées comme la France ou le Québec où règne un fonctionnement en silo faisant obstacle à une compréhension large et complexe des expériences vécues par les femmes issues de l'immigration en situation de handicap. Précisons que l'acteur individuel à l'intersection de ces différents systèmes de normes dominantes peut choisir consciemment ou inconsciemment de construire son identité selon une norme ou une autre, voire en dehors de ces catégories. Ainsi les mères issues de l'immigration ayant un enfant en situation de handicap peuvent se reconnaître dans les discriminations vécues par les femmes en situation de handicap sur le plan de leurs besoins et dans la concrétisation de leurs droits dans la société d'accueil, sans pour autant se considérer comme étant elles-mêmes empêchées par l'environnement de participer à la société. Il faut noter que les modèles écosystémiques du développement comme celui de Bronfenbrenner pour l'éducation ou celui de Fougeyrollas concernant le handicap peuvent permettre de prendre en compte l'enchâssement des vécus, des tensions identitaires des personnes. Ils amènent à considérer de manière situationnelle le handicap et le genre comme des catégories stigmatisantes, ils incluent également l'existence de spécificités en raison de la migration ou de la culture.

Prenons l'exemple de femmes en situation de handicap qui vivent une maternité, désirée ou non. Si la configuration de l'utérus à la suite d'une poliomyélite peut par exemple rendre difficile pour des raisons anatomiques l'accouchement par voie naturelle, la limitation à la possibilité de devenir mère peut être dépassée avec la mise en place de pratiques obstétriques ou médicales adaptées, autrement dit en tenant compte de facteurs environnementaux. Par contre, les pratiques de stérilisation de femmes présentant un handicap mental instituées dans certains pays y compris dans l'histoire récente ne renvoient pas à une incapacité biologique d'enfanter, mais aux représentations concernant leur capacité à assurer des fonctions maternelles ou encore à des pratiques eugénistes. La prise en compte de catégorisations stigmatisantes liées à la situation de handicap vécue par les femmes elles-mêmes ou en tant que mère d'un enfant en situation de handicap ne doit pas occulter l'existence de spécificités en raison de la migration ou de représentations culturelles particulières du handicap. Ainsi dans certaines cultures d'Afrique de l'Ouest tout comme dans certaines cultures en Europe, la question de la naissance d'un enfant en situation de handicap (visible ou invisible comme une déficience intellectuelle par exemple) interroge son adéquation avec des stéréotypes relatifs à la « pureté de la femme » et son « statut de mère suffisamment bonne ». Au niveau international, les différentes images de l'autisme invitent également à considérer la dimension socialement et historiquement située des représentations véhiculées dans les sociétés. Si aujourd'hui les scientifiques considèrent que les troubles du spectre de l'autisme sont liés à un fonctionnement neuronal atypique, et non plus à un déficit dans la relation de la mère avec le nouveau-né, il est encore possible que ces différentes représentations coexistent dans un même espace et en même temps, voire se juxtaposent dans les vécus quotidiens des mères devant se justifier et expliquer la différence de leurs enfants, y compris auprès de certains professionnels de la santé.

3. Agir en prenant conscience de réalités méconnues

Au-delà des approches théoriques ou épistémologiques, il convient de prêter attention à la question de l'influence des représentations sociales sur les habitudes de vie et plus particulièrement sur les rôles sociaux que l'individu en situation de handicap peut vouloir exercer ou non. Ainsi dans le cadre du projet France, une des grandes témoins s'est interrogée et a interrogé les participantes sur les raisons du plafond de verre ressenti en milieu professionnel. Pourquoi est-elle limitée à des postes de secrétaire ou de standardiste alors qu'elle a deux Maîtrises et en finit une troisième : est-ce en raison de son handicap visible, de la couleur de sa peau, de son genre ou un peu des trois ? Ou s'agit-il d'une perception erronée induite par son vécu ?

Cette intrusion du vécu de manière concrète avec une interpellation des autres femmes à la fois en tant que citoyennes promouvant des valeurs de respect et en tant qu'actrices du quotidien nous a conduit à réfléchir aux écueils de la prise en compte des vécus féminins concernant le handicap. Nous avons choisi de ne pas faire une liste de préconisations, mais de relater des points de vigilance sur lesquels il nous semble important de réfléchir en amont et pendant l'agir ensemble.

4. Considérer et valoriser les atouts des individus sans les disqualifier ou les discriminer

Prendre en compte les personnes en situation de handicap répond à une caractéristique théorique d'un dispositif de recherche-action qui est de résoudre un conflit, autrement dit de mettre fin à une situation d'inégalité. Le protocole de recherche-action-médiation envisage en outre de développer les atouts des personnes en relation. Cette manière positive de regarder les individus permet de se centrer sur leurs possibilités, sur ce à quoi ils aspirent et sur ce qu'ils construisent dans l'ici et le maintenant, y compris dans un cadre ségrégatif ou engendrant des rapports de domination réels ou supposés. Dans ce projet, il ne s'agit pas tant de résoudre des conflits entre les femmes que de développer une participation sociale de toutes pour toutes. L'entre-soi des groupes de prémédiation donne un espace pour se sensibiliser, dans un climat de confiance, face aux différences et aux stéréotypes véhiculés par le groupe auquel on appartient et par les autres groupes. L'une des spécificités du projet France constitué autour du handicap est qu'il a été porté par deux chercheures travaillant pour un centre de formation et de recherche sur l'accessibilité et les besoins particuliers, donc avec peut-être un peu plus de connaissances sur les particularités liées à une déficience ou à une incapacité. Mais c'est la mobilisation de deux associations de femmes promouvant les différences dans un double rapport à la fois en raison de cultures différentes de la culture française dominante et en raison d'un handicap qui a permis la mise en place de rapports sociaux basés sur l'horizontalité des relations et la participation sociale de toutes à une action commune, de manière inclusive sans misérabilisme ou condescendance.

Le parcours de Samia

Je suis Samia Enjelvin, j'ai 52 ans, je suis née en Algérie, je vis en France en région parisienne. Divorcée, j'ai quatre enfants tous majeurs. Comme cursus scolaire, j'ai un baccalauréat scientifique suivi de deux années d'études de biologie à l'université. Plusieurs années plus tard, j'ai préparé et obtenu un DEJEPS, un diplôme d'État dans le secteur de l'éducation populaire. Je suis maintenant coordinatrice sportive au Comité départemental handisport de Paris.

Ma particularité, si c'en est une, est que je vis avec un handicap moteur, conséquence d'une poliomyélite attrapée à l'âge de deux ans.

Une grande partie de mon enfance s'est passée dans un établissement situé dans le nord de la France au bord de la mer, où j'ai pu à la fois recevoir des soins et poursuivre ma scolarité. La moitié de mon adolescence, je l'ai passée en Algérie. Je suis rentrée à domicile, une fois que les soins se sont terminés. Dans un but d'avoir une vie d'adulte libre et épanouie, un retour en France me paraissait tout à fait dans la logique de mes entreprises, de mes valeurs.

> Pour mes 20 ans, rien ne pouvait m'arriver de mieux que mon retour en cette douce France, où le climat froid de cette petite ville me rafraichissait le visage et l'esprit. Où je pouvais réaliser à mon tour le bonheur d'une vie proposée par les hommes des Lumières.
> Galvanisée par la découverte du « pays des droits de l'homme », de la liberté d'expression, de la littérature et de bien d'autres choses merveilleuses qui vous font croire que le monde peut vous appartenir, j'ambitionne alors de progresser dans cette société (prétendument) féministe.
> Alors mariée, un enfant déjà et titulaire d'un poste, j'attends mon deuxième enfant.
> Malgré ma valeur professionnelle, l'entreprise dans laquelle je travaillais me suggère de démissionner en plein contrat. J'ai alors le sentiment que le cumul origine algérienne, femme enceinte et handicapée me stoppe dans ce dynamisme pour une vie voulue à mon gré. Mon empathie et cette expérience de vie m'amènent très tôt à me questionner sur la position sociale de la femme handicapée.
> M'investir dans des associations pour défendre un équilibre plus juste entre les individus était quelque chose que je devais faire. Ma personnalité qui se veut progressiste, mon handicap et mon statut de mère d'une famille nombreuse (j'ai quatre enfants) me poussent alors à m'impliquer dans la reconnaissance du handicap chez les femmes. En 2003, je deviens membre d'une association pour défendre un meilleur suivi gynécologique et de maternité pour les futures mères. Je décide de créer ensuite une association pour développer les activités culturelles et sportives pour les personnes en situation de handicap, en particulier les femmes et les filles. Je suis aujourd'hui la présidente de cette association. Celle-ci encourage les femmes handicapées à participer activement au développement de la société, elle les informe de leurs droits et elle milite pour l'accessibilité à la société comme moyen d'autonomie. Depuis 2017, j'interviens professionnellement au sein du Comité départemental Handisport de Paris. En tant que coordinatrice sportive, j'interviens dans la mise en place des actions sportives à Paris. Je promeus l'accès aux sports dits d'arts martiaux comme le parakaraté, un karaté accessible aux personnes en situation de handicap.

En partageant leur parcours, les femmes contribuent à mettre en question et à modifier les stéréotypes que chacun et chacune véhicule à l'égard des autres. L'un des principaux apports de ce projet de recherche-action-médiation est de faire connaître au plus grand nombre l'engagement de femmes peu visibles, mais qui agissent au quotidien. Mener ensemble le projet de recherche-action-médiation s'inscrivait donc dans des valeurs communes.

5. Inclure sans discriminer, au-delà des mots, des actes

Contrairement à des groupes de paroles dont le partage d'éléments expérientiels communs est la condition de mise en œuvre de l'action, les participantes d'une recherche-action-médiation représentent différents acteurs de la société n'ayant pas d'intérêts individuels ou groupaux homogènes. L'hétérogénéité intergroupe est au contraire l'un des leviers pour que les femmes construisent ensemble un espace de médiation commun et partagé (cf. chapitre médiation du présent ouvrage). Mais comment agir de manière réellement inclusive et pratique quand les femmes avec qui nous agissons se heurtent généralement à une invisibilisation dans la société ? Les femmes peuvent-elles se limiter à participer dans l'espace public à travers leur écriture et à demander la reconnaissance de leurs droits sans voir l'impact qu'elles ont sur la société ? S'il est possible de penser en amont l'accueil et l'espace pour permettre à chacune de s'exprimer, ce que notre expérience nous enseigne est la difficulté de penser en dehors des cadres habituels concernant le handicap.

> **Le témoignage de Michèle**
> J'ai beaucoup appris tout au long du projet *Femmes et féminismes en dialogue*, sur les autres, sur les tensions, sur les rapports d'altérité, sur les différences et les ressemblances, sur les préjugés et les privilèges, mais aussi sur moi. Et j'ai pris une grande claque, conceptuelle, méthodologique et humaine, lorsque j'ai vécu et analysé avec les autres actrices du projet, un incident critique qui s'est déroulé lors d'une table ronde au colloque international de Montréal en novembre 2017. Norma Miranda raconte dans son entrevue que deux femmes, dont elle, avec une moindre mobilité, se sont trouvées reléguées au plus bas niveau alors que les autres femmes de la table ronde étaient sur une estrade. Elle dit, sans acrimonie, combien c'est frustrant que les autres femmes ne se soient pas adaptées à elles. J'ajouterai que toutes les deux portaient aussi d'autres signes de différences liées à la couleur de la peau, de cheveux ou à l'accent. J'ai vécu ce moment comme organisatrice et j'ai tenté avec nos coordonnatrices de limiter la discrimination, mais je ne l'ai pas empêchée. Plus encore, ce qui s'est déroulé autour de ce moment est évocateur des privilèges que nous portons et ne voulons pas lâcher au profit d'une plus grande équité. Lors de cette table ronde, il a été demandé aux femmes sur l'estrade de descendre pour que tout le monde soit au même niveau. Elles ont refusé, sans agressivité, mais se justifiant par le fait qu'elles étaient déjà installées. Une des femmes reléguées en bas de l'estrade a marqué publiquement son sentiment de rejet en disant au début de son intervention qu'elle aurait bien aimé être elle aussi sur l'estrade, avec les autres intervenantes de la conférence. Mais là où ma réflexion a progressé, c'est en analysant ce qui s'est passé lors de la seconde table ronde tenue dans l'heure suivante. Cette fois, pas de femmes avec des difficultés de mobilité, mais trop de femmes participantes pour arriver à installer tout le monde sur l'estrade. L'une des dernières arrivées, une femme habituée à se faire entendre par sa parole cinglante et son milieu social, se voit

> proposer de s'installer en bas de l'estrade sur les mêmes tables que Norma et sa compagne de la table ronde précédente. Cette femme, par ailleurs participante convaincue au projet, hausse le ton et déclare qu'elle veut être au même niveau que ses compagnes et que, sinon, elle ne participera pas à la table ronde. Les autres femmes déjà installées entendent cette injonction et décident de descendre. On change l'organisation et plus personne n'est sur l'estrade. Alors, quelle est la morale de l'histoire, qu'en ai-je appris ? J'ai compris que la femme blanche qui avait l'habitude de se faire entendre a pu jouer de ses privilèges pour éviter d'être discriminée alors que les deux autres, différentes par leur situation de mobilité et par leur faciès, couleur de peau, accent, n'avaient pas la même force. J'ai compris que moi-même, j'avais ces privilèges, Blanche, parlant avec l'accent de France, occidentale, ayant la parole facile, avec le statut reconnu de coordonnatrice de ce projet et sans handicap visible, et j'ai compris aussi que, sans un coup de pied aux fesses, je n'étais pas prête à les laisser tomber. J'ai compris que descendre de l'estrade, c'est non seulement accepter d'aller vers plus d'équité, mais aussi reconnaître que chacune doit avoir la même chance de parler et d'être entendue, que chacune peut faire un pas et tendre l'oreille pour mieux comprendre ce qui nous est dit, parfois dans un murmure, parfois dans un cri. J'ai compris qu'une fois consciente de mes privilèges, je dois tendre à les faire partager à mes sœurs, mais je dois aussi accepter d'en perdre par solidarité avec elles et pour qu'ensemble nous construisions une force plus solide et unie, une force où nous sommes toutes sur la même marche et qui vise à faire tomber les inégalités, les hiérarchies et les discriminations. Merci aux femmes qui m'ont aidée dans cette démarche et tout particulièrement aux femmes avec un handicap qui ont participé au projet et qui m'ont confrontée à mes propres préjugés et méconnaissances.

Les aménagements de l'espace ou des temps de repos passent par la connaissance intime des situations qui sont vécues. Par exemple, la question de la ponctualité s'avère souvent quelque chose de difficile pour les personnes qui utilisent le transport adapté. En effet, les retards des chauffeurs, en raison des conditions de circulation ou de l'organisation des services de transport eux-mêmes sont fréquents. Une pratique intéressante consisterait alors à réserver systématiquement la première demi-heure de chaque activité à accueillir les personnes et à valoriser les moments d'échanges informels qui y prennent forme. Cette manière de faire pourrait avoir pour but, entre autres, de réduire la stigmatisation des personnes ayant des horaires plus difficilement prévisibles et permettre qu'elles puissent arriver sans ressentir l'étiquette de « retardataire ». Dans le cadre de la réalisation des activités du groupe France ou lors du forum international du projet de recherche-action-médiation, plusieurs personnes ont ainsi contribué par leurs expériences à suggérer des pratiques qui ont permis d'éviter certaines embûches. Même si certaines n'ont pas pu être évitées, le fait de les avoir vécues et d'y avoir réfléchi peut permettre aux acteurs et actrices d'empêcher que de tels incidents se reproduisent la prochaine fois et de réaliser ensemble une inclusion respectueuse de chacun et chacune.

6. Parler et écouter pour créer des ponts et des consciences communes

La mise en écoute de la parole de femmes peu visibles permet la prise de conscience du sentiment de disqualification qu'elles vivent. Lors de l'atelier d'écriture réalisé pendant le forum international du projet *Femmes et féminismes en dialogue*, la lecture de la lettre de Margaret a fait émerger pour le groupe réuni en médiation internationale la question d'être un « cas social », non pas en raison de sa migration, mais de son handicap. L'objectif de cet atelier était de permettre à chaque participante d'écrire une lettre à une femme qu'elle jugeait très éloignée d'elle et avec laquelle elle souhaitait construire des ponts. S'inspirant du texte original écrit en dix minutes, la lettre présentée ici évoque un vécu dont l'universalité invite à créer de nouvelles représentations communes et partagées en étant à l'écoute de notre diversité.

La lettre de Margaret
Chère Brigitte Macron, Première Dame de France,
Parce que nous partageons la condition féminine, je m'octroie l'honneur de vous approcher nonobstant tout ce qui nous sépare. Malgré le statut de citoyenne française qui nous est commun, tout nous sépare. Sans doute que la valeur d'une de vos si belles tenues pourrait plus que couvrir mon allocation annuelle : l'AAH[4]. Vous avez autant de chance que je n'en ai pas.
Mais, la vie, je crois, n'est pas faite que de chance ni seulement de nos héritages, mais pour une très grande partie, de nos décisions et initiatives. Ainsi, j'aimerais vous rencontrer. Accepteriez-vous d'être mon mentor ? Puissent mes aspirations devenir réalité. Avec vous pour guide, j'en suis persuadée, des leviers puissants pourront être activés pour faire avancer ma cause, celle de toutes les femmes handicapées afin que nous puissions prendre part à l'édification de cette nation et de ce monde. Mon premier mouvement vers vous, comme vous pouvez facilement l'imaginer, est un mouvement d'envie, mais je sais que ce n'est qu'une faiblesse appelée jalousie ! En y repensant, je la dépasse, j'aimerais plutôt que vous deveniez une amie, une alliée !
Alors que je « roule » affairée à mes corvées quotidiennes et que les gens me regardent fixement ahuris par le spectacle de ma locomotion, j'aimerais soudain vous rencontrer à un feu rouge ou au coin d'une rue. Assise dans mon fauteuil roulant, contemplant le monde de cette hauteur-là, le miracle serait que nos regards se croisent. Cet instant magique, vous le raconterez à votre mari, notre président. *« Les femmes handicapées sont en famine. L'une d'elles est devenue mon amie. Je*

---

[4] AAH, acronyme pour allocation pour adulte handicapé, cette aide financière est versée par l'État français aux adultes en faisant la demande administrative auprès des services médico-sociaux.

sens son visage, elle est en larmes. Elle doit rouler à contre-courant. Elle a besoin d'un fauteuil roulant puissant qui coûte 20 000 € alors que le remboursement par la Sécurité sociale est limité à 3 600 €. La mutuelle qui lui coûte la peau des fesses ne débourse que 1 500 €. Où peut-elle trouver la somme restante ? Ne jamais abandonner, se dit-elle. Laissez-moi aller à l'université, car avec un diplôme de plus, je trouverai sûrement un emploi. Roule, roule, roule, roule, sur les hauteurs de Suresnes. Son vieux fauteuil peut à peine supporter le choc. Cette ville n'a-t-elle jamais entendu parler de la Commission d'accessibilité ? Ces trottoirs, quel piteux état ! Peu importe, se dit-elle, j'obtiendrai ce diplôme, quel qu'en soit le prix. Oui, nous devons travailler. Ce n'est pas parce que nous sommes éclopées que nous ne devons pas porter la flamme ! Mais elle, au moins, elle a un fauteuil roulant électrique. Oh, mon Dieu, elle doit aussi aider une collègue étudiante d'Haïti. Celle-ci n'a que sa vieille mère malade pour la pousser à l'université ! Mère d'une femme handicapée, elle doit donc porter le fardeau jusqu'à sa mort ou être obligée de laisser sa progéniture handicapée affronter seule les affres de sa condition ».

Mères d'enfants handicapés, vous êtes toutes de grandes dames. Chère Première Dame, pourriez-vous chuchoter à votre mari qu'il les décore toutes ? Elles méritent toutes la Légion d'honneur. Moi, je peux prêter seulement le fauteuil roulant qu'une veuve m'a donné à la mort de son mari à ma collègue haïtienne. Voilà ce qui est bien, elle réussit à obtenir son diplôme. De retour en Haïti, elle laisse le fauteuil à Suresnes. Je suis maintenant dans le pétrin, car comment puis-je le ramener chez moi ? À l'université, ils sont très ennuyés : *Cette chose prend beaucoup de place, quand diable viendrez-vous la reprendre ?* Je tente de demander que les services de l'université me le déposent chez moi. *Vous avez aidé un collègue handicapé, pas l'université, donc c'est votre problème de sortir le fauteuil roulant d'ici.* C'est presque drôle, j'ai envie de rire jaune.

Aujourd'hui, je m'assois sur mes peurs. Je suis heureuse de rouler et de croiser des gens, même si je sais que ma présence dérange. Certaines personnes me le disent clairement : les handicapés devraient être au lit ! (Ils ignorent que certains ont, tout de même, des métiers – ce qui justifie leur présence dans le métro aux heures de pointe). Qu'importe, de bonne heure, je prends le RER A[5] (ah, c'est possible aujourd'hui, les ascenseurs à la Gare de Lyon fonctionnent, ce n'est pas toujours le cas) arrêt " Charles de Gaulle-Étoile " (chance encore, l'agent de la régie des transports parisiens ne m'a pas oubliée, il installe la rampe, je descends tranquillement). Me voilà dans la rue, le plus près possible du palais de l'Élysée. Qui sait, vous pourriez en sortir pour aller vaquer à vos multiples engagements. Le hasard aidant vous remarqueriez ma présence, nous pourrions alors partager et oser…

Paris, le 29 septembre 2018

Cette lettre de Margaret est un cri par lequel elle évoque ses difficultés au quotidien. Ce vécu de discrimination était inattendu pour certaines

---

[5] Le RER A est un train urbain desservant Paris et différentes villes de banlieue, c'est l'une des lignes transurbaines les plus importantes d'Europe.

participantes du projet international *Femmes et féminismes en dialogue* car il est vécu dans un pays économiquement favorisé. Ce témoignage transcende les différences nationales ou les arguments sociétaux rendant compte d'une situation de vulnérabilité (en raison de l'âge, de la difficulté à se déplacer, d'être une femme, d'être pauvre…).

C'est la participation visible de femmes en situation de handicap à la recherche-action-médiation lors du forum-colloque de Longueuil ainsi qu'un vécu en présentiel qui a permis que leurs vécus soient mentionnés dans la déclaration commune élaborée à l'issue des rencontres internationales en 2017. La prise en compte d'inégalités en raison d'un trouble, d'un déficit ou d'une maladie invalidante dont on est soi-même porteur ou porteuse ou dont un membre de notre famille est porteur est ainsi devenue un des éléments de la réflexion collective et de l'engagement commun. Si parfois dans les sociétés de l'écrit, la parole universitaire ou professionnelle est plus présente dans l'espace public, il est important de souligner que les vécus des personnes en situation de handicap ont autant de valeur que la parole des chercheures ou des praticiens travaillant avec elles. C'est la prise de conscience par les autres participantes du projet *Femmes et Féminismes en dialogue*, des vécus des femmes ayant elles-mêmes à vivre avec des discriminations en tant que femmes en situation de handicap, mères d'un enfant en situation de handicap ou proches aidantes qui a contribué à inclure cette question non pas uniquement dans un chapitre spécifique, mais au travers d'une réflexion traversant plusieurs sections du présent ouvrage.

7. Se permettre de tendre vers y compris et surtout au niveau organisationnel

Avec une équipe internationale et diversifiée sur les plans des capacités, de l'origine, de la langue, de l'âge, de la scolarité, etc., l'expérience du projet *Femmes et Féminismes en dialogue* est un exemple de mise en pratique de la notion du *tendre vers* favorisée par l'approche intersectionnelle. L'intégration d'une telle démarche dans un processus de recherche-action-médiation implique, entre autres, de questionner les pratiques avancées au sein du projet afin de voir en quoi elles peuvent être susceptibles de contribuer à reproduire ou occulter certains rapports de pouvoir et d'exclusion. Cette posture organisationnelle permet de garder une réflexivité active et inclusive sur les pratiques, de générer des espaces d'échange ouverts et aussi de remettre en question certaines pratiques ainsi que la manière dont les savoirs sont mobilisés. Bien que le projet ne fût pas exempt de rapport de pouvoir, la posture de questionnements collectifs présents tout au long du processus de recherche représente une avancée significative dans une démarche d'inclusion et d'apprentissage face aux réalités méconnues de certaines participantes. De plus, certains échanges auront ouvert la porte à pousser la réflexion encore un peu plus loin en se questionnant sur les réalités et les besoins des personnes qui étaient absentes du processus et sur les motifs de ces absences en lien avec une analyse visant à mettre en lumière les dynamiques de pouvoir ayant pu restreindre la participation de certaines participantes du projet.

Ainsi tout au long de la mise en œuvre d'un projet ou d'une activité, les différentes étapes doivent s'envisager dans un processus dont l'objectif n'est pas nécessairement d'aboutir à un endroit précis, mais plutôt de se concentrer sur les apprentissages et les transformations qui sont réalisables en cours de route. En travaillant à *tendre vers*, les animatrices, en tant que garantes de la mise œuvre commune et partagée de l'action, sont conduites à s'investir pour comprendre la singularité des situations vécues par les participantes et à faire preuve de créativité afin de favoriser l'inclusion de toutes. Qu'il s'agisse de professionnel-le-s, d'acteur ou d'actrices de la société civile ou de chercheur-e-s, tous les participants et toutes les participantes sont confronté-e-s à l'incertitude, à l'instabilité et parfois à l'erreur qui, elle aussi, fait partie intégrante du processus de changement initié par un projet ou une activité.

L'approche visant à *tendre vers* une mise en application de l'analyse intersectionnelle des rapports de pouvoir ne donne pas systématiquement l'impression d'un résultat tangible immédiat et ne garantit pas un processus exempt de toute forme d'exclusion. Elle a toutefois comme objectif de favoriser, entre autres, l'écoute, les questionnements réflexifs, l'ouverture et l'inclusion. Dans le contexte actuel où les rapports de pouvoir et les injustices sont exacerbés par des climats d'austérité, de stigmatisation et de peur de l'autre, l'adoption d'une telle posture permet d'ajouter, bien modestement, mais résolument, quelques pierres sur le grand chemin de la lutte pour la justice sociale.

Conclusions...

Ce chapitre s'est articulé en présentant d'abord des questionnements issus d'un dialogue chercheur-praticien avec des contributrices issues du travail social, de la psychologie, de la sociologie et des sciences de l'éducation, puis trois illustrations qui éclairent trois étapes de la mise en œuvre du projet *Femmes et Féminismes en dialogue* : la mobilisation avec la voix de Samia, présidente d'une association qui s'est engagée dans la recherche-action-médiation avec la mise en œuvre d'un groupe de prémédiation en région parisienne, la lettre de Margaret dont le premier jet a été réalisé durant la rencontre de médiation internationale et l'analyse d'un incident ayant marqué Michèle, l'une des responsables scientifiques du projet durant le colloque. L'enjeu du passage par l'écrit est de ne pas promouvoir incidemment des catégories que l'on souhaite abolir, mais qui façonnent insidieusement les représentations sociales et les pratiques communautaires dans lesquelles nous évoluons. Ainsi la mise en place d'activités ou de projets collaboratifs en intervention sociale ou communautaire ou dans le milieu associatif peut contribuer à prendre en compte la parole de tous et toutes. Mais au-delà d'une place formelle laissée aux usagers, notamment ceux considérés comme *les moins aptes* ou *les plus éloignés d'une participation pleine et entière à la société*, il convient également de s'interroger sur les risques théoriques et pratiques des catégories d'énonciation mobilisées. Prendre en compte les situations de handicap est certes une manière de mettre en place une société inclusive, mais cela contribue parfois à pérenniser des catégorisations institutionnelles discriminantes (Meekosha, 2006 ; Sherlaw et Hudebine, 2015). Les hommes et les femmes en situation de handicap présentent assurément un risque statistique élevé d'être plus limité-e-s dans leur participation à la société, mais ils et elles ne se limitent pas à ce risque. Être moins apte dépend avant tout des normes d'aptitudes et de compétences de celui ou celle qui se considère comme dominant ou plus apte. Reconnaître que l'autre est compétent, voire tout aussi compétent ou plus compétent que soi-même est un processus de réflexivité itératif et quotidien à mener tout particulièrement quand des catégories permettant d'organiser le monde en vue d'agir sont mobilisées. Certes, les politiques publiques et les institutions sociales contribuent à l'élaboration de programmes visant la justice sociale en tant qu'inclusion et participation de tous et toutes (Fraser, 2005 ; Löve, Traustadóttir et Rice, 2018), mais les actions au niveau individuel ont également leur importance pour reconnaître non pas que l'autre est autrement capable, mais qu'il ou elle, de par son humanité, est avant tout capable.

La prise en compte de l'approche situationnelle du handicap et du genre invite à poursuivre l'interrogation de la coprésence de facteurs stigmatisants : être femme, issue de l'immigration, appartenir à une culture autre que la culture majoritaire ou dominante dans l'espace dans lequel on s'inscrit et être en situation de handicap. Peut-on parler de risques accrus de discriminations en raison d'un cumul de caractéristiques ? Les individus à l'intersection de plusieurs approches prenant en compte les oppressions sont-ils plus marginaux ou au contraire permettent-ils de réinterroger les normes de domination implicites engendrées par l'utilisation de catégories différenciant les êtres humains ? Pour aller plus loin sur ces questions qui interrogent tant les pratiques que les théories, il serait intéressant de poursuivre l'écoute des voix de celles et ceux qui mettent en place des actions pour et au service de la diversité humaine.

Bibliographie

Albrecht, G. L., Ravaud, J.-F. et Sticker, H.-J. (2001). L'émergence des *disability studies* : état des lieux et perspectives. *Sciences sociales et santé, 19*(4), 43-73.

Fougeyrollas, P. (2007). Désinsulariser le handicap, Quelles ruptures pour quelles mutations culturelles ? Dans Gardou, C. et Poizat, D. (Dir.), *Susciter le changement* (p. 199-203). Paris : Édition Érès.

Fraser, N. (2005). *Qu'est-ce que la justice sociale ? Reconnaissance et redistribution*. Paris : La découverte.

Löve, L., Traustadóttir, R. et Rice, J. (2018). Achieving disability equality: empowering disabled people to take the lead. *Social Inclusion, 6*(1), 1-8.

Masson, D. (2015). Enjeux et défis d'une politique féministe intersectionnelle - L'expérience d'Action des femmes handicapées (Montréal). *L'Homme et la société, 198*(4), 171-194.

Fauteux, J. (2017). *Vers de nouvelles pratiques intersectionnelles : Quand parcours migratoire se conjugue avec situation de handicap*. (Mémoire de maîtrise inédit). Université de Sherbrooke.

Joselin, L. et Popescu. C. (2018). Le handicap brouille-t-il le genre ? La mise en « Portrait » du handicap dans le journal Libération, *Human Development, Disability and Social Change- Développement humain handicap et changement social*, 4, 141-156.

Meekosha, H. (2006). What the Hell are You ? An Intercategorical Analysis of Race, Ethnicity, Gender and Disability in the Australian Body Politic, *Scandinavian Journal of Disability Research.* 8(2-3), 161-176.

Officer, A. et Posarac, A. (dir.). (2012). *Rapport mondial sur le handicap 2011*. Malte : Organisation mondiale de la Santé et Banque mondiale.

OMS [Organisation mondiale de la Santé]. (2001). *Classification internationale du fonctionnement du handicap et de la santé*. Genève : WHO Press.

Sherlaw, W. et Hudebine, H. (2015). The United Nations Convention on the rights of persons with disabilities: Opportunities and tensions within the social inclusion and participation of persons with disabilities. *Alter – European Journal of Disability Research / Revue Européenne de recherche sur le handicap, 9*(1), 9-21.

Stimpson, L. et Best, M. C. (1991). *Courage Above All: Sexual Assault Against Women with Disabilities*. Toronto, Canada: DAWN - DisAbled Women's Network.

CHAPITRE 11

« À celles qui ne sont pas là » : Échange entre femmes autochtones et femmes allochtones

Véronica Gomes, Tania Larivière, Liliana Kremer et Bernarda Pessoa

> *Montréal, Canada*
> *Novembre 2016*
>
> *À celles qui ne sont pas là, au Grand dialogue.*
> Chères vous qui n'êtes pas là,
> Vous avez manqué quelque chose. On a aussi manqué ce que vous auriez pu nous apporter… C'est surtout cela qui nous attriste! On n'a pas pu vous connaître, on n'a pas pu savoir pourquoi vous ne vouliez pas venir. Vous avez manqué un moment riche d'échanges, un mélange extraordinaire de jeunes et moins jeunes femmes. Vous vous êtes privées de cela ! On vous invite à nous rencontrer une autre fois ! Vous pourrez apporter une autre couleur à notre diversité.
> On n'a pas envie de laisser aller notre imagination quant à la raison pour laquelle vous n'êtes pas là aujourd'hui. Ce serait trop d'ignorance, de stéréotypes, de préjugés… Nous vous invitions aussi à la richesse du partage émotionnel, dans un espace où on peut exprimer notre vécu, où on peut être écoutées et respectées. Un espace où on essaie de mettre à plat les malentendus. Un espace qu'on est privilégiées d'avoir pour définir ensemble des concepts comme la solidarité internationale ou les privilèges.
> On veut vraiment s'assurer que vous nous comprenez : c'est une vraie invitation, pas un reproche! On s'invite mutuellement à créer des espaces sécuritaires comme celui d'aujourd'hui, où on peut s'exprimer et avancer ensemble. On voudrait vraiment vous toucher, vous, les femmes que nous avons essayé de joindre, mais qui ne se sont pas senties concernées, les personnes étiquetées, stigmatisées, victimes de préjugés, les femmes autochtones, les personnes de la communauté LGBTQ et les femmes de beaucoup d'autres milieux !
> On a à travailler pour mieux nous inviter et mieux nous inclure les unes aux autres…

Montréal, Canada
Novembre 2018

Kwé Tania,

Comment vas-tu ? Je t'écris pour te parler d'un événement qui avait lieu il y a de cela déjà un an : le Grand Dialogue, ou devrais-je plutôt dire pour te parler *d'une absence* à cet événement à laquelle je continue de penser depuis. Comme tu le sais, j'ai participé au projet de recherche *Femmes et féminismes en dialogue* dès le début en 2015. Je me souviens encore de l'enthousiasme que nous avions toutes de nous réunir avec des femmes de divers horizons, de différents pays d'origine et générations pour discuter de nos conditions de vie, de nos luttes, et aussi de nos visions du féminisme. Un de nos objectifs était de renforcer les solidarités entre des femmes et groupes de femmes qui avaient différentes perspectives et visions, et je crois que nous avons certes réussi à créer de belles alliances ensemble, particulièrement au cours de l'événement du Grand Dialogue. Nous ne sommes malheureusement pas arrivées à rejoindre suffisamment de femmes autochtones au Québec pour faire un groupe de discussion avec elles comme nous l'avions souhaité. En fait, seulement deux ou trois femmes autochtones ont participé au projet, sans se dire représentatives des femmes autochtones. *C'est ça qui me tracasse. Je me demande où nous avons échoué à vous rejoindre pour ce projet.*

Bien naïvement au départ, je me suis dit que c'était peut-être par manque d'intérêt que des femmes autochtones n'avaient pas répondu au projet, mais je crois qu'il y a des enjeux politiques, citoyens et épistémologiques beaucoup plus complexes, que tu pourrais certainement m'aider à comprendre. J'ai également quelques réflexions dont j'aimerais te faire part. Tout d'abord, je me dis que nous n'avons peut-être pas fait les choses comme il se devait, principalement à cause de notre manque de connaissances des enjeux relatifs et spécifiques aux femmes autochtones, et également à cause des contraintes de la recherche universitaire. Les femmes autochtones vivent des situations qui leur sont particulières et qui méritent une attention qui va au-delà d'une « bonne volonté » d'en apprendre plus et de les rencontrer. Je me rends bien compte de l'ampleur des connaissances à acquérir lorsqu'on s'intéresse aux enjeux touchant les femmes autochtones au Québec. C'est comme si on ne nous avait rien enseigné dans nos cours d'histoire à l'école et qu'il fallait repenser et réapprendre l'histoire du Canada au complet… un Canada dont les pratiques coloniales ont établi un contrôle sur la vie des premiers peuples depuis les années 1850, et également des barrières entre citoyen-ne-s autochtones et non autochtones. Que ce soit avec la promulgation de lois, règlements ou mesures législatives, les Autochtones ont été durant des décennies la cible principale de politiques d'assimilation, avec des conséquences particulièrement graves pour les femmes autochtones. Ainsi, il nous aurait peut-être fallu demander aux femmes autochtones si elles étaient prêtes à penser aux solidarités possibles avec d'autres femmes dans un contexte où elles ont encore tellement de luttes à mener elles-mêmes. Cela m'amène également à penser au contexte de notre recherche où nous n'avions pas le temps de nous pencher spécifiquement sur ces questions ou de prendre le temps de *connaître* avant de *rencontrer*. Étant donné l'ampleur de notre projet, tout devait se faire dans des délais rapides puisque nous avions plusieurs groupes de femmes à contacter, et selon des échéances serrées. Nous n'avons ainsi pas pu établir les liens solides préalables et nécessaires avec des femmes autochtones, éléments qui prennent du temps et de l'investissement, et qui ne se commandent pas selon les désirs de l'univers de la recherche.

Ensuite, je me dis que ce monde de la recherche est loin d'être un espace sécuritaire pour des participantes autochtones, notamment, et ce, malgré les meilleures intentions du monde. Nous nous retrouvons face à un passé où la science a trop souvent agi en tant que figure d'agent colonisateur avec les communautés autochtones, qui restent d'ailleurs encore aujourd'hui méfiantes à l'égard de la recherche. L'ethnocentrisme des chercheur-e-s occidentaux dans leurs interprétations des réalités autochtones et le trop peu d'impacts positifs sur les populations autochtones sont des critiques encore actuellement en provenance de penseur-e-s, acteur-ice-s politiques ou universitaires autochtones. En plus d'*être étudiés* par des chercheur-e-s durant des années, des rapports de domination et des pratiques de recherches problématiques ont marginalisé les Autochtones des lieux de production de connaissances. Les savoirs autochtones ont été trop souvent utilisés au bénéfice de carrières universitaires ou de l'institution elle-même. Heureusement, ces pratiques tendent à se modifier... et de plus en plus de chercheur-e-s allochtones réussissent à travailler en réelle collaboration avec les populations autochtones, avec des méthodologies innovantes et respectant les cultures autochtones.

Puis, je crois que l'identification au féminisme tel que nous l'entendons en général ne va peut-être pas de soi pour les femmes autochtones. *Est-ce que ce concept existe dans vos communautés ? Est-ce qu'il y a un mot équivalent en langue autochtone qui puisse représenter la lutte des femmes ? Est-ce qu'il y a des mouvements de femmes autochtones politiquement articulés?* J'ai beau en savoir beaucoup sur les courants du féminisme, je ne sais rien de la façon dont tu peux le percevoir. Tu sais, j'ai connu le féminisme lorsque j'étais au cégep. Pour moi, cela a été toute une révélation ! Comme le disait Louise Toupin (1998 : 10) : « Il s'agit d'une prise de conscience d'abord *individuelle*, puis ensuite *collective*, suivie d'une *révolte* contre l'arrangement des rapports de sexe et la position subordonnée que les femmes y occupent dans une société donnée, à un moment donné de son histoire. Il s'agit aussi d'une *lutte* pour changer ces rapports et cette situation. » Avec les années, je me le suis approprié à ma manière, j'ai décidé à quels courants je m'identifiais et auxquels je ne m'associais pas. Je l'ai même étudié tout au long de mon parcours universitaire et j'ai inclus une perspective féministe dans tous mes travaux pour ne jamais oublier la nécessité de voir la spécificité des femmes, leurs luttes et leurs forces.

En tant que jeune féministe, je vois le féminisme comme un mouvement inclusif, intersectionnel et qui existe sous autant de formes qu'il y a de femmes. Mon féminisme se présente aussi souvent sur le Web où j'appartiens à différents groupes et communautés. Je m'identifie au féminisme, parce que je crois qu'en tant que femme, je continue à vivre des discriminations et qu'il faut continuer de renverser les choses. Il faut continuer de lutter ensemble pour que les luttes de celles qui nous ont précédées ne s'arrêtent pas tant que nous ne serons pas considérées comme des égales. Bien sûr, il y a des conflits, débats et malentendus au sein des féminismes, mais quel mouvement politique n'en a pas ? Je crois que tout est dans la manière dont on décide d'être féministe. Loin de le voir comme un courant blanc et hégémonique, je le vois comme une reconnaissance de la diversité des voix et des différents moyens d'action. Et je crois justement que c'était ça *Femmes et féminismes en dialogue* : une diversité de femmes qui sont solidaires, malgré leurs différences. Une solidarité et un respect pour l'autre qui est plus grand qu'un féminisme hégémonique qui divise encore trop de femmes. Tout au long du projet, nous voulions démontrer qu'il y a *des* féminismes et non *un* féminisme.

Crois-tu qu'une solidarité internationale féministe soit possible ? Une solidarité entre femmes provenant de divers horizons, d'un groupe hétérogène et international ? Je pense que solidarité ne veut pas dire consensus puisque c'est cette différence qui engendre le partage d'idées et l'enrichissement mutuel des femmes. Nous sommes trop souvent divisées par nos différences, alors qu'on gagnerait à comprendre ce qui nous rassemble et nous différencie. Je vois ce projet comme un mouvement où les différents courants se solidarisent même si chaque féministe conçoit pour elle ce que sont ses oppressions. Bien qu'une catégorie *femme* doive être reconnue pour que le soit l'oppression qui s'y fait, ce ne serait pas une identité commune, mais plutôt plusieurs identités qui dialoguent à propos d'une oppression semblable qui s'est imposée de diverses manières sur les femmes. Le féminisme est riche à cause de ses diverses luttes et nous sommes plus fortes en tant que mouvement politique et social de lutte contre les oppressions patriarcales, coloniales, systémiques, de classe, hétéronormatives, etc.

Mais toi, comment vois-tu les luttes des femmes autochtones ? Et celles des autres femmes ? Est-ce que ce sont des luttes communes et/ou parallèles ? En fait... je réalise que c'est à vous de nous inviter à jouer le rôle que nous voulons ensemble nous donner et non le contraire. Le féminisme essaie peut-être trop de vous inclure à un mouvement qui est déjà prédéfini selon une vision occidentale et colonialiste, même si on tente de faire changer cela. Le féminisme est peut-être encore trop majoritairement blanc pour que vous y trouviez la place qui vous revient. Ce n'est peut-être pas votre vision de comment faire les choses. De plus, j'imagine qu'étant donné les diverses nations autochtones au Québec, elles pourraient à elles seules construire un Grand Dialogue. *Mais comment faire pour se réunir alors ?* Oui, je sais, c'est une grande question.

Le féminisme, c'est un mouvement politique et social, solidaire, une démarche politique contre l'oppression de toute personne qui s'identifie comme femme. Mais je me demande si d'avoir en commun le fait de s'identifier comme femme est suffisant à ce mouvement collectif auquel les féministes rêvent depuis longtemps... surtout si certains groupes de femmes y ont été historiquement opprimés par d'autres groupes de femmes.

Peut-être qu'avec le temps et les nouvelles générations, cela n'ira qu'en s'améliorant. D'autant plus qu'avec la génération numérique à laquelle nous appartenons toutes les deux, il est désormais plus facile d'en apprendre plus, de faire des liens, puis d'établir et de maintenir des solidarités. Mais bon. Tout ce que je t'ai écrit ici, mes questions et mes idées, ce n'est que ma vision des choses. En tant que femme allochtone, je ne peux te parler que de ma réalité et toi de ton côté, ta vision et tes perspectives pourront certainement compléter ces questionnements.

À bientôt,
Véronica

Val d'Or, Canada

Novembre 2018

Kwé Véronica !

Pour ma part, les choses vont plutôt bien. Ça fait quelques jours maintenant que je repense à ta lettre. Il m'a fallu un bon moment pour réfléchir à ce que tes préoccupations avaient suscité en moi, mais j'ai bien fini par y arriver ! C'est comme faire une courtepointe : ça prend du temps à assembler, mais finalement, ça a du sens. J'ai beaucoup apprécié le fait que tu me partages tes sentiments à l'égard du féminisme. Cela fait en sorte que je comprends mieux ce concept qui semble occuper une grande place dans ton quotidien en tant que femme dans le domaine de la recherche. Lire ta lettre m'a également fait réaliser que nous partageons plusieurs préoccupations. En somme, la seule chose qui nous différencie, c'est la manière dont nous formulons nos discours respectifs face à ce concept et ses enjeux.

Cependant, avant de plonger dans le vif du sujet, il faut que je t'annonce quelque chose ! J'ai pris la décision de faire une pause de mes études universitaires pour un temps indéfini. À vrai dire... je ne sais pas si je compte y retourner de sitôt. Mon objectif n'est plus le baccalauréat, mais bien de trouver un consensus entre les deux paradigmes (occidental et autochtone) qui ont été essentiels à la formation de mon processus de pensée actuel. Je me tiens quand même très occupée depuis mon départ anticipé des bancs d'école. Il m'arrive encore de faire quelques conférences visant à sensibiliser les allochtones à nos réalités, d'écrire quelques trucs ici et là ou d'assister à des colloques dont les thématiques rejoignent celles des femmes ou des Autochtones, parfois les deux. Je fais tout cela à titre personnel, en omettant volontairement toute mention de mes affiliations politiques ou universitaires. Maintenant, au lieu d'étudier, j'apprends tranquillement les bases de l'*eeyou-eenou aimun* (la langue crie), je me présente à des cérémonies... J'ai même le projet d'aller installer des filets sous la glace cet hiver dans le cadre d'un programme de pêche traditionnelle enseigné par les aînés de ma communauté!

Quitter l'université signifie pour moi une opportunité concrète de me réapproprier et de pratiquer les savoirs ancestraux qui ne sont pas autant accessibles en milieu urbain. Je ne sais pas si je te l'ai déjà dit, mais je n'avais que 17 ans lorsque j'ai quitté le nid familial pour aller étudier dans la ville de Québec. Ma grande migration d'une terre peuplée d'épinettes vers une forêt de béton coïncide aussi avec l'époque durant laquelle mon existence a été marquée par les débuts d'une profonde crise identitaire (qui se perpétue encore, d'ailleurs). À cette époque, quand les gens me demandaient quelle était mon appartenance, je ne savais pas quoi répondre. Je leur disais que j'étais *autochtone urbaine*. J'ai grandi en ville, mais pas la *grande* ville. Malgré le fait que mon enfance n'a pas été vécue dans la réserve, j'ai toujours habité à proximité de celle-ci (la ville de Chibougamau où j'ai habité se situe à environ 50 minutes de la réserve crie d'Oujé-Bougoumou). Cette proximité en question, c'est un peu comme la ficelle qui retient un ballon d'hélium de s'envoler et d'errer quelque part dans les cieux sans direction précise. En quittant Chibougamau pour la grande ville de Québec, c'est comme si la ficelle qui me retenait s'était détachée de ce qui m'ancrait à mes points de repère. Ces années vécues si loin de chez nous m'ont privée de plusieurs occasions d'explorer davantage les confins de mon territoire, d'enfin maîtriser ma langue et d'en apprendre plus sur nos coutumes. Ce processus d'apprentissage, que j'avais déjà entamé depuis le début de mon adolescence, a donc stagné avec mon départ. Partir si loin pour aller faire des études postsecondaires me paraît désormais comme une rupture non intentionnelle du petit lien que j'avais jusque-là maintenu avec ce qui m'était familier et ce que je connaissais de l'univers autochtone à l'époque. En revanche, le temps que j'ai passé à errer dans les institutions postsecondaires de la grande ville m'a permis de saisir la pertinence de ce déracinement dans ma quête identitaire.

Bref... pendant longtemps j'ai absorbé comme une éponge ce qu'on m'inculquait en classe. Ma recherche d'appartenance (et de reconnaissance) couplée aux théories qu'on m'enseignait dans mes cours en sciences sociales a été le catalyseur qui m'a incitée à m'affirmer davantage en tant que jeune femme autochtone revendicatrice et engagée. J'ai été élue représentante jeunesse pour l'association des Femmes autochtones du Québec, j'ai commencé à me présenter de plus en plus à des manifestations, et tranquillement, je me suis intégrée dans le monde de la recherche autochtone grâce à mes stages au sein de l'université. Je portais de plus en plus fièrement l'étiquette autochtone... Mais un jour, j'ai réalisé que tout cela ne voulait rien dire si ce mot était vide du sens pratique auquel je l'associe. Des sources bibliographiques, des citations, des débats, des théories... la majorité de mon savoir à ce stade-là provenait de sources sanctionnées par la tradition écrite qui domine dans nos universités. Le tout s'est soldé par mon désintérêt de perpétuer ces formalités académiques, et me voici donc aux prises avec une remise en question profonde et inévitable quant à ma place en tant que jeune femme autochtone (formellement) en milieu universitaire.

D'ailleurs, à un autre moment où j'étais en réflexion par rapport à mes études au baccalauréat, je n'avais plus de raison de demeurer à Québec et les quatre vents m'ont éventuellement renvoyée au cœur d'*Eeyou Istchee* (la Baie-James). Sur un coup de tête, j'ai décidé de quitter la grande ville pour aller vivre à Oujé-Bougoumou. Là-bas, j'ai occupé un emploi d'assistante de musée au sein de l'Institut culturel cri Aanischaaukamikw qui m'a fait voir la richesse de nos savoirs. Cet emploi a été une révélation pour moi puisque j'ai pu observer qu'il était possible d'appliquer une approche autochtone au sein d'une institution occidentale. Par exemple, j'ai dû faire de la recherche sur certains artéfacts qui sont conservés au musée. Une des choses que j'ai vite apprises dans ce nouveau milieu est le fait que les sources écrites ne sont valables que si la parole de ceux qui connaissent ces objets et leurs significations dans notre culture le confirme. Tout le contraire de ce qui m'avait été enseigné jusque-là par la tradition académique occidentale! Dans le cadre de mon programme d'études autochtones, j'ai souvent été confrontée au fait de devoir justifier des savoirs oraux avec des sources écrites, niant ainsi la légitimité de ce que plusieurs de nos aînés nous transmettent encore à ce jour oralement. Ce travail au sein du musée m'a ainsi forcée à délaisser les rigueurs de la tradition universitaire pour apprendre à écouter mes sources au lieu de les lire dans un livre.

Tous ces éléments, combinés à mon travail avec le Conseil des grand-mères de l'Association des femmes cries d'Eeyou Istchee, ont fait en sorte que j'ai beaucoup appris sur la manière *eeyou* d'être et sur notre vision du monde marquée par son caractère holistique. Tout est une question d'équilibre, puisque tout est lié. En conséquence, mon militantisme est devenu plus doux et à l'écoute des apprentissages ancestraux que je continue d'acquérir au fur et à mesure de ma réappropriation de l'aspect pratique de ma culture, sans pour autant renier l'héritage revendicateur que mon temps aux études aura instauré en moi. Mais bon, revenons à nos bisons ! Considère cette tirade autobiographique comme étant un préambule nécessaire pour te répondre. Tu avais des questions et je me donne maintenant la mission d'y répondre.

Dès lors, pourquoi les femmes autochtones présentes à cet événement du Grand Dialogue ont-elles omis de s'identifier comme autochtones? Ma réponse est simple à ce sujet. C'est tout simplement qu'un aspect de leur identité ne se manifeste pas explicitement pour elles. Encore une fois, cela est personnel et reflète le parcours individuel de chacune, et tenter de se retrouver dans un monde qui commence tout juste à écouter la voix des peuples opprimés par les impacts du colonialisme, ce n'est pas toujours facile. Comme je le dis souvent : nous ne naissons pas avec la fierté d'être Autochtone, chacun l'acquiert à son rythme et à sa manière. Cette autochtonie se manifeste à divers degrés et intensité selon les individus. La manière dont on s'identifie n'est valide que pour soi-même et ne doit pas être généralisée à tout le monde. Ceci peut être une raison pour laquelle certains Autochtones omettent de s'identifier. Ceci m'a amenée également à te raconter mon parcours et à t'offrir ma vision et non celle de toutes les femmes autochtones. Ma quête identitaire s'est soldée par une volonté de concilier les deux univers dans lesquels je navigue, me permettant ainsi d'intellectualiser des aspects de ma culture qui commencent tout juste à susciter de l'intérêt dans le domaine de la recherche. Cela, je le fais à ma propre manière, selon mon propre discours. Je trouve ainsi un certain réconfort dans cette révélation que le monde universitaire n'est pas le seul milieu où je peux contribuer à l'univers des savoirs et des pratiques décolonisatrices. Le simple fait de me réapproprier et de pratiquer divers aspects de ma culture au quotidien en est un bon exemple.

Je t'ai partagé ma joie d'apprendre ma langue, puisque chaque fois que j'apprends un nouveau mot en *eeyou-eenou aimun,* j'acquiers une compréhension plus approfondie des enseignements que les aînés prennent la peine de me traduire en anglais ou en français. La langue crie (comme bon nombre de langues autochtones) reflète la manière dont l'être se définit en rapport à avec son territoire. Au cœur cette territorialité, nous retrouvons une bonne description des rôles qui ont contribué à la survie de plusieurs générations sur le territoire. Il existe alors dans notre culture une division des tâches selon les rôles masculins et féminins qui ne sont pas nécessairement définis par le sexe, mais bien par la valeur sociale de chacun. L'un n'existe pas sans l'autre et cette complémentarité prouve l'importance de maintenir un équilibre qui définit qui nous sommes en tant qu'être. En conséquence, il n'existe pas d'équivalent pour le mot *féminisme*, puisque cet équilibre entre les rôles n'a été bouleversé que très récemment dans notre histoire, par l'imposition coloniale de cette forme assimilatrice qu'on appelle le patriarcat. Quoique le féminisme ne trouve pas ses origines dans notre discours, ceci n'empêche pas pour autant plusieurs femmes d'origine autochtone de s'identifier à ses courants de pensée. Porter cette étiquette est encore une fois un choix personnel.

Pour ma part, la somme de mes expériences m'a permis d'opter pour une approche qui reflète mon attachement à nos enseignements traditionnels plutôt qu'aux discours occidentaux. Ceci m'a fait remarquer à quel point l'hégémonie de la pensée occidentale tend à nier la légitimité des modes de pensée considérés comme alternatifs. Par exemple, j'ai déjà observé un cas où l'on a refusé du financement à un groupe de femmes autochtones, car leur discours n'était pas explicitement féministe. Nous luttons pour les mêmes choses, mais le choix de discours pose parfois des barrières. Malgré tout, je crois en l'importance d'allier nos efforts dans les luttes qui nous sont communes. Une pluralité des visions, c'est aussi une pluralité de solutions qui s'offrent à nous. Le fait de travailler avec les femmes cries et d'être à l'écoute des enseignements dans nos cérémonies, m'ont fait comprendre que même si on ne s'identifie pas féministe, le but commun est de revaloriser le statut des femmes.

Mon constat est qu'il reste beaucoup de travail à faire en matière d'inclusion et de reconnaissance des différentes voix qui contribuent aux espaces de discussions liés aux enjeux vécus du côté des femmes. C'est un peu le cas pour le domaine de la recherche également, au sein duquel il reste beaucoup de travail en termes de sécurisation culturelle. Heureusement, des chercheures autochtones comme Suzy Basile ou Margaret Kovach offrent des ressources contribuant à «autochtoniser» l'espace de la recherche et à rendre cette pratique plus sensible à nos réalités. Ceci permet de contrer la dynamique historique de l'*autre* qui vient offrir ses interprétations de nos cultures sans inclure de *nous* dans le processus. Heureusement, aujourd'hui, plusieurs espaces de discussion sont créés dans le but de promouvoir une meilleure inclusion de tous et toutes au sein du milieu de la recherche universitaire.

Malgré tous les efforts pour nous inclure davantage, pourquoi les femmes autochtones au Québec sont-elles alors si difficiles à rejoindre dans le cadre d'événements tels que Femmes et féminismes en dialogue ? Lorsque j'étudiais en sociologie, j'ai eu la chance de faire un stage de recherche avec Jo-Anni Joncas, une femme allochtone qui s'intéresse beaucoup aux réalités des femmes autochtones poursuivant des études postsecondaires. Je l'ai accompagnée sur son terrain de recherche lors de sa collecte de données en tant qu'assistante de recherche. Ma tâche principale était de mener des entrevues avec des femmes autochtones à l'université afin de dresser un portrait de leurs besoins et de leurs réalités. Une des choses que j'ai bien remarquée au cours de cette expérience est le fait qu'une majorité d'entre elles avaient opté pour un domaine d'études qui ne les amenaient pas à graviter dans le domaine de la recherche. Elles entreprennent pour la plupart des parcours académiques en administration, travail social ou soins infirmiers dans le but de retourner dans leurs communautés. Elles obtiennent ainsi des formations qui viendront répondre aux besoins au sein de leurs nations pour contribuer à un meilleur futur de manière concrète et non théorique. Autrement dit, la priorité est de contrer les impacts sociaux du colonialisme de manière pratique. Ceci ne veut pas dire pour autant que les Autochtones ne sont pas présents dans les espaces de la recherche. Nous ne sommes pas beaucoup encore, mais nous continuerons de croître en nombre en construisant un meilleur futur pour les générations à venir. En comblant ces besoins de décolonisation de nos réalités de manière concrète, nous verrons de plus en plus d'intellectuels autochtones se joindre au domaine de la recherche.

Au final, comme tu l'as mentionné dans ta lettre, l'éducation a été un outil puissant d'assimilation au cours de l'histoire. Maintenant, conjointement à notre patrimoine culturel, l'éducation est notre meilleur outil pour décoloniser notre présent, affirmer nos identités et renforcer nos nations.

Sur ce, au plaisir de continuer ce dialogue!
Tania

Córdoba, Argentine
Novembre 2018

Mi querida amiga Bernarda,

Lorsque je t'ai vue les premières fois, lors de rencontres du Collectif de Femmes du Chaco Américain (Colectivo de Mujeres del Chaco Americano), tes idées et ta façon si spéciale de les partager m'ont beaucoup surprise et donné envie de continuer à t'entendre… J'admirais ton regard attentif et les sages silences qui gardaient tes réflexions. J'ai toujours rêvé à la possibilité que ce collectif nous contienne toutes. J'espérais qu'il allait nous abriter, nous inclure, prendre soin de nous, nous garder en sécurité, créer un espace de solidarité, et cela, malgré nos différences. Je ne sais pas si dans le futur nous réussirons, mais si je suis certaine d'une chose, c'est que je suis heureuse d'avoir pu t'y rencontrer et t'y connaître.

Tu sais, je ne peux m'empêcher de me demander comment le milieu de la recherche peut arriver à réunir nos deux réalités, si distinctes l'une de l'autre, de manière collaborative et nous aider à croiser nos regards, nos propositions et ainsi construire des réseaux qui serviraient à toutes. Je me pose aussi plusieurs autres questions : *peut-on identifier des enjeux politiques, sociaux et culturels distincts mais convergents et complémentaires ? Existe-t-il une relation entre les soi-disant féminismes dans ta communauté, au Paraguay; au Québec, Canada; à Córdoba, Argentine; en Tunisie; au Maroc; en Colombie; dans un quartier d'immigrants à Paris; dans une petite ville de Suisse ? Comment pouvons-nous faire en sorte que le collectif tisse des réseaux féministes transnationaux et crée des passerelles entre des adultes, des jeunes, des paysannes, des citadines, des universitaires, des Autochtones, des femmes migrantes ... et tant d'autres ?*

Je te partage donc mes doutes, mes défis et désirs les plus profonds, ceux que je ressens et auxquels je réfléchis, ceux sur lesquels je m'interroge, qui me passionnent, qui me rendent confuse, et que certaines personnes préfèrent ranger dans des cases ou des tiroirs appelés *catégories* ou *disciplines* par le milieu universitaire. Je me demande : *est-ce que je suis une militante ou une chercheure ? Est-ce que tu es toi-même une chercheure ou une activiste ? Comment faire pour réfléchir à nos pratiques ? Pouvons-nous le faire ensemble ? Comment pouvons-nous lier la quête de réponse et nos engagements quotidiens ?*

Je crois que de voir et de créer de nouveaux réseaux de partage, en plus du fait d'enseigner et d'apprendre d'expériences diverses, nous aiderait à voir les choses autrement, avec des perspectives plurielles, et à amorcer de nouvelles conversations avec d'autres femmes du monde... Nous savons toutes les deux qu'*il n'existe pas de solution unique pour les problèmes de genre.* Silvia Rivera posait ainsi la question : «*[...] Peut-être, pourrait-on exercer dans nos pratiques, une nouvelle manière de communiquer et d'agir, une éthique du Pachakuti[1]?*» Et elle ajoute que dans tout ça, les femmes ont une grande responsabilité. Décoloniser le genre, ce n'est pas uniquement de retourner la *tortilla*. Il s'agit de retrouver la dignité du féminin et de l'Autochtone, l'éthique de la responsabilité envers le monde qu'on habite – le monde des humains, des animaux, et de la *pacha*[2]. Je crois qu'avec un profond respect et de l'humilité face au monde, il émergera une forme de pouvoir très différente de celle exercée actuellement. Ainsi, avec un esprit communautaire ajouté à ce processus de décolonisation, nous pourrions enfin démolir les mots vides et construire une nouvelle éthique et un pouvoir qui soient capables de refonder la notion de qui nous sommes, de redéfinir notre condition en tant que citoyen-ne-s libres, puis en tant que peuple et habitant-e-s d'un pays décolonisé. Serait-ce trop demander ?

Voilà, il y a beaucoup trop de questions que je me pose et que je partage avec toi. Au moment même où je t'écris ces lignes, je me rends d'ailleurs compte que les grands changements commencent avec nos petits moments de vie, à partir de nos histoires personnelles, en prenant en compte nos peurs, doutes, désirs, amours, émerveillements, oppositions, nos cris, nos luttes et nos silences. C'est pourquoi je te demande de me parler de toi, Bernarda, avec toutes les pensées et les esprits avec lesquels tu fais ton chemin. *Qu'est-ce qui te pousse à bouger et à t'engager autant ? Qui prend soin de toi, Bernarda ? Qu'est-ce qui te fait peur ? Qu'est-ce qui te fait rire ? As-tu un rêve inscrit dans ton cœur que tu souhaiterais partager?*

---

[1] *Pachakuti* signifie la transformation de tout, un changement général de l'ordre, le fait de l'inverser.
[2] Pacha (monde-cosmos) = Espaces-Temps (comme des unités inséparables) avec un mouvement continu et constant. Sommes-nous des parties du monde ? Nous ne sommes pas le monde, mais nous faisons partie de la nature et nous bougeons dans le cosmos avec elle.

Santa Rosa, Paraguay
Novembre 2018

Hola Lili,

Dans le passé, je me suis mise à réfléchir à la question suivante : *pourquoi les femmes vivent-elles des situations si difficiles si elles sont si courageuses, si intelligentes, talentueuses, lucides et créatives ?* J'ai également réfléchi au fait que lorsque nous étions absentes d'un lieu, l'endroit devenait bien triste...tout cela très souvent parce que nous n'avions pas de travail et que nous devions quitter nos villages... C'est au moment de ces réflexions et de ces constats que j'ai commencé à m'organiser et à prendre des décisions par moi-même.

Je me souviens de l'accouchement de mon premier enfant sur le sol de la salle d'attente de l'hôpital de Villa Hayes, capitale du département de Présidente Hayes, à environ 50 km d'Asunción. À l'époque, j'avais 18 ans. J'étais assise, ma main était dans celle de ma mère, avec un drap et des vêtements pour le bébé comme unique bagage. Les médecins et les infirmières m'ont ignorée pendant dix heures. Quand, presque morte de sommeil, j'ai commencé à pleurer, ils m'ont transférée dans une chambre. Ma mère a passé toute la nuit sur une chaise sans manger et elle a dû payer tous les médicaments. Comme nous étions des Autochtones, ils ont supposé que nous ne parlions pas espagnol, donc personne ne nous parlait. Pourtant, nous savons travailler, étudier et parler comme ils le font, mais ils continuent de nous discriminer tout de même.

Après un long moment, j'ai dit à ma mère que je croyais que des moments plus difficiles viendraient dans nos vies. Et puis je lui ai posé une question un peu difficile : « Mère, et si un jour j'arrivais à avoir un meilleur avenir et que nos conditions de vie s'amélioraient plus que maintenant ? Dis-moi maman, seras-tu toujours avec moi ? » Et elle m'a répondu : « Oui, ma fille, je serai toujours avec toi dans les bons moments, comme dans les mauvais. » Je lui ai alors dit que je voulais travailler avec plusieurs femmes et qu'un jour j'irais dans d'autres pays rendre visite à d'autres femmes. Elle m'a répondu: « Quel beau rêve tu as ma fille et tout ton travail sera bon, mais tu ne dois jamais perdre ton essence, et comme je te l'ai enseigné, tu dois toujours être solidaire, humble et lutter pour tes rêves ... Emporte toutes tes connaissances là où on en aura besoin; une fois que tu auras réussi, je ne serai peut-être plus avec toi, mais je t'assure, ma fille, que tu trouveras toujours une personne pour t'accompagner et que toujours tu seras aimée, ce sont les mêmes femmes que tu connaîtras dans ton chemin et dans ton travail ... Mais je vais te laisser toutes mes connaissances pour que quand tu seras prête, tu puisses les utiliser lorsque nécessaire et appelle-moi toujours où que tu sois.» Aujourd'hui, j'ai 38 ans, cinq enfants (deux filles et trois garçons) et un petit-fils. Je ne suis pas mariée civilement, nous sommes juste un couple ordinaire. Je n'accepte pas d'aller vivre ailleurs, mais je fais toujours mon travail tout de même et je voyage beaucoup. Ma fille aînée prend soin de ses frères et sœurs. Mes voisines et mes voisins s'ennuient de moi lorsque je quitte ma maison et quand je reviens, tout le monde vient me visiter et me raconter les choses que j'ai manquées lorsque j'étais loin de ma famille et de ma communauté.

Je suis Qom et ils disent avec mépris que nous sommes Tobas[3]. Je parle ma langue qom et j'ai aussi appris à parler le guarani et l'espagnol, car cela contribue à rendre plus visible la lutte de mon peuple et sa culture. Je te le dis et te le répète, Lili, le Paraguay est très discriminatoire, il ne reconnaît pas les peuples autochtones. Dans le bus, à l'hôpital, dans toutes les rues d'Asunción et dans les zones rurales du Paraguay, la population autochtone est victime de discrimination. Selon le dernier recensement de l'Institut autochtone du pays, 76% de la population autochtone se trouve dans une situation de pauvreté extrême. Nous sommes un pays de sept millions d'habitants. Plus de deux millions de personnes sont issues de l'un des 20 groupes ethniques du pays : Guarani, Ayoreo, Aché, Nivaclé, Qom ou Enxet. Nous sommes mélangés à des descendants d'Européens et d'Africains, mais cette réalité métisse n'empêche pas le racisme qui sévit dans les médias et même dans l'État.

Je suis ce qu'ils appellent ici la première femme leader de ma communauté, Santa Rosa del Pueblo Qom, située dans la communauté de Cerrito du district de Benjamin Aceval du département de Présidente Hayes, à 49km de la route TransChaco. Je travaille avec ma communauté et avec d'autres communautés de la région du Chaco, et je participe également à des équipes de recherche sur les grossesses précoces et la santé sexuelle et reproductive de femmes de tous âges dans les communautés autochtones. Je fais aussi partie de l'organisation Conamuri. En ce qui concerne ma militance dans ma communauté, je me suis rendu compte, en parlant avec plusieurs femmes, que je découvrais des situations différentes, mais que les ennemis, adversaires et obstacles étaient les mêmes. Nous, les femmes de notre peuple et d'autres peuples, faisons toutes partie de cette société et nous y avons apporté de grandes contributions. En tant que peuples autochtones, nous continuons de résister, malgré les exclusions, les discriminations et les violences multiples et historiques. Nous sommes des porte-paroles pour les besoins de chaque village. Nous sommes des femmes courageuses. Et bien que nous vivions dans une société répressive et discriminante, nous sommes résistantes et fortes.

---

[3] *Toba* n'est pas une auto-désignation, mais un nom péjoratif d'origine guarani qui signifie «frenones», ce qui évoque la coutume de raser la partie antérieure de la tête. La langue toba, qom, qomlaqtaq ou toba qom est une langue de la famille des langues mataco-guaycurú, parlée dans le Gran Chaco d'Amérique.

Nous devons comprendre que, pour améliorer nos vies, nous devons construire collectivement, et c'est pourquoi je dis toujours que nous devons garder à l'esprit le sens de la communauté et du bien commun. Je crois qu'en tant que peuples autochtones, nous avons obtenu de petites mais importantes victoires. La société civile – les Paraguayen-ne-s – doit maintenant accepter notre existence, car pendant longtemps, nous n'avons pas été reconnu-e-s, nous n'avons pas été entendu-e-s, il n'y avait pas de place pour participer, mais nous nous sommes beaucoup battu-e-s pour changer cela. Par contre, cela ne fonctionne pas si nous ne construisons pas collectivement. Nous devons préserver le sens de la communauté et du bien commun, notamment pour exiger le respect des lois autochtones, améliorer les voies d'accès à la communauté (cela fait déjà plus de 38 ans que la communauté de Santa Rosa est située à Cerrito et que la route est toujours en très mauvais état), avoir accès à un agrandissement des terres. Pire encore, avec les dernières tempêtes, plusieurs familles ont été contraintes de vivre dans des huttes en bois avec un toit en zinc et c'est pour cela que je demande des logements dignes pour tous et toutes.

Pour que tu puisses comprendre, je t'explique que notre communauté considère que l'État (le Secrétariat d'Action Sociale - SAS) viole les lois autochtones en créant trop d'obstacles bureaucratiques pour pouvoir accéder à la subvention du programme d'aide conditionnelle Tekoporã[4]. L'État exige que chaque enfant ait sa carte d'identité même si cela ne fait pas partie de notre culture qom. Beaucoup d'enfants naissent chez eux, ils ne sont pas immédiatement enregistrés dans les archives publiques; de plus, l'INDI[5] ne s'inquiète pas de faciliter cette démarche. Le SAS ne respecte pas l'acte de naissance de nos enfants, ni ne reconnaît la validité de la carte autochtone qui est pour nous le document légitime.

Le travail artisanal des femmes qom de ma communauté et des autres communautés est développé comme une activité en articulation avec les autres activités quotidiennes, familiales et communautaires. L'artisanat est notre principale source de revenus, l'un des moyens de subsistance de base de toutes les familles. Nous fabriquons des paniers, des chapeaux, des bracelets, des boucles d'oreilles, des colliers, des ceintures, des sacs à main, et nous utilisons des matériaux de la forêt, des matériaux naturels tels que les graines de Totora, Carandilla, Leucaena, feuille de palmier, pyri, ainsi que différents types de fils, tels que de coton et de laine.

---

[4] ***Tekoporã*** est composé de deux mots : tekó signifie "mode propre d'être", culture et porã nomme simultanément la beauté et le bien.

[5] INDI : Instituto Paraguayo del Indígena.

Je suis membre de la CONAMURI (Confédération nationale des femmes autochtones du Paraguay) et, comme toi, je fais partie du Collectif de Femmes du Grand Chaco Americano. CONAMURI nous sert à nous organiser entre femmes paysannes (campesinas) et femmes autochtones. Nous avons commencé il y a presque 20 ans, lorsque nous avons rencontré 300 travailleuses autochtones et paysannes, des femmes issues d'organisations et de communautés de presque partout au pays. De cette première articulation est née la CONAMURI, avec l'idée de construire une organisation nationale de femmes qui articule nos revendications et nos propositions. C'était pour répondre à la nécessité de disposer d'un espace propre pour les femmes paysannes et autochtones afin de défendre nos droits et de rechercher des alternatives pour surmonter l'angoissante situation de pauvreté, d'exclusion et de discrimination en raison de nos appartenances de classe, d'ethnie et de sexe.

En tant qu'organisation, et en tant que femmes, nous avons partagé de nombreuses expériences, luttes, fonctions, projets; et dans ce processus, nous avons grandi, rencontré des difficultés, établi des alliances, mettant toujours au défi notre capacité à établir des relations plus égalitaires dans nos familles, nos communautés, notre société et notre pays. C'est un espace pour les femmes autochtones et paysannes en dialogue avec d'autres organisations. Maintenant, nous sommes une organisation de classe et de genre, c'est notre outil de lutte pour défendre nos intérêts et pour être solidaires avec la lutte pour l'égalité de toutes les femmes du monde. Nous cherchons à améliorer les conditions de vie des femmes, à intégrer notre *cosmovision* du monde et le respect des peuples autochtones en plus de vouloir l'égalité entre hommes et femmes. Nous voulons des transformations sociales dans le pays grâce à notre participation active en alliance avec d'autres organisations paysannes, autochtones et de travailleurs-euses.

Nos objectifs sont de nous renforcer et d'apprendre : nous positionner politiquement, réaffirmer la participation des femmes autochtones et paysannes dans la construction d'une société égalitaire, de récupérer ce que nous faisons dans un contexte historique, en identifiant les réalisations, les difficultés et les défis rencontrés. L'égalité, la justice et le projet d'un avenir meilleur sans discrimination sont le dénominateur commun qui nous a réveillées et qui continue de nous émouvoir aujourd'hui. Nos lignes d'action peuvent être résumées comme suit : souveraineté alimentaire et droits économiques, sociaux, culturels et environnementaux, femmes avec des droits égaux et une vie sans violence ainsi que le renforcement organisationnel. Nous, nous ne sommes pas des objets, nous sommes des êtres humains, nous ressentons la joie et la tristesse. Nous faisons partie de cette société et nous y avons fait de grands apports.

Qui prend soin de moi, de mes peurs, mes peines, mes rires, mes rêves ?

Depuis son esprit, ma mère prend soin de moi, ainsi que mes oncles, mes tantes et mon père qui ne sont plus physiquement, mais qui, en toute situation difficile, sont présents dans mon être. Ma peur et ma peine la plus grande ont été la perte de ma mère et de mon père. Ça me fait rire quand je raconte à mes amies les choses que j'ai faites dans les différents lieux où j'ai animé des activités. Je suis également contente quand je danse... et quand je fais de l'artisanat ou que je vais chercher mon matériel avec mes compagnes artisanes. Le rêve que j'ai toujours dans mon cœur est que toutes les femmes vivent bien et que ma famille ne manque plus du nécessaire, que ses membres aient des emplois stables, qui ne se terminent pas en violence contre les femmes et qu'on respecte nos droits.
Bernarda

Bibliographie

Conamuri (s.d.). Repéré à https://www.conamuri.org.py/quienes-somos/.

Gomes, V. (2013). Nous sommes solidaires, *Féminétudes*, *18*(1), 20-25.

Rivera Cusicanqui, S. (2011). Descolonizar el género. Repéré à http://otramerica.com/opinion/descolonizar-el-genero/839.

Toupin, L. (1998). *Les courants de pensée féministe. Version revue du texte Qu'est-ce que le féminisme? Trousse d'information sur le féminisme québécois des vingt-cinq dernières années.* Montréal: CDEAF/Relais-femmes.

CHAPITRE 12

Femmes immigrantes au Nord et au Sud : droits, luttes et solidarités

Khadija Elmadmad, Ruth Altminc, Marcelle Gay, Doria Encalada et Michèle Vatz Laaroussi

La migration est un processus international qui a existé de tout temps. Cependant, le nombre de migrants internationaux s'est accru considérablement dans les vingt dernières années, touchant plus de 3,3% de la population mondiale. Les routes migratoires se multiplient et se diversifient, mais contrairement aux idées reçues, 60% des migrant-e-s restent dans l'hémisphère sud et les trois quarts des réfugiés s'installent dans des pays voisins du leur. La migration s'est féminisée dans les vingt dernières années: 48% des migrant-e-s en 2015 sont des femmes et elles immigrent de plus en plus pour travailler. Parmi les migrant-e-s, 51% sont des enfants de moins de dix-huit ans dont la majorité vont migrer avec les femmes (OIM, 2017). Il est aussi notable qu'au fur et à mesure que la mobilité humaine augmente, les murs, les processus d'exclusion et les mesures discriminatoires se dressent comme de nouvelles barrières, et ce, malgré des politiques de régularisation et d'intégration.

Ainsi les femmes immigrantes/migrantes sont présentes partout au Nord comme au Sud, avec des conditions sociales et juridiques diverses, mais elles partagent certaines caractéristiques. En situation régulière ou non, elles vivent de multiples vulnérabilités liées à leur parcours migratoire et à leur statut de femmes, mais aussi à leur isolement et au manque de communication avec d'autres femmes migrantes, avec des femmes d'autres groupes minoritaires ainsi qu'avec les femmes majoritaires de leur pays d'installation.

Elles vivent parfois de gros problèmes familiaux et un manque de dialogue non seulement avec la société hôte, mais aussi avec la famille et la société dans le pays d'origine. Cela peut entraîner une *non-appartenance culturelle*, un sentiment de rejet, d'exclusion et de marginalisation. Dans ce contexte, elles ont aussi souvent des relations difficiles avec les organismes chargés d'aider les femmes dans leur société. Le présent chapitre s'articule sur une analyse des rapports entre les femmes immigrantes et les femmes de la société d'installation au travers de diverses perspectives : l'une qui s'intéresse aux liens entre femmes immigrantes et intervenantes des milieux féministes au Québec et la seconde qui aborde les femmes latino-américaines immigrantes féministes et leurs liens avec le mouvement féministe québécois. La troisième partie nous amène vers le sud pour réfléchir aux droits et à l'agentivité des femmes immigrantes originaires d'Afrique subsaharienne au Maroc. La perspective de l'intégration est reprise dans la partie suivante qui traite de cette agentivité chez des femmes immigrantes médiatrices interculturelles en Suisse. Et finalement, c'est sous l'angle des luttes des femmes immigrantes en Argentine que la force et l'inventivité des femmes solidaires avec divers groupes opprimés sont analysées, permettant de relier la perspective sociojuridique, les dialogues et les mouvements sociaux.

1. Les relations femmes immigrantes et intervenantes féministes au Québec : des espaces intersectionnels de rencontre ?

Les femmes immigrantes, au Québec, vivent, quels que soient leurs statuts et leurs origines, des chocs culturels en se confrontant au système de santé et social québécois. Plus spécifiquement, leurs relations avec les intervenantes sociales des institutions, mais aussi avec celles des organismes communautaires (ONG) ne vont pas de soi. Les services sociaux québécois sont organisés sur une représentation individualiste de la société et de ses membres. Souvent, les personnes immigrantes ont l'impression que les intervenants ne reconnaissent pas des éléments fondamentaux pour elles, dans leur pays d'origine et durant leur parcours migratoire, soit la famille et la communauté. De la même manière, les intervenantes sociales éprouvent des chocs culturels lorsqu'elles rencontrent les membres des réseaux familiaux migrants et se sentent souvent impuissantes. Méfiance et distance résultent de ces chocs qui sont rarement discutés et expliqués. Cette distance est encore plus importante lorsqu'on parle des intervenantes dans des milieux de femmes et milieux féministes, des centres pour femmes, des maisons d'hébergement pour femmes victimes de violence, etc. Alors que les intervenantes appuient leurs actions sur le soutien à l'autonomie et à l'empowerment des femmes qu'elles rencontrent, les hommes, mais aussi les femmes immigrant-e-s ont d'elles l'image de briseuses de ménages et de familles. Les femmes immigrantes qui arrivent au Québec craignent ces intervenantes et vont souvent refuser l'aide qui leur est offerte, s'isolant davantage. Les appartenances religieuses et plus spécifiquement l'arrivée ou la visibilité nouvelle de femmes musulmanes portant le foulard ont renforcé cette distance. En effet, les intervenantes pour femmes sont associées au mouvement féministe québécois construit sur le rejet de la religion catholique et donc la méfiance vis-à-vis de toute religion patriarcale. L'identité nationale québécoise est clairement en jeu dans ces rapports intersectionnels où les femmes immigrantes portent plusieurs stigmates en lien avec leur culture d'origine et leur religion. Mais c'est aussi le mouvement féministe québécois qui est interpellé au travers de ces relations difficiles entre femmes immigrantes et intervenantes des milieux de femmes.

Pendant l'année 2015, dans le cadre du projet de recherche-action-médiation interculturelle développé au Québec, les femmes ont participé à dix groupes de prémédiation[1] qui étaient construits pour avoir une certaine homogénéité. Dans ces rencontres, elles étaient invitées à s'exprimer sur leurs perceptions de proximité ou d'éloignement par rapport aux autres groupes proposés. Ainsi, à partir du groupe où elles se situaient à ce stade de la démarche, elles choisissaient de façon individuelle d'abord, et en discussion collective par la suite, les deux groupes qu'elles ressentaient les plus proches et les deux autres desquels elles se percevaient éloignées. L'exercice avait pour but de mettre la table pour aborder les tensions existantes entre certains groupes féministes ou le mouvement des femmes plus large, et des femmes s'identifiant aux diversités ethnique, nationale, religieuse et sexuelle.

L'analyse des résultats de l'exercice a permis d'identifier la perception de groupes considérés comme plus éloignés par plusieurs participantes, soit celui des *femmes autochtones* (féministes et non féministes) et celui des *féministes liées à la religion* (musulmanes et chrétiennes). Par rapport aux femmes autochtones, les distances s'expliquaient par la méconnaissance et le manque de contact et d'espaces de dialogue. Majoritairement, les participantes non autochtones étaient conscientes des difficiles conditions de vie des femmes autochtones, mais elles ne les côtoyaient pas ou ne les avaient jamais rencontrées. Cependant, le regard posé sur les *féministes musulmanes ou chrétiennes* était d'un autre ordre. Des positionnements idéologiques et politiques étaient exprimés pour expliquer l'éloignement, particulièrement l'incompatibilité d'être féministe et d'adhérer à une religion, étant donné les forts liens entre le patriarcat et la religion. Certaines femmes parlaient des expériences personnelles vécues, tandis que d'autres appuyaient leurs réponses sur l'histoire du Québec et sa Révolution tranquille. Cependant, la variabilité de réponses à l'interne des groupes supposément homogènes oblige à établir d'importantes nuances. Il est intéressant de noter que plusieurs commentaires provenant des femmes immigrantes, féministes et non féministes étaient favorables aux féministes musulmanes qui luttaient pour leurs droits dans un contexte géopolitique très difficile.

Les réponses ont permis d'identifier d'autres éléments de tension, particulièrement entre les intervenantes œuvrant dans des organisations féministes et les femmes immigrantes, féministes et non féministes. D'un côté,

---

[1] Au Québec, 10 groupes de prémédiation ont été formés, les femmes participantes choisissaient de participer au groupe dont elles se sentaient le plus proches : féministes libérales, immigrantes féministes, immigrantes non féministes, femmes musulmanes féministes, femmes chrétiennes féministes, intervenantes milieux féministes (2), féministes alternatives, groupe mixte, femmes racisées. Un groupe de femmes autochtones était prévu mais n'a pas eu lieu faute de participantes. 2 autres groupes ont été tenus en parallèle au Maroc.

les femmes immigrantes non féministes étaient perçues par certaines intervenantes comme vulnérables, dominées, mal informées ou en voie d'appropriation de leurs droits. D'autre part, quelques féministes, immigrantes ou non, adhérant publiquement à une religion percevaient les intervenantes féministes comme prises dans un carcan institutionnel, porteuses d'une vision restrictive de l'identité nationale, voire d'intérêts propres et peu solidaires envers la diversité.

Lors du grand dialogue qui a suivi en novembre 2016, les femmes de différents groupes se sont rencontrées pour se connaître et se reconnaître ainsi que pour chercher des voies de rapprochement menant à une plus grande solidarité. Le partage des perceptions et des représentations mutuelles a été riche en informations et en émotions. Au-delà des animations prévues, plusieurs échanges interpersonnels ont eu lieu afin de bien expliquer les perceptions et pour éviter les malaises et inconforts menant à un plus grand éloignement. Ces rencontres ont aussi amené à revoir plusieurs des préjugés qui avaient été abordés lors des groupes de prémédiation et à tisser les fondements d'une plus grande confiance entre femmes immigrantes, intervenantes et féministes croyantes.

2. Les stratégies identitaires de femmes féministes latino-américaines immigrées au Québec : de nouvelles solidarités féministes?

Les identités d'une personne sont multiples et lui permettent de créer des liens ainsi que des sentiments d'appartenance diversifiés. Cependant, lorsqu'on pense les identités et appartenances multiples en contexte migratoire, d'autres aspects entrent en jeu. Bien que les frontières soient perméables (Juteau, 2001) tant de l'intérieur des groupes d'appartenance minoritaires que de l'extérieur, où se situe une majorité supposée, soit la société d'accueil, les femmes migrantes se retrouvent souvent à faire des choix identitaires pour faciliter leur intégration. Ces choix parfois conscients et délibérés, parfois inconscients, révèlent l'existence des stratégies identitaires (Isabelle Taboada-Leonetti, 1998) prometteuses de nouvelles appartenances. Celles-ci pourraient permettre aux femmes et à leurs groupes de se situer dans des espaces communs, de façon plus centrale ou plus marginale, en harmonie ou en tension avec les autres groupes, et ce, en fonction du contexte sociopolitique local et de la géopolitique plus globale.

Dans mon expérience terrain développée dans la grande région de Montréal, j'ai observé comment les femmes migrantes du Sud, notamment des personnes latino-américaines ayant une formation universitaire et une expérience militante dans leurs sociétés d'origine, percevaient les féminismes québécois. Ces derniers étaient perçus comme des portes d'entrée pour se tisser un réseau social et se donner une place en continuité avec les appartenances prémigratoires. Certaines de ces femmes, se déclarant féministes bien avant leur établissement au Québec, se sont jointes avec enthousiasme aux organisations des féministes québécoises voyant par cette voie une excellente manière de s'intégrer socialement. Dans plusieurs cas observés, le désenchantement n'a pas tardé à apparaître. Les manières de penser les relations entre les sexes, la place de la famille, la perception de l'autonomie individuelle comme valeur fondamentale de l'affirmation féministe et le fonctionnement parfois institutionnalisé de certaines organisations ont fini par creuser une nouvelle frontière entre ces femmes immigrées et leurs consœurs de la société d'accueil. Elles apprenaient que leurs perceptions, intérêts et valeurs étaient différents, voire dévalués, face à un féminisme québécois perçu par ces femmes latino-américaines comme fort, homogène, réservé au groupe majoritaire et fermé à d'autres façons de faire.

Se sentant exclues par leurs différentes façons de vivre et de comprendre l'action féministe, ces quelques femmes latino-américaines ont utilisé des stratégies identitaires qui ont joué un rôle décisif dans l'investissement et la création de nouveaux espaces de rencontre des féminismes et féministes. Certaines se sont éloignées en mettant en question les places qui leur étaient assignées par des féministes rattachées aux organisations de la société d'accueil, tandis que d'autres ont renforcé leurs perceptions d'elles-mêmes en tant que femmes immigrantes féministes et ont participé à la création d'espaces alternatifs pour leur reconnaissance au sein du mouvement des femmes plus large. Certes, les choix et la résilience personnels ont joué des rôles importants pour établir les marges de manœuvre individuelles et collectives face aux places assignées, réelles ou imaginaires. Ces places se construisaient tant à partir des attentes sociales des groupes de féministes de la société d'accueil que de celles exprimées par des groupes d'appartenance en lien avec les origines ethniques, religieuses ou nationales, ce qui impliquait des regards croisés et parfois antagonistes.

Pour quelques-unes de ces femmes latino-américaines s'étant éloignées ou se percevant comme marginalisées au sein des féminismes québécois, la possibilité de participer à la recherche-action-médiation interculturelle, menée au Québec, permettait une reprise de parole. Dans les groupes de prémédiation, plusieurs participantes ont fait part des stratégies identitaires mises de l'avant pour continuer à s'identifier en tant que féministes venues d'ailleurs. Elles ont alors découvert des féminismes diversifiés et ouverts sur de multiples possibilités qui leur étaient, jusqu'à maintenant, méconnus. À la suite de cette découverte, ces femmes se sont permis d'affirmer leur propre féminisme, qui était, selon leurs dires, assez différent de leurs idées initiales, car elles avaient intégré plusieurs perceptions et façons de faire de la société majoritaire depuis leur établissement au Québec. Elles voyaient la possibilité de créer de nouvelles façons de définir les frontières qui leur permettaient d'établir un autre lien avec des aspects très généraux de leurs origines, réelles ou imaginaires, et de leurs appartenances en contexte migratoire. Elles recréaient de nouvelles stratégies identitaires, métissées, porteuses de leurs origines et de leur terre d'accueil. De nouveaux récits émergeaient, ce qui permettait à ces femmes de se percevoir comme des femmes battantes, fortes et résilientes au-delà des désenchantements vécus.

De plus, certaines femmes se sont permis d'exprimer des différences ou des nuances au sein de ces nouvelles alliances, se situant plus proches des groupes majoritaires, sans être pour autant considérées comme des traîtresses. La perception d'une diversité interne au sein d'un groupe qui se voulait au tout début homogène, leur a permis de concevoir la possibilité d'interstices et de diversité au sein des groupes, le leur comme ceux dont elles se percevaient éloignées. En somme, les échanges ont contribué à la prise de conscience des stratégies identitaires déployées et des appartenances renforcées pour aller vers un dialogue de reconnaissance, de reprise de parole, de visibilité et de pouvoir.

3. Les femmes subsahariennes immigrées au Maroc : entre dialogue et absence de dialogue.

«Je suis venue du Sénégal au Maroc il y a plus de cinq ans avec l'idée de me rendre en Europe. Je ne pensais pas que j'allais être coincée dans votre pays pendant si longtemps et vivre en marge de votre société », a déclaré Fatou, une femme de ménage sénégalaise immigrée, le 8 mars 2017 à Rabat, lors de la célébration de la journée internationale des femmes par le Syndicat des migrants.

Plusieurs femmes vivent comme immigrées au Maroc. Elles sont de diverses origines et cultures et possèdent des statuts juridiques variés. Les plus visibles parmi elles sont issues de l'Afrique subsaharienne. Elles viennent de divers pays subsahariens, mais surtout de l'Afrique de l'Ouest et notamment du Sénégal, du Congo et de la Côte d'Ivoire. Accompagnées ou non de leurs enfants, la plupart des femmes subsahariennes immigrées au Maroc n'ont pas beaucoup de rapports avec la société hôte. Dans plusieurs cas, les différences culturelles, ethniques et linguistiques peuvent expliquer l'absence de dialogue entre les femmes marocaines et les femmes immigrées. Certaines parmi ces femmes immigrées pratiquent la mendicité dans les grandes artères des villes marocaines, souvent pour le compte de trafiquants d'êtres humains qui les exploitent et leur interdisent tout contact avec la société d'accueil.

Beaucoup de femmes immigrées sont venues au Maroc avec le projet de partir en Europe et ne cherchent pas trop à nouer de relations avec les nationaux lors d'un passage qu'elles considèrent comme temporaire seulement. Elles vivent cachées pour la plupart, souffrent en silence et supportent l'exploitation et les dénis de droits, dans l'attente de trouver l'occasion de partir en Europe où elles espèrent vivre mieux. Une femme originaire de la Côte d'Ivoire déclare: « Je suis venue au Maroc il y a deux ans pour aller rejoindre mon compagnon qui est dans la ville de Ceuta. Je ne veux pas rester dans ce pays, je veux aller en Espagne puis en Allemagne. C'est pourquoi je ne trouve pas d'intérêt à avoir des relations avec les Marocains et les Marocaines ou à communiquer beaucoup avec eux ». La situation juridique des femmes immigrées subsahariennes peut expliquer aussi leur isolement. « Je vis comme migrante irrégulière au Maroc et je fais tout pour vivre discrètement et éviter d'être repérée par la police et renvoyée chez moi », a déclaré une femme congolaise en 2013, juste avant les premières régularisations des immigrés irréguliers qui ont eu lieu en janvier 2014.

Jusqu'en 2013, la majorité des femmes subsahariennes immigrées au Maroc vivaient en situation irrégulière et dans des conditions de déni de tout droit. Depuis, elles ont bénéficié largement des opérations de régularisation des immigrés entamées après l'adoption de la nouvelle politique marocaine d'immigration (NPMI) en 2013. C'est ainsi qu'en 2014, lors des premières régularisations, toutes celles qui ont demandé à régulariser leur statut juridique ont pu le faire. Lors des deuxièmes régularisations, qui ont commencé en 2016, des instructions administratives ont été données pour que toutes les demandes de régularisation issues de femmes soient acceptées, surtout quand ces femmes sont accompagnées d'enfants.

Une stratégie nationale d'immigration et d'asile (SNIA) a été développée par le gouvernement marocain pour accompagner les régularisations et intégrer les immigrés régularisés dans le pays[2]. Des ONG marocaines (dont la majorité des membres sont des femmes) et des acteurs de la société civile s'activent pour lever les barrières entre les femmes immigrées et la société d'accueil. Selon leurs moyens et leurs possibilités, elles les aident à s'intégrer dans le pays et à vivre autrement, en leur offrant des formations linguistiques et professionnelles ainsi qu'une assistance juridique. Cependant, malgré cette politique gouvernementale d'intégration visant aussi à faciliter les relations avec la population locale et malgré les efforts de certaines composantes de la société civile pour les accompagner dans cette intégration, la régularisation du statut des femmes subsahariennes immigrées ne semble pas avoir contribué

---

[2] Des informations détaillées sur cette stratégie figurent dans le site web du ministère marocain chargé de la communauté marocaine résidant à l'étranger et des affaires de la migration.

beaucoup à développer leur communication avec la société d'accueil ou à changer leurs relations avec elle. Très souvent, ces femmes continuent à vivre en marge de la société. L'acquisition de leur droit de séjour dans le pays n'a pas été accompagnée d'autres droits dont jouissent généralement les résidents réguliers, tels que le droit au travail ou à la protection contre l'exploitation et contre la traite humaine. Certains textes juridiques ont été promulgués en vue de garantir les droits de tous les habitants du Maroc (y compris les migrants), mais beaucoup reste à faire pour les mettre en vigueur et les appliquer effectivement. La lutte acharnée des femmes immigrées pour la survie continue jusqu'à présent, souvent avec beaucoup de violations de droits et des drames.

Alors qu'avant 2014, la rue était le seul point de communication entre les femmes subsahariennes immigrées au Maroc et leur société hôte, depuis l'adoption de la nouvelle politique marocaine d'immigration en 2013, des rencontres sont de plus en plus organisées par les responsables marocains et par la société civile avec l'objectif de mettre en contact les acteurs en matière de migration et les immigrés, en général, et les femmes subsahariennes immigrées, en particulier. Certaines de ces rencontres sont organisées par le ministère marocain de la migration. D'autres ont lieu à l'initiative d'institutions internationales comme l'Organisation internationale pour les migrations (OIM), le Haut Commissariat des Nations unies pour les réfugiés (HCR) et l'UNESCO ou bien de centres de recherches universitaires ou d'associations de droits de la personne comme le Centre UNESCO « Droits et Migrations » situé à Rabat (CUDM). Certaines sont aussi portées par des migrant-e-s comme « La Voix des femmes migrantes », une association rassemblant des femmes immigrées qui sont pour la majorité issues de l'Afrique subsaharienne, et qui mènent des actions de témoignage, de solidarité et de revendication. Ainsi depuis 2013, plusieurs ONG de migrants (femmes et hommes) ont vu le jour, jouant souvent le rôle d'intermédiaires entre, d'une part, les immigré-e-s et, d'autre part, les autorités gouvernementales, les ONG marocaines et la population marocaine.

Des ponts culturels ont été créés entre les immigré-e-s issus de l'Afrique subsaharienne et les Marocains et Marocaines; des solidarités sont nées entre les deux populations. Par exemple, dans les souks marocains, les produits alimentaires et vestimentaires subsahariens sont très présents et sont achetés autant que les produits marocains ou chinois. Il en est de même de l'artisanat ou des œuvres d'art de l'Afrique noire qui décorent de plus en plus les foyers marocains. Dans les mêmes souks marocains, ces commerces sont pour la plupart tenus par des femmes subsahariennes, comme c'est le cas dans l'Afrique subsaharienne. Certaines de ces femmes subsahariennes immigrées offrent des produits cosmétiques naturels qui sont de plus en plus appréciés par la population locale et notamment par les femmes marocaines. D'autres femmes subsahariennes sont spécialistes des coiffures afros qui ont de plus en plus d'adeptes parmi les jeunes femmes marocaines. Pour leur part, plusieurs femmes subsahariennes immigrées commencent à s'imprégner de la culture marocaine : plusieurs parlent l'arabe marocain (souvent, grâce à leurs enfants qui fréquentent les écoles marocaines), s'habillent à la marocaine (djellaba et kaftans) et cuisinent les tagines et couscous du pays.

Cependant, malgré ces rapprochements entre les cultures et les populations, des distances relationnelles et sociales subsistent dans plusieurs situations, surtout entre les femmes subsahariennes immigrées et les femmes marocaines. Leurs relations oscillent fréquemment entre dialogue et absence de dialogue. Une femme marocaine amie a déclaré à ce sujet : « Je ne sais pas pourquoi je n'arrive pas à casser la glace qui persiste entre moi et ma femme de ménage ivoirienne. La communication entre nous semble bloquée ». Elle a ajouté : « J'aurais besoin, peut-être, de tes qualités de spécialiste de l'Afrique et de la migration pour assurer le rôle de médiatrice entre moi et ma femme de ménage subsaharienne, surtout que maintenant tu t'intéresses à la médiation interculturelle et interafricaine, étant donné que tu es membre du Réseau des femmes médiatrices africaines, « FemWise-Africa »[3], au sein de l'Union africaine ». On comprend ici que les médiations entre femmes immigrantes et locales se doivent aussi d'être déployées au filtre de l'intersectionnalité, les écarts de classe sociale représentant une dimension incontournable de la situation des femmes immigrantes.

4. Les médiatrices interculturelles au prisme des politiques d'intégration en Suisse

«On désigne par médiation interculturelle, la transmission de connaissances et d'informations entre personnes issues d'univers divers et aux modes de vie différents.» Cette définition proposée par *Interpret*[4], l'association suisse chargée de gérer le développement de l'interprétariat et de la médiation interculturelle ainsi que la formation des médiatrices interculturelles, ouvre à des questionnements dont un des intérêts réside dans son apparente simplicité face à la complexité que recèle son application.

---

[3] Pour plus d'information sur le travail de médiation du réseau des femmes africaines médiatrices Network of African Women in Conflict Prevention and Mediation (FemWise-Africa), voir en anglais : International Peace Institute, Can FemWise-Africa Make Mediation Work for Sustaining Peace?, 07 June 2018, Repéré à https://reliefweb.int/report/world/can-femwise-africa-make-mediation-work-sustaining-peace
[4] Interpret. Repéré à http://www.inter-pret.ch.

En 2017, la population étrangère était présente à hauteur de 25% en Suisse dont environ 70% était européenne et 30% issue de pays déclarés tiers, recoupant l'ensemble des pays non européens. Mû par la nécessité de répondre à l'évolution de la population et à la diversité démographique, l'État fédéral a décidé de miser sur des politiques d'intégration. Dès 2005, l'article 4 de la Loi fédérale sur les étrangers et l'intégration ainsi que les dispositions d'exécution qui en découlent dans l'ordonnance idoine décrètent l'intégration comme objectif de la cohésion sociale en Suisse. La préconisation de l'intégration, dans le cas d'une ordonnance fédérale, devient clairement une injonction. L'article 2 al.1 de cette ordonnance pose comme principe « l'égalité des chances entre Suisses et étrangers dans la société suisse » et al.3 la nécessité « de prendre en compte les besoins particuliers des femmes, des enfants et des jeunes ». En sus, la loi sur l'asile préconise dans l'article 17 al.2 des dispositions afin qu'il « soit tenu compte dans la procédure de la situation particulière des femmes et des mineurs ». Les deux principales lois concernant les populations étrangères mettent ainsi en évidence une attention accrue à la situation des femmes. Ces articles soulignent d'une part une forme de stigmatisation en relevant les besoins particuliers des femmes, mais d'autre part un renforcement de la prise en compte de ces spécificités. La deuxième option nous paraît actuellement judicieuse, car elle ancre dans les textes légaux la nécessité de conduire des politiques publiques en priorisant la situation des femmes.

À partir de ces principes, des programmes d'intégration cantonaux (PIC) sont mis en œuvre prenant appui sur les administrations des cantons et des communes ainsi que sur les structures ordinaires telles l'école, la formation professionnelle ou le système de santé par exemple. Ces programmes visent à ancrer l'intégration dans la société civile en s'appuyant sur un corpus de mesures. La lecture de ces mesures signale que les hommes par l'accès à un emploi, les enfants et les jeunes par l'accès à l'école et à la formation sont de facto intégrés, mais les femmes, pour lesquelles nombre d'initiatives ou de projets sont développés, se retrouvent dans un entre-soi qui, pour devenir créatif et porteur de sens, demande un surcroît d'énergie et de participation sociale. Tacitement, l'attention se maintient sur les enfants, les jeunes et les hommes attendant des femmes une forme de soutien à l'intégration des membres de la famille. « En tant que médiatrice interculturelle, chaque jour, je rencontre des femmes étrangères qui se sont repliées sur elles-mêmes. Leurs parcours traumatisants, la migration et le manque de confiance en elles-mêmes les empêchent de trouver des pistes, de faire des liens avec la population locale et de s'intégrer. Beaucoup de ces femmes se trouvent seules, perdues et passent la plupart de leur temps entre quatre murs avec leurs enfants. Elles se plaignent de cette solitude et de ne pas avoir de contacts avec l'entourage.

Mais elles n'ont malheureusement pas le courage et souvent même pas l'énergie de faire un pas. »

C'est dans cette configuration qu'intervient le rôle des médiatrices interculturelles, associé en Suisse à des femmes ayant une expérience d'immigration, avec une définition large de leur activité faisant appel à des objectifs assurant aux personnes migrantes le passage des informations, la compréhension de l'environnement socioculturel ainsi qu'un accès sans discrimination aux offres et aux prestations du service public (Interpret, 2018). Dans ce cadre, l'action des médiatrices interculturelles se situe dans un rôle de passeuses favorisant l'intercompréhension, un processus d'apprivoisement réciproque, un rôle de soutien, d'encouragement, d'ouverture, travail multiforme et complexe qui est de fait leur quotidien. Leur fonction est donc à interroger dans l'articulation de demandes, d'attentes et d'exigences multiples qui elles-mêmes se déploient dans des contextes distincts. Il convient ici de rappeler la polysémie du terme médiation qui renvoie à diverses significations allant d'une activité de traitement des conflits à toute pratique de mise en relation ouvrant dès lors à une acception infinie. L'intérêt de cette mise en perspective est de considérer la médiation comme fondement et non comme finalité instrumentale (Chouinard et al., 2011).

Les témoignages des médiatrices interculturelles soulignent le cumul des objectifs entre la mission qui leur est confiée et les attentes des femmes migrantes : « Pouvoir me former, réfléchir à ce qui est attendu de moi comme interprète et médiatrice interculturelle est très important. Je ne suis pas le porte-parole des services qui font appel à moi ni des personnes de ma communauté, mais c'est difficile à faire comprendre. J'ai eu des conflits pour cela. » C'est un travail sous pression qui est décrit. Chaque partie attend que la médiatrice interculturelle soit son unique porte-parole alors que son rôle est de permettre à chacune d'entre elles d'engager une démarche de médiation. Cette exigence de multipartialité, selon *Interpret*, requiert un niveau élevé de compétences tant professionnelles qu'humaines. À ce titre, avoir une connaissance propre de ce qu'implique un parcours migratoire est présenté comme un atout : « Mon parcours en tant que migrante, mes observations lors de mon travail d'interprète et de médiatrice et durant mes activités comme bénévole me confirment que lorsqu'une femme a la chance d'avoir un contact individuel avec une femme / famille suisse, non seulement elle apprend plus vite le français, mais elle se sent plus à l'aise pour créer d'autres contacts. Elle se fait plus confiance, se sent plus rapidement chez elle et surtout elle forme des attachements au pays d'accueil. »

« Aucune portée des mesures d'intégration sans médiatrices interculturelles ! » Cette affirmation à l'allure de principe se vérifie après chacune de leurs interventions. L'impact de leur travail est reconnu par les partenaires sociaux et par les autorités qui sont déterminés à promouvoir reconnaissance professionnelle, visibilité du travail et renforcement de la communication. Pour toute profession jeune, le chemin de la reconnaissance est long et la médiation interculturelle n'échappe pas à ce constat; ce sont les multiples interventions dans tous les domaines de la vie sociale qui fonderont sa valeur et sa légitimité. « À mes yeux, une intégration réussie est le fruit d'une série d'actions au cours desquelles la population migrante et la population d'accueil jouent des rôles complémentaires. Ainsi, le passage d'une étape à l'autre du processus d'intégration est conditionné par la volonté de chacun de faire en sorte que les meilleures conditions possible d'adaptation soient maintenues.»

Les témoignages cités sont tirés de projets destinés aux femmes migrantes afin de trouver avec elles des réponses à leur isolement et à leur vulnérabilité sociale ; ils sont le reflet des complexités à l'œuvre. *Rôles complémentaires, volonté de chacun*, ces termes illustrent le chemin à parcourir et les compétences à acquérir pour le poursuivre entre des visions, des environnements et des positionnements différents. Les médiatrices interculturelles sont partie prenante des programmes destinés aux femmes migrantes et à ce titre gèrent des projets, des mises en œuvre et des suivis de formations, participent dans des groupes de pilotage à des études. Dans ces contextes, elles sont reconnues comme des phares de l'intégration, ces puissants foyers lumineux qui signalent, rassurent et rendent possible la suite de l'exploration, mais en parallèle ou en articulation avec ces actions de médiation, de nombreux défis restent à relever.

5. Femmes immigrantes en Argentine : vers des mondes partagés

Je suis Doria Encalada, Péruvienne et arrivée en Argentine en 1999 en tant que demandeuse d'asile dans ce pays. Au Pérou, au début des années 1990, le président Alberto Fujimori gouvernait et à cette période je participais à la politique. J'ai été menacée, parce que je faisais partie des processus de paix au Pérou. Cette cause m'a coûté le déracinement familial, culturel et politique. Finalement, j'ai obtenu le statut de réfugiée en Argentine après avoir traversé de grosses difficultés dues à mon statut précaire de demandeuse d'asile. Par exemple, je ne pouvais pas étudier, car je n'avais pas de document d'identité reconnu. J'ai alors amorcé la lutte pour promouvoir la participation des migrantes et des réfugiées en Argentine.

Ce moment clé d'organisation a eu lieu au cours de nos allées et venues dans les files d'attente de la Commission catholique pour voir si le comité pour l'admissibilité des réfugiés nous octroyait le statut de réfugiés. C'est là où nous nous organisions, c'était à ce moment où nous pouvions échanger des idées avec nos pairs, en manifestant notre colère d'être entrées avec les conditions requises, entre avoir et ne pas avoir de statut; en exprimant nos plaintes parce que beaucoup d'enfants, de jeunes, ne pouvaient pas étudier en tant que migrants. Entre autres, ces difficultés se basaient sur l'article de la Loi Videla (22449)[5] qui est discriminatoire et xénophobe. C'est ainsi que s'écrit mon histoire en Argentine, le fait de nous refuser l'éducation m'a amenée à faire partie de femmes péruviennes migrantes et de réfugiées qui commençaient à se réunir pour solliciter l'accès à l'Université de Buenos Aires. Dès lors, nous avons organisé une journée pour que les femmes migrantes connaissent leurs droits et qu'elles puissent les exercer. C'était l'unique moyen pour que le recteur de l'Université connaisse nos revendications, et ainsi, nous avons obtenu que l'Université de Buenos Aires intègre 41 enfants des femmes migrantes.

De ce défi a surgi la problématique de la discrimination, mais aussi la nécessité de responsabiliser et impliquer les migrants dans les politiques d'ajustement. Les migrant-e-s vivaient des violences familiales et institutionnelles. On les retenait (on les emprisonnait) puisque les migrants n'avaient pas le document national d'identité, cette situation nous affligeait, mais nous ne cessions pas pour autant de construire nos projets de vie. Dans ce contexte, nous présentions des revendications pour qu'un espace physique nous soit donné, mais nous n'avons pas pu l'obtenir. Jusqu'à ce jour où je suis tombée amoureuse et je suis partie vivre dans un autre quartier, dans une demeure que je louais. À cette époque, nous manquions de beaucoup, mais je me suis mise dans les souliers de mes camarades et, solidairement, j'ai cédé l'espace pour que les femmes aient un espace de rencontre avec d'autres femmes de différentes nationalités, un espace où chacune puisse apprendre et enseigner. Nous partions de l'art d'aimer et de créer et nous avons toutes exploré nos patrimoines culturels tels que la cuisine, la danse, le tissage, la broderie : c'était ainsi chaque week-end dans le sous-sol de Dorrego. Nous nous réunissions, avec des femmes migrantes péruviennes, paraguayennes, uruguayennes, boliviennes, brésiliennes, équatoriennes, des femmes ukrainiennes horticultrices, des femmes au travail informel non reconnu comme celles qui prennent soin des enfants, des femmes professionnelles et des femmes chercheures avec comme objectifs de résoudre nos problèmes et de fortifier nos stratégies.

---

[5] À noter que les autorités des écoles ne devront pas dénoncer ceux qui se trouvent dans la dite situation (comme la Loi Videla l'exigeait), mais «devront offrir une orientation et une consultation par rapport aux formalités correspondantes aux effets de réparer l'irrégularité migratoire" (article 7) Repéré à
http: // webiigg.sociales.uba.ar/pobmigra/archivos/domenech.pdf.

Les cas des migrant-e-s qui venaient à l'association étaient redondants. À cette époque, la Loi nationale de migrations (Loi d'Avellaneda), une loi d'expulsion, était en vigueur. Nous ne pouvions pas remplacer l'État pour empêcher les actes qui touchent aux droits inaliénables établis et garantis par la loi. Par contre, nous faisions remonter les dénonciations vers les institutions pertinentes : en nous confrontant aux actes arbitraires, nous choisissons de minimiser le résultat et de maximiser les efforts. Dans ce travail, nous avons développé des stratégies de rassemblement des femmes pour assister et s'impliquer dans les tables participatives du Centre d'études légales et sociales (CELS) qui, entre autres institutions non gouvernementales, a réussi à abroger la Loi Videla (22439)[6]. Peu à peu nous avons avancé de nos rêves brisés vers des rêves réparés. Un changement significatif a été la participation dans les forums de migrantes et de réfugiées, un espace créé pour la participation des organisations sociales, où sont mises en application des actions anti-discriminatoires, dans un processus articulé entre la société et l'État. Dans l'objectif de faire circuler l'information sur les droits des personnes migrantes et de promouvoir leur participation, nous avons eu la chance de travailler avec l'Institut national contre la discrimination, la xénophobie et le racisme.

> Finalement, avec mon engagement assumé de continuer à aider la communauté migrante, j'ai fait un grand tour de 180 degrés pour avoir notre propre *demeure*. Entre pleurs et rires, les migrantes et les réfugiées, nous avons migré de la capitale de la province de Buenos Aires vers le quartier Alejandro Korn. Je me souviens des premières activités, elles étaient liées à la reconnaissance et à l'amélioration du quartier ainsi qu'à l'extension des droits pour les migrantes et les familles qui décidaient d'y vivre. Pour avoir notre propre maison et une bonne cohabitation avec les voisins et les voisines du quartier, nous proposions de nous entraider dans la construction de nos maisons et de promouvoir la participation des femmes avec leur propre voix puisqu'en principe les formalités pour obtenir un crédit sont difficiles. C'est alors que nous avons créé notre propre crédit : nous avons toutes mis de l'argent et tiré les sommes au hasard, puis nous avons fait en sorte que le crédit soit rotatif et remboursable. Cette technique a été employée avec dix familles, ce qui a été le point de départ de notre reconnaissance en tant qu'organisation de quartier. À partir de ce processus collaboratif et appuyées sur le cadre normatif de la migration, nous nous sommes dirigées vers la municipalité pour avoir des liens directs afin de nous constituer comme association de Femmes en développement, migrantes et réfugiées. Nous avons commencé à

---

[6] Le député national Rubén Giustiniani a approuvé la nouvelle loi de migrations 25871 en décembre 2003. http://www.unsam.edu.ar/ciep/wp-content/uploads/2017/03/8-Brayan-Tintaya-Entrevista-a-Rub%C3%83%C2%A9n-Giustiniani-La-clav, Publicación de la Red Universitaria sobre Derechos Humanos y Democratización para América Latina. Año 5, 8. Febrero de 2016. Buenos Aires, Argentina.

fonctionner en 2007. Nous nous sommes liées avec le Frente de Migrantes Organizados (le Front des migrants organisés), une organisation reconnue en Argentine pour le développement des droits des migrant-e-s. Nous participons maintenant au Collectif de groupes de femmes du Chaco américain et nous voyageons avec d'autres camarades engagées dans l'ardu travail d'améliorer le quartier. Nous établissons des contacts, des dialogues et échangeons des apprentissages mutuels en tissant des réseaux. Là se déroulent des débats, des ateliers et des plénières liés aux besoins et aux problèmes de chaque groupe. Je me sens chanceuse de faire partie de la première génération de migrant-e-s qui ont lutté pour l'abrogation de la Loi Videla. Ici et maintenant, nous continuons d'accompagner les revendications pour les droits des personnes migrantes en Argentine.

Conclusion : immigration et solidarités

Ainsi l'immigration représente une expérience singulière et collective à la fois qui est partagée par des femmes du Sud et du Nord. Elle est un trait d'union entre elles, mais aussi entre leurs communautés d'accueil et d'origine. Néanmoins, cette expérience représente aussi parfois une fracture entre elles et les femmes des pays dans lesquels elles et leurs familles tentent de trouver une place. Si leurs conditions juridiques et sociales évoluent et si elles continuent à faire l'objet de luttes, il reste que les rapports avec les sociétés d'installation, les inégalités socio-économiques et les écarts de reconnaissance marquent les parcours de ces femmes. Cependant, elles développent de nouvelles stratégies identitaires et des processus de médiation. Dans leurs sociétés diverses, elles arrivent à créer de nouveaux liens, des rapports inclusifs au territoire et des dialogues solidaires inespérés, amorçant ainsi des incubateurs de solidarités renouvelées.

Bibliographie

Administration fédérale, Statistiques 2017. Repéré à https://www.sem.admin.ch/sem/fr/home/aktuell/news/2018/2018-01-15.html.

Chouinard, I., Couturier, Y. et Lenoir Y., (2009). Pratique de médiation ou pratique médiatrice? : la médiation comme cadre d'analyse de la pratique professionnelle des travailleurs sociaux. *Nouvelles pratiques sociales*, *21*(2), 31-45.

Gay, M., (2018). Les interprètes communautaires face aux enjeux de la médiation interculturelle. *Actualités sociales,* (72), 16-17

Juteau, D. (2015). L'ethnicité et ses frontières, Montréal : Les Presses de l'Université de Montréal.

Loi sur l'asile. Repéré à https://www.admin.ch/opc/fr/classified-compilation/19995092/index.html.

Loi sur les étrangers. Repéré à https://www.admin.ch/opc/fr/classified-compilation/20020232/index.html.

Organisation internationale pour les migrations, OIM, (2017). Rapport 2017, Repéré à https://www.iom.int/fr.

Ordonnance sur l'intégration (s.d.) Repéré à https://www.admin.ch/opc/fr/classified-compilation/20070995/201807010000/142.205.pdf.

Orientation.ch. Repéré à https://www.orientation.ch/dyn/show/3880.

Savourey-Alezra M. et Brisson, P. (2002). Re-créer les liens familiaux: médiation familiale et soutien à la parentalité. Lyon : Les presses de l'Université Laval.

Taboada-Leonetti, I. (1998). Chapitre II. Stratégies identitaires et minorités : le point de vue du sociologue (*Stratégies identitaires* (p. 43-83). Paris cedex 14 : Presses Universitaires de France. Repéré à https://www.cairn.info/strategies-identitaires--9782130428589-page-43.htm?contenu=resume.

Le parcours migratoire intergénérationnel de trois femmes entre Japon, Brésil et Québec
Cristiane Hirata

L'histoire d'immigration de mes ancêtres a eu ses origines aux alentours du siècle passé lorsque ma grand-mère, Matsuyo Miaki, a quitté la ville de Fukuoka, située au nord de l'île de Kyūshū, après la Seconde Guerre mondiale pour se lancer dans une des nombreuses vagues d'immigration japonaise au Brésil. En quête de meilleures conditions de vie, son but était celui de la plupart de ses compatriotes nippons qui sont arrivés au Brésil, un pays considéré à l'époque comme un eldorado : travailler dans des plantations agricoles à la ville de Sao Paulo (principalement la culture du café), économiser de l'argent et revenir au Japon. Son rêve de retourner à son pays natal ne s'est jamais concrétisé et ma grand-mère a ainsi grossi le rang de la première génération japonaise, les *Isseis*, installée au Brésil, pays où différents groupes ethniques se sont mélangés au cours de son histoire pour donner naissance à un peuple très métissé.

Ma mère, Mitosse Hirata, est née à Maringá, ville située au sud du Brésil où se trouve la troisième plus importante concentration de descendants japonais. Faisant partie de la deuxième génération, les *Niseis*, elle a grandi entre deux cultures différentes, voire même opposées. À l'exemple de plusieurs enfants issus de la deuxième génération d'immigrants, ma mère a été alphabétisée en portugais, mais parlait aussi le japonais, car c'était la seule langue que ma grand-mère maîtrisait à la maison. Ma mère s'identifiait comme Brésilienne tout en affirmant aussi ses origines nippones : la pratique du bouddhisme dans un pays de croyance fortement catholique, la nourriture basée sur un régime alimentaire japonais, l'enseignement des valeurs telles que l'honneur, le sens de la responsabilité, l'honnêteté et la résilience, les rituels funéraires lors du décès des Nippo-Brésiliens, sans compter le goût et l'effort du travail, la combativité et, surtout, l'éducation comme levier d'une vie réussie pour sa progéniture.

Je suis le résultat de cette diaspora, les *Sanseis*, c'est-à-dire la troisième génération de descendants de Japonais. Ayant vécu toute ma vie au Brésil, les interrogations sur mes origines à la fois asiatiques, latines et lusophones n'étaient pas pour moi une source de conflit identitaire. J'ai toujours eu le sentiment que peu de mon identité était affiliée aux origines de mes ancêtres, car après tout, le portugais est ma langue maternelle et le Brésil est mon chez-moi. C'est là-bas que j'ai construit ma vie et où se trouvent mes souvenirs et références.

Il me fallut toutefois quitter le Brésil il y a dix ans et immigrer au Québec pour que cette idée d'une racine uniquement brésilienne se transforme. En assumant mon identité de femme immigrante parmi plusieurs autres que je revendique ici, j'ai réalisé à quel point mon parcours et projet de vie migratoire dans un autre pays se dévoile et se renouvelle encore aujourd'hui dans la continuité d'une trajectoire migratoire intergénérationnelle initiée au Japon en passant par le Brésil pour, finalement, aboutir au Québec. À partir des découvertes, échecs, conquêtes, incertitudes et resignifications identitaires, culturelles et d'altérité que j'ai vécus au Québec, je me suis rendu compte que je perpétuais et m'appropriais, parfois de façon inconsciente, des savoirs intergénérationnels de ces deux femmes de ma famille. Chacune en son temps et ayant différentes perspectives, ma grand-mère et ma mère ont été pour moi des catalyseurs de résilience et de courage pour m'adapter au pays d'accueil. Grâce à la transmission de leurs savoirs, j'ai pu ainsi développer ma propre vision du monde dans le nouveau contexte québécois.

C'est ici que j'ai vu ressortir, plus ouvertement et avec toutes les couleurs, les valeurs, le savoir-faire et savoir-être légués par ma mère au Brésil, femme battante qui n'abandonnait jamais ses combats, mais aussi ceux hérités de ma grand-mère qui, sans parler le portugais et ayant vécu le choc culturel au Brésil, a quand même élevé sept enfants sous le soleil écrasant d'un pays tropical. La détermination de ces deux femmes a toujours été un modèle pour que j'avance avec ténacité et courage au Québec ou ailleurs, peu importe les rudes épreuves que j'ai dû affronter. Avec ma grand-mère et ma mère, j'ai appris que lorsque les femmes sont encouragées à être maîtresses de leurs destinées, rien ne peut les empêcher de s'émanciper, et ce, même si plusieurs obstacles et injustices contre elles perdurent encore de nos jours. Ceci fut le meilleur exemple de féminisme que j'ai eu au long de ma vie.

Ces mêmes femmes courageuses et jamais résignées comme ma grand-mère et ma mère, j'ai eu le plaisir de les rencontrer lors du projet « *Femmes et féminismes en dialogue* ». Grâce à ce projet réunissant une centaine de femmes de tous âges, de diverses origines et confessions religieuses, venues de onze pays du Sud et du

Nord, je me suis aperçue que malgré la distance générationnelle et temporelle qui sépare ma grand-mère et ma mère de ce groupe de femmes, toutes mènent ensemble le même combat : améliorer leurs vies et celles de leurs enfants, familles et communautés.

Dialogue entre Eve et Naoual

Pouvez-vous vous présenter avec vos caractéristiques idéologiques ?
Eve : Mon nom est Eve Torres, d'origine française et québécoise depuis 20 ans, je me présente comme militante féministe et antiraciste. Depuis toujours, la justice sociale m'anime et depuis plus de 16 ans maintenant j'œuvre dans différents milieux communautaires, institutionnels et politiques. Mon objectif a toujours été d'encourager les femmes, les femmes racisées, et musulmanes particulièrement, à prendre leur place dans la société, à se faire entendre et contribuer ainsi à ce fameux « vivre-ensemble ».

Avant 2014 et sa Charte des valeurs qui a mis l'accent sur les femmes musulmanes qui portent un foulard, je n'avais jamais senti le besoin de m'identifier comme féministe. Je me suis vue dans l'obligation d'affirmer mon féminisme pour prouver à toutes et à tous que les femmes comme moi, qui portent un foulard, en sont capables et sont du *bon bord*... Je l'ai fait naturellement et sans grande réflexion parce que mon féminisme est intrinsèque et je n'ai jamais envisagé mes luttes de femmes sans considération pour toutes celles qui ont ouvert les portes, tracé les chemins, celles qui, à travers le monde, luttent pour leurs droits au péril de leur vie.

Naoual : Pour ma part, je m'appelle Naoual Laaroussi, je me définis comme militante, féministe radicale et anarchiste. Je considère que les femmes vivent une oppression spécifique au bénéfice des hommes et provenant directement du patriarcat. Mon but en tant que féministe radicale est de détruire le patriarcat et de dénoncer le rôle social de femme qui nous est imposé par notre socialisation. De plus, je suis radicalement antifasciste et antiraciste en plus d'adopter une posture anticoloniale. L'intersectionnalité est donc au cœur de toutes mes réflexions, de mes analyses et même de mes interactions. Finalement, après être passée par plusieurs phases de recherche de mon identité en tant qu'enfant métissée, née d'un père musulman et d'une mère catholique, je me considère aujourd'hui comme athée.

Avant les groupes...
Eve : Lorsque le projet *Femmes et féminismes en dialogue* a été présenté, c'est sans hésitation que j'ai accepté. Réunir des féminismes de toutes les pensées, de parcours différents et de visions multiples sur plusieurs continents me fascinait. En rencontrant Naoual et apprenant qu'elle était féministe radicale j'ai été tout de suite interpellée. D'une part, parce que pour moi, le féminisme radical était essentiellement un féminisme blanc, occidental, exclusif... Le genre de féminisme colonial qui amène des femmes issues de la majorité à dire aux autres femmes ce qu'elles doivent faire, comment elles doivent se

comporter, se vêtir, en quoi croire ou non... un genre de féminisme suprématiste.

Et c'est là que Naoual entre ! Naoual est issue d'un couple mixte de l'immigration, elle semblait plus anarchiste, je l'ai croisée dans quelques causes... Elle qui s'affirmait féministe radicale ne pouvait être ce genre de féministe coloniale que je me représentais. Je me suis tout de suite dit que je devais faire fausse route.

Naoual : Si je généralise, les femmes musulmanes que je connais (beaucoup de femmes dans ma famille et mon entourage proche) sont des femmes cultivées, des femmes fortes avec du caractère et possèdent une résilience incroyable. Comme pour toutes les personnes croyantes que je côtoie, j'ai toujours un grand respect de leur dévouement, de leur sagesse pour la plupart, mais aussi une petite crainte que celles-ci aient des préjugés à mon encontre, qu'elles ne me trouvent pas assez *sobre* pour une arabo-musulmane, que je représente ce qui est *haram* (interdit par l'islam). Mais à chaque fois je ne me suis pas sentie jugée. Alors je n'étais pas craintive, mais j'avais hâte de rencontrer ce groupe de femmes pour lesquelles j'ai beaucoup d'admiration dans nos sociétés islamophobes, patriarcales et même racistes.

Et lors des rencontres...
Naoual : Lors du dialogue, j'étais animatrice dans le groupe de prémédiation des femmes/féministes musulmanes. J'avais déjà animé plusieurs autres groupes et j'avais assez hâte de rencontrer ces femmes, qui auraient probablement beaucoup plus de points communs avec moi que certaines autres femmes déjà rencontrées dans ce projet, et ce, notamment en ce qui a trait au ressenti du racisme et de la marginalisation.

C'est à ce moment que j'ai rencontré Eve ! Eve est très proche de moi sur beaucoup de points, son identité, sa recherche d'identité et de spiritualité. De plus, elle est très militante, vraiment ouverte au dialogue, n'a pas la langue dans sa poche, est honnête avec ses principes et ça me rejoint vraiment. Une femme qui parle haut et fort, une femme qui n'a pas peur de porter ses valeurs et principes. Et on va se le dire, Eve est vraiment une personne gentille et drôle qui se soucie des autres.

Eve : C'est alors que Naoual qui animait notre dialogue dans le groupe que j'avais choisi (féministe musulmane) a défini ce qu'était le féminisme radical. Un féminisme sans compromis, qui part de la racine, un féminisme pour toutes ! La définition que je me fais du féminisme en fait ! J'ai adoré que Naoual fasse partie du groupe. Elle a amené une fraîcheur supplémentaire à ce groupe chaleureux. Chacune des femmes présentes était sans jugement des autres, ouverte aux différences, aux nuances qu'il pouvait y avoir au sein d'un groupe qui pourtant se retrouvait sous un qualificatif commun. Certaines se retrouvaient dans ce groupe car il y avait une dimension spirituelle ou culturelle commune qui leur parlait en plus de leur féminisme inconditionnel.

Je peux dire que l'ambiance du groupe a été bénéfique pour arriver à cheminer dans sa propre perspective et a contribué à la découverte de sa propre identité féministe. Des échanges respectueux, des éclats de rire, des larmes, le non-jugement, de la bonne volonté. Ce que pour moi doivent être les espaces de dialogue entre femmes.

Naoual : Effectivement, l'ambiance du groupe de prémédiation était très agréable et décontractée. Je sentais beaucoup de solidarité, malgré des visions différentes des féminismes, ce qui m'a confortée dans mon non-jugement. Les rencontres ont été agrémentées de beaucoup de rires et même de pleurs.

Et ensuite...
Eve : Cette rencontre avec Naoual m'a fait réaliser que finalement, même si je m'identifiais comme féministe et musulmane, j'étais aussi une féministe radicale. Aujourd'hui, je suis fière de l'affirmer. Féministe radicale, intersectionnelle... Je suis arrivée à mettre des mots sur la façon dont je vivais mon féminisme et mes luttes. Parce que pour moi, nos luttes sont sans compromis, parce que toute femme mérite qu'on la soutienne, qu'on respecte ce qu'elle est, la manière dont elle se définit et comment elle veut se présenter. Je fais confiance à l'intelligence de chacune de ces femmes...

Naoual : J'ai maintenant encore plus de respect pour les femmes et féministes musulmanes. Car, au bout du compte, nous luttons ensemble contre le patriarcat et les oppressions d'un système raciste et sexiste, même si nous n'avons pas les mêmes croyances. Et surtout, je me suis sentie moins jugée que dans d'autres groupes de femmes qui ne se définissaient pas par leur croyance religieuse.

Eve : Naoual et moi avons déjà beaucoup de luttes communes auprès des femmes et auprès de la société en général même si nous évoluons dans nos milieux respectifs. Nous nous retrouvons parfois, comme ici, dans cet échange ou encore dans des projets comme « Les féminismes en dialogue » ou encore dans des manifestations contre le racisme. Je crois que nous avons beaucoup de points communs et la beauté de tout ça c'est que nos milieux respectifs nous permettent de porter dans des sphères différentes nos luttes pour une société plus juste et plus équitable, de porter la voix du plus grand nombre de femmes et d'amener des réalités de vies différentes qui font avancer.

Je sais chère Naoual que nous nous retrouverons encore et encore car aux quatre coins du monde, comme ici, les femmes ont besoin de solidarité, de sécurité, de justice et d'amour. Et je ne pense pas me tromper, tu me corrigeras si c'est le cas, nos luttes, féministes, antiracistes, anticapitalistes, doivent être radicales sinon, elles n'avanceront pas ! Merci d'être là !

Je nous fais confiance, je sais que nous sommes fortes et que, malgré tous les obstacles que nous aurons à surmonter en tant que femmes, féministes, musulmanes ou non, nous nous épaulerons. J'ai compris, grâce à toi Eve, et à d'autres femmes aussi inspirantes, comment construire une sororité, malgré les différences et surtout comment construire des solidarités. Merci pour tout !

CHAPITRE 13

Femmes, féminismes et religions

Rania Hanafi, Malika Bennabi Bensekhar, Karine Darbellay, Fatiha Bensalah, Michèle Vatz Laaroussi, Simone Emmert et Mélissa Arneton

La religion, un enjeu majeur pour les dialogues entre femmes

La focalisation sur le rapport à l'islam des femmes occupe une place singulière sur la carte contemporaine des sociétés modernes. Dans le contexte français, les querelles autour du voile à l'école et son interdiction rendent manifestes les *contours* des « territoires disputés de la laïcité » (Calvès, 2018, p. 20), en particulier avec la loi du 15 mars 2004[1]. La survalorisation d'un modèle de laïcité, qui s'apparente ici à une rupture avec le religieux, a abouti à une exigence d'invisibilité des femmes pratiquantes y compris dans des pays européens où il est reconnu aux Églises une mission d'intérêt public (Willaime, 2017, p. 470). Si pour les uns il s'agit de défendre un espace public neutralisé de toute manifestation religieuse, la laïcité est perçue par d'autres comme une loi répressive interdisant la liberté religieuse. Dans un cas comme dans l'autre, on se heurte à un régime d'altérisation du rapport au croire qui se fixe actuellement sur le voile[2] des pratiquantes musulmanes tant il réactive l'impensé colonialiste du schème du dévoilement, postulé comme étant l'apanage des sociétés modernes démocratiques, par opposition aux sociétés traditionnelles (Marmood, 2009 ; Göle, 2003).

Partant de là, on observe une récurrence des expériences de l'oppression de genre par l'imposition d'une normativité publique du contrôle des corps qui oppose, voire exclut les femmes pratiquantes des revendications féministes dites *laïques*. Si des femmes pratiquantes ne se reconnaissent pas toutes dans le féminisme, elles n'en expriment pas moins une revendication d'égalité des droits qui s'énonce en termes locaux suivant les différentes aires géographiques et culturelles. On rappellera avec M. Badran la cécité historique face à la porosité des *féminismes laïques* avec des *féminismes religieux* dès les années 1920 en Égypte par exemple. Les mouvements de femmes religieuses agissent dans le paradigme islamique pour lutter contre le patriarcat sans pour autant s'inscrire dans un affrontement avec les

---

[1] Loi du 15 mars 2004 sur l'interdiction des « signes religieux » à l'école publique en vertu de l'application « du principe de laïcité ».
[2] Une littérature abondante traite de cet aspect. Voir entre autres Nordmann (dir.). (2004), J. W. Scott (2017).

féministes *laïques* (2012, p.40). Il s'agit bien de sortir de cette binarité simplificatrice qui voudrait rendre étanches les luttes en matière d'égalité et de justice sociale des femmes, pour saisir comment, dans ces différents contextes, émergent de nouvelles manières de s'émanciper à travers des subjectivités féminines religieuses. Celles-ci se caractérisent par une individuation du rapport au religieux et par des modalités d'action qui s'appuient sur une pluralité de ressources, y compris plus spécifiquement, la réappropriation de la religion. Ce processus d'autonomisation n'est pas propre aux femmes musulmanes, il s'observe également dans d'autres groupes religieux comme en témoignent les expériences des femmes adventistes de Friedensau en Allemagne, ou encore celles initiées au Québec par le groupe de parole de Maria'M. Pour autant, la focalisation sur les femmes musulmanes caractérise de manière exemplaire les enjeux actuels des débats sur une visibilité des signes religieux propres à l'islam qui dérangent le regard dans l'espace public des sociétés occidentales, pluralistes, comme on peut le lire dans les analyses présentées en France, au Québec et en Suisse. Le cas de la Suisse est à ce titre intéressant pour saisir comment, depuis les années 2000, une construction politique et médiatique de sensibilisation de l'opinion publique sur le sexisme postule que cette situation concerne avant tout « les autres » – pour désigner explicitement « les femmes musulmanes » opérant de fait une naturalisation de la violence sexiste par un enfermement des femmes minorisées dans une altérité indépassable.

Les femmes qui participent à l'élaboration de ce chapitre, qu'elles soient professionnelles des réseaux associatifs, pratiquantes ou militantes, ou qu'elles s'inscrivent dans un cadre universitaire, prennent part à la réflexion sur l'articulation des catégories « femmes, féminismes et religions ». La mise en lien ne va pas de soi, en particulier lorsque la religion se cristallise en un objet de division, y compris dans des sociétés multiculturelles comme le Canada ainsi qu'en témoigne l'exemple du Québec. Plus concrètement, les différentes auteures contribuent à la mise en œuvre d'un projet collaboratif de l'action féministe qui, depuis plusieurs années, se développe à travers diverses manifestations et rencontres de femmes des groupes de médiation dans les dispositifs des Forums *Femmes et féminismes en dialogue* (Équipe Québec Féminismes en dialogue, 2017). Ces différentes expériences de groupes de femmes visent à façonner un autre modèle d'émancipation en rupture avec une vision essentialisée de la *femme pratiquante* a fortiori avec son *voile*. Il faut bien voir que si le voile déchaîne toujours autant les passions[3], depuis les premières affaires de Creil, et plus globalement à l'échelle internationale, ce n'est pas tant pour le refus des pratiquantes de se conformer à un modèle

---

[3] Comme en témoigne la polémique sur le voile de l'actuelle présidente élue de l'UNEF (Union nationale des étudiants de France) en 2018.

normatif que pour leur détermination à en redessiner les contours à partir d'une argumentation tout autant religieuse que savante. Cette perspective met en évidence, en même temps qu'elle en pose les limites, un usage subversif du religieux dans le processus des transformations sociales que les différentes contributrices de ce chapitre mettent en question selon une pluralité d'approches.

1. Françaises et musulmanes : de nouvelles formes de religiosité comme stratégies identitaires

Les éléments présentés ici ont pour but de rendre compte de la diversité des rapports à l'islam chez nombre de Françaises issues de l'immigration. Leurs pratiques et les conceptions religieuses qui les sous-tendent sont mises en perspective avec les débats inhérents à l'islam qui se déroulent en France dans le contexte marqué par un dépérissement de la croyance. Notre hypothèse est que le recours au religieux a pour effet de les singulariser pour leur procurer une visibilité nouvelle qui peut aussi être comprise comme un effort actif de participation à l'universalité.

Identisation et religiosité

En croisant des données différentes, issues de recherches expérimentales sur l'identité des jeunes femmes issues de l'immigration et liées à l'islam, ou celles dégagées des mouvements identitaires qui se déploient au cours des prises en charge psychologiques dans un dispositif clinique transculturel, nous parvenons à la mise en évidence de positions identitaires complexes, notamment sous l'angle de la religiosité.

– En raison d'une absence ou d'une carence de transmission familiale, certaines femmes dissocient leur appartenance à l'islam des autres appartenances et choisissent librement leur rapport au *croire*. Dans ce cas, elles ne peuvent que construire le référentiel religieux qui leur est nécessaire pour compenser l'acculturation de leurs parents et fonder une nouvelle appartenance, en usant notamment d'emprunts étrangers à leur expérience familiale (Hervieu-Léger, 2005). Dans ce cas, les spécificités culturelles, ethniques ou nationales deviennent secondaires par rapport au besoin de religion.

– D'autres se sont saisies de la même liberté pour s'individualiser selon un processus qui couple religion et ethnicité, conformément au modèle de la transmission familiale. Les valeurs revendiquées sont un moyen pour entretenir un lien idéalisé avec l'islam et répondre à une quête de référentiels culturels, de normes de comportement et de cadres de socialisation possibles.

La problématique à l'œuvre évoque un effort pour trouver une position de sujet, faire face à des difficultés d'inclusion dans la société française et compenser des difficultés d'élaboration des frontières identitaires.

– Ces deux configurations relèvent d'une assimilation de l'islam à un cadre culturel. Ces femmes transcendent en effet leur affiliation ethnoculturelle initiale en s'ouvrant des perspectives d'une appartenance plus large, soit à celle de la communauté universelle des croyants (*umma*), sans que leur appartenance à la société française crée de doute.

– D'autres portent résolument un double modèle culturel et un double regard sur ce qui les constitue. Tout en en contestant certaines valeurs, elles se définissent comme membres à part entière de la société française, se situent également dans la continuité d'une tradition familiale par loyauté et restent attachées à un substrat musulman qu'elles ne contestent ni ne renient. Pour autant, elles réaménagent leur adhésion aux dogmes les moins compatibles avec leur choix existentiel. Saint-Blancat (1995, p. 7) écrit à propos de ces femmes que le processus à l'œuvre sert à « maintenir sa diversité par rapport à la société d'accueil, prendre ses distances par rapport à la culture d'origine pour pouvoir choisir ses propres stratégies, ses critères d'identification et de socialisation ».

– D'autres encore font de leur attachement à l'islam une identité-refuge, une modalité de retournement du stigmate. À leurs yeux, en leur imposant une *modernité expansionniste*, le monde extérieur se révèle être arrogant (Weibel, 2006). L'hostilité et les discriminations qu'elles perçoivent à l'égard des musulmans, les restrictions sur le port de signes religieux visibles sont pour elles autant de raisons qui les incitent à s'affirmer de manière réactionnelle. De fait, les arguments de la laïcité, ceux de l'égalité de genres, ne sont pour elles que les attributs d'une modernité d'assignation à laquelle elles opposent ce qu'elles pensent être une éthique de l'islam.

– La plus grande singularité sur un mode acculturatif vient de celles qui ne font pas de distinction entre normes culturelles, dogmes religieux et pratiques culturelles familiales. Lorsqu'il s'y ajoute une contestation de la transmission familiale doublée d'une condition sociale dévalorisée inhérente à l'immigration, ces femmes entrent dans une logique de rupture, réfèrent à la condition des femmes et à l'état des droits civiques qui prévalent dans les *pays d'origine* pour finalement s'insurger contre tout ce qu'elles considèrent comme relevant de prescriptions religieuses.

Quelle inclusion pour favoriser la sécularisation de l'islam ?

En réalité, les expressions identitaires sont plus complexes que ce qui est décrit ici. Nos données montrent que celles qui se déclarent ancrées dans un islam rigoriste se revendiquent aussi d'une citoyenneté française, parfois même exclusive (Bennabi-Bensekhar, 2017 ; Hanafi, 2017b). De plus, toutes les religiosités visibles ou déclarées ne représentent pas un islam puriste ou originel. C'est pourquoi la pluralité doit être considérée comme centrale dans l'islam de France tant les façons de vivre cette religion, d'interpréter ses textes ou de porter la mémoire qui lui est attachée sont multiples.

Le voile revêt des significations différentes pour celles qui en ont fait le choix : soumission au dogme, libre choix associé à une recherche de transcendance ou quête de visibilité d'une appartenance à une communauté de foi. Il peut être le symbole d'une soumission religieuse significative ou bien même être le signe de refus de la convoitise masculine. Certaines femmes affirment en effet que la dissimulation du corps relève du droit d'en disposer *autrement* dans un ordre social dominé par les hommes. Pour s'individualiser, se différencier, se rendre visibles ou entretenir une conflictualité répondant à des impératifs d'estime de soi, les descendantes d'immigrés oscillent entre des affiliations différentes et recomposent incessamment leur référentiel identitaire dans un but de cohérence psychique. L'émergence d'une religiosité plus sourcilleuse relève d'une dynamique psychique qui comporte une problématique identitaire. La mise en tension des références culturelles et religieuses dans une position interculturelle induit une confrontation des valeurs et des références culturelles, elle produit leur transgression parfois et de l'innovation, le tout prenant la forme de stratégies identitaires qui se traduisent par des synthèses au niveau culturel. Ces dynamiques produisent de fait en France une redéfinition de la tradition qui se rapporte à l'islam.

Lorsque ces expressions sont portées sur la scène publique, elles rencontrent alors des oppositions et produisent un débat conflictuel qui bouscule les règles de la laïcité. Ce débat de l'ordre d'une confrontation peut être considéré comme résultant d'une mise en tension des cultures et des croyances. Il est à même de se résoudre dans une médiation nécessaire et reflète une régulation génératrice d'innovations pour rendre possible la coexistence des confessions. Cette même dynamique peut créer les conditions de la sécularisation de l'islam, c'est-à-dire son adaptation au contexte séculier de la société environnante grâce à un réaménagement de ses dogmes qui produit en conséquence une redéfinition de la tradition religieuse. Nous n'ignorons pas que certaines trajectoires puissent rencontrer des pratiques rigoristes qui peuvent conduire vers des adhésions mortifères. Il n'en demeure pas moins que toutes les religiosités visibles ou déclarées ne représentent pas un islam puriste ou originel et que les musulmanes issues de l'immigration sont exposées au sexisme comme à d'autres discriminations. Par conséquent, leur inclusion dans une citoyenneté effective implique l'acceptation de la réalité de la pluralité de l'islam de France, tant les façons de vivre cette religion, d'interpréter ses textes ou de porter la mémoire qui lui est attachée sont multiples. Les actions en faveur de cette inclusion passent par une prise en charge courageuse des débats ethniques et religieux conjointement avec un « retour sur la logique historique qui a présidé à l'élaboration du modèle français de laïcité » (Hervieu-Léger, 2000, p.81).

2. La mobilisation religieuse : une voie subversive de l'émancipation féministe

La dénonciation du voile, dans le contexte français, par les féministes dites *laïques*[4], comme un symbole islamique d'acceptation des inégalités de genre, contribue à produire un déplacement des lignes d'altérisation des luttes féministes. Elle masque l'émergence d'une pluralité d'expressions de la mobilisation religieuse des pratiquantes en déplaçant l'enjeu du sexe vers le seul terrain culturel pour en faire un trait saillant. Cette altérisation[5] exclut d'emblée les pratiquantes voilées des luttes féministes, et ce, en dépit de leurs revendications en matière d'égalité. Cette hiérarchisation des femmes s'analyse dans un contexte de politisation du voile qui réactive des représentations sur le statut du corps des femmes.

De la « francisée libérée » à la « pratiquante émancipée » : un conflit de modèles

Habituellement représentées comme des modèles d'émancipation et d'intégration dont l'école laïque serait le puissant levier, des descendantes de migrants originaires du Maghreb bouleversent ces représentations rassurantes et font surgir la polémique du voile dans l'espace public. Ainsi une interviewée (Lamia, 27 ans, licence de droit) vit très mal la violence du rejet dépréciateur de son cheminement religieux réduit à la seule visibilité de son voile. Son éviction de l'école d'infirmières imprime chez elle une prise de

---

[4] Il existe des divisions internes dans les mouvements féministes qui témoignent d'une pluralité d'approches et de positions. Celles-ci ne se réduisent pas à la loi sur l'interdiction des signes religieux à l'école de 2004 même si cette dernière contribue à polariser les positions dans le paysage français. Voir Fougeyrollas-Schwebel D., Lépinard E. et Varikas E. (dir.). (2005), pour une synthèse des débats.

[5] On relèvera dans les travaux des féministes l'usage de la catégorie de « race » pour désigner une oppression qui se traduit chez Delphy par l'imposition d'un « système de castes » où les descendantes de migrants apparaissent comme étant les dépositaires d'une infériorité sociale de leurs parents (2008, p. 139).

conscience des rapports de pouvoir à l'œuvre dans l'institution scolaire. Une autre interviewée (Hafida, 22 ans, première année préparatoire lettres puis master 1 de philosophie) évoque quant à elle, avec lucidité, n'être plus du côté de la norme majoritaire avec son voile. De victimes à « sauver », voilées, elles deviennent des « rebelles à mater » (Brion, 2004). Victimes ou rebelles, les filles restent les représentantes des stéréotypes de genre que cristallise une conflictualité des modèles dans la société française.

L'engagement religieux des interviewées[6] vise à promouvoir des revendications des droits des femmes et s'érige dans le processus de rattachement à l'islam expérimenté à leur arrivée en études supérieures dans des groupes de sœurs. Leurs trajectoires socioreligieuses brouillent ainsi les lectures habituelles de l'émancipation quand elles sont pensées sur le mode de la rupture avec le religieux. Le modèle de la *francisée libérée*, selon l'expression d'une interviewée, va à l'encontre de l'emprise de la famille et du religieux. Partant de là, les filles se mobilisent dans la sororité, selon une rhétorique de solidarité et d'entraide qui emprunte tout autant à un référentiel religieux qu'à des lectures savantes universitaires. Cette situation révèle un questionnement féministe des filles qui ne dit pas son nom, en particulier lorsqu'il s'agit de dénoncer un glissement des transformations des règles juridiques vers des normes publiques de la laïcité qui imposent un modèle normatif de contrôle du corps des femmes. Le corps voilé des femmes n'échappe pas à cette conception de la laïcité qui pose d'emblée les limites d'un modèle de citoyenneté par l'imposition d'un ethnonationalisme (Scott, 2017). Si l'on a souvent fait mention d'un « islam intégration des parents », lorsqu'ils sont invisibles, c'est pour souligner le caractère « illégitime » de toute manifestation de signes d'une appartenance religieuse chez leurs descendantes (Sayad, 2006, p.188).

La militance religieuse des « sœurs en islam »

Notre travail de recherche a permis d'observer les ramifications de ce questionnement dans les relations familiales. Les interviewées ne se déclarent pas toutes ouvertement féministes, mais elles placent au cœur de leur mobilisation religieuse des préoccupations communes aux féministes. L'entretien avec Faïma témoigne des tensions entre elle et son père sur la question de l'affirmation de soi par la visibilité de sa religiosité. Cette étudiante conteste l'imposition patriarcale de l'autorité du père : « Au nom de

---

[6] Nos matériaux de recherche reposent principalement sur les discours des pratiquantes interviewées par des entretiens biographiques semi-directifs (2017). Nous avons pu également prendre des notes de terrain au cours des observations des « lieux » de la religiosité des interviewées, à la mosquée ou dans des *halaqât* (cercles de discussion des groupes de « sœurs en islam »).

quel droit, les filles ne pourraient-elles pas s'initier comme les garçons au Coran et à sa tradition ? » (Hanafi, 2017a). La militance religieuse des filles bouscule les rapports de pouvoir dans les familles par une prise de parole inédite. Elles élaborent une argumentation puisée tout autant dans un répertoire religieux savant que dans une doxa laïque nourrie de leurs références scolaires. Le processus de rattachement à l'islam des interviewées, associé à une militance religieuse dans la sororité, contient un caractère subversif qui devient, pour elles, une manière de rompre avec l'héritage de l'injonction à devoir *passer inaperçues*. Les participations des filles à des *halaqât* (cercles de discussion à dimension théologique) vont alors tracer un espace de reconnaissance des subjectivités religieuses et tisser des liens de solidarité dans leurs luttes contre une imbrication des multiples formes de la domination.

C'est sur le terrain du religieux que se développent depuis une trentaine d'années des travaux de recherche novateurs sur la revendication des droits des femmes musulmanes dans une perspective féministe (Latte Abdallah, 2010 ; Badran, 2010). Des femmes d'aires géographiques différentes explorent une voie qui prend l'islam comme source de légitimation de leurs revendications au fondement d'une contestation des inégalités de genre. L'exclusion des femmes voilées des débats pour l'égalité par les féministes laïques traduit non seulement une méconnaissance des mouvements de femmes dans les pays à majorité musulmane, mais plus encore une négation du corps des pratiquantes renvoyé à un statut d'étrangeté. On comprendra alors que ce soit par le corps, et à travers lui, que s'impose un contrôle normatif et autoritaire d'une conception de l'émancipation des femmes dans l'espace public. Le corps est investi selon des « répertoires » (Bayart, 1996, p.115) à partir desquels s'énoncent les registres discursifs des interdits et des mobilisations féministes des filles pratiquantes. Mais si l'émancipation passe par l'exposition du corps, l'ironie de l'histoire est que dans l'affrontement avec les autres actrices, le corps essentialisé des femmes pratiquantes devient un *sujet* politique *exposé*, comme le montrent bien les polémiques sur le *burkini*. Cette approche met en question les présupposés habituels du postulat de l'émancipation du religieux comme préalable à la modernité. Le cadre analytique d'appréhension de l'émancipation selon cette dichotomie exclut les femmes pratiquantes d'une communauté d'expériences et d'intérêts partagés autour de l'égalité et de la justice sociale. Badran montre à ce sujet qu'il n'existe pas de frontière étanche entre les *féminismes laïques* et les *féminismes religieux* dans des pays à majorité musulmane (2012, p.46). Partant de là, le dépassement de cette opposition dans le contexte français présuppose de les penser autrement, à l'aune d'une nouvelle architecture des systèmes discursifs de l'action des féminismes dont les objectifs communs visent une émancipation des femmes au sens d'une *agentivité*. Cette analyse suppose un « retournement » des mobilisations féministes, au sens premier où l'entend Göle, par un « décentrement à la fois théorique et intellectuel vis-à-vis de l'Occident » (1997, p.40). Cette perspective ouvre un espace de questionnement de la modernité comme lieu de confrontation et de tension d'une réalité religieuse multidimensionnelle. C'est à cette condition qu'émergeront de nouvelles figures pratiquantes mobilisées par la revendication d'une égalité des droits des femmes, par une appropriation des textes de la tradition islamique, et que s'ouvrira une voie, parmi d'autres, d'accès à l'émancipation[7]. L'expression d'un féminisme islamique permet de poser explicitement cette orientation en réhabilitant, non pas le foulard, mais ce qui est commun aux autres féminismes en lutte contre la domination : une capacité d'agir des femmes, pensée dans la pluralité.

3. Le sexisme de l'autre ou comment les discriminations contre les femmes sont utilisées pour construire l'exclusion : le cas de l'islam en Suisse

L'islam, et plus généralement la catégorie de l'étranger comme thématique médiatique, est généralement présenté comme un *problème* social (Ettinger, 2010). Les musulmans sont vus comme une catégorie homogène cristallisée autour de problèmes et de crises, ce que Deltombe appelle « l'Islam imaginaire ». Ces imaginaires « se reproduisent et évoluent avec le temps, et [...] sont le produit de rapports de forces dans lesquels nous sommes impliqués, journalistes ou téléspectateurs, musulmans ou non » (Deltombe, 2005, p.8). En Suisse, ce n'est qu'à partir des années 2000 que la question de la présence musulmane est devenue un enjeu majeur du débat public (Gianni, Giugni et Michel, 2015). Citons des événements tels que les discussions autour des cimetières musulmans, la viande halal, la mixité dans les piscines, l'éducation, la nomination des imams (Gianni et al., 2015). Ou encore, des événements liés plus spécifiquement à la démocratie directe, propre au système suisse, comme la votation populaire sur la naturalisation facilitée en 2004, l'initiative populaire fédérale contre la construction de minarets en 2009 ou encore les initiatives tessinoise et saint-galloise contre le port de la burqa dans l'espace public respectivement en 2013 et 2018. Ainsi, l'islam est généralement envisagé en termes de problèmes, de discrimination des femmes et de violence par les médias suisses (Ettinger, 2010 ; Burger, 2006).

Les thématiques ayant trait à la question des femmes dans l'islam apparaissent de manière constante, quel que soit le sujet abordé : autant il est prévisible de trouver beaucoup de références aux rapports sociaux de sexe dans des affaires comme celle du voile par exemple, autant il est plus étonnant

---

[7] Nous avions montré dans nos premiers travaux la militance religieuse des filles qui préfigurait un mode d'accès à l'émancipation par la voie religieuse (2010).

d'en trouver de manière significative dans celles des caricatures de Mahomet ou de l'initiative anti-minarets en Suisse (Parini, Gianni et Clavien, 2012 ; Darbellay, 2011). D'autres études montrent que la manière de présenter les inégalités de sexes dans l'islam est souvent qualifiée de réductrice, voire donnant lieu à des amalgames comme celui d'opposer le sexisme musulman à l'émancipation occidentale, comme le montre Deltombe (2005). Pour Nader (2006), les médias en général (quels que soient les contextes) proposent des images/discours tendant à montrer que la société de l'*alter* dévalorise plus ses femmes que sa propre société, en d'autres termes que la société de l'autre est plus patriarcale que la sienne.

Entre sexisme d'ici et d'ailleurs

Pour identifier les discours sur l'islam en Suisse romande, nous avons choisi des méthodes multiples. D'une part, nous avons contacté des groupes déjà formés de personnes qui étaient impliquées dans une démarche soit en faveur d'une religion (des pratiquants et pratiquantes d'une religion, dans notre cas nous avons choisi des groupes de paroissiens et des groupes musulmans pratiquants), soit en défaveur (des personnes qui avaient formé un groupe pour promouvoir la laïcité)[8]. Chaque groupe a été divisé en deux sous-groupes pour former des ensembles de même sexe. Pour les personnes laïques, seul l'ensemble composé d'hommes a pu être rencontré, aucune femme ne faisant partie de cette association. Nous avions au total sept groupes de personnes avec qui nous avons mené des discussions sous la forme d'un *focus group*. La rencontre s'est effectuée dans les lieux de réunion de chaque groupe pendant des périodes où ces derniers se rencontrent habituellement. Nous leur avons proposé de discuter des sujets que nous avions identifiés préalablement dans les médias. Nous avons construit notre guide en quatre parties : 1. La thématique de la compatibilité entre l'islam et l'Occident[9] ; 2. Des thèmes au choix pour alimenter la discussion (initiative anti-minarets, la figure de Tariq Ramadan, les attentats attribués à Al-Qaïda, les caricatures de Mahomet, les représentations des Suisses sur les étrangers et les musulmans, le rôle des associations musulmanes en Suisse dans la construction des représentations sur l'islam) ; 3. Quelle pertinence est donnée à la thématique des relations entre femmes et hommes lorsque l'on parle des musulmans ? 4. Quel événement reste le plus marquant pour construire leur représentation des musulmans en Suisse ? Pour chaque thématique énoncée, l'ensemble du groupe pouvait s'exprimer et débattre avec les autres personnes présentes. Ces discours ont été enregistrés et retranscrits intégralement.

---

[8] Ces discussions se sont déroulées de mars à novembre 2009.
[9] Nous avons gardé la manière dont les médias formulent les thématiques pour être au plus près des représentations collectives médiatiques.

D'autre part, nous avons analysé des articles de la presse écrite provenant de deux journaux quotidiens diffusant sur l'ensemble de la Suisse romande (*Le Temps* et *Le Matin*). Ces articles ont été récoltés de juillet 2008 à novembre 2009[10] et couvrent l'affaire de l'initiative anti-minarets qui a été lancée en avril 2007 dans le but d'ajouter à la Constitution helvétique un alinéa au sein de l'article 72[11]. Comme nous l'avons énoncé plus haut, la thématique des rapports entre femmes et hommes apparaît de manière transversale, quel que soit le sujet traité évoquant l'islam. Ici, l'exemple de la couverture médiatique de l'affiche anti-minarets l'illustre :

> Dans la vie quotidienne, un minaret doit en principe être accepté. Le droit à une sépulture respectueuse de l'islam est une évidence. En contrepartie, les musulmans doivent se plier à nos règles à l'école (voile proscrit pour les enseignantes, pas d'exception pour l'enseignement de la gym et de la natation). Et l'égalité des sexes n'est pas négociable (Le Temps, 2006, p.2).

Comment est perçue cette « inégalité des sexes » dans l'islam ?

Pour les personnes que nous avons identifiées comme non-musulmanes, les rapports sociaux de sexe dans l'islam restent profondément inégaux. Les cas de mutilation sexuelle, les crimes d'honneur, les mariages forcés ou encore la non-mixité à la piscine sont cités en exemple. Dans la presse, nous retrouvons des éléments très semblables. Des intervenants dans les médias se demandent si des règles explicitement sexistes se trouvent dans les textes sacrés musulmans, car cette problématique suscite des inquiétudes dans la population suisse. Des propos soulignent également que les musulmans et musulmanes n'affirment pas suffisamment de manière publique leur attachement au principe de l'égalité des sexes.

Quant aux personnes qui se sont annoncées comme musulmans et musulmanes pratiquants, elles affirment que les propos liant sexisme et islam n'ont rien à voir avec les valeurs islamiques. Elles font remarquer que l'islam est une religion qui a permis aux musulmanes de s'émanciper et elles citent

---

[10] Les données provenant des *focus group* ainsi que les textes provenant de la presse écrite ont été traités par analyse de contenu thématique à l'aide d'un logiciel (Atlas.ti).

[11] Ce texte légifère les rapports entre l'Église et l'État et l'ajout mis en votation stipule que « La construction de minarets est interdite ». Pendant la campagne précédant la votation, les initiateurs publient une affiche controversée, présentant une femme en niqab et des minarets sous la forme de missiles transperçant le drapeau suisse, qui sera interdite d'affichage dans plusieurs villes. La votation a eu lieu le 29 novembre 2009 et s'est soldée par un oui conséquent à raison de 57 % des voix. Le lendemain du vote, des journaux expliquent cette acceptation par un rejet du sexisme perçu dans l'islam.

des exemples tels que les droits liés au vote et à la séparation des biens lors du mariage :
> J'ai mes droits dans la religion surtout et ils sont basés sur quelque chose, ce ne sont pas des droits que je dois aller chercher quelque part en combattant, de nouveau aller dans la rue et des choses comme ça et crier comme les suffragettes, estime l'une des musulmanes interviewées.

Ainsi, globalement, tous les groupes interrogés placent le sexisme systématiquement hors des valeurs défendues par leur groupe. Par exemple, les inégalités entre les sexes sont l'apanage des religions pour le groupe laïc tandis que les chrétiens et chrétiennes pratiquants rejettent dans le passé le temps des discriminations liées au sexe. Pour les musulmans et musulmanes pratiquants, les inégalités entre les sexes existent dans les sociétés qui ont des cultures qui les promeuvent et n'ont rien avoir avec l'islam, ou alors dans les sociétés qui ont oublié le message délivré par le Coran.

La couverture médiatique de l'initiative anti-minarets a permis de relever des éléments semblables. Nous avons également identifié des discours d'un autre ordre que nous pourrions qualifier de retour sur soi sous la forme d'interrogations qui se présentent comme suit : « Comment faut-il se positionner sur le voile et la burqa ? Qu'en pensent les femmes suisses ? Comment réagissent les féministes suisses, et surtout comment gérons-nous ces relations entre les sexes en Suisse ? » Nous trouvons aussi dans la couverture médiatique des propos qui interrogent explicitement le lien entre la thématique de l'initiative anti-minarets et les discours sur les pratiques supposées sexistes des musulmans. Après l'acceptation de la votation par le peuple, le journal *Le Temps* estime que cette association s'est faite dans la population suisse. Il estime que :
> [...] en se prononçant pour l'interdiction des minarets, ceux-ci ont surtout voulu dire non au voile, à la burqa, aux dispenses scolaires demandées par les parents musulmans, aux contraintes que l'Islam impose aux femmes, aux mariages arrangés, au danger d'« islamisation rampante » (Le Temps, 2009, p. 2).

Le sexisme comme l'apanage de l'autre

Les propos que nous avons récoltés et exposés ici illustrent cette construction « imaginaire » au sens de Deltombe (2005) d'un islam homogénéisé. Cette religion est perçue comme véhiculant des pratiques sexistes qui sont incarnées notamment par les femmes revêtant le voile islamique, ce signe de la permanence, comme le dit Guillaumin (2002), qui permet de mettre à part ce groupe. Nous avons relevé également d'autres pratiques comme les mutilations sexuelles ou encore les crimes d'honneur qui regroupent la marque qui stigmatise au sens de Goffman. Ce processus d'enfermement de l'islam dans des pratiques jugées sexistes, qui ne trouvent pas d'équivalence dans la société d'accueil, permet de placer les musulmans et musulmanes dans une position d'altérité. Une altérité n'est pas définie uniquement par des différences, mais également par une connotation négative de ces dissemblances. Nous avons relevé que le qualificatif de *culture sexiste* est rejeté systématiquement sur l'altérité, quels que soient les groupes considérés.

Ce type d'idée correspond au mécanisme propre au racisme décrit par Guillaumin (2002) qui consiste à clore et rendre irréversible la catégorie dans laquelle les victimes sont enfermées.

> Or, quel moyen permet de faire de la différence souhaitée un blason identifiable, sinon le signe physique, la « marque » ? Cette marque permet de ne pas se tromper, de « ne pas se laisser avoir », mais surtout est garante de la vérité de ces différences, de leur irréversibilité et de leur caractère d'essence […]. Corrélativement le majoritaire, lui, n'est pas marqué ; il représente au contraire la liberté vis-à-vis de la marque (Guillaumin, 2002, p.107-108).

Pour Nader (2006), ce mécanisme permet de conserver une position de supériorité vis-à-vis de l'autre :

> Les médias américains sont très critiques de la manière dont la société islamique traite ses femmes, et constamment nous répliquons en discréditant, discriminant, déshumanisant et stéréotypant les musulmans, et avec eux les musulmanes. […]. La façon dont nous construisons l'image des femmes arabes est l'une des clés du contrôle de l'autre (Nader, 2006, p.19).

Nous avons tout de même relevé un début de prise de conscience dans les médias couvrant l'initiative anti-minarets. Une sorte de questionnement sur la manière dont la société d'accueil, la Suisse en l'occurrence, prend position par rapport à l'égalité des sexes. Sommes-nous exempts de discrimination envers les femmes dans notre pays, se demandent des intervenants dans les journaux ? Comme le dit Delphy (2006), le sexisme est une réalité universelle. Présenter l'islam et les musulman-e-s comme des chantres des discriminations féminines c'est éviter de débattre des vrais problèmes et de mettre en question le patriarcat où qu'il soit. Cette construction de l'altérité musulmane reposant sur le sexisme perçu montre la complexité des discours sur l'islam encore aujourd'hui. Comprendre cette imbrication des thématiques mettant en jeu des dimensions de genre et de race articulées ensemble permet de mettre à jour les enjeux des discours sur l'islam.

4. Et au Québec : la religion objet de la division

Au Québec, la religion a représenté un instrument de domination des populations et plus spécifiquement des femmes. Ce n'est que dans les années 1960, lors de ce qui est appelé la *Révolution tranquille*, qu'il y a eu séparation de l'Église et de l'État et qu'une grande partie du mouvement féministe québécois s'est développée en opposition avec la religion. Cependant, il faut garder en tête que parmi les très nombreuses femmes croyantes au Québec, plusieurs ont défendu les droits des femmes et leur ont permis, par exemple, l'accès à l'éducation et au monde du travail (Dumont, 1995). Ainsi, bien que l'imaginaire québécois voie la religion et la cause des femmes comme antagonistes, des nuances et des articulations se sont construites au cours des siècles, au Québec comme ailleurs, avec une histoire spécifique qui a pour effet, par exemple, que la laïcité telle que conçue et vécue au Québec est fort différente de celle qui prévaut historiquement en France. Divers courants existent : certaines personnes parlent de laïcité ouverte, de laïcité stricte ou dans d'autres termes, de neutralité de l'État. Cette diversité d'approches se développe aussi pour les questions féministes, les unes se référant à une perspective plutôt universaliste alors que les autres s'inscrivent plutôt dans une perspective intersectionnelle. Un débat important a eu lieu en 2007, lors de la crise entourant les accommodements raisonnables, qui mettait en opposition religion et laïcité et qui a rapidement mis la communauté musulmane au cœur des débats, glissant de manière subtile vers l'opposition féminisme et religion (Vatz Laaroussi et Laaroussi, 2014). Des crises répétées continuent à alimenter cette opposition dans les représentations sociales et dans les différents mouvements sociaux, mais aussi au sein des institutions féministes, comme la Fédération des femmes du Québec ou le Conseil du statut de la femme. Nous portons ici notre réflexion sur ces dynamiques québécoises articulant féminisme et religion au travers de trois points : 1) Comment cette articulation s'est-elle développée dans le projet *Femmes et féminismes en dialogue* au Québec ? 2) Comment les luttes féministes québécoises peuvent-elles aussi être des espaces d'exclusion des femmes musulmanes ? 3) Quels peuvent être les espaces de dialogue au sein de la société québécoise entre femmes, féminismes et religions ?

Les femmes musulmanes au cœur du projet québécois...
Le projet *Femmes et féminismes en dialogue* a pris sa source dans ces ruptures entre femmes dans la société québécoise. Parmi d'autres, un groupe de femmes musulmanes a été mis en place durant la prémédiation, elles ont ensuite participé avec enthousiasme à l'ensemble du processus de médiation-dialogue tant sur le plan national qu'international. Durant les rencontres de prémédiation, des discussions ont eu lieu sur leur rapport au féminisme et aux féministes québécoises. Elles se disaient, pour certaines, féministes musulmanes, c'est-à-dire

> ayant un intérêt à faire entendre la voix des femmes dans la religion musulmane, mais aussi, pour toutes, musulmanes et féministes, se considérant comme des femmes de foi et des femmes actives pour améliorer les conditions de vie et les droits des femmes. Elles n'opposaient pas religion et féminisme et avaient pour modèles des femmes qui, au sein de pays musulmans, étaient reconnues comme de grandes féministes, comme la Marocaine Fatima Mernissi ou des femmes musulmanes qui tentent de réformer l'islam, comme Asma Lamrabet. Les femmes du groupe mettaient la famille au cœur de leurs préoccupations quotidiennes et les liens avec les mères et grands-mères représentaient un espace affectif de transmission de valeurs dont plusieurs touchaient la cause des femmes. Elles n'opposaient pas les femmes et les hommes, mais souhaitaient tout particulièrement avoir des espaces de rencontre non mixtes et sécuritaires dans lesquels elles pouvaient s'exprimer pleinement. Leurs préoccupations tournaient autour de la reconnaissance de leurs diplômes et expériences professionnelles, de l'éducation des enfants et de solidarités internationales avec des femmes qui dans le monde vivent des violences, la pauvreté, le non-accès aux droits. Elles manifestaient toutes leur volonté de solidarité avec les femmes québécoises et les femmes dans le monde, mais elles se sentaient exclues, rejetées de certains groupes féministes du fait de leur religion. Elles disaient vivre beaucoup de frustration, de tristesse et de colère. Après discussion et bien qu'elles les aient vues comme opposées au début des débats, elles se sont senties proches des féministes radicales avec qui elles partageaient une volonté d'action et de changement tant de la société que des représentations faites à leur sujet. Elles se sentaient aussi proches des femmes d'autres religions avec qui elles disaient partager le même sentiment d'exclusion et une conception de la foi et du féminisme.

Les luttes féministes québécoises comme stratégies représentationnelles permettant d'exclure les femmes musulmanes

Au Québec, la référence aux luttes féministes est une stratégie représentationnelle permettant d'affirmer l'entrée dans la modernité des femmes québécoises ainsi que la nécessité de protéger les acquis auxquels elles sont parvenues, contre les autres, vus comme prémodernes/religieux (Bilge, 2010). En 2013, les arguments avancés par les porteurs du projet de loi 60 sur la neutralité de l'État (connu sous le nom de Charte des valeurs québécoises) ont gravité autour de trois points : 1) les luttes, acquis féministes et l'égalité homme/femme ; 2) le passé d'oppression religieuse ; 3) l'identité nationale/occidentale. La description par les médias des hommes musulmans sous les traits de terroristes brutaux et d'agresseurs dysfonctionnels est complémentaire aux représentations faites des femmes musulmanes en tant que victimes de leur culture. Cela permet de retracer la constitution d'images stéréotypées de la « femme musulmane en péril » et de « l'homme musulman dangereux » (Bilge, 2010).

L'hostilité à l'égard de tout ce qui relève de la religion et, notamment, du voile des musulmanes, est souvent exploitée dans certains contextes sociopolitiques au Québec comme en Occident, et instrumentalisée dans les stratégies d'exclusion sociale. Les représentations culturelles de la majorité servent d'arguments politiques pour définir et légitimer les normes sociales. Ainsi, les luttes féministes québécoises sont devenues, dans de nombreux contextes, une stratégie représentationnelle permettant d'inclure ou d'exclure les femmes musulmanes[12], et, avec elles, les immigrantes et immigrants, les deux groupes étant assimilés dans certains discours politiques et médiatiques à la « menace musulmane ».

Peut-on espérer des solidarités entre toutes les femmes féministes au Québec ?

Dans une perspective de médiation et de rapprochement, il est important d'entendre, au-delà des expressions d'hostilité au voile musulman, les blessures vécues par de nombreuses femmes québécoises dans un contexte antérieur de domination de l'Église catholique. Refuser de voir ces liens nous placerait dans une sorte de « myopie intellectuelle » (Mucchielli, 2003). En tant que femmes, nous ne pouvons que nous réjouir de voir les acquis des Québécoises par rapport au contrôle de la maternité, au travail, aux études, etc. Ces acquis se sont dressés en remparts contre une multitude de discriminations, d'exclusions et de rejets. Et c'est le mouvement féministe québécois qui les a arrachés de haute lutte. Or, dans une analyse à double face, il y a une autre forme de myopie intellectuelle : là où elle voile la situation des femmes musulmanes dans leur réalité migratoire occidentale. Au Québec, les femmes musulmanes, qui représentent à peine 2 % de la population, se retrouvent au début du XXIe siècle, et dans divers débats sociopolitiques, à vivre une situation qui pourrait se rapprocher de celle des femmes du Canada français/Québec qui ont expérimenté le rejet et la discrimination dans les années 1960. Lors de ces débats, les femmes musulmanes sont victimes d'une reproduction de la violence de la part du groupe majoritaire. Or, dépassant l'ignorance ou le déni, la société d'accueil doit savoir que beaucoup de femmes immigrantes musulmanes ont mené elles aussi des luttes dans leurs pays d'origine : contre la domination coloniale, le patriarcat, les injustices sociales, etc. Leur parcours qui semble, dans l'imaginaire, à l'opposé de celui de leurs concitoyennes québécoises de souche, les rejoint dans la réalité à travers l'histoire des luttes féminines à travers le monde. Par ce fait, nous prenons conscience que ce qui peut rassembler les femmes du Québec, peu importe d'où elles viennent, est beaucoup plus important que ce qui les sépare.

---

[12] Il est à noter que toutes les femmes musulmanes ne sont pas immigrantes et vice versa, mais l'imaginaire collectif a développé une représentation qui amalgame ces deux états.

Il demeure important de souligner qu'au Québec, comme dans beaucoup d'autres pays, on manque encore d'espaces et de volonté de dialogue entre certains groupes de femmes qui ne communiquent pas, ne se connaissent pas et ne se reconnaissent pas. Chacun de ces groupes ignore les luttes et le parcours de l'autre. Il en résulte une dichotomie sociale qui accorde souvent au groupe majoritaire le privilège d'une position de pouvoir et de domination appuyée sur des discours politiques qui le rendent légitime. Plusieurs groupes minoritaires, quant à eux, se retrouvent dans une position de dominés, d'exclus et de sans-voix. Hélas, cette triste réalité maintient la femme musulmane otage d'une représentation biaisée de femme soumise et d'une image négative véhiculée par certains médias qui profitent des conjonctures et contextes sociopolitiques afin d'instrumentaliser et d'exploiter la conscience identitaire des Québécois, et leur rejet de la composante religieuse. Ces médias font de ce rejet un outil leur permettant d'exercer une influence dans la construction et la manipulation des rapports sociaux.

Désormais, au Québec, il continue de découler de certains discours ambigus une dissonance multidimensionnelle bien illustrée par le sociologue Dorion qui, évoquant la question du voile, dit que « les origines du symbole n'en déterminent pas la portée pour toujours. Les fleurs de lys de notre drapeau exprimaient la soumission de nos ancêtres à la monarchie française. Ont-elles ce sens-là pour nous aujourd'hui ? » (Dorion, 2013). Notons cependant que le projet de recherche-action-médiation interculturelle a permis des rencontres et dialogues novateurs entre des femmes et groupes de femmes du Québec et d'ailleurs permettant ainsi de contourner les fractures sociales entretenues par les discours politiques et médiatiques. D'autres initiatives de dialogues entre femmes de diverses religions ou entre jeunes de multiples communautés sont mises en œuvre et éclairent le long chemin à faire vers une réelle solidarité entre femmes, quelle que soit leur religion ou posture idéologique.

Résistances aux pouvoirs, résistances au changement : trois formes de comportement féminin en pays arabo-musulmans
Une étude de Fatima Mouhajir, participante au projet.
Une recherche terrain a été menée entre 1992 et 1995 auprès de trois groupes de femmes en pays arabo-musulmans qui, toutes, avaient une présence de plus en plus visible dans les espaces publics et une appartenance à des mouvements sociopolitiques : les ouvrières marocaines syndiquées, les militantes palestiniennes, les islamistes algériennes. Toutes participaient activement à la vie publique, et étaient surtout en quête de leur identité, de leur autonomie et enfin de leur droit à l'égalité avec les hommes. Voici quelques résultats importants de la recherche.
Le facteur culturel, le contexte méditerranéen et arabo-musulman s'avèrent déterminants dans les situations étudiées, mais prennent des configurations propres aux réalités particulières. Qu'elles soient voilées, islamistes, instruites ou

illettrées, les femmes posent ouvertement des questions sur leur statut et leur rôle, elles remettent en cause les certitudes, soit au nom de la religion, soit au nom des principes universels d'égalité ou tout simplement au nom des exigences de survie dans les larges couches constituées de femmes ouvrières et pauvres.

Toutes les femmes dénoncent l'enfermement ; nombreuses sont celles qui le transgressent. Les femmes voilées ou islamistes que j'ai rencontrées semblent le transgresser allègrement.

L'infériorisation s'exerce aussi sur les trois groupes : les femmes ouvrières savent et disent que seul un homme doit avoir des pouvoirs et qu'elles ne sont que des *wliyat* (des damnées ou êtres faibles). Les militantes palestiniennes compensent par l'image idéalisante que la société et les hommes leur envoient ; on peut parler d'une conscience aliénée. Les voilées ou islamistes laissent à penser qu'elles cherchent à corriger leur infériorisation.

On a le sentiment d'avoir affaire à une culture de femmes, produite au long de l'Histoire, constituant le tronc commun des situations féminines. Mais les comportements des femmes face aux pouvoirs et aux changements s'avèrent être des plus complexes, et chaque cas doit être pris dans sa situation propre, même si l'on doit garder présente à l'esprit l'universalité de la domination des femmes par les hommes.

Ce qui apparaît important ici, c'est que ces femmes, comme toutes les autres, utilisent les failles des dogmes, normes, traditions pour échapper aux situations de domination. En comparant le rôle aliénant de la politique et de l'économie pour l'ensemble des femmes auxquelles nous avons accordé notre intérêt tout au long de cette recherche, la religion joue pour le groupe des femmes voilées ou islamistes un rôle libérateur. Dans ce contexte précis, elle semble en effet se révéler comme un moyen de changement.

La question des femmes, sujets de droit, se trouve au centre de ces résistances aux changements et aux pouvoirs. Les trois exemples montrent que l'on ne peut réduire le problème de l'infériorité des femmes dans la région au seul facteur religieux inhérent à l'islam. Le contrôle de la sexualité des femmes, la sacralisation des alliances matrimoniales et les échanges de femmes entre les hommes par les hommes ne constituent-ils pas les premiers fondements des structures sociales humaines ? On pourrait y ajouter la résidence patrivirilocale qui caractérise nombre de sociétés méditerranéennes.

L'émergence du sujet de droit et l'égalité entre les sexes ont acquis une valeur de symbole de la modernité dans ces sociétés. Les mouvements de femmes s'y trouvent pris, tout comme ils sont pris dans des courants de réforme endogène à l'islam. Les trois expériences de femmes appartenant à des sociétés arabo-musulmanes et méditerranéennes soulignent la variété des chemins choisis dans la perspective d'un changement de la situation des femmes et montrent que celles-ci sont amenées à trouver des voies qui leur évitent de suivre les sentiers battus.

5. Les femmes et les questions de religion en Allemagne

Le nom du village *Friedensau* peut être traduit comme *village de la paix* et a été fondé par l'Église adventiste du septième jour dans le nord-est de l'Allemagne en 1899. L'installation du campus universitaire répond aujourd'hui à des critères précis : il s'agit d'un lieu dans un environnement sain en pleine nature et à proximité d'une grande ville, ici Berlin. Friedensau se situe dans le land de Saxe-Anhalt dans l'ancienne Allemagne de l'Est. Il faut signaler que Friedensau se distingue du reste du territoire par sa situation de grande pauvreté. L'indicateur de pauvreté du land est de 21 % alors que le taux fédéral allemand est de 15,8 %, il est à mettre en lien avec le taux de chômage qui est d'environ 7 % en Saxe-Anhalt alors que celui de l'Allemagne est seulement de 4,9 % (Statista, 2018).

Les particularités de ce campus, son inscription dans le cadre national allemand et dans le cadre religieux, sont particulièrement intéressantes pour étudier les stéréotypes concernant les rapports entre femmes. De manière générale, le féminisme est ancré dans l'histoire allemande avec le mouvement socialiste et une femme comme Clara Zetkin (« *Keine Sonderrechte, sondern Menschenrechte* »[13]) qui a proclamé la célébration d'une journée internationale des femmes lors de la 2e conférence de l'Internationale des femmes socialistes en 1910 (Sichtermann, 2009). Actuellement, les mouvements de femmes en Allemagne peuvent sembler peu actifs. De nombreux acquis politiques et juridiques ont été obtenus concernant la protection des droits au niveau fédéral allemand et au niveau européen. Malgré tout, des pratiques discriminatoires persistent dans la vie quotidienne de la société allemande en défaveur des femmes (Stolle/Robben, 2004). Par exemple, il existe une différence salariale selon le genre dans le privé comme dans le public et les postes clés de pouvoir sont généralement occupés par des hommes (Idems, 2018).

Quelques éléments du contexte religieux en Allemagne

L'Allemagne est pluriconfessionnelle avec 26,5 % de protestants, 28,5 % de catholiques, 0,1 % de juifs, 4,9 % de musulmans et d'autres adeptes de religions minoritaires (1,1 %) comme le bouddhisme (0,2 %) (Fowid, 2017). Depuis la réunification en 1989, dans l'ensemble de l'Allemagne, les religions associées à des Églises sont protégées par la loi. Il faut noter que contrairement à d'autres pays, l'Allemagne n'est pas un pays laïc, mais un pays sécularisé. Les droits des Églises sont constitutionnellement protégés. Les Églises sont principalement financées par des impôts dont les prélèvements sont assurés

---

[13] « Pas des droits spéciaux, mais des droits de la personne ».

par l'État qui reverse directement ces sommes aux Églises concernées. Il existe aussi des lois spécifiques qui s'appliquent à celles-ci. À l'école, y compris à l'école publique, les enfants doivent choisir de manière obligatoire dès le primaire entre un cours de religion catholique ou protestante ou un cours d'éthique s'ils sont d'une autre confession ou s'ils n'en ont pas. En effet, depuis Luther et les débats sur la nécessité de réformer les pratiques religieuses pour qu'elles respectent tous les croyants, quels que soient leur langue ou leurs revenus, l'Allemagne a une posture d'inclusion et de valorisation de toutes les religions.

L'Église adventiste est née d'un mouvement chrétien de « réveil » protestant influencé par le prédicateur baptiste américain William Miller. Les principes de charité et d'éducation pour prendre soin des plus vulnérables sont importants pour l'Église qui gère de nombreux hôpitaux, écoles et *Pflegeheim/betreutes Wohnen* (centres pour personnes âgées). Les adventistes du septième jour sont très attachés aux principes de la liberté de conscience dans le respect de l'ordre public, à la dignité de la personne, aux droits de la personne, au dialogue interreligieux et à l'égalité homme-femme (Lechleitner, 2013).

Mise en œuvre de la recherche-action-médiation sur le campus adventiste de Friedensau
Nous avons mené des activités en octobre 2017 sur le campus dans la Faculté de travail social un dimanche afin de ne pas perturber le sabbat des femmes pratiquantes. Onze femmes ont participé à deux ateliers : une femme à la retraite, trois femmes employées comme professeure, assistant de recherche ou secrétaire, une femme sans emploi et enfin six étudiantes (deux étudiantes allemandes et quatre étudiantes internationales). Parmi elles, huit étaient adventistes, deux femmes étaient protestantes de tradition luthérienne ou calviniste et une femme était catholique. La confession est un élément descriptif important qui a émergé lors de la recherche-action-médiation. En effet, lors de l'activité *Les fleurs de la diversité* menée durant la première séance, les participantes ont dessiné par petits groupes une fleur avec des pétales. Chaque femme devait indiquer son nom et les attributs qui la rendent unique dans leur groupe. Elles mentionnaient par exemple leur âge, leurs qualifications, leur attitude ou leur statut familial. Lors de la seconde séance qui portait plus spécifiquement sur les inégalités sociales, les inégalités de pouvoir dans la société et celles fondées sur le sexe, le visionnage du court-métrage *Majorité opprimée* réalisé en 2012 par Éléonore Pourriat a permis d'ouvrir une discussion, très émotive, sur les différentes formes de discrimination que les femmes vivent dans leur vie quotidienne. Ce film a permis d'aborder la question de l'ordination des femmes comme prédicatrices. Il est intéressant de noter que les femmes adventistes ont, contrairement à d'autres moments d'échanges, adopté la « position officielle de l'Église » pour répondre à nos sollicitations. Elles n'ont pas donné directement leur avis et se sont

> retranchées derrière ce qu'il convient de dire sur cette question qui fait pourtant l'objet de débats dans cette communauté.

Si dans la religion catholique seuls les hommes peuvent être ordonnés, dans les religions protestantes, les femmes peuvent être pasteures. C'est officiellement le cas en Allemagne depuis le début du 20ᵉ siècle et dans la pratique depuis les années 1950 avec Elisabeth Haseloff (Philippzik, 2017). Ainsi, les échanges avec les femmes sur l'ordination des femmes prédicatrices témoignent que ce sujet est source aujourd'hui de nombreux débats et controverses dans l'Église adventiste des pays d'Europe du Nord et des pays où le patriarcat domine encore les sociétés, comme dans certains pays d'Afrique, d'Amérique latine, d'Asie ou encore aux États-Unis. Le statut d'Ellen White est l'objet de nombreuses discussions pour savoir si une femme peut être à la fois prophétesse et prédicatrice. Si des pays du Nord comme l'Allemagne considèrent que le droit à l'égalité s'applique aux hommes et femmes concernant l'ordination, il y a encore beaucoup de résistance au niveau international.

Il faut noter que les discussions en matière de traitement égalitaire portent exclusivement sur ce point. En général, la place des femmes n'est pas débattue dans les discours officiels de l'Église adventiste que tout-e- croyant-e- se doit de suivre. Si l'image de *la* femme dans la religion adventiste est centrale, elle reste néanmoins rattachée à des stéréotypes de répartition des rôles dans le soin et l'accompagnement des enfants et des personnes âgées. Il faut noter que comme de nombreuses pratiques protestantes, l'Église adventiste encourage la mise en place de lieux d'échanges entre femmes pour qu'elles puissent débattre ensemble de leur vie quotidienne et religieuse. Si la famille est très importante[14], la répartition des rôles entre les hommes et les femmes reste patriarcale, y compris en termes d'emploi. Une répartition des rôles s'opère selon le modèle masculiniste suivant : les hommes sont plutôt dans les domaines de la théologie ou de la médecine et les femmes exercent un emploi en travail social ou en soins infirmiers. Même si elles sont encouragées à poursuivre des études, elles peuvent, jeunes, donner naissance à des enfants. Soulignons que l'ouverture et une attitude de bienveillance envers les familles sont liées à la religion adventiste. L'Allemagne est un pays ayant une très faible natalité au niveau européen (Martin, 2018). Pour autant, le *care,* comme attribut féminin, fait perdurer un stéréotype sociétal très répandu, y compris dans l'ancienne Allemagne de l'Est communiste qui, tout en mettant en œuvre une égalité entre hommes et femmes, assignait la gestion de la famille et du foyer à celles-ci (Kaminsky, 2017).

---

[14] Le village de Friedensau possède deux aires de jeux, une garderie et un cimetière pour une population totale d'environ 500 personnes.

Comme dans les autres religions, on observe parmi les adventistes des conservateurs et des libéraux. Ainsi, même si une ambiance spirituelle structure la vie universitaire, l'université de Friedensau se considère aujourd'hui comme un environnement ouvert sur l'international, interculturel, intergénérationnel, interreligieux et bilingue anglais/allemand. C'est peut-être ce positionnement progressiste qui a pu rendre possible cet atelier sur la participation des femmes de confessions adventiste, protestante de tradition plus luthérienne ou calviniste, catholique et des femmes agnostiques, pour leur permettre de mettre en œuvre les conditions d'un dialogue. Précisons toutefois que nous avons choisi de formuler autrement le nom de l'atelier pour demander l'autorisation de sa tenue : « *Femmes en échange, à propos de ce qui nous unit ou peut-être pas !* » sans indiquer le terme de « féminisme » au singulier ou au pluriel. Ce choix a sans doute permis la venue de femmes qui ne se déclarent pas ouvertement féministes, mais qui souhaitent contribuer au développement des droits de la personne.

> **Un dialogue féministe interreligieux : l'expérience du groupe Maria'M**[15]
> En décembre 2011, trois chrétiennes et trois musulmanes se sont rencontrées au Québec afin de poser les jalons d'une démarche de dialogue féministe inédit qui se poursuit encore sept ans plus tard.
> **Pourquoi ?**
> Dans une société aux prises avec des débats répétés sur la laïcité, plus encline à *gérer* la diversité religieuse qu'à la reconnaître et toujours marquée par des inégalités importantes entre les femmes et les hommes, il nous a semblé nécessaire d'établir un espace permettant un dialogue serein et respectueux qui n'allait pas être soumis à la tyrannie des cotes d'écoute ou des votes politiques. Ce lieu permet à des féministes croyantes de s'exprimer à partir de leur double appartenance de croyante et de féministe sans avoir à exclure l'une ou l'autre de ces identités. Dans la conjoncture sociopolitique québécoise qui prévaut, une démarche permettant la rencontre entre des chrétiennes et des musulmanes a été privilégiée pour réaliser un dialogue approfondi sur des enjeux sensibles inhérents à notre société.
> **Comment ?**
> Des rencontres d'une vingtaine de femmes ont été amorcées en janvier 2012. Les thèmes des rencontres varient entre le religieux et le sociopolitique. Les rencontres religieuses peuvent par exemple aborder, à partir de l'expérience des femmes, un événement ou une pratique d'une des traditions des participantes, alors que les rencontres sociopolitiques traitent d'un sujet d'actualité ayant un impact sur la vie des femmes ou d'une question importante pour les femmes

---

[15] Présentation d'Élisabeth Garant à partir du guide « Initier un dialogue féministe interreligieux ». Pour en savoir plus sur cette expérience, voir : cjf.qc.ca/vivre-ensemble/mariam.

> du groupe. Ce dialogue permet d'explorer des pistes de transformation religieuse et de développer une expression féministe de la vie spirituelle. Il ouvre aussi la possibilité de débattre d'enjeux présents dans le mouvement des femmes.
>
> **Nos principes de base**
>
> La **justice sociale** est au cœur des préoccupations des participantes au dialogue Maria'M. Nous sommes attentives aux enjeux de discrimination sous toutes ses formes et également sensibles aux rapports majorité/minorité qui font obstacle au dialogue et à une véritable solidarité.
>
> **La diversité** est un principe clé de cette initiative de dialogue. Il y a un soin apporté à la composition du groupe afin que les participantes proviennent d'horizons multiples (Églises d'appartenance, courants religieux ou spirituels, ethnies, origines, etc.).
>
> Le respect de la **parité** entre les participantes est aussi un principe important de la dynamique du dialogue puisqu'il aide à maintenir l'équilibre dans la participation et un rapport plus égalitaire entre les traditions religieuses représentées.

En guise de conclusion...

Ce chapitre s'est intéressé aux expériences de la mobilisation religieuse à travers des groupes de femmes minorisées sur différents terrains d'expression, et aux pratiques de résistances dans les registres de l'agentivité. Il se situe en outre dans les perspectives d'un projet collaboratif de recherche-action-médiation présenté dans les chapitres 1 et 3 qui consiste à faire émerger une conscience critique dans le cadre des interactions des groupes de femmes. Les dynamiques de réappropriation de l'action militante chez les femmes « syndiquées ouvrières marocaines, les cadres palestiniennes et les voilées ou islamistes algériennes » l'illustrent, de même que les stratégies des femmes musulmanes en France dans un contexte de négociation des marqueurs de l'assignation identitaire.

Plus globalement, en s'interrogeant sur la complexité de l'articulation des catégories *femmes, féminismes et religions*, ce projet collectif vise à rattacher les expériences des femmes pratiquantes minorisées à un universel et vice versa, mais aussi à produire des outils leur permettant de sortir d'une marginalisation qui les exclut de fait des préoccupations communes aux féministes *laïques* – en clair aux femmes du groupe majoritaire. C'est sans doute dans cet horizon que pourront se tisser les fils d'un dialogue, dans un espace interculturel, où le commun à construire se pose dans les termes d'un dépassement du dilemme entre *universalisme* et *particularisme*, pour tendre vers ce que les auteurs de la pensée critique latino-américaine de la modernité européocentriste conceptualisent par un monde universel plus concret, et pourquoi pas, « pluri-versel » (Boidin, Hurtado López, 2009).

Bibliographie

Antonius, R. (2008). *La représentation des Arabes et des musulmans dans la grande presse écrite au Québec*. Repéré à http://classiques.uqac.ca/contemporains/antonius_rachad/representation_Arabes_dans_la_presse/representation.html.

Badran, M. (2012). Féminisme islamique : qu'est-ce à dire ? Dans Z. Ali (dir.), *Féminismes islamiques* (p. 39-54), Paris : La Fabrique éditions.

Bayart, J.-F. (2006). *L'illusion identitaire*, Paris : Fayard.

Bennabi Bensekhar, M. (2017). Religiosité contre radicalisation religieuse dans la mondialité. Histoire de la radicalisation d'une femme. L'autre, 2(18), 165-172.

Bilge, S. (2010). Alors que nous, Québécois, nos femmes sont égales à nous et nous les aimons ainsi : la patrouille des frontières au nom de l'égalité de genre dans une « nation » en quête de souveraineté. *Sociologie et sociétés*, 42(1),197-226.

Boidin, C., Hurtado López, F. (2009). La philosophie de la libération et le courant décolonial. *Cahiers des Amériques latines*, 62, 17-22.

Bonnafous, S. (1991). *L'immigration prise aux mots : les immigrés dans la presse au tournant des années 80*. Paris : Éditions Kimé.

Brion, F. (dir.). (2004). *Féminité, minorité, islamité. Question à propos du hijâb*. Louvain-La-Neuve : Bruylant-Academia.

Burger, M. (2006). L'analyse du discours appliquée à la communication médiatique : comment la presse romande parle-t-elle de l'Islam ? *Bulletin VALS-ASLA (Association suisse de linguistique appliquée, 83*(2), 201-212.

Calvès, G. (2018). *Territoires disputés de la laïcité*. Paris : PUF.

Darbellay, K. (2010). Représentations de la place des femmes musulmanes dans l'Islam en Suisse romande », *Politorbis,* 48, 79-87.

Darbellay, K. (2010). Représentations de l'altérité musulmane. Analyse d'une émission télévisée suisse sur le port du voile. Dans B. Lucas, T.-H. Ballmer-Cao (dir.), *Les nouvelles frontières du genre* (p.81-97), Paris : L'Harmattan.

Darbellay, K. (2011). Le traitement médiatique du genre dans le cadre de l'initiative anti-minarets et de son affiche en Suisse romande. Dans D.

Bernardi et N. Etienne (dir.), *Standing on the Beach with a Gun in my Hand* (p. 187-192). Genève : Eternal Tour, Labor et Fides, Blackjack.

Darbellay, K. (2017). Discours sur l'Islam et la laïcité en Suisse. Dans M. Boucher (dir.), *La laïcité à l'épreuve des identités. Enjeux professionnels et pédagogiques dans le champ social et éducatif* (p. 61-73). Paris : L'Harmattan.

Delphy, C. (2008). *Classer, dominé. Qui sont les « autres » ?* Paris : La Fabrique éditions.

Dorion, J. (2013). *Inclure, quelle laïcité pour le Québec ?* Québec, Éditions Québec Amérique.

Dumont, M. (1995) *Les religieuses sont-elles féministes ?* Éditeur : Bellarmin, Montréal.

Ettinger, P. (2010). La problématisation de la minorité musulmane dans les médias en Suisse. *Tangram, 25*.

Fassin, E. (2006). Questions sexuelles, questions raciales : parallèles, tensions et articulations. Dans D. Fassin et E. Fassin (dir.), *De la question sociale à la question raciale ? Représenter la société française* (p. 230-248). Paris : La Découverte.

Fougeyrollas-Schwebel, D., Lépinard et E., Varikas, E. (dir.). (2005). Féminisme(s). Penser la pluralité. *Cahier du Genre*, 39, Paris : L'Harmattan.

Fowid [Forschungsgruppe Weltanschauungen in Deutschland]. (2017). *Religionszugehörigkeiten. Dans Deutschland 2016*, Repéré à https://fowid.de/meldung/religionszugehoerigkeiten-deutschland.

Gianni, M., Giugni, M., & Michel, N. (2015). *Les musulmans en Suisse. Profils et intégration.* Lausanne : Presses polytechniques et universitaires romandes.

Göle, N. (1997). Modernité locale. Dans A. Medeb (dir.), *Postcolonialisme. Décentrement, Déplacement, Dissémination*. Dédale, 5 et 6. Paris : Maisonneuve & Larose.

Göle, N. (2003). *Musulmanes et modernes. Voile et civilisation en Turquie*, Paris : La Découverte.

Hafez, K. (2000). *Islam and the West in the mass media: fragmented images in a globalizing world.* Cresskil : Hampton Press.

Hanafi, R. (2017a). Sœurs en islam : étudiantes pratiquantes en résistance. *Ethnologie française*, XLVII, 4, 673-682.

Hanafi, R. (2010). La militance religieuse des étudiantes musulmanes descendantes de parents originaires du Maghreb. *Revue des mondes musulmans et de la Méditerranée, 128*(2), 43-60.

Hanafi, R. (2017b). La trajectoire socioreligieuse de Faïma : un bricolage identitaire à l'épreuve d'un impensé colonial. Dans G. Chakroun (dir.) *Cognition sociale, formes d'expression et interculturalité*, Paris : L'Harmattan, 319-326.

Hervieu-Léger, D. (2000). Le miroir de l'islam en France. *Vingtième siècle. Revue d'histoire*, 66, 79-89.

Hervieu-Léger, D. (2005). Bricolage vaut-il dissémination ? Quelques réflexions sur l'opérationnalité sociologique d'une métaphore problématique. *Social Compass*, 52(3), 295-308.

Idems, M. (2018). *Internationaler Frauentag – Was wird da eigentlich gefeiert?*. Repéré à https://www.morgenpost.de/politik/article213658885/Internationaler-Frauentag-Was-wird-da-eigentlich-gefeiert.html.

Kaminsky, A. (2017). *Frauen in der DDR* (2e éd.). Berlin, Allemagne : Ch. Links Verlag.

Karim, H. K. (2000). *Islamic Peril. Media and Global Violence*. Montréal : Black Rose Books Ltd.

KAS [Konrad Adenauer Stiftung]. (2018). *Religion und Kirche*. Repéré à https://www.kas.de/web/ddr-mythos-und-wirklichkeit/religion-und-kirche).

Latte Abdallah, S. (dir.). (2010). Féminismes islamiques. *Revue des mondes musulmans et de la Méditerranée, 128*(2).

Lechleitner, E. (2013). *Seventh-day Adventist Church emerged from religious fervor of 19th Century*. Repéré à https://www.adventist.org/en/information/history/article/go/-/seventh-day-adventist-church-emerged-from-religious-fervor-of-19th-century-1/.

Mahmood, S. (2009). *Politique de la piété. Le féminisme à l'épreuve du renouveau islamique*. Paris : La Découverte.

Martin, D. (2018). *Are family policy reforms to thank for Germany's rising birth rates?* Repéré à https://www.dw.com/en/are-family-policy-reforms-to-thank-for-germanys-rising-birth-rates/a-43188961

Mucchielli, L. (2003). L'islamophobie : une myopie intellectuelle ? Repéré à http://classiques.uqac.ca/contemporains/mucchielli_laurent/D_reflexions_actualite/islamophobie/islamophobie.pdf.

Nader, L. (2006). Orientalisme, occidentalisme et contrôle des femmes. *Nouvelles questions féministes, 25*(1), 12-23.

Nordmann, C. (dir.). (2004). *Le foulard islamique en questions*. Paris : Éditions

Poole, E. (2002). *Reporting Islam: Media Representations of British Muslims*. London, New York: I.B. Tauris.

Philippzik, R. (2017). *Elisabeth Haseloff. Wegbereiterin für das Amt der Pastorin*. Repéré à http://frauen-und-reformation.de/?s=bio&id=131.

Rousseau, L. (2016). Le travail obscur de la mémoire identitaire dans les débats nés d'une nouvelle diversité religieuse au Québec. *Recherches sociographiques*, 57(2-3), 289-310.

Saïd, E. W. (1997). *Covering Islam: how the media and the experts determine how we see the rest of the world*. New York: Vintage Books.

Saint-Blancat, C. (1997). *L'Islam de la diaspora*. Paris : Bayard.

Sayad, A. (2006). *L'immigration ou les paradoxes de l'altérité*, Paris : Éditions Raison d'Agir.

Scott, J. W. (2017). *La politique du voile*, Paris : Éditions Amsterdam.

Schneuwly Purdie, M. et Lathion, S. (2003). Panorama de l'islam en Suisse. *Équinoxe, revue romande de sciences humaines*. Repéré à http://www.islamresearch.net/panorama_islam_suisse.html.

Sichtermann, B. (2009). *Kurze Geschichte der Frauenemanzipation*. Berlin, Allemagne : Verlagshaus Jacoby & Stuart.

Statista (2018). *Arbeitslosenquote in Deutschland nach Bundesländern (Stand: Oktober 2018)*. Repéré à https://de.statista.com/statistik/daten/studie/36651/umfrage/arbeitslosenquote-in-deutschland-nach-bundeslaendern/.

Stolle, C. et Robben, H. (2004). *Zum Beispiel Frauenrechte*. Göttingen, Allemagne : Lamuv Verlag.

Stolz, J. (2007). *Vers un retour du religieux ? Le paysage religieux suisse en pleine mutation*. Working Papers de l'Observatoire des Religions en Suisse 5 (www.unil.ch/ors), 1-14.

Vatz Laaroussi, M. en collaboration avec l'équipe Femmes et féminismes en dialogue (2019). *Les médiations au croisement des approches interculturelles, de l'intervention féministe et des perspectives intersectionnelles*. Dans A. Heine et L. Licata (dir.), *Psychologie interculturelle en pratiques*. Bruxelles : Éditions Mardaga.

Vatz Laaroussi, M. et Laaroussi, N. (2014). Quand les femmes musulmanes interpellent le féminisme québécois – Débats, féministes, liberté religieuse et Vivre ensemble au Québec. *JET'S-RECE,* (42), printemps, 22-41.

Wadud, A. (1999). *Qur'ran and Woman. Rereading the Sacred Text from a Woman's Perspective*, New-York : Oxford University Press.

Weibel, N. (2006). *La modernité de Dieu : Regard sur des musulmanes d'Europe libres et voilées.* Socio-anthropologie, 17-18.

Willaime, J.-P. (2017). Europe : à chacun sa laïcité. Dans J.-F. Dortier et L. Testot (dir.), *Les religions* (p. 467-475). Paris : Éditions Sciences Humaines.

CHAPITRE 14

Les droits des femmes : des enjeux multiples

Zoly Rakotoniera, Dorra Mahfoudh, Noro Ravaozanany, Dominique Tiana Razafindratsimba, Paola Bonavitta, Khadija Elmadmad et Simone Emmert

Tous les 8 mars, depuis plus de quarante ans, la Journée internationale des femmes est célébrée partout dans le monde. Cette journée est souvent l'occasion de faire un état des lieux sur les droits des femmes, mais aussi et surtout de tirer la sonnette d'alarme à propos de la violation de ces droits. Il est vrai que l'égalité en droits entre les femmes et les hommes a considérablement progressé au cours de ces dernières décennies. Certains droits tels que le droit de vote ou le droit de se présenter à un poste électif sont acquis dans des pays du Nord comme du Sud. Comme on l'a vu, l'adoption de la Convention sur l'élimination de toutes les formes de discrimination à l'égard des femmes (CEDAW) par l'Organisation des Nations Unies et sa ratification par un grand nombre des États membres représentent un jalon dans l'histoire des mouvements pour les droits des femmes. Si la Convention constitue une ressource importante pour ancrer l'égalité entre les sexes dans les législations nationales et en particulier dans celles qui touchent l'exercice des droits des femmes dans la vie publique et politique, certains de ses acquis sur le plan législatif tendent à rester formels et à ne pas être respectés. Selon le contexte, les champs dans lesquels les droits restent faiblement respectés sont essentiellement l'accès aux ressources, le corps et la sexualité ainsi que celui de la politique. Un aperçu de la situation des femmes en Tunisie, au Maroc, en Argentine et à Madagascar pour le Sud et en Allemagne pour le Nord nous permet de comprendre les points communs ainsi que les spécificités concernant les avancées et les enjeux actuels en termes de droits.

1. Les droits des femmes en Tunisie : du Code du statut personnel à l'égalité successorale entre les femmes et les hommes

Comme on l'a vu précédemment, la Tunisie s'est toujours distinguée des autres pays du monde arabo-musulman par une politique volontariste en faveur des droits des femmes. Dès les premières années de l'indépendance, en 1956, l'engagement du pays sur cette voie s'est concrétisé par des réformes et des politiques dont l'objectif est la transformation des rôles et relations entre les hommes et la réduction des inégalités de genre. Depuis la chute de la dictature et la révolution de 2011, l'engagement de la société civile et du mouvement des femmes a renforcé cette orientation et poussé à développer la culture de l'égalité et à accorder de nouveaux droits aux femmes.

La modernisation progressive et volontariste de la société tunisienne par la législation

Le statut juridique des femmes au sein de la famille a connu en Tunisie un véritable bouleversement par la promulgation du Code du statut personnel (CSP) en 1956. Ce texte qui place la Tunisie bien en avance sur les pays arabes règlemente le mariage, le divorce, la filiation, les successions et instaure des rapports hommes-femmes plus égalitaires et surtout il reconnaît aux femmes le statut d'individu ayant des droits.

Le CSP a été par la suite complété par des textes législatifs qui transforment les relations familiales et donnent plus de droits aux femmes. Ainsi en 1959, les filles ont le droit d'hériter de la totalité du patrimoine successoral de leurs parents même en présence d'un oncle paternel (*al radd*). La tutelle légale de la mère sur les enfants mineurs en cas de décès du père est établie en 1981 et le devoir d'obéissance de l'épouse est aboli en 1993 (CSP, art. 23). En 1998 est établi le régime de la communauté des biens (facultatif) que les époux peuvent choisir au moment de la conclusion du contrat de mariage ou à une date ultérieure. En 2008, une loi accorde à la femme divorcée titulaire de la garde de son enfant mineur, le droit au maintien dans le domicile conjugal.

Bien qu'on puisse les soumettre à la critique comme dans le chapitre 8, les différentes réformes adoptées par Bourguiba ont rénové l'espace privé, mais aussi l'espace public et l'espace religieux. Elles ont touché aussi les structures foncières. Parmi les plus importantes, nous citons l'abolition de l'institution des *habous* (biens de main morte), qui constituait un régime foncier anachronique utilisé pour contourner la loi sur l'héritage et évincer les femmes de la propriété foncière et de la succession en général.

La bataille de la parité dans les listes électorales

Les Tunisiennes se sont mobilisées en nombre important dans le mouvement de contestation qui a mené à la révolution du 14 janvier 2011. Dès le 29 janvier 2011, les femmes et les féministes organisent une « marche des femmes contre les violences, la pauvreté et les discriminations sociales et régionales » et exigent l'égalité entre les femmes et les hommes dans la société, dans la famille et dans la politique.

Pourtant, dans la période de transition, la représentativité des femmes dans les structures politiques n'a pas évolué et le mouvement féministe ne cesse de s'insurger contre la sous-représentativité politique des femmes. La présence – dans la Haute instance pour la réalisation des objectifs de la révolution, de la réforme politique et de la transition démocratique – des féministes, des démocrates indépendants et de certains partis, a poussé à l'adoption d'une nouvelle loi électorale (11 avril 2011) qui exige l'application de la parité entre les femmes et les hommes dans les listes de candidats à l'Assemblée nationale constituante (ANC). Même si la proportion des élues était très modeste dans cette instance, leur dynamisme et leur détermination se sont manifestés tout au long de l'élaboration de la nouvelle constitution et du « bras de fer »[1] afin d'imposer l'égalité dans plusieurs articles de la loi.

Depuis cette date, la mobilisation du mouvement des femmes et les engagements de la Tunisie en faveur de l'égalité se sont concrétisés par la mise en œuvre de réformes et de réglementations majeures. Parmi celles qui concernent les droits politiques des femmes, nous citons la Loi organique n°2017-7 du 14 février 2017 relative aux élections municipales qui mentionne :

> Les candidatures pour les mandats de membre des conseils municipaux et régionaux sont également présentées sur la base du principe de parité entre les femmes et les hommes à la tête des listes partisanes et celles des coalitions qui se présentent dans plus d'une circonscription électorale (article 49).

Cette contrainte juridique de la parité verticale et horizontale a permis aux femmes d'être plus nombreuses dans les conseils municipaux. Aujourd'hui, elles représentent 44 % des conseillers municipaux élus, et près de deux maires sur dix (19,5 %) sont des femmes. Mais à l'Assemblée des représentants du peuple, seulement 31,3 % des députés sont des femmes. À ce niveau, les résistances sont plus fortes et la parité n'est pas atteinte, car l'amendement pour la parité horizontale qui seule aurait permis que les femmes soient placées en tête de liste a été rejeté.

La lutte contre la discrimination : l'adhésion à la CEDAW en Tunisie

Comme d'autres pays de la région, la Tunisie avait ratifié la CEDAW en 1985 avec réserves. C'est seulement en 2011, pour répondre à une forte mobilisation de la société civile et pour concrétiser ses engagements internationaux, que le gouvernement tunisien procède à la levée des réserves, ce qui est confirmé officiellement par l'ONU en 2014. La Tunisie devient alors le premier pays arabe à lever officiellement ses réserves sur la CEDAW, ce qui est en cohérence avec le principe de l'égalité dans la nouvelle

---

[1] Un ouvrage a été écrit sur ce processus par une députée : Selma Mabrouk, *Le bras de fer 2011-2014*. Éditions Arabesques, Tunis 2018. Voir aussi : Nadia Chaabane *TUNISIE, Deuxième république. Chronique d'une constituante 2011-2014*. Déméter Éditions. Tunis 2018.

Constitution (janvier 2014). Cependant, tout en affirmant sa volonté de faire progresser les droits des femmes, la Tunisie maintient la déclaration générale qui précise qu'« en conformité avec les exigences de cette convention, le gouvernement tunisien s'engage, à ne prendre aucune décision organisationnelle ou législative, qui pourrait entrer en conflit avec l'article premier de la Constitution tunisienne »[2]. Or, cet article 1 indique que la religion de la Tunisie est l'islam, ce qui peut impliquer l'éventualité de se référer à la Constitution pour ne pas respecter les normes internationales[3].

L'égalité dans la Constitution tunisienne de 2014

La Tunisie a modifié sa Constitution pour prendre en compte à la fois les aspirations populaires à l'égalité et ses engagements internationaux. La nouvelle Constitution tunisienne (adoptée le 27 janvier 2014 par l'Assemblée nationale constituante) consacre l'égalité dans son Préambule et dans plusieurs articles. Selon l'article 20, les citoyennes et citoyens sont « égaux en droits et en devoirs, devant la loi sans discrimination ». L'État garantit aux citoyens et aux citoyennes les libertés et les droits individuels et collectifs. Il leur assure les conditions d'une vie digne (article 21). La Constitution prévoit également dans son article 45 que l'État s'engage à protéger et améliorer les droits acquis des femmes et veille à les consolider et les promouvoir... (article 46).

La vigilance et la détermination de la société civile, des féministes et des partis progressistes se sont manifestées à toutes les étapes du processus d'élaboration de la Constitution de la deuxième République. Les débats qui ont duré trois années ont opposé ceux et celles qui étaient attachés à une conception familialiste des rapports femmes-hommes, et ceux et celles qui défendaient une conception individualisée et égalitaire. Le conflit a atteint son paroxysme avec le projet de l'article 28 qui faisait référence à « la complémentarité » entre les femmes et les hommes. Il était considéré par les partisans de la démocratie et les féministes comme une régression et une remise en cause du projet de société moderniste construit par les Tunisien-ne-s depuis l'indépendance du pays. Une mobilisation générale est organisée par les associations féminines/féministes pour dénoncer cette « atteinte aux droits des femmes par un pouvoir paternaliste qui donne à l'homme un pouvoir

---

[2] Voir « Inégalités et discriminations à l'encontre des femmes et des filles dans la législation tunisienne », CREDIF/MFFE/HCDH/ONU Femmes, février 2016.
[3] Ce qui « a créé le doute quant à l'engagement de l'État tunisien à l'égard des dispositions de la Convention... », selon l'étude « La levée des réserves à la Convention CEDAW, mais non au maintien de la déclaration générale » (FNUAP/ATFD - 2011).

absolu et renie à la femme son droit de citoyenne à part entière ».[4] Elle aboutit à la suppression de l'article 28, objet de conflit.

La violence à l'égard des femmes

C'est en 2017 que l'Assemblée des représentants du peuple (ARP) vote la Loi organique relative à l'élimination de la violence à l'égard des femmes. Celle-ci constitue une avancée historique dans la législation tunisienne en faveur des droits des femmes. En matière de lutte contre le harcèlement sexuel au travail, notamment, cette loi[5], considère comme harcèlement sexuel toute agression d'autrui par actes, gestes ou paroles qui comprennent des connotations susceptibles de porter atteinte à la dignité de la victime ou d'affecter sa pudeur, et ce, dans le but de l'amener à se soumettre aux propres désirs sexuels de l'agresseur ou aux désirs sexuels d'autrui, ou en exerçant sur elle une pression de nature à affaiblir sa capacité de résister à ces pressions. La peine est portée au double si l'auteur a une autorité sur la victime ou s'il abuse de l'autorité que lui confèrent ses fonctions. La précédente loi de 2004 sanctionne le harcèlement sexuel, mais c'est la Loi organique de 2017 qui en fait un délit pénal[6].

Le défi de l'égalité successorale

Malgré les avancées réalisées en matière d'égalité des droits et les réformes qui ont touché plusieurs domaines, dont le statut juridique des femmes et les rapports de genre, les femmes maghrébines continuent d'être lésées sur le plan de l'héritage à la fois par la loi et par les pratiques d'exhérédation (action de déshériter un ayant droit), de non-partage et de maintien des biens dans l'indivision. Des pratiques courantes légitiment la mainmise des frères sur le patrimoine familial, afin de priver les femmes de leurs droits et de les maintenir sous la dépendance des hommes de la famille. L'ordre masculin impose en quelque sorte une séparation, « une marque distinctive » (Bourdieu, 1998) entre ceux qui sont « socialement dignes » de détenir l'héritage du groupe et celles qui en sont exclues : les femmes, consacrant ainsi à jamais « la différenciation sexuelle » entre les femmes et les hommes.

---

[4] Déclaration du 4 août 2012 du Collectif des associations : ATFD, AFTURD, LTDH, Commission Femmes UGTT, Conseil national des libertés, section Tunisie d'Amnesty International.
[5] Loi n° 2017-58 publiée au Journal officiel de la République tunisienne (JORT) du 11 août 2017, elle est entrée en vigueur le 1er février 2018.
[6] Pour plus de détails, voir Inégalités et discriminations à l'égard des femmes et des filles dans la législation tunisienne. Édition CREDIF/MFFE/Onu Femmes, Op. cit.

Depuis maintenant presque une vingtaine d'années, les associations féministes en Tunisie ont engagé un débat de société autour de cette question et poussent à une réforme de la législation, au travers de pétitions, de commissions, de plaidoyers et outils divers visant l'égalité dans l'héritage. Une initiative d'associations féministes tunisiennes à ce sujet en 2006 [7] a d'ailleurs des échos auprès des associations maghrébines et s'est concrétisée par un engagement commun (Collectif Maghreb-Égalité 95 : études et plaidoyers dans les trois pays Algérie, Maroc, Tunisie).

> Aujourd'hui, compte tenu des nouvelles dispositions juridiques et des changements sociopolitiques, notre revendication nous paraît plus que jamais d'actualité. Depuis la révolution de 2011, l'égalité successorale est inscrite comme priorité dans les luttes des militantes féministes, constituées en un « Front des femmes pour l'égalité ». La lutte contre l'inégalité successorale est un combat contre le système de domination masculine et contre une cause majeure de l'appauvrissement et de la dépendance économique des femmes.

Le 4 mai 2016, un député indépendant dépose à l'ARP un projet de loi sur l'égalité entre les femmes et les hommes en matière d'héritage. Il propose qu'en l'absence de tout accord explicite entre les héritiers, l'héritage soit partagé à égalité selon les principes de la Constitution de 2014. Cette initiative relance le débat déjà ancien. À l'occasion du 13 août 2017, journée nationale de la femme en Tunisie et de la commémoration du CSP, le président de la République, Béji Caid Essebsi, propose de mettre fin à l'inégalité successorale : « les citoyens et les citoyennes sont égaux en droits et en devoirs ». Sur la base du rapport de la Commission des libertés individuelles et de l'égalité, mise en place pour l'occasion, un projet de loi a été élaboré, accepté par le Conseil des ministres en novembre 2018 et déposé à l'Assemblée des représentants du peuple.

> Les droits des femmes en Tunisie apparaissent comme une conquête lente mais sûre contre toutes les formes de discriminations et de violences. Les Tunisiennes ont une égalité en droit, mais dans les pratiques (et même dans les lois) l'égalité se heurte toujours à des résistances et des obstacles. Les femmes sont toujours sous-représentées, sous-payées, exposées aux violences dans l'espace domestique, social, professionnel et politique. Mais en Tunisie comme partout ailleurs les femmes ne sont pas que des victimes, elles sont aussi des actrices de changement de la société, des rapports de genres et de leur propre libération.

---

[7] Le 13 août 2006, date anniversaire du cinquantenaire de la promulgation du Code du statut personnel.

2. Les enjeux du débat sur l'avortement à Madagascar

L'avortement, un droit reconnu dans certains pays, constitue un problème de santé publique à Madagascar et porte atteinte au droit à la vie des femmes. Contrairement à d'autres pays, le droit à l'avortement n'est pas reconnu à Madagascar, ce qui engendre des pratiques non sécuritaires, met en danger la santé et la vie des femmes et constitue un problème de santé publique. Il est essentiel d'ouvrir le débat sur la place publique en vue d'une meilleure compréhension du changement des représentations concernant ce sujet. Ainsi, après avoir présenté le problème, nous parlerons des défis auxquels les femmes sont confrontées. Cela nous amènera aux débats qui ont été déjà engagés dans ce domaine auprès de plusieurs acteurs et actrices.

Le droit à l'avortement : problème de santé publique et atteinte aux droits des femmes

Le droit à l'avortement constitue encore à Madagascar un des problèmes majeurs concernant les droits des femmes (Gastineau, site Web) alors que ce pays adhère à plusieurs instruments internationaux liés au droit à la vie. La situation devient problématique dès que l'on confronte le Code pénal malgache existant et les représentations de l'avortement dans le contexte malgache, aux principes posés par ces instruments. D'un côté, la Déclaration universelle des droits de l'homme stipule, en effet, dans son article 3, que « Tout individu a droit à la vie, à la liberté et à la sûreté de sa personne ». Dans ce même sens, la Charte africaine des droits de l'homme et des peuples renforce cette idée : « La personne humaine est inviolable. Tout être humain a droit au respect de sa vie et à l'intégrité physique et morale de sa personne : Nul ne peut être privé arbitrairement de ce droit » (art. 4). Par ailleurs, et de manière plus précise, le Protocole à la Charte africaine des droits de l'homme et des peuples, relatif aux droits des femmes en Afrique ou Protocole de Maputo, non ratifié encore, est clair sur le sujet de l'avortement : « Les États prennent toutes les mesures [...] pour protéger les droits reproductifs des femmes [...], en autorisant l'avortement médicalisé, en cas d'agression sexuelle, de viol, d'inceste et lorsque la grossesse met en danger la santé mentale et physique de la mère ou la vie de la mère ou du fœtus. » (art. 15, alinéa 2c).

De l'autre côté, le Code pénal malgache, découlant de la période coloniale et s'inspirant du code napoléonien de 1810, criminalise l'avortement même en cas de grossesse à la suite d'un viol ou d'un inceste. La sanction va de six mois à dix ans d'emprisonnement pour toute personne impliquée dans l'acte. La réalité montre, pourtant, la gravité de la situation. Selon le ministère de la Santé, ce fait de société touche un nombre important de femmes : sur 75 000 avortements par an, 575 femmes décèdent à la suite de complications d'un avortement clandestin étant donné qu'elles ne peuvent bénéficier de structures et de soins adéquats, ce qui contribue au taux élevé de mortalité maternelle (478/100 000 naissances vivantes). En effet, sur les dix femmes qui meurent par jour des suites d'une grossesse et d'un accouchement, un à deux décès maternels sont liés à l'avortement (16 %) et un sur trois est lié aux grossesses d'adolescentes. Ce problème est d'autant plus sérieux qu'à Madagascar le taux de grossesse précoce est élevé : 37 % des adolescentes de 15 à 19 ans commencent déjà une vie féconde et dans certaines régions, 60 % d'entre elles ont déjà eu une naissance vivante. Ces chiffres montrent que les complications médicales liées à la grossesse, à l'accouchement et à la pratique d'avortements clandestins, loin d'être des phénomènes anodins, constituent un problème de santé publique à Madagascar, ce qui porte atteinte à la santé des femmes et même à leur droit à la vie qui est pourtant consacré dans le droit international. L'illégalité de l'avortement empêche, par ailleurs, la possibilité pour le personnel médical de conseiller efficacement les femmes sur la planification familiale et de prendre en charge les problèmes liés à l'avortement vu l'inexistence de service post-abortum. Ceci va donc à l'encontre des recommandations de la Conférence des Nations unies du Caire (1994) qui invitent les gouvernements à « traiter les conséquences des avortements pratiqués dans de mauvaises conditions de sécurité en tant que problème majeur de santé publique ». Selon les recherches, plus un pays impose une interdiction sévère sur l'avortement, plus il met les femmes et la maternité en danger. Selon l'Organisation mondiale de la Santé (OMS), en Afrique, 300 000 femmes par an meurent à la suite d'un avortement parce qu'elles se voient légalement refuser l'accès à une IVG pratiquée dans de bonnes conditions[8]. Des études en Afrique ont montré pour cela que la mise à disponibilité de services de santé offerts aux femmes venant de subir un avortement contribuerait à limiter les avortements répétés. Par ailleurs, l'expérience de plusieurs pays[9] montre que le nombre d'interruptions de grossesse n'est pas lié aux lois sur l'IVG puisque toute femme qui veut avorter avortera, quelles que soient les lois dans son pays. Ainsi, l'idée préconçue sur la relation de cause à effet entre la légalisation de l'avortement et l'augmentation du nombre de femmes qui ont recours à cet acte s'avère tout à fait discutable.

Dépénalisation de l'avortement : défis liés à la religion et à la culture

Face à cette problématique sociétale, des femmes regroupées dans des associations ou organismes, comme le Conseil national des femmes de

---

[8] Interruption volontaire de grossesse.
[9] En France, par exemple, le nombre d'IVG est stable depuis 1975.

Madagascar (CNFM), œuvrent dans des actions en vue de la dépénalisation de l'interruption de grossesse. Mais, elles font face à des défis et obstacles liés à la culture et, plus précisément, à certaines représentations sociales et religieuses en rapport au corps et à la vie. Ces dernières constituent les causes immédiates et profondes du statu quo concernant les considérations sur l'avortement. En juin 2017, le Sénat rejette le projet de loi sur l'autorisation de l'IVG à visée thérapeutique. Les motifs évoqués pour ce rejet se réfèrent à : i) la religion (67 % de femmes et 64 % d'hommes sont de religion chrétienne) et se résument à cette idée : « Non à l'avortement ! Il n'est pas question d'autoriser cette pratique. La vie est un don de Dieu » ; ii) certaines représentations culturelles : « L'IVG n'est pas dans la culture traditionnelle malgache. C'est un acte d'infanticide » et aux représentations liées à la croyance au destin, à la peur de sanctions naturelles et surnaturelles impliquant ainsi une résistance au changement et à la remise en question de l'ordre établi.

Débats engagés dans une perspective de médiation

Le rejet de ce projet de loi a amené le CNFM et ses partenaires à engager des actions en vue du changement des représentations négatives liées à la dépénalisation de l'IVG. C'est ainsi qu'avec l'Université d'Antananarivo, il a organisé une conférence-débat le 27 septembre 2017 portant sur le thème des conditions des femmes « Simone Veil et la condition des femmes : quelle inspiration pour Madagascar ? » Celle-ci a regroupé une parité parfaite de panélistes pour aborder les aspects juridique, social, éthique et théologique de l'IVG. Un public large composé de femmes et d'hommes, étudiant-e-s, enseignant-e-s-, chercheur-e-s, politicien-ne-s et divers acteurs sociaux conscients de la problématique sociétale de ce sujet, a pris part au débat et l'a animé. La tendance est relativement dominante en faveur de la dépénalisation de l'IVG mais avec des nuances. Certains discours font prévaloir des raisons militantes pour légiférer sur l'IVG au niveau national et ratifier le Protocole de Maputo :

> Est-ce que ce sont les Églises qui doivent légiférer sur ce qu'on fait de nos corps ? […] qui vont nous donner de l'argent pour nourrir les enfants, qui vont nous aider quand on est obligée de les garder, parce que l'avortement est illégal à Madagascar ?

Néanmoins, la parité parfaite des panélistes a permis d'aborder tous les aspects du problème avec des messages spécifiques. La présentation de la Loi Veil du 17 janvier 1975 a permis de parler de la condition féminine et de la lutte des féministes françaises sur la réappropriation et l'intégrité physique de leur corps. Mais les enjeux éthiques du combat Veil ont été confrontés à la foi chrétienne qui pose le dilemme moral entre choix et foi. Ainsi, certaines femmes chrétiennes malgaches se positionnent face à l'IVG dans cette contradiction qui semble insoluble entre, d'une part, une loi – terrestre – dictée par les hommes et, d'autre part, la voie – divine – sur laquelle aucune discussion ne semble possible. Des étudiant-e-s, enseignant-e-s et politicienne-s ont souligné, néanmoins face à cette représentation arrêtée de la vie et du corps, l'importance du droit à l'avortement, qui, finalement pour eux et elles, devrait être au centre d'un débat éthique face à la réalité des faits de société. Un docteur et homme politique présent s'est engagé dans le débat en faveur de la dépénalisation de l'IVG : « Je vais me lever pour prêcher à le faire ratifier [...]. On a construit des églises de plus en plus dans ce pays, des mosquées aussi et pourtant pendant que le nombre d'églises augmente, le nombre d'avortements a aussi augmenté ». Malgré ces deux positions opposées, il y avait aussi une tendance que l'on peut qualifier de neutre ou en défaveur de l'IVG, soutenue par des hommes et des femmes. L'idée est dans la recherche d'une voie autre que l'IVG pour rendre effectif le droit des femmes à la vie : coresponsabilisation du couple, éducation au sein de la famille, éducation sexuelle du couple par l'Église ou autre structure. Il s'agit aussi de mettre en garde le public contre le risque de banaliser l'IVG. Il a été proposé, dans ce sens, de recourir à une grande campagne de sensibilisation pour que « l'IVG soit effectivement un dernier recours ».

On peut retenir également un message important qui sort de ce débat et qui incite à poursuivre le processus de médiation engagé : « Ne comptez pas seulement sur nous les hommes, comptez surtout sur vous. C'est votre devoir, c'est votre liberté, c'est votre vie qui est en jeu. Vous savez qui a fait ça et qui s'oppose à ça ? Et quand ce sont les femmes qui s'opposent malheureusement. Alors s'il vous plaît, levez-vous ! » Ce message signifie, en effet, que l'on ne peut pas clore le débat en épousant l'impossibilité de discuter et en fermant les yeux sur le problème de santé publique soulevé par l'absence de droit à l'avortement. Et c'est en poursuivant ce début de sensibilisation qu'un plaidoyer pour défendre le droit des femmes à la vie va constituer le sujet du grand dialogue des femmes sur l'IVG. Les objectifs sont de : i) donner aux femmes l'opportunité de débattre sur un sujet de préoccupation commune ; ii) recueillir la voix des femmes sur des questions qui les concernent en premier lieu. De là devraient sortir différentes positions de femmes – connues et reconnues par la société – sur l'IVG et des pistes de solutions qu'elles estiment appropriées et partagées. Différentes étapes seront suivies : i) élaboration d'un argumentaire sur la base des opinions exprimées par les femmes ; ii) plaidoyer auprès du Parlement pour l'amendement et l'adoption du projet de loi en cours ainsi que la ratification du Protocole de Maputo ; iii) plaidoyer auprès des différentes institutions pour l'application de la nouvelle loi et sa vulgarisation auprès du public.

3. La lutte pour l'avortement légal en Argentine

> *Les femmes latino-américaines, nous sommes sur la voie de la réappropriation de nos corps, de nos volontés et de nos décisions. Pour le moment, la stratégie la plus efficace pour y parvenir est la fuite des structures familiales et culturelles qui nous emprisonnent.*
> Galindo

Dans le cas de l'Argentine, la revendication de la légalisation de l'avortement a une longue histoire, mais pour la première fois depuis de nombreuses années, elle a réussi à traverser les espaces du militantisme féministe et à être inscrite dans le programme du gouvernement. Mettre de l'avant le débat sur l'illégalité et la clandestinité de l'avortement revêt une importance vitale pour le mouvement féministe national et régional de nos pays du Sud.

En Argentine, l'avortement est légal dans certaines conditions concernant la santé de la mère (physique et psychique au sens large), la grossesse (lorsqu'elle ne peut arriver à terme), et les cas de viol. Dans tous les autres cas, l'avortement n'est ni légal, ni sûr, ni gratuit, alors même qu'il relève de la santé publique.

En 2016, 46 femmes sont décédées des suites d'une grossesse se terminant par un avortement (Peker, 2018). Ce sont des morts qui auraient pu et dû être évitées. Elles sont mortes parce qu'elles étaient des femmes de milieux populaires, là où celles qui ont de l'argent paient pour mettre fin à une grossesse alors que celles qui n'en ont pas meurent ou se retrouvent en prison. En outre, 234 condamnations pour avortement ont été prononcées entre 1996 et 2008 (Peker, 2018). Les décès à la suite d'avortements clandestins sont traversés par une question de classe. En Argentine, les femmes qui meurent sont pauvres : 76,7 % perdent la vie dans des hôpitaux publics (Peker, 2018). Aussi à Formose, une femme a huit fois plus de risques de mourir pendant sa grossesse qu'une femme de Buenos Aires. Ainsi on identifie des inégalités géographiques entre les régions centrales et périphériques du pays. L'État investit plus à Buenos Aires, et dans les régions les plus pauvres, les possibilités de mourir s'accroissent, surtout pour les femmes qui cumulent les désavantages de classe, de genre, de territoire. Ainsi porter un regard intersectionnel sur l'avortement implique de prendre en compte les croisements de race, de genre, d'ethnie, de classe, de nationalité.

En Argentine, plus d'un demi-million d'avortements sont pratiqués chaque année. Chacun coûte environ 500 $ US. Les pilules de *misoprostol* (traitement provoquant un avortement) coûtent 60 $ US et ne sont pas en libre accès. Quatre-vingts pour cent des femmes gagnent moins de 300 $ US par mois et les plus pauvres même pas la moitié (*Économie Féministe*, 2018). L'interdiction de l'avortement est aussi un problème d'iniquité. Dans les pays où ce droit n'est pas reconnu, les conséquences de l'illégalité frappent plus celles qui ne peuvent y accéder dans des conditions sûres. La dépénalisation et l'interruption volontaire de la grossesse (IVE) traversent les droits de toutes les femmes de toutes les couches sociales, mais affectent la vie des plus pauvres.

En Amérique latine, c'est aussi un privilège d'accéder aux méthodes contraceptives. Beaucoup de femmes n'en connaissent pas l'usage, ainsi elles se retrouvent enceintes, sans le chercher, sans le vouloir, sans le planifier. Et pour plusieurs ces grossesses sont le produit de violences de genre, dont le sexe forcé et les viols. En outre, au sein des institutions, on revictimise les femmes victimes de violence sexiste en particulier lorsque les professionnelle-s de la santé hétéronormée appliquent des stéréotypes sexistes sur les comportements sexuels et les associent à des maladies. L'accès à la santé dans les pays du tiers monde reste toujours limité, privilégié, classiste, raciste, sexiste et violent. Face à cette réalité, le mouvement féministe a promu la Campagne nationale pour l'avortement légal, sûr et libre. Cependant, aujourd'hui encore, le corps des femmes et les sexualités non hégémoniques restent des territoires de combats. Et cela peut se voir avec la résistance à l'avortement légal dans nos pays, mais aussi dans les féminicides et les crimes haineux homophobes et transphobes.

> La lutte pour la légalisation de l'avortement peut être comprise comme une question de santé publique avant tout, mais aussi comme une recherche de l'autodétermination personnelle et de l'intégrité corporelle, qui a pour axe la conquête de son propre corps et qui est clairement liée à la démocratisation de la vie personnelle. La maternité a toujours été réglementée par l'État. Les mouvements féministes continuent à lutter pour acquérir des droits qui ont été niés. Nous continuons à exiger d'être entendues, d'avoir des choix et des ressources ainsi que l'accès à la santé et à une vie digne.

4. Les droits des femmes marocaines et leur évolution

Le Maroc est un pays africain et arabe. La situation des femmes dans ce pays et leur statut juridique ont évolué à travers l'histoire et avec les changements des relations du pays avec l'Afrique et le monde arabe. Traditionnellement en Afrique, plusieurs communautés étaient des communautés matrilinéaires où les femmes occupaient une grande place dans la société et jouissaient de droits égaux et parfois même supérieurs à ceux des hommes. Par contre, dans la région arabe préislamique, les femmes étaient relayées au second rang et les filles étaient même enterrées vivantes à leur naissance par certains groupes sociaux (*Oaad al banat*). À travers l'histoire, les femmes marocaines sont passées d'une situation de femmes majeures ayant les mêmes droits que les hommes à une situation de mineures vivant sous la tutelle des hommes, puis à une situation où elles étaient considérées comme mineures dans le domaine privé et majeures dans le domaine public, et finalement à la situation actuelle où elles bénéficient de certains droits égalitaires mais pas de tous leurs droits.

De femmes majeures avec des droits égalitaires avant le VIIe siècle à des femmes mineures sous la tutelle des hommes

Avant l'arrivée des Arabes au Maroc et l'islamisation du pays au VIIe siècle, les femmes berbères avaient généralement un statut égalitaire avec les hommes. Elles pouvaient être chefs politiques et militaires. L'exemple le plus célèbre est représenté par la *Kahina*, la reine guerrière berbère qui commandait l'armée qui avait résisté farouchement à l'invasion arabe en Afrique du Nord. Quinze ans après la mort du Prophète Mohamed, la *Kahina* a combattu les Omeyyades venus de l'Arabie pour envahir l'Afrique du Nord et leur a fait face en organisant la résistance berbère. Elle a pu réaliser la difficile unité du Maghreb et infliger aux cavaliers arabes de cuisantes défaites avant d'être vaincue et de mourir au combat en 703[10].

La venue des deux religions célestes, le judaïsme et particulièrement l'islam, et des Arabes en Afrique du Nord a permis l'avancement de certains droits de la population de la région, mais elle a défavorisé, dans une certaine mesure, les femmes berbères et les a assimilées aux femmes arabes de cette époque. Leur statut est alors passé d'un statut plus égalitaire avec les hommes à celui de femmes mineures, notamment au Maroc. La domination européenne de ce pays, qui a duré de 1912 à 1956, n'a pas changé grand-chose à cette situation et les femmes restaient, en général, tributaires des hommes et sous leur tutelle pendant toute cette période.

Après l'indépendance du Maroc (le 2 mars 1956), le statut juridique des femmes a connu une évolution graduelle. Tout en restant considérées comme mineures au sein de la famille, elles vont se voir accorder des droits égaux comme citoyennes, à la suite de la promulgation de la première Constitution.

---

[10] Pour plus de détails sur cette reine berbère et sa résistance à l'invasion arabe en Afrique du Nord, voir l'encyclopédie Wikipedia, *Dihya* ou *Kahina* Repéré à https://fr.wikipedia.org/wiki/Dihya_(reine)

De femmes mineures aux femmes à moitié majeures de 1956 aux années 2000

En 1958, le premier Code marocain de la famille, le Code du statut personnel ou *Moudouwana* a été promulgué, sous le règne du Roi Mohammed V, par référence à l'école musulmane sunnite malikite modérée. Ce code qui n'était pas égalitaire s'appliquait aux musulmans qui formaient la majorité des habitants du pays. La minorité hébraïque était (et reste) régie par les principes et les règles de la religion judaïque, qui ne sont pas égalitaires, non plus[11].

La *Moudouwana* a été préparée par un conseil des *Oulémas* (théologiens de l'islam), en l'absence des femmes. Dans ce code, les femmes étaient considérées comme des mineures et placées sous la tutelle des hommes. Elles ne pouvaient ni contracter mariage seules ni se séparer librement de leurs maris. Le Code était injuste envers les femmes, il reconnaissait, entre autres, la polygamie et la répudiation unilatérale des femmes par leur mari, à n'importe quel moment et dans la plupart des cas sans justification. Jusqu'à l'adoption de la première Constitution du Royaume en 1962 sous le règne du roi Hassan II, les femmes marocaines étaient soumises aux préceptes de l'islam et aux traditions et étaient généralement exclues aussi bien des affaires privées que publiques. La Constitution de 1962 va innover dans le domaine des droits des femmes en leur accordant des droits égalitaires dans les affaires publiques. Cette constitution a affirmé le caractère arabe, musulman, maghrébin et africain de l'État marocain et a précisé aussi que celui-ci est « une monarchie constitutionnelle, démocratique et sociale » qui souscrit « aux principes, droits et obligations des chartes des organismes internationaux ». Elle reconnaît aux femmes les mêmes droits publics que les hommes, particulièrement le droit de voter, d'être élues au parlement et d'occuper des postes de responsabilité. Par conséquent, tout en restant mineures dans le domaine privé, les femmes vont se voir considérées comme majeures dans le domaine public, en théorie du moins. Elles restaient, cependant, mineures en pratique, malgré tout.

Quatre autres constitutions ont succédé à la Constitution de 1962 sous le règne du roi Hassan II : les constitutions de 1970, 1972, 1992 et 1996. Pendant cette période, les femmes restaient considérées comme majeures en droit public et mineures en droit familial, malgré les multiples revendications demandant la réforme de la *Moudouwana,* conformément aux engagements internationaux du Maroc en matière de droits de la personne et de droits des femmes. Le Maroc a, en effet, ratifié plusieurs conventions internationales

---

[11] Très peu d'études ont été conduites sur le statut juridique des femmes hébraïques marocaines et sur le Code marocain hébraïque qui restent des domaines de recherche à explorer.

protégeant les droits de la personne et les femmes, notamment la Convention sur l'élimination de toutes les formes de discrimination à l'égard des femmes (CEDAW), mais elles n'étaient pas appliquées.

En 1993 a eu lieu la première ébauche d'amendement du Code de la famille qui était considéré comme sacré et intouchable pendant plus de 40 ans. Les amendements étaient très minimes et considéraient toujours les femmes comme mineures. Mais c'était un bon début et aussi une expression de la volonté de faire évoluer les droits des femmes dans le pays. Il a fallu attendre l'avènement du roi Mohammed VI en 1999, les réformes juridiques des années 2000 et la promulgation de la 6e Constitution du Royaume en 2011 pour assister à une évolution substantielle des droits des femmes au Maroc. Les femmes vont devenir alors « relativement » majeures.

Une égalité relative des droits mais pas absolue depuis le début du XXIe siècle

C'est seulement depuis le début du XXIe siècle que les femmes marocaines ont acquis une certaine égalité avec les hommes, mais cette égalité est seulement relative et pas absolue. Le règne du roi Mohammed VI a commencé par des réformes juridiques en faveur des femmes et de leurs droits. De grandes modifications ont ainsi été introduites dans plusieurs textes de loi et particulièrement dans les Codes de la famille et de la nationalité.

L'année 2004 a surtout vu l'adoption de l'actuel Code de la famille qui a abrogé plusieurs dispositions inégalitaires et a rendu une certaine justice aux femmes marocaines. Selon cette réforme, la famille est placée sous la responsabilité conjointe des deux époux et non plus sous celle exclusive du mari et père, la règle de « l'obéissance de l'épouse à son mari » est abandonnée, la femme n'a plus besoin de tuteur pour se marier, l'âge minimum légal de mariage passe de 15 ans à 18 ans, la polygamie n'est pas abolie, mais elle est soumise à des conditions assez strictes (comme le consentement de la première épouse), la répudiation qui était un droit exclusif du mari est soumise à l'autorisation préalable du juge, la femme peut dorénavant demander le divorce et les conditions de demande ont été assouplies. Les deux époux ont désormais le droit de gérer mutuellement les affaires du foyer et le nouveau Code prescrit une « fidélité mutuelle » alors que l'ancien code faisait de la fidélité de la femme envers son époux « le premier des droits du mari ». D'autres réformes vont s'ajouter pour accorder plus de droits aux femmes. Par exemple, depuis la révision du Code de la nationalité en 2007, la femme marocaine peut désormais transmettre sa nationalité à ses enfants et des lois ont été adoptées pour punir le harcèlement sexuel et la violence envers les femmes.

> Cependant, malgré ces réformes, les femmes marocaines restent encore régies par des lois inégalitaires qui font persister des injustices et des discriminations à leur égard, telles que le divorce unilatéral par l'homme et l'obligation pour la femme de rester après cette répudiation à sa disposition pendant une période de trois mois (*al Iddaa*) attendant qu'il décide de la reprendre ou non, l'héritage par la femme de la moitié de la part de son frère à la suite du décès du père ou l'impossibilité pour la femme de transmettre sa nationalité à son mari étranger, à la différence de l'homme marocain qui peut la transmettre à sa femme étrangère.

De plus, il existe des résistances à la mise en œuvre des nouveaux droits garantis aux femmes, à cause de l'inertie des mentalités et de l'interprétation intégriste et individuelle de la religion. Par ailleurs, l'ignorance des femmes de leurs droits, surtout dans le milieu rural ou quand elles sont illettrées, représente souvent une autre barrière à la non-application des nouveaux textes dans la pratique. Des enquêtes conduites à propos des nouvelles réformes juridiques en faveur des femmes et leur appréciation par la population marocaine ont montré dans certains cas un retour en arrière, un extrémisme dans l'interprétation et une certaine préférence pour les textes anciens inégalitaires. Un homme a déclaré à ce sujet : « en changeant les lois régissant la famille et les femmes au Maroc, nous voulons imiter l'Europe et l'Occident. Nous finirons par perdre nos traditions et notre religion. Si Dieu nous a recommandé de ne pas considérer la femme comme l'égale de l'homme, nous n'allons pas changer les paroles sacrées ». Une femme intellectuelle qui vit seule a confessé : « J'évite souvent de parler de mon éducation occidentale et de mes diplômes universitaires que j'ai obtenus en Europe. Ils sont la cause de mon malheur et de ma solitude. Les hommes marocains fuient les femmes intellectuelles libérales et ne veulent pas se marier avec elles. Ils ont peur qu'elles les traînent devant la justice pour faire respecter leurs droits. Ma mère, qui était analphabète, était plus heureuse que moi. Elle obéissait à mon père, mais elle avait une famille et vivait normalement et entourée, comme toutes les autres femmes. Elle n'avait jamais pensé à se séparer de mon père ou aspiré à être libre et égale à lui ».

Cependant, beaucoup d'autres femmes et hommes ont approuvé les changements intervenus en matière de droits des femmes au Maroc. Plusieurs ont témoigné de leur appui à ces réformes. Un homme a dit à ce sujet : « Les êtres humains, les femmes et les hommes, sont partout les mêmes, au Nord comme au Sud. Ils ont tous besoin de justice, d'égalité et de liberté pour se développer et développer leur société. Les droits de la personne doivent donc être garantis à tous, aux hommes comme aux femmes et partout ».

5. L'impact de la Convention d'Istanbul sur le droit familial en Europe

La Convention du Conseil de l'Europe sur la prévention et la lutte contre la violence à l'égard des femmes et la violence domestique (aussi appelée Convention d'Istanbul) est l'œuvre du Conseil de l'Europe. C'est l'organisation majeure de protection des droits de la personne, de la démocratie et de l'État de droit en Europe. Dès les années 1990, le Conseil de l'Europe a pris une série d'initiatives pour promouvoir la protection des femmes contre la violence. De nombreuses études effectuées au niveau national ont montré à quel point les réponses nationales à la violence à l'égard des femmes et à la violence domestique varient en Europe. Il est alors apparu nécessaire d'harmoniser les normes juridiques pour que les victimes puissent bénéficier du même niveau de protection partout en Europe. La Convention d'Istanbul a été ouverte à la signature le 11 mai 2011 à l'occasion de la 121e session du Comité des ministres. À la suite de la 10e ratification par l'Andorre, la Convention est entrée en vigueur le 1er août 2014, à ce jour 33 États l'ont ratifiée.

Le contenu de la Convention

Composée de 81 articles dans douze chapitres, la Convention d'Istanbul est une concrétisation de la CEDAW au niveau régional en Europe. C'est un traité international qui doit être respecté par les Parties (les États signataires) et qui offre des définitions très précises afin qu'elles soient appliquées dans la jurisprudence. La Convention offre également un mécanisme de suivi, le GREVIO (Group of Experts on Action against Violence against Women and Domestic Violence), afin d'assurer la mise en œuvre effective de ses dispositions par les Parties. Les objectifs de la Convention sont : (i) de protéger les femmes contre toutes les formes de violence, et de prévenir, poursuivre et éliminer la violence à l'égard des femmes et la violence domestique ; (ii) de contribuer à éliminer toutes les formes de discrimination à l'égard des femmes et de promouvoir l'égalité réelle entre les femmes et les hommes, y compris par l'autonomisation des femmes ; (iii) de concevoir un cadre global, des politiques et des mesures de protection et d'assistance pour toutes les victimes de violence à l'égard des femmes et de violence domestique ; (iv) de promouvoir la coopération internationale en vue d'éliminer la violence à l'égard des femmes et la violence domestique ; (v) de soutenir et d'assister les organisations et services répressifs pour coopérer de manière effective afin d'adopter une approche intégrée visant à éliminer la violence à l'égard des femmes et la violence domestique.

La Convention s'applique à toutes les formes de violence à l'égard des femmes, y compris la violence domestique, qui affecte les femmes de manière disproportionnée. Il est clairement mentionné dans son article 2 qu'elle s'applique en temps de paix et en situation de conflit armé. Cette mention permet à la Convention de devenir une garantie à laquelle aucune dérogation n'est possible.

En Europe, la violence fondée sur le genre peut persister à grande échelle, au vu et au su des organismes publics et des institutions. C'est pourquoi la Convention s'attaque aux stéréotypes de genre dans les domaines de la sensibilisation, de l'éducation, des médias et de la formation des professionnels. La Convention d'Istanbul énonce clairement que toute forme de violence contre les femmes ne peut plus être considérée comme une question privée et que les États ont l'obligation de prévenir cette violence, de protéger les victimes et de sanctionner les auteurs.

La violence contre les femmes à l'échelle européenne

Une enquête à l'échelle de l'Union européenne sur la violence à l'égard des femmes a été menée par l'Agence des droits fondamentaux de l'Union européenne et publiée en 2014. Celle-ci a conduit 42 000 entretiens personnels avec un échantillon aléatoire de femmes issues des 28 États membres de l'Union européenne. Les chiffres montrent qu'environ 31 % des femmes ont subi un ou plusieurs faits de violence physique depuis l'âge de 15 ans. Les femmes ayant subi les formes de violence physique les plus courantes ont été poussées, bousculées, giflées, attrapées ou ont eu les cheveux tirés. Parmi les femmes qui ont été victimes de violences perpétrées par un ancien partenaire (dans 67 % des cas, les agresseurs étaient des hommes) et qui sont tombées enceintes au cours de cette relation, 42 % déclarent avoir subi ces violences pendant leur grossesse.

Une femme sur 20 (soit 5 %) a été violée depuis l'âge de 15 ans. Une femme sur trois (32 %) a subi des comportements psychologiquement violents de la part d'un partenaire actuel ou ancien. Ces comportements comprennent : rabaisser ou humilier la femme interrogée en public ou en privé, lui interdire de quitter le domicile ou l'enfermer, l'effrayer ou l'intimider volontairement, la menacer de violences ou menacer d'être violent envers une personne qui lui est chère. Dans l'ensemble, 43 % des femmes ont subi une forme de violence conjugale d'ordre psychologique. Cela peut inclure un comportement psychologiquement violent ainsi que d'autres formes de violence psychologique telles qu'un comportement dominant (par exemple, tenter d'empêcher une femme de voir ses amis, sa famille ou ses proches), une violence économique (par exemple, en interdisant à une femme de travailler hors du foyer) et du chantage. Dix-huit pour cent des femmes ont été victimes de *traque furtive* (*stalking*) depuis l'âge de 15 ans.

L'impact de la Convention d'Istanbul en Allemagne

L'Allemagne a ratifié très tard la Convention, en octobre 2017, trois ans après son entrée en vigueur. En effet, c'est seulement après les agressions sexuelles survenues pendant les festivités de la Saint-Sylvestre le 31 décembre 2015 que les milieux politique et juridique ont commencé à réagir en vue de l'adoption de la Convention, influencés malheureusement par une vague de racisme contre les immigrants.

> Le droit criminel a été changé en novembre 2016, dans le sens de l'article 36 de la Convention sur la violence sexuelle, y compris le viol. Les autres actes à caractère sexuel non consentis sur autrui ont été introduits dans le Code pénal allemand à cette occasion. Notons que la Convention est entrée en vigueur en Allemagne seulement le 1er février 2018. Il y a eu en effet de nombreux débats. La Convention impose notamment des changements majeurs au droit familial. Pour l'instant, la Loi concernant les procédures en matière familiale comprend deux paragraphes, 36 a et 156 qui ne sont ni modifiés ni appliqués dans le sens de la Convention. Les paragraphes 36 a et 156 mentionnent que le « tribunal PEUT recommander aux parties de participer à une médiation ou un autre mode alternatif de résolution du conflit. Dans un cas de violence domestique, les intérêts de la victime, qui sont dignes d'être protégés, devraient être considérés ». Or selon la Convention d'Istanbul, la loi devrait être modifiée en INTERDISANT une médiation ou les autres modes alternatifs de résolution du conflit. L'interdiction est ainsi obligatoire et ne devrait pas être laissée à l'appréciation du tribunal.

Dans la réalité en Allemagne, le tribunal oblige toujours les deux parties à participer à une médiation s'il y a des enfants. Souvent, la première audition est interrompue, le tribunal ordonne aux parties de rencontrer immédiatement une personne médiatrice. Ce n'est pas nécessairement un médiateur ou une médiatrice professionnelle, il peut s'agir de travailleurs sociaux, travailleuses sociales ou de psychologues, professionnels qui n'ont pas nécessairement suivi une formation en médiation. Il faut d'abord prouver qu'il s'agit d'un cas de violence, ce qui est déjà un problème majeur.

La Convention d'Istanbul reconnaît en effet que la violence faite envers la mère est également une violence envers l'enfant. L'intérêt de l'enfant d'être protégé doit toujours avoir la priorité. Dans la jurisprudence allemande, cette interprétation de l'intérêt de l'enfant n'est pas encore appliquée. Plus précisément, après la réforme du droit familial en 2010, on observe que les intérêts du père semblent avoir gagné plus de valeur que ceux de l'enfant. Par exemple, un père, même s'il est en prison, peut toujours avoir une garde partagée et des droits de visite réguliers, lorsqu'il est « seulement » violent envers la mère et pas envers l'enfant. C'est uniquement quand l'enfant est la victime qu'il y a des restrictions juridiques. Or selon l'article 31 de la Convention d'Istanbul, tout incident violent devrait être pris en compte pour protéger l'enfant et la mère. Par ailleurs, il reste à améliorer l'accès aux centres d'hébergement des femmes. Il n'y a pas assez de maisons avec des places disponibles et il manque une formation auprès des travailleuses sociales en matière de violence domestique.

Ainsi, en Allemagne comme ailleurs dans le monde, l'adhésion à des conventions internationales ne garantit pas l'accès aux droits qu'elles formalisent.

Conclusion

L'évolution des droits des femmes dans deux pays du Maghreb, ainsi que les efforts pour lutter contre la violence à l'égard des femmes en Allemagne et pour l'acquisition du droit à l'avortement à Madagascar et en Argentine témoignent d'une quête universelle d'égalité de genre. Au Nord comme au Sud, la lutte contre toutes les formes de discriminations à l'encontre des femmes passe à l'heure actuelle par la reconnaissance de leurs droits dans tous les champs de la sphère publique et privée, par l'accès des femmes à l'emploi et aux ressources qui assurent leur autonomie. Cependant, dans ces cinq pays, il y a encore une violation des droits fondamentaux des femmes en matière de dignité, d'égalité et d'accès aux ressources. Un point important à retenir est qu'il faut rester vigilant, que ce soit dans le champ politique, du travail, ou de la sexualité, face aux facteurs qui fragilisent les acquis en matière de droits des femmes, et notamment face à l'universalisation d'un seul modèle d'émancipation féminine, celui qui ne prend pas en compte les autres formes de domination, ou encore les reculs éventuels en matière de droits des femmes.

Bibliographie

Bourdieu, P. (1998). *La domination masculine*. Paris : Éditions du Seuil.

Galindo, M. (2015). La revolución feminista se llama Despatriarcalización. En *Descolonización y despatriarcalización de y desde los feminismos* de Abya Yala. ACSUR. Repéré à https://suds.cat/wp-content/uploads/2016/01/Descolonizacion-y-despatriarcalizacion.pdf.

Gastineau, B. *Santé de la reproduction et avortement à Antananarivo (Madagascar) : résultats d'une recherche originale*. Repéré à https://www.researchgate.net/publication/267698340.

Group of Experts on Action against Violence against Women and Domestic Violence. (2014). *Istanbul Convention: Action against Violence against Women and Domestic Violence*. Repéré à https://www.coe.int/en/web/istanbul-convention/grevio.

Johnson, María Cecilia. (2018). "Ni la pareja, ni la familia, ni la Iglesia deciden por mí": la experiencia del aborto en mujeres Católicas. *Sexualidad, Salud y Sociedad (Rio de Janeiro)*, (28), 51-70.

Peker, L. (2018.) *Legal, libre, seguro, gratuito.*
Repéré à https://www.pagina12.com.ar/97310-legal-libre-seguro-gratuito.

CHAPITRE 15
De la recherche-action-médiation aux mouvements sociaux

Michèle Vatz Laaroussi, Liliana Kremer, Javorka Zivanovic Sarenac, Gisella Segura, Aylen Sosa Luna et Mónica Mantegazza

Introduction : un mouvement des femmes ou des mouvements de femmes?

Les enjeux d'inégalité et d'exclusion des femmes nous permettent de saisir que, selon les sujets, les domaines et les groupes visés, diverses stratégies pour faire avancer les causes des femmes sont toujours nécessaires. Les rencontres internationales formelles et les conventions ou déclarations qui en résultent représentent une stratégie officielle et institutionnelle, dont on perçoit bien à la fois les avancées dans les discours et les engagements des pays, mais dont on comprend aussi la faible efficacité dans la réalité de la vie des femmes, et ce, plus encore pour certaines d'entre elles, les femmes des milieux ruraux, les femmes les plus pauvres, les femmes immigrantes, les femmes autochtones, les femmes noires, les femmes marginalisées par leur orientation sexuelle, leurs croyances religieuses, leur célibat, leurs réalités de travailleuses du sexe ou de consommatrices de drogues, etc. Pour certaines d'entre elles, ces conventions internationales tendent à les marginaliser encore plus et à les exclure de manière systémique de ces droits qui seraient universels, mais auxquels elles ne peuvent accéder.

Une autre des stratégies, cette fois plus militante, pour faire avancer les droits des femmes est représentée par les groupes féministes qui, d'une société à l'autre, défendent des causes pour améliorer les conditions de vie des femmes. En Tunisie, en Argentine, au Québec, des femmes se regroupent autour des oppressions qu'elles vivent en tant que femmes et mènent des luttes parfois nationales, parfois locales pour … avoir leur place en politique, avoir le contrôle de leur corps et de leur sexualité, avoir accès à la propriété de la terre ou à l'éducation. On parle alors du mouvement des femmes auquel ces divers groupes se réfèrent et adhèrent plus ou moins explicitement. On l'a vu dans le chapitre 7, ce mouvement se déploie différemment et sur des intérêts divers d'une société à l'autre. Les femmes se regroupent et luttent aussi autour de conditions de vie qui leur sont spécifiques : les femmes autochtones, les femmes paysannes, les femmes immigrantes, etc. On se doit alors de parler des mouvements des femmes qui défendent leurs intérêts et non plus d'un seul mouvement réuni sur l'oppression de genre. Ces mouvements divers s'expriment et se déploient dans des espaces et selon des vecteurs qui leur sont spécifiques comme les grands regroupements de femmes paysannes et autochtones du Chaco américain ou encore comme les groupes de féministes musulmanes.

Certains de ces mouvements sont plus spécifiques aux sociétés occidentales comme le mouvement #MeToo, né en 2007 aux États-Unis et relancé fin 2017 dans les suites de l'affaire Weinstein. Il s'est alors développé rapidement dans le monde occidental, visant à libérer la parole des femmes victimes d'agressions et de harcèlement sexuels. Ce mouvement (#Balancetonporc, en France) veut sortir les femmes de ce statut de victimes pour leur donner un contrôle sur leur situation et aussi créer des réseaux d'entraide. Cependant, on voit qu'il est resté limité aux femmes des pays occidentaux même s'il y a eu quelques femmes s'y intégrant dans d'autres sociétés. *Idle no more*, qu'on pourrait traduire par *Fini la passivité* est un mouvement né au Canada en 2013, à l'initiative de femmes autochtones, afin de lutter contre les lois, projets et mesures qui discriminent les communautés autochtones, dévastent leur environnement et renforcent leur pauvreté et marginalisation. Comme *MeToo*, le mouvement s'est largement propagé grâce aux réseaux sociaux et plusieurs rassemblements ont eu lieu pour dénoncer les injustices dont ces communautés sont victimes, par exemple autour de la disparition de nombreuses femmes autochtones au Canada. Ce mouvement est canadien, porté principalement par et pour les Autochtones, dont beaucoup de femmes, mais a été rejoint par des allié-e-s de toutes origines. Le mouvement *Ni una menos* s'est pour sa part développé en Argentine et lutte contre les féminicides en les dénonçant et là encore en renforçant les réseaux entre femmes. On peut cependant en faire une lecture critique en analysant que la majorité des femmes qui y participent sont essentiellement des universitaires et des femmes éduquées. Ainsi la question de la participation des femmes de divers milieux aux mouvements qui défendent leurs causes reste posée, qu'on se situe sur le plan international ou dans des mouvements locaux et spécifiques.

Pour que ces mouvements se développent, l'accès à l'éducation des femmes et la mise en œuvre de stratégies d'éducation émancipatrice sont les premières conditions. Des vecteurs de rassemblement et des espaces de rencontre et de militantisme doivent aussi être créés. Des interventions militantes ou encore des forums de dialogue et des projets de recherche-action-médiation comme *Femmes et féminismes en dialogue* représentent des outils importants pour permettre à ces mouvements de croître, de s'exprimer et de toucher des femmes jusqu'alors invisibles et inaudibles. C'est ainsi que des liens se créent entre recherche-action et militantisme, c'est ainsi aussi que l'on peut parler de chercheures engagées qui participent au-x mouvement-s des femmes et qui amènent avec leurs consœurs des changements dans l'ordre social, économique et politique.

1. Les apports des féminismes à l'éducation : vers une éducation émancipatrice

Les féminismes, en tant que praxis, sont un pilier puissant pour soutenir l'éducation vue comme une pratique de libération et de transformation. Il s'agit de porter des regards nouveaux sur des défis, des questions, d'autres réponses possibles et quêtes à venir. Dans cette perspective, l'éducation n'est pas seulement une accumulation d'informations et un système de reproduction sociale, mais elle devient inclusive – à partir de la reconnaissance de la diversité – et elle développe le sens de l'acceptation, la compassion, la solidarité et la liberté. Les contributions féministes peuvent motiver et promouvoir une pédagogie qui aide à douter, à (nous) questionner, à cocréer et à construire un espace d'éducation où les silences sont entendus et où il est permis de rire. Il s'agit non seulement de modifier nos apprentissages et nos actes en pratiques réflexives, critiques, irrévérencieuses, indisciplinées par rapport aux rôles stéréotypés des femmes et des hommes, mais aussi de rechercher des clés pour construire et vivre dans des mondes meilleurs.

Voici les questions que nous devons nous poser pour développer cette éducation inclusive et libératrice. Comment créer les conditions pour prendre en compte les acteurs-actrices de l'éducation comme des auteur-e-s de leurs pratiques ? Comment promouvoir une réflexion au sein des collectifs des enseignant-e-s, des étudiant-e-s et des communautés autour des sujets qui nient ou cachent – soit avec des gestes, des omissions, la reproduction de stéréotypes, des attitudes biaisées, des regards d'approbation ou de désapprobation – des inégalités sociales, des pratiques et des discours culturels hégémoniques autour du genre, de la race, des langues, de la sexualité, de la religion, du niveau de scolarité ou de l'appartenance à des communautés non hégémoniques dans leurs espaces quotidiens ? Comment sortir de ces silences et de ces tabous ?

Cette conception de l'éducation doit être une invitation à la réflexion critique et au questionnement. Elle doit permettre de penser les réponses avec les autres et de soutenir des décisions démocratiques, proactives et responsables, à partir d'une relation dialogique, c'est-à-dire de la rencontre d'êtres humains médiatisée par le monde pour le nommer, le décrire, l'interpréter et le reconstruire. C'est ce que Pablo Freire nomme *l'éducation émancipatrice*, celle qui favorise la réflexion sur les relations de chacun avec le monde, remettant en cause et problématisant le quotidien de l'éducateur-éducatrice et des acteurs-actrices des actes éducatifs. Ainsi se déploie une insertion critique dans la réalité. Cela nous amène dès lors à déconstruire la vision d'un-e enseignant-e comme seul-e intermédiaire entre l'information, les savoirs et les personnes, un type d'éducateur qui génère des liens de dépendance entre des personnes, entre l'une qui sait et donne, et l'autre qui ne sait pas (Freire, 1974).

Alors s'agit-il de changer-éduquer pour transformer le monde ou de changer le monde pour nous transformer ? Ou les deux en même temps ? La pensée multidimensionnelle et non binaire nous ouvre sur les liens, les simultanéités, les complexités plutôt que sur les séparations, les explications ou les séquences.

Le mouvement social que constitue le Collectif de femmes du Chaco, dans le sud de l'Amérique latine, dont il a déjà été question, représente un territoire de coopération, de construction et de partage continu des connaissances. C'est un réseau de reconnaissance et de collaboration, ce qui nous permet d'apprendre à gérer les conflits qu'on affronte. La manière dont les femmes traversent des situations de marginalité et de subordination vers des situations d'autonomie, avec un pouvoir chaque jour plus important, amplifie leurs possibilités d'agir dans les processus décisionnels collectifs. Si on se place dans un processus socio-éducatif, c'est cet élargissement de leur potentiel qui peut générer confiance, autonomie, renforcement et reconnaissance. Ainsi, c'est l'éducation qui crée des possibilités d'autonomie et d'*empowerment*, conditions de pouvoir nécessaires pour apprendre, agir et réfléchir à la fois comme personne et comme collectif.

2. La recherche-action-médiation pour le renforcement de solidarités

Comme nous l'avons vu dans le chapitre 3, les méthodologies actives qu'elles soient qualifiées de collaboratives, participatives ou communautaires ouvrent la porte à la participation des acteurs eux-mêmes dans les différentes étapes de la recherche, comme c'est le cas pour le projet *Femmes et féminismes en dialogue*. De plus, les recherches collaboratives au sens large permettent la construction d'une connaissance scientifique généralisable, reproductible ou transférable. Finalement, ces approches méthodologiques participatives développent des solidarités et permettent un grand niveau de réseautage.

La diversité des parcours de vie des contributrices de ce livre, leurs disciplines et compétences scientifiques, leurs professions, leurs expériences et les générations, cultures, origines, parcours migratoires, lieux de vie, religions, spiritualité ou rôles sociaux et familiaux, etc. qui les caractérisent ont amené des tensions, mais certainement aussi des solidarités. Le sens même du terme *solidarité* a évolué dans le temps avec la montée de l'individualisme et son emploi dans l'usage courant. À partir du XVIIIe siècle, le terme *solidaire* signifie « personnes liées par une responsabilité et des intérêts communs ». Au début du XIXe siècle, le qualificatif *solidaire* s'applique à « des choses qui dépendent l'une de l'autre, fonctionnent ensemble dans un processus » et à « des pièces liées dans un même mouvement ». Aujourd'hui, simplement, la solidarité signifie s'entraider (Ahmed, 2010). De l'interdépendance à l'entraide, il y a ainsi un chemin lié à nos intérêts communs, mais aussi à nos besoins, à nos émotions et à nos projets. Ainsi Blais (2008) s'interroge sur la solidarité : s'agit-il d'un sentiment de sympathie qui nous porte à l'entraide, ou bien d'une réalité, celle de l'interdépendance entre tous les hommes, ou encore d'une valeur morale et même d'une obligation ? Si on regarde comment la solidarité s'est développée entre les femmes participantes aux groupes de prémédiation, on perçoit que tout a commencé avec un intérêt commun : la cause des femmes. Pendant plusieurs mois ces femmes ont été impliquées dans le projet donc, dans un processus actif.

De toute évidence, cette solidarité semblait facile lors des groupes de prémédiation. Les femmes partageaient non seulement les mêmes intérêts, mais s'associaient à un groupe assez homogène. Comme déjà vu, le processus de prémédiation a consisté en deux étapes. La première étape permettait aux participantes d'échanger sur leurs représentations de ce qui fait l'unité ou la solidarité des membres de leur groupe. Déjà, la deuxième étape permettait aux membres d'un groupe particulier d'évoquer leur solidarité, leurs convergences, leur empathie sur certains points avec le groupe qui leur apparaissait très éloigné, voire opposé. Ainsi la solidarité s'est étendue à d'autres femmes, membres d'autres groupes de prémédiation. Au moment où l'espace de rencontre leur a été fourni, comme ce fut le cas pendant le Grand dialogue, de nombreuses femmes ont réussi à surmonter les préjugés ou les tensions existant à l'égard des femmes d'autres groupes et la solidarité a peu à peu évolué, s'est transformée, a crû et s'est développée. Les femmes étaient bel et bien des participantes actives à tout ce processus et les auteures du changement.

La solidarité a amené un changement intra-individuel et intragroupe, mais aussi entre les femmes qui appartiennent à des groupes différents. Ce changement a permis le rapprochement entre les femmes. Elles ont décidé d'être solidaires pas juste dans le bien, le facile, mais également d'être « solidaires dans le mal » (Blais, 2008), se rendant compte que chaque femme éprouve des difficultés indépendamment de son origine, de son âge, de sa profession. Ainsi l'organisation d'un Grand dialogue ouvert a été un exemple non seulement d'une action collective issue du projet, mais aussi du déploiement de solidarité collective.

Dès lors le regard critique des réalités de chaque femme ouvre le chemin à une construction collective basée sur des solidarités à partir de la compréhension et de l'apprentissage de l'autre et avec l'autre. Les actions concrètes génèrent des changements partant de la femme participant à un mouvement social, communautaire, de quartier ou militant, et allant jusqu'aux changements à un niveau sociétal.

3. Un jalon dans le mouvement de femmes de l'Argentine : *Ni una menos*

Malgré les nuances que présente l'histoire des organisations de femmes et des groupes féministes, notre pays, l'Argentine, a vécu en 2015 une étape qui a établi des précédents dans la lutte collective et solidaire face à la violence machiste lorsqu'un groupe de journalistes, d'activistes et d'artistes féministes ont organisé un marathon de lecture dans la Bibliothèque nationale sous la devise #NiUnaMenos (#PasUneDeMoins) où ont été abordés la violence de genre, la traite des personnes et les féminicides. De là est venue l'idée d'une mobilisation qui a commencé dans les réseaux sociaux et qui est rapidement devenue virale auprès de milliers de femmes. Le 3 juin 2015, des milliers de femmes d'organisations féministes, communautaires, de partis politiques, des artistes, des familles et des écoles, de diverses classes sociales et de genres ont pris les rues dans tout le pays au cri collectif de « Ni una menos! » (Pas une de moins!), « Basta les féminicides » (Les féminicides, cela suffit!).

Avec un meurtre de femme toutes les 30 heures, nombre qui augmente actuellement, les consignes du mouvement étaient claires : établir un budget étatique conforme à la loi n ° 6.485, «*la Loi de protection intégrale pour prévenir, pour sanctionner et pour éradiquer la violence contre les femmes dans les domaines dans lesquels elles développent des relations interpersonnelles*»; recenser et publier des statistiques officielles sur la violence envers les femmes en incluant le nombre des féminicides; ouvrir et faire fonctionner le *Bureau de la violence domestique de la Cour suprême de justice* dans toutes les provinces afin d'accélérer les mesures de précaution porteuses de garanties pour la protection des victimes de violence. Ainsi on demandait d'implanter le suivi électronique des agresseurs pour s'assurer qu'ils ne violent pas les restrictions de rapprochement qu'impose la Justice. On réclamait des formations obligatoires sur le thème des violences machistes au sein du personnel de l'État, destinées aux policiers et aux acteurs judiciaires, ainsi qu'aux professionnels qui travaillent avec la thématique de la violence dans différentes institutions de tout le pays. Les répercussions de la mobilisation ont eu un écho immédiat dans tous les domaines, la violence ne fait plus partie de la vie privée, on mène désormais des conversations quotidiennes dans les écoles, dans les médias et sur les lieux de travail. Le mouvement a permis d'ancrer la nécessité de parler de la violence envers les femmes. À un niveau institutionnel, l'impact a aussi été immédiat, comme l'expriment Miguel et Tsuji (2016).

Le lendemain de l'événement, les appels à la ligne 144 ont augmenté de mille pour cent, et l'achalandage a nécessité l'ajout de 50 employés. À Mendoza, l'accès juridique gratuit a été organisé pour les victimes de violence de genre. Dans le Chaco, on a annoncé la création d'un Registre unique de cas de violence de genre et la mise en fonctionnement d'un système de suivi de dossiers provenant du monde judiciaire. Dans la ville de Buenos Aires, la législature a voté de manière unanime le projet pour que les Unités fiscales spécialisées en violence domestique fonctionnent avec force de loi. Dans Trelew, une décision judiciaire a condamné un homme pour avoir désobéi à l'interdiction de se rapprocher de la victime de violence. Dans le Coin des Saules, Neuquén a annoncé la mise en fonctionnement d'un refuge pour les victimes de violence de genre. L'Université de Buenos Aires a approuvé la création d'un protocole contre la violence de genre; et les législateurs ont présenté un projet pour incorporer le congédiement des agresseurs de genre dans le Statut de l'Enseignant de la ville de Buenos Aires. Toutes les politiques publiques qui touchent à la défense des droits des femmes ont aussi été renforcées.

Depuis 2015, la mobilisation continue dans notre pays et s'est par la suite élargie vers d'autres manifestations comme la Grève internationale des femmes du 8 mars 2017 qui a de nouveau mobilisé des milliers de personnes en réclamant la fin de la violence physique, verbale, psychologique, obstétrique, économique, sexuelle, institutionnelle, symbolique et au travail envers toutes les femmes. Dans les dernières années, le mouvement féministe, particulièrement en Argentine, a avancé et a réussi à devenir important. C'est à partir du mouvement *NiUnaMenos* et en construisant des mobilisations massives dans divers points et régions du pays que le féminisme est aujourd'hui présent dans les domaines où nous œuvrons, nous, les femmes, les lesbiennes, les travestis, et les trans : dans les maisons, les rues, les quartiers, au travail, à l'école, à l'université, etc. La lutte féministe est devenue le motif de rencontres permettant, chaque fois avec plus de force, de développer nos processus d'*empowerment*, tout en clarifiant aussi la nécessité de construire des espaces horizontaux et démocratiques sur tous les fronts. C'est à partir de là que nous discutons et agissons sur les violences qui nous traversent, en cherchant ensemble des solutions concrètes.

4. *Mujeres Visibles*: de la rue à la radio

Mujeres Visibles (Femmes Visibilisées) est un micro-espace radiophonique créé et situé dans le cadre du programme *Villes visibles*. Il est apparu à Córdoba en octobre 2016 à la suite d'une intervention-action urbaine menée par des artistes du collectif *Big Bang Art* (projet du Brésil et d'Argentine) lors de la première grande manifestation massive du mouvement *NiUnaMenos*. Dans la rue et aussi dans des expositions organisées à Buenos Aires, on portait des affiches avec des images représentant des yeux et la légende Femmes visibles. Dans l'action-intervention, les artistes ont parcouru les rues pour distribuer ces affiches, s'entrecroiser et interagir avec les participantes de la marche, et en fin de la journée de protestation, on a choisi des marraines de l'espace *Mujeres visibles*.

> Après cette action-intervention, nous avions décidé d'assurer une continuité avec un micro-espace au sein de l'émission radiophonique *Ciudades Visibles*. Depuis lors et pendant trois saisons à la radio, des voix et des présences ont été données aux femmes dans le but de les rendre visibles et de souligner leurs actions quotidiennes dans différentes villes du monde : leurs constructions, itinéraires, propositions, réalisations, perspectives et utopies. Des artistes, des écrivaines, des philosophes, des chanteuses, des scientifiques, des spécialistes culturelles, des femmes décideurs et tant de femmes dont la parole mérite d'être entendue traversent cet espace. Notre radio, *Eterogenia*, est un média en ligne qui, par son orientation actuelle, accorde une attention particulière à la perspective de genre. La radio en tant qu'espace public et légitime a comme but de diffuser et reproduire ces actions sur différents territoires, contribuant ainsi au renforcement des villes visibles et de leurs réseaux de collaboration menés par le collectif *Big Bang Art* avec plusieurs partenaires.

Les actions et interventions issues des pratiques artistiques contemporaines exercées depuis la genèse de *Mujeres visibles* témoignent de la participation d'actrices sociales à l'espace public, activant des mécanismes de réflexion et d'intervention dans la ville avec la présence de ces voix trop souvent réduites au silence et marginalisées. L'Université nationale de Córdoba (UNC) a sélectionné un projet issu de cette action, consistant en une installation artistique intitulée *Femmes visibles et qu'on écoute* pour l'exposition *Journée internationale pour l'élimination de la violence à l'égard des femmes* (novembre 2016) organisée par le Programme de genre du Secrétariat de la UNC. Le travail consistait en une installation sonore avec des microhistoires de femmes sur la violence de genre, symbolique et objective, et sur leurs actions dans la société, en plusieurs langues, montrant l'ampleur de la violence sexiste. Au moment de la rédaction et de la production de ce texte, nous proposons de refaire et d'activer ce dispositif de manière à ce que de nouvelles voix donnent lieu à des constructions qui renforcent les groupes de femmes et offrent des possibilités pour développer de multiples réseaux de rencontres et des dialogues dans notre ville et région. Une invitation qui se renouvelle...

5. Recherche, réseaux et mouvements sociaux

« Les mouvements sociaux sont au cœur des dynamiques de contact des cultures, ils se déploient dans des configurations internationales et visent des changements sans toutefois en contrôler les acteurs et les finalités » (Vatz Laaroussi, 2015, p. 20). Il y a donc une articulation entre les mouvements sociaux et les dynamiques interculturelles qui est particulièrement notable dans le mouvement international des femmes, mais aussi dans les divers mouvements de femmes situés et contextualisés dans des sociétés, des rapports sociaux et des périodes spécifiques. Ainsi on a noté tout au long de cet ouvrage, les tensions interculturelles qui peuvent exister entre les femmes et groupes de femmes de sociétés diverses et au sein même de leurs sociétés, que ce soit par exemple au sujet de l'avortement, du rapport à la religion ou des complémentarités hommes-femmes dans le quotidien. Les mouvements sociaux permettent de transcender ces divergences en réunissant les actrices et acteurs sur leurs aspirations communes en se centrant sur des valeurs et des idéaux partagés. Ces mouvements traversent les appartenances groupales et institutionnelles traditionnelles comme les partis politiques ou les syndicats et regroupent des actrices et acteurs multiples et diversifiés autour d'une même cause (Veyne, 2008), par exemple les luttes pour l'accès des femmes à l'éducation, contre la violence faite aux femmes ou contre la pauvreté des femmes dans le monde.

Quels que soient leur société d'origine, leur posture sociale et leur statut socio-économique, les femmes développent au sein du mouvement de lutte un sentiment d'identité collective. Cependant, cette identité commune reste fragile, ponctuelle et mouvante puisqu'elle se construit dans un moment et un espace donnés, sur l'opposition collective à des politiques, à un gouvernement, ou à des phénomènes sociaux et économiques perçus comme injustes, porteurs d'inégalités et d'oppressions, pour les femmes qui y participent. Les mouvements sociaux remettent en question l'ordre établi en connectant des femmes et des groupes au travers de liens et de réseaux multiples qui se caractérisent par leur informalité, les solidarités et alliances qui s'y déploient ainsi que par la porosité de leurs frontières, leur ouverture et leurs dynamiques de changement social. Bourgeault (2004) fait le lien entre les mouvements sociaux porteurs de conflits et de contestations, et la nécessaire remise en question de l'universalité des droits de la personne nous ouvrant ainsi à l'importance de développer et de partager un regard ouvert sur la multiplicité et la complexité des situations humaines. « L'humanité générale est abstraite, il n'y a d'humanité que plurielle, jeu extraordinairement complexe des engendrements et des filiations, des appartenances, des interdépendances et des interactions, des solidarités et de la responsabilité. »

La recherche interculturelle participative, la recherche-action critique, la recherche-action-médiation intersectionnelle sont autant d'espaces alternatifs articulés aux mouvements sociaux fondés sur la nécessaire solidarité humaine, le pluralisme culturel, l'intérêt et la reconnaissance des rapports sociaux de domination, des minorités, des marginaux, des dissident-e-s et contestataires. Ainsi on peut parler de processus de recherche sociale engagée qui connecte divergences, droits, contestation et dissidence dans une perspective critique et complexe. Si la recherche critique analyse les rapports de domination, l'action vise la transformation de ces rapports sociaux et le processus de médiation allié à l'intersectionnalité amène à des dynamiques de solidarités transcendant les divergences et différences pour *être plus fortes ensemble* comme l'ont dit nombre de femmes participant au projet *Femmes et féminismes en dialogue*.

Conclusion : recherche solidaire et militante

Ainsi la recherche est politique, elle participe à la définition des rapports sociopolitiques sur un territoire et avec des acteurs divers. En développant un réseau international, interculturel, interdisciplinaire, intersectoriel de femmes universitaires, militantes, praticiennes et citoyennes, dans une structure égalitaire et de coopération, *Femmes et féminismes en dialogue* participe au changement social et politique, donne de la place à des savoirs dominés et invisibilisés permettant ainsi de développer et de partager, avec divers actrices et acteurs sociaux, un savoir critique, des méthodologies alternatives et des processus de luttes contre les oppressions et inégalités.

La chercheure, comme toutes les autres membres de l'équipe, développe alors une posture de solidarité et d'engagement qui, selon les avancées de la recherche-action-médiation, amènera parfois au militantisme ouvert. Ainsi plusieurs femmes ayant lancé le projet, y ayant contribué et participé ont déjà milité, militent ou militeront dans des mouvements de femmes. La recherche-action-médiation, les savoirs produits, les savoir-faire développés et les savoir-être émergents représentent sans aucun doute des vecteurs importants pour relier ces postures et renforcer ces participations solidaires.

Bibliographie

Ahmed, P. O. (2010). La solidarité vue par l'«économie sociale et solidaire». *Revue Tiers Monde. 4*(204).

Blais, M-C. (2008). La solidarité. *Le Télémaque, 1*(33).

Bourgeault G. (2004.)., Éthiques. Dit et non-dit, contredit, interdit. PUQ, Montréal.

Freire, P. (1974). *Pédagogie des opprimés.* Paris : Petite collection Maspero,.

Miguel, M.P. etTsuji, T. C. (2016). ¡NI UNA MENOS! Cuando la ciudadanía clama por detener la violencia de géneros. *HOLOGRAMATICA* Año XIII, 25, V1 (2016), pp. 59-76.

Vatz Laaroussi, M. (2015). Recherche interculturelle et mouvements sociaux : dynamiques de changement et défis éthiques. Dans Lescaret et Hajji (dir.), *Les mouvements sociaux à l'épreuve de l'interculturel.* Éditions L'Harmattan, p. 19-31.

Veyne, P. (2008). *Michel Foucault. Sa pensée, sa personne.* Paris, Bibliothèque Idées, Albin Michel.

Conclusion – Vers une éthique de la solidarité …

Michèle Vatz Laaroussi, Chantal Doré et Liliana Kremer

En conclusion de cet ouvrage et au travers de nos parcours, partages et apprentissages multiples, la question lancinante et transversale des valeurs universelles revient. Comment les valeurs influencent-elles les femmes, leurs organisations et les mouvements des femmes ? Comment peut-on les contextualiser, les prioriser, les décliner selon les contextes et les conditions d'inégalité ? Et finalement, peut-on parler d'une éthique de la solidarité qui prendrait en compte à la fois la perspective intersectionnelle, celle de la médiation et de l'interculturalité et qui reconnaîtrait des valeurs humaines fondamentales ? Les trois coordonnatrices de l'ouvrage se partagent ici la plume pour répondre à ces questions, personnellement et collectivement, conceptuellement et de manière pratique. Comme dans tout l'ouvrage, leurs réflexions se répondent et s'enrichissent mutuellement. Dans un premier temps, Chantal Doré donne sa perspective sur la question, « Les valeurs universelles existent-elles ? ». Dans une seconde partie, Liliana Kremer aborde le paradoxe des droits humains, entre l'universalisme et la reconnaissance de la différence. Finalement, Michèle Vatz Laaroussi dessine les contours d'une éthique de la solidarité en lien avec une perspective pluri-verselle (Boidin, Hurtado López, 2009).

Les valeurs universelles existent-elles ?

La première partie de ma réponse est, oui, je soutiens qu'elles existent. Mais dans un deuxième temps, il faut la nuancer. Je pense que des valeurs universelles ou fondamentales transcendent les cultures et parfois les référents culturels. Les « modalités d'application » ou leur atterrissage social, politique, culturel et communautaire liés aux contextes culturels font toutefois en sorte d'en teinter le sens ou même de leur octroyer librement un autre sens qui peut littéralement être un contresens. Dans certains contextes sociaux ou culturels par exemple, la paix peut vouloir dire la guerre, la dignité référer au contrôle. Dans le discours, les valeurs fondamentales peuvent être largement partagées, dans la réalité, ce peut être moins évident.

Cela dit, l'universalité de certaines valeurs comme la justice, l'autonomie, le respect de l'intégrité physique et psychologique, la solidarité, la paix, l'ouverture à la diversité, le respect de la dignité, le droit à la santé, à une aisance matérielle convenable, etc. demeure à mon avis un repère éthique non pas intemporel, mais incontournable de la condition humaine. Plusieurs expériences humaines ont en outre des résonances qui traversent les frontières et véhiculent des sens liés à la condition humaine, à une humanitude partagée. Perdre un enfant, aimer, souffrir, avoir peur, vivre l'humiliation, désirer, rire, soigner, connaître l'amitié, éprouver de la compassion, etc., constituent des manifestations des expériences humaines largement vécues par l'ensemble de l'humanité et s'inscrivant dans des « visées de valeurs ». Et certes, soulignons-le, de manière parfois ou souvent dramatiquement inégale.

Les sociétés, les cultures et les communautés qui les composent ne sont pas homogènes et constituent des espaces de pouvoir et de conflit. Je n'adhère pas au relativisme culturel à tout crin qui permet d'accepter l'inacceptable au nom de normes culturelles qui occultent des groupes d'intérêt qui ne parlent que pour eux-mêmes et l'imposent aux autres (Massé, 2015). Je ne suis pas non plus dans l'angélisme ou les bons sentiments. Mais je soutiens que l'éthique dont relèvent les valeurs peut être tout autant une normativité ayant un but de régulation sociale, qu'une prise de pouvoir du sujet qui brise l'inaction et appelle à la libération du sujet individuel et citoyen. Je crois fortement à la seconde qui s'appuie sur la réflexivité, l'émergence du sujet politique et des valeurs choisies et « agentivées » selon les contextes socioculturels et politiques. Et je place clairement les mouvements féministes dans cette perspective. Les valeurs nommées plus haut et les diverses manifestations de l'expérience humaine constituent le socle commun de la condition humaine qui vise, selon les mots de Ricœur, de vivre « une vie bonne, avec et pour autrui, dans des institutions justes » (1990). La formulation « dans des institutions justes » est le trait de génie de Ricœur qui a réussi à impliquer le pouvoir sociopolitique dans l'éthique du bien vivre collectif. À n'en pas douter, bien des obstacles se dressent (intérêts, rapports de pouvoir, patriarcat, rapports Nord-Sud viciés, pouvoir économique, habitus culturel, etc.), mais bien des contre-pouvoirs et des solidarités s'élèvent et s'édifient pour les affronter. Je pense donc qu'il ne faut pas tirer de conclusions hâtives sur l'improbabilité de l'existence de valeurs universelles. Les luttes des femmes partout à travers le monde, leur solidarité et les féminismes ont tout de même contribué à changer la face du monde, et continuent, de manière inégale, inachevée, parfois maladroitement, à concrétiser ces multiples et réelles avancées. Ce mouvement vers l'avant peut être fragile aussi, d'où la nécessité de continuer à lutter pour une vie épanouissante, avec et pour autrui, dans des institutions justes, pour toutes et tous.

Le paradoxe de l'universalité et de la reconnaissance de la différence

Comment prendre en compte le paradoxe des droits humains et de la démocratie qui offrent de l'espoir et de la sécurité à plusieurs personnes et groupes mais qui, dans le même temps, sont utilisés pour justifier les inégalités et les marginalisations d'autres êtres humains ? Un des thèmes polémiques des droits humains repose sur la coexistence d'une part du droit à la différence et à la diversité culturelle qu'ont les personnes et les sociétés et d'autre part du caractère universel de ces droits.

D'un côté, on encourage le respect des différences et on reconnaît l'impossibilité d'appliquer un schéma unique pour toutes et tous ; de l'autre, on développe une conception universelle des droits vus comme intrinsèques à l'être humain de par son humanité (Garathe, 1994).

La thèse de l'universalité des droits humains se heurte aujourd'hui aux particularités liées notamment à l'hétérogénéité socioculturelle, économique, religieuse et ethnique des groupes humains. Et, pour plusieurs, la perspective de cet universalisme répondrait à une prétention du monde occidental d'imposer aux autres cultures ses idéologies et conceptions de la vie et du monde. Qu'on admette ou non l'existence de normes et de droits universels, la question de la dignité intrinsèque de l'être humain crée cependant une convergence entre tous les groupes et toutes les sociétés. La dignité de la personne n'est pas le patrimoine de certaines cultures mais bien un patrimoine commun de l'humanité (Garathe, 1994).

Au-delà de ce débat, on constate que la crise actuelle des droits humains est historique et structurelle (Kothari, 1981). Elle est parcourue par une critique profonde des modèles de développement des sociétés qui remet en cause la croissance économique, la rationalité instrumentale, l'androcentrisme et le sexisme. Le concept de *pluriversel* surgit alors comme une alternative qui articule les différentes possibilités de changement soutenues par les mouvements sociaux, les militant-e-s et les courants de pensée.

Boaventura de Sousa Santos (2000) nous amène à réfléchir sur la question du dialogue multiculturel, et sur le dialogue entre les droits, quand certaines cultures ont été réduites au silence et écrasées. Comment créer un nouveau dialogue entre ces sociétés et ces cultures prenant en compte les hiérarchies et dominations qui se sont développées ? Une de ses réponses est de faire ressortir la multidimensionnalité de chaque culture et de permettre des échanges entre ces dimensions diverses. Pour les unes, on parlera de droits, pour d'autres, de cosmologie, pour d'autres, de nature, et pour d'autres encore, de justice, mais c'est la conjonction et la connexion de ces diverses visions qui permettra d'instaurer la rencontre, de travailler à reconnaître l'autre et à nous reconnaître dans l'autre ouvrant ainsi à de nouvelles synergies et à une universalité à plusieurs couleurs.

Et la solidarité ?

Cette recherche d'un dialogue égalitaire et d'une construction pluri-verselle des valeurs et des droits nous ramène aux questions de solidarité. Nous avons parcouru au cours de cet ouvrage divers réseaux de valeurs et avons abordé l'éthique de la réflexivité ou encore l'éthique de la reconnaissance comme des ensembles normatifs qui renvoient à l'altérité, à la différence et au lien social. Envisager une éthique de la solidarité nous renvoie à l'interdépendance entre chacune et chacun et au postulat que pour renforcer notre propre humanité, on se doit une aide mutuelle. De même, pour Chappuis (Jolin, 2007), la notion d'éthique « incite chacun à être responsable de lui-même et des autres ». Ainsi solidarité et responsabilité fonctionnent ensemble, responsabilité des uns envers les autres, mais aussi responsabilité de nos institutions et sociétés par rapport aux personnes et groupes sociaux. Plus encore, le principe de solidarité en éthique repose sur l'importance des groupes, des communautés, des liens sociaux, des pratiques collectives et des biens communs s'opposant ainsi aux éthiques individualistes qui prévalent dans le monde contemporain (Bellefleur et Keeling, 2015). Et pour Grand'Maison cité par Doré (1991), la solidarité renvoie à une « éthique agissante », elle est ce qui permet de former un « nous » autour d'une cause commune tout en représentant à la fois une idée, une expérience et une passion. En ce sens, la solidarité entre à la fois dans l'éthique de la responsabilité en se souciant des moyens et des conséquences, mais aussi dans l'éthique de la conviction qui se soucie d'abord des valeurs, de cohérence et qui ne met pas de l'avant l'efficacité des moyens, mais plutôt le respect du but, de la finalité de l'action (Hottois, 1996).

Ainsi l'éthique de la solidarité développée tout au long de notre projet, dans le réseau *Femmes et féminismes en dialogue* et dans les réflexions de cet ouvrage, articule et connecte des processus relationnels et des rapports sociaux d'interdépendance, de similitude, de réciprocité, mais aussi de différence reposant à la fois sur la responsabilité de soi et de l'autre, mais aussi sur la responsabilité sociale et collective de chacun-e et de chaque groupe et société. Les valeurs fondamentales de cette éthique sont la reconnaissance passant par l'interconnaissance, l'être ensemble reposant sur les échanges et le partage, les droits pluri-versels s'opposant aux injustices et oppressions, et la dignité comme patrimoine de l'humanité à défendre et transmettre pour toutes et tous.

Bibliographie

Bellefleur, O. et Keeling, M. (2015). *La solidarité dans l'éthique et la pratique de la santé publique : conceptions, usages et implications*. Montréal : Centre de collaboration nationale sur les politiques publiques et la santé.

Boaventura de Sousa Santos. (2000). *Para uma concepção pós-moderna do direito. Acrítica da razão indolente: contra o desperdício da experiencia.* Porto: Afrontamento.

Boidin, C., Hurtado López, F. (2009). La philosophie de la libération et le courant décolonial. *Cahiers des Amériques latines*, 62, 17-22.

Doré, G. (1991). L'organisation communautaire et l'éthique de la solidarité. *Service social*, 40(1), 125-141.

Gárate, E. (1994). América Latina y la universalidad de los derechos humanos. Agenda Internacional Universidad Católica del Perú. Derechos Humanos en América Latina, en: *Revista de la Asociación para las Naciones Unidas*. Barcelona, octubre 1994, número 1, IV época. pp.39-45.

Hottois, G. (1996, juin). Éthique de la responsabilité et éthique de la conviction. Actes du colloque international « Sens et Savoir ». *Laval théologique et philosophique*. 52(2).

Jolin, L. (2007). Une éthique de la solidarité et de la responsabilité. *Téoros*, 26(3), 3-6.

Kothari, A., Acosta, A. et al. (1981). Encontrando senderos pluriversales *Debate* 103 / tema central 81 Ecuador.

Massé, R. (2015). *Anthropologie de la morale et de l'éthique*. Québec : Presses de l'Université Laval.

Ricœur, P. (1990). *Soi-même comme un autre*. Paris : Seuil.

Déclaration des femmes et féminismes en dialogue

Cette déclaration a été produite et rédigée par une centaine de femmes en dialogue lors du forum colloque international de Montréal en novembre 2017.

Nous, femmes du projet Femmes et Féminisme en Dialogue, nous sommes des femmes d'Allemagne, d'Argentine, du Bénin, de Bolivie, de Côte d'Ivoire, de France, de Madagascar, du Maroc, du Paraguay, du Québec, de Suisse et de Tunisie, réunies en dialogue ces 26, 27, 28 et 29 novembre 2017 à Montréal.

Nous sommes des femmes d'ici et d'ailleurs, nous sommes des femmes fortes, féministes, nous sommes des femmes résistantes, nous sommes des femmes militantes, activistes et femmes de paix, nous sommes des femmes de différentes positions et générations, nous sommes des femmes différentes et égales entre nous, nous sommes des femmes migrantes, femmes des premières nations (pueblos originarios), femmes courageuses et jamais résignées.

Avec nos différences, nos forces, notre multiplicité, nos itinéraires personnels et collectifs, nous décidons d'être solidaires pour surmonter les difficultés et lutter contre les oppressions vécues par les femmes dans le monde.

Nous affirmons être solidaires pour amener des transformations, dans chacun de nos pays et au niveau international, des lois, des structures, des institutions, des mentalités, des pratiques, des droits et des moyens pour y accéder.

Nous sommes les forces vives de nos sociétés et nous voulons lutter contre toutes les discriminations, toutes les violences (institutionnelles, sociales, sexuelles, domestiques et tout trafic des personnes), toutes les inégalités liées aux rapports Nord-Sud, liées aux différences entre le monde rural et le monde urbain, contre la pauvreté, contre les inégalités liées aux situations de handicap et de marginalisation, contre l'instrumentalisation du corps des femmes et contre tous les racismes.

Nous sommes solidaires pour lutter pour l'accès de toutes les femmes aux droits politiques, économiques, environnementaux, aux droits à la liberté de religion, à la santé, à l'éducation, à la propriété de la terre, à la libre détermination sexuelle et aux droits reproductifs incluant le droit à l'avortement.

Nous revendiquons ces droits au nom des femmes de par le monde et nous sommons nos gouvernements respectifs et les institutions internationales de transformer les structures et les lois et de veiller à leur mise en application pour développer la justice sociale, et pour garantir notre sécurité, à nous les femmes, nos enfants et nos communautés. Nous nous opposons aux inégalités imposées par le patriarcat, le racisme, le colonialisme, l'impérialisme et toutes formes d'exploitations.

Et nous, les femmes, déclarons solidairement lutter pour que cessent les guerres qui dévastent les femmes, les familles, les communautés et notre planète. Et pour cela, nous exigeons qu'enfin cesse le commerce des armes et revendiquons le droit de bien vivre ensemble, sans violence

NOTICES BIOGRAPHIQUES

Abdoul, Zanafy Gladys est doctorante et enseignante en littérature au sein de la Mention Études Anglophones de l'Université d'Antananarivo, Madagascar. Elle explore les liens entre le genre, la parenté et la transmission intergénérationnelle. Elle s'intéresse à l'art et à l'écriture.
gladyszanafy@gmail.com

Altminc, Ruth œuvre comme organisatrice communautaire au Québec, Canada. Elle s'intéresse à la création et consolidation d'espaces de rencontre des diversités et aux conditions de dialogue au sein de différents mouvements des femmes et courants féministes. Elle a étudié en psychologie, éducation et anthropologie.
ruth.altminc.cssspb16@ssss.gouv.qc.ca

Arneton, Mélissa (coordination des chapitres 1, 3 et 10) est enseignante-chercheure au Grhapes/INSHEA à Suresnes en France. Méthodologue, ses travaux portent notamment sur les mesures et les représentations de la diversité. Elle est la porteuse du projet *Femmes et féminismes en dialogue* en France.
melissa.arneton@inshea.fr

Bennabi Bensekhar, Malika (cocoordination du chapitre 13) est Maîtresse de conférences, Habilitée à Diriger des Recherches à l'Université de Picardie Jules Verne, Amiens et psychologue clinicienne transculturelle. Ses thématiques de recherche se rapportent aux mémoires et au poids de l'histoire dans la constitution des subjectivités. Son expérience militante féministe, en Algérie et en France, lui vaut un intérêt pour les expressions identitaires et le rapport au religieux chez les jeunes femmes musulmanes de France.
malikabennabi@hotmail.com

Bensalah, Fatiha est originaire d'Algérie et installée au Québec depuis 2009. La question de la présence musulmane au Québec et en Occident, les dynamiques d'intégration vécues par les nouveaux arrivants et par les réfugiés et les pratiques de gestion de la diversité culturelle sont au centre de son projet professionnel. Elle est psychothérapeute, consultante en médiation interculturelle et chargée de cours à l'Université de Sherbrooke.
fatihabensalah@gmail.com

Benzarti, Nadia est psychologue clinicienne spécialisée en psycho-criminologie et en victimologie, procédant à la prise en charge psychologique

individuelle et groupale des femmes victimes de violences dans des associations féministes tunisiennes. Elle est aussi présidente et co-fondatrice de l'association WAAÏ, jeunes pour la santé sexuelle et reproductive.
benzarti.nadia@gmail.com

Bonavitta, Paola est docteure en Études sociales en Amérique Latine, professeure universitaire et chercheure du CONICET. Elle détient un Magister en sociologie et communication sociale. Elle est directrice de « El Telar », communauté de pensées féministes latino-américaines.
paola.bonavitta@gmail.com

Bracamonte, Loli est native du village de San Marcos Sierras, Province de Córdoba, où elle habite actuell études de travail social. Elle travaille avec des cercles des femmes artisanes dans le tissage et la céramique.
mtb1956@hotmail.com

Darbellay, Karine est professeure à la Haute École de Travail social Valais/Wallis (Suisse). Elle enseigne la médiation sociale, familiale et en santé au niveau Bachelor et Master et mène actuellement un projet de recherche financé par la HES-SO sur les liens entre médiation et travail social en Suisse.
karine.darbellay@hevs.ch

Doré, Chantal est professeure en sciences infirmières à l'Université de Sherbrooke au Québec et membre du comité de rédaction de *Recherches féministes*. Ses intérêts sont les interventions de proximité en santé et services sociaux, les dimensions éthiques et culturelles du soin, l'interculturalité et la médiation interculturelle. Elle est membre de l'équipe Québec et internationale *Femmes et féminismes en dialogue* et co-coordonnatrice de l'ouvrage.
chantal.dore@usherbrooke.ca

Doré-Caillouette, Maude est étudiante de deuxième cycle en travail social à l'Université du Québec à Montréal. Ses principaux intérêts de recherche et ses expériences professionnelles portent sur le vécu des femmes judiciarisées et le développement des pratiques d'intervention féministes et intersectionnelles, en particulier avec des femmes victimes de violence conjugale.
maude.mathilda@gmail.com

Elmadmad, Khadija (coordination du chapitre 12) est professeure de droit, avocate, consultante internationale, directrice du Centre UNESCO « Droits et Migrations » (CUDM), membre du Réseau des femmes médiatrices pour la paix de l'Union Africaine (FemWise-Africa) et vice-présidente de la Clinique

juridique de la Faculté de Droit de l'Université de Casablanca au Maroc.
khadijaelmadmad@yahoo.fr

Emmert, Simone est avocate, professeure de droit à la Faculté de sciences sociales de l'Université Adventiste de Friedensau en Allemagne ainsi que chargée de cours à la Maîtrise en médiation interculturelle à l'Université de Sherbrooke au Québec. Elle détient un doctorat en science politique sur les droits de la personne en relation avec l'identité de genre et l'orientation sexuelle de l'Université de Marburg, Centre des Études de Conflit, Allemagne.
simone.emmert@thh-friedensau.de

Encalada, Doria est psychologue sociale en Argentine, à l'*Institut national de lutte contre les discriminations, la xénophobie et le racisme*. Elle est aussi membre et activiste de l'association « Femmes migrantes et réfugiées en Argentine » et présidente de l'association « Femmes et développement », ainsi que coordonnatrice du « Front des migrants organisés » et membre du *Collectif des femmes du Chaco américain*.
mujeresendesarrollo@gmail.com

Enjelvin, Samia est présidente de l'association Espace Femmes Handicap basée à Paris en France. Militante et professionnelle dans le secteur de l'éducation populaire, elle œuvre depuis 2003 au développement de partenariats entre membres de collectifs pour les activités culturelles et sportives pour les personnes en situation de handicap en France et en Algérie.
espaceefh@gmail.com

Fauteux, Jade est formée en travail social, anthropologie et organisation communautaire au Québec. Elle s'intéresse à l'actualisation de l'approche intersectionnelle dans les milieux de pratique, entre autres en lien avec les trajectoires migratoires, les situations de handicap et le genre.
jadefauteux@hotmail.com

Garant, Élisabeth est directrice générale du Centre justice et foi et de la revue *Relations* au Québec depuis 2007. Elle s'intéresse tout particulièrement aux enjeux d'immigration, de pluralisme et de féminisme. Elle est une des co-fondatrices et animatrice du groupe Maria'M, groupe de dialogue féministe entre chrétiennes et musulmanes.
egarant@cjf.qc.ca

Gay, Marcelle est professeure associée de sociologie des migrations et des politiques publiques à l'égard des étrangers à la HES-SO Valais en Suisse.

Son domaine de prédilection est les politiques d'intégration et leurs enjeux.
marcelle.gay@hevs.ch

Gomes, Véronica (coordination du chapitre 11) a une maîtrise en sociologie avec concentration en études féministes et est doctorante en sociologie à l'Université du Québec à Montréal. Dans le cadre de sa thèse, elle s'intéresse aux formes d'agirs et de résistances de femmes des Premières Nations en situation de précarité socio-économique et en situation d'itinérance.
veronicagomes230@gmail.com

Hanafi, Rania (cocoordination du chapitre 13) est enseignante-chercheure à l'URMIS. Elle enseigne au département d'Education (ESPE) de l'Université Nice Sophia Antipolis (UNS) - Université Nice Côte d'Azur (UCA). Elle est responsable pédagogique d'un Diplôme d'université « Droit, laïcité, religions et société ». Ses travaux de recherche portent sur les questions de genre et d'éducation dans les mouvements de réappropriation de l'islam chez les jeunes et les étudiantes articulées aux dynamiques générationnelles.
rania.hanafi@univ-cotedazur.fr

Hirata, Cristiane est brésilienne d'origine japonaise et installée au Québec depuis 2008. Journaliste, traductrice/interprète portugais-français au Brésil et consultante en médiation interculturelle au Québec, elle est titulaire d'une maîtrise en médiation interculturelle de l'Université de Sherbrooke et a fait des études en Immigration et relations interethniques. Actuellement, elle est en formation en travail social à l'Université du Québec à Montréal.
hiratacristiane@hotmail.com

Huerta, Guadalupe a une licence en travail social et un diplôme de spécialisation en violence familiale et équité de genre. Elle est membre de l'équipe de recherche de la Faculté de sciences sociales de l'Université nationale de Córdoba (Argentine) et enseignante ainsi qu'accompagnatrice communautaire contre la violence de genre. Elle fait partie du *Collectif des Femmes du Chaco américain* et du *Réseau de coopératives du sud*.
guada_huerta@hotmail.com

Jammal, Nadine est sociologue de formation, titulaire d'un doctorat en sociologie portant sur les notions de différence et d'identité dans les théories féministes américaines, de l'Université de Montréal en 2001. Elle est actuellement chargée de cours en travail social à l'Université du Québec en Outaouais au Québec.
nadine.jammal@uqo.ca

Kopoka, Margaret est présidente de l'association *Staré*, en France. Elle est aussi titulaire de plusieurs diplômes dans le domaine des ressources humaines et de l'accompagnement. Elle est engagée dans le développement de l'accessibilité des espaces culturels et d'éducation.
margaret.kopoka@outloock.fr

Kremer, Liliana (coordination des chapitres 2 et 6) est enseignante-chercheure en intervention sociale et éducation à l'Université nationale de Córdoba en Argentine. Chercheure et activiste féministe, elle s'intéresse aux liens entre genre, éducation, conversations citoyennes et développement des territoires dans le Chaco américain, ainsi qu'aux réseaux transnationaux. Elle fait partie du *Collectif des femmes du Chaco américain*. Coordonnatrice du projet *Femmes et féminismes en dialogue* Argentine-Bolivie-Paraguay, elle est aussi co-coordonnatrice de l'ouvrage.
lilianakremerdodelson@gmail.com

Laaroussi, Naoual détient un BACC en Communication, rédaction et multimédia et a étudié en Immigration et relations interethniques. Elle travaille dans le milieu communautaire de Montréal au Québec depuis 7 ans, autant dans des centres communautaires, que dans des groupes de défenses de droits (dans le milieu féministe, de l'immigration et des utilisateurs de drogues). Elle est militante féministe et antiraciste dans plusieurs projets et collectifs.
naoual_laaroussi@hotmail.com

Lamothe, Audrey est diplômée en sciences de la communication de l'Université de Montréal, et détient une maîtrise en médiation interculturelle de l'Université de Sherbrooke. Elle s'intéresse aux domaines des arts, du pouvoir d'agir des femmes et de la médiation interculturelle. Avec plusieurs expériences internationales, elle est actuellement professionnelle dans un organisme œuvrant pour la paix et l'harmonie sociale au Québec et enseignante.
alamovimiento@gmail.com

Larivière, Tania est une jeune femme autochtone d'origine Anishinabe et de culture Eeyou. Hors de ses fonctions de représentation, elle est très active dans l'univers des cérémonies traditionnelles ainsi que dans les efforts de militance au Québec pour mieux sensibiliser les gens faces aux réalités autochtones.
lariviere.tania@gmail.com

Lezou Koffi, Aimée-Danielle est enseignante-chercheure au Département de Lettres Modernes à l'Université Félix Houphouët-Boigny d'Abidjan (Côte d'Ivoire). Elle est spécialiste d'analyse du discours et ses recherches portent

sur les identités et stratégies discursives, les représentations linguistiques et culturelles, l'interculturalité et les problématiques du genre. Elle est Présidente Afrique de l'association Africa femmes initiatives positives (AFIP-AFRICK) et coordonnatrice du projet *Femmes et féminismes en dialogue* en Côte d'Ivoire.
lezoukoffi@live.com

Mahfoudh, Amel (coordination du chapitre 7) est sociologue, elle est actuellement collaboratrice scientifique au sein de la Haute école de travail social de la HES·SO Valais-Wallis. Elle est membre du comité de rédaction de la revue *Nouvelles Questions Féministes*. Elle a dirigé avec Christine Delphy la publication du numéro « Féminismes au Maghreb », NQF – Vol. 33 N° 2, 2014.
Amel.mahfoudh@hevs.ch

Mahfoudh, Dorra est sociologue et professeure émérite à l'Université des sciences humaines et sociales de Tunis. Militante féministe, membre du groupe fondateur du mouvement féministe autonome en Tunisie, elle a été présidente de l'Association des Femmes Tunisiennes pour la Recherche et le Développement (AFTURD) et est membre du Collectif Maghreb-Egalité 95.
draouisaida@gmail.com

Mantegazza, Mónica est artiste, journaliste et responsable culturelle. Diplômée en gestion des arts et de la culture (Université provinciale de Córdoba, Argentine), elle est directrice du groupe culturel Project Big Bang Arte.
mantegazza@proyectobigbang.com.ar

Martineau, Myriame (coordination du chapitre 4) est professeure-chercheure-créatrice au département de sociologie de l'Université du Québec à Montréal. Elle est aussi conteuse et écrivaine sous son nom d'artiste : *Myriame El Yamani*. Ses recherches actuelles portent sur l'oralité et le monde du conte au Québec et dans la francophonie. Elle s'intéresse également à l'intrication des rapports sociaux de sexe et ethniques, notamment dans les médias, le cinéma et d'autres pratiques culturelles.
martineau.myriame@uqam.ca

Mayol, Séverine (coordination du chapitre 9) est postdoctorante en sociologie au laboratoire Printemps en France (UMR 8085, CNRS / UVSQ). Ses travaux s'intéressent aux transactions sociales au sein des dispositifs des politiques sanitaires et sociales, et notamment à la construction des catégories sociales et à la négociation des normes relatives au genre.
severine.mayol@uvsq.fr.

Mouhajir, Fatima détient un Doctorat en Anthropologie Sociale et Ethnologie de l'École des hautes études en sciences sociales de Paris. Elle a suivi une formation en médiation interculturelle à l'Université de Sherbrooke au Québec. Dans son activité associative au Maroc, elle accompagne des femmes en situation de vulnérabilité (immigrées, réfugiées, conflits familiaux).
fatima.mouhajir@gmail.com

Pessoa, Bernarda est artisane, éducatrice et dirigeante autochtone du peuple Qom situé dans le Chaco paraguayen. Elle est référente des droits humains au Paraguay et fondatrice de l'Organisation des femmes paysannes et autochtones « *Conamuri* ». Elle est aussi membre de la coordination du *Collective de Mujeres Chaqueñas*.
bernardaqom@gmail.com

Rachedi, Zineb est enseignante-chercheure au Grhapes/INSHEA à Suresnes en France. Ses travaux portent sur le rapport au travail et l'accès à l'emploi des jeunes y compris ceux en situation de handicap.
zineb.rachedi@inshea.fr

Rakotoniera, Zoly (coordination du chapitre 14) est maîtresse de conférences à l'Université d'Antananarivo et dirige le Département d'études anglophones et les études de genre. Elle a publié de nombreux travaux sur la condition féminine, le genre, la littérature, les cultures et les sociétés des Suds et des Nords. Elle participe à un ouvrage collectif sur les mutations des sociétés de l'Indianocéanie en collaboration avec l'Université de Wiswatersrand, Afrique du Sud.
avotiana45@gmail.com

Ralalatiana, Michela Claudie est docteure en éducation de l'Université de Sherbrooke au Québec. Elle a travaillé sur la trajectoire langagière comme moyen d'intégration de femmes immigrantes à leur société d'accueil, a développé une méthode pédagogique basée sur la biographie langagière pour les futurs enseignants en français et un cahier pédagogique pour les femmes.
michela.claudie.ralalatiana@usherbrooke.ca

Ranaivo Rahamefy, Faniry est doctorante et enseignante en littérature au sein de la Mention Études Anglophones de l'Université d'Antananarivo, Madagascar. Ses recherches s'intéressent aux traditions et littératures orales malgaches. Elle a un intérêt particulier pour l'art et l'écriture.
rahamefyfaniry@gmail.com

Ravaozanany, Noro est sociologue, consultante en recherche qualitative et sur les questions de genre dans les pays de l'Océan Indien et d'Afrique francophone. Elle est présidente du Conseil National des Femmes de Madagascar (CNFM) et membre de bureau de coordination du Réseau Francophone pour l'Egalité Femmes-Hommes (RF-EFH).
noro.rav@gmail.com

Segura, Gisella est féministe et étudiante en travail social à l'Université nationale de Córdoba. Elle fait partie d'équipes de recherche action autour des problématiques et réalités des femmes dans des contextes locaux avec une approche intersectionnelle. Depuis 2015, elle est activiste et collaboratrice dans le *Collectif Trinational des Femmes du Chaco Américain*.
gisellasegura45@gmail.com

Simard, Maïté est artiste multidisciplinaire et intervenante en expression créatrice. Elle utilise des médiums artistiques variés afin de créer des espaces d'échanges et de rapprochements intercommunautaires. Elle a une formation en arts de la scène et des études en migrations, en langue et culture arabe, et en psychologie. Aujourd'hui, elle travaille au Québec comme intervenante auprès d'enfants immigrants, réfugiés et demandeurs d'asile, et est illustratrice du projet *Femmes et féminismes en dialogue*.
maite.simard@gmail.com

Sosa Luna, Aylén est étudiante féministe en licence en travail social à l'Université nationale de Córdoba (Argentine). Depuis 2017, elle est activiste et collaboratrice du Collectif des droits des femmes dans le *Collectif Trinational des Femmes du Chaco Américain*. Elle est assistante de recherche dans des équipes autour du genre, des femmes et de leurs vécus. Elle est militante d'une organisation féministe de base, « Marabunta »
aylensosaluna16@gmail.com

Tiana Razafindratsimba Dominique est sociolinguiste. Elle est enseignante-chercheure à l'Université d'Antananarivo. Chercheure et membre fondatrice du Centre de Recherche et d'études sur les Constructions identitaires, elle s'intéresse aux problématiques des contextes divers de pluralité linguistique et de contact de langues.
Razafindratsimba.tiana@gmail.com

Torres, Eve est diplômée en droit et sciences humaines, citoyenne engagée depuis plus de 16 ans au sein de la société québécoise. Militante féministe et antiraciste, elle œuvre pour la justice sociale. Coordonnatrice de l'organisme LaVOIEdesFemmes depuis 5 ans, c'est également par le biais politique

qu'elle choisit de continuer à s'impliquer pour construire des ponts et changer la société.
lavoiedesfemmes@yahoo.ca

Vatz Laaroussi, Michèle (coordination des chapitres 5, 8 et 15) est professeure retraitée associée de l'Université de Sherbrooke au Québec. Après avoir mené de nombreuses recherches avec des familles et des femmes immigrantes, elle a initié et porté les projets *Femmes et féminismes en dialogue*, au Québec et à l'international. Elle est co-coordonnatrice de l'ouvrage.
Michele.laaroussi@usherbrooke.ca

Vilcay, Miriam a migré de la ville vers la campagne voici 10 ans, elle est productrice rurale en Argentine. Diplômée en gestion des projets de tourisme rural, elle est coordinatrice des projets de MULINEC (Femmes Libres du Nord de Córdoba), co-fondatrice du Collectif des femmes du Chaco Américain et membre de la commission de coordination.
miriam.vilcay@yahoo.com

Zivanovic Sarenac, Javorka est travailleuse sociale de formation. Elle travaille comme professionnelle de recherche ainsi que chargée de cours à l'Université de Sherbrooke. Présentement, elle est étudiante au doctorat en travail social à l'Université du Québec à Montréal. Elle est coordonnatrice du projet *Femmes et Féminismes en dialogue* au Québec 2015-2017 et de l'équipe internationale.
Javorka.Zivanovic.Sarenac@USherbrooke.ca

Structures éditoriales du groupe L'Harmattan

L'Harmattan Italie
Via degli Artisti, 15
10124 Torino
harmattan.italia@gmail.com

L'Harmattan Hongrie
Kossuth l. u. 14-16.
1053 Budapest
harmattan@harmattan.hu

L'Harmattan Sénégal
10 VDN en face Mermoz
BP 45034 Dakar-Fann
senharmattan@gmail.com

L'Harmattan Mali
Sirakoro-Meguetana V31
Bamako
syllaka@yahoo.fr

L'Harmattan Cameroun
TSINGA/FECAFOOT
BP 11486 Yaoundé
inkoukam@gmail.com

L'Harmattan Togo
Djidjole – Lomé
Maison Amela
face EPP BATOME
ddamela@aol.com

L'Harmattan Burkina Faso
Achille Somé – tengnule@hotmail.fr

L'Harmattan Côte d'Ivoire
Résidence Karl – Cité des Arts
Abidjan-Cocody
03 BP 1588 Abidjan
espace_harmattan.ci@hotmail.fr

L'Harmattan Guinée
Almamya, rue KA 028 OKB Agency
BP 3470 Conakry
harmattanguinee@yahoo.fr

L'Harmattan Algérie
22, rue Moulay-Mohamed
31000 Oran
info2@harmattan-algerie.com

L'Harmattan RDC
185, avenue Nyangwe
Commune de Lingwala – Kinshasa
matangilamusadila@yahoo.fr

L'Harmattan Maroc
5, rue Ferrane-Kouicha, Talaâ-Elkbira
Chrableyine, Fès-Médine
30000 Fès
harmattan.maroc@gmail.com

L'Harmattan Congo
67, boulevard Denis-Sassou-N'Guesso
BP 2874 Brazzaville
harmattan.congo@yahoo.fr

Nos librairies en France

Librairie internationale
16, rue des Écoles – 75005 Paris
librairie.internationale@harmattan.fr
01 40 46 79 11
www.librairieharmattan.com

Lib. sciences humaines & histoire
21, rue des Écoles – 75005 Paris
librairie.sh@harmattan.fr
01 46 34 13 71
www.librairieharmattansh.com

Librairie l'Espace Harmattan
21 bis, rue des Écoles – 75005 Paris
librairie.espace@harmattan.fr
01 43 29 49 42

Lib. Méditerranée & Moyen-Orient
7, rue des Carmes – 75005 Paris
librairie.mediterranee@harmattan.fr
01 43 29 71 15

Librairie Le Lucernaire
53, rue Notre-Dame-des-Champs – 75006 Paris
librairie@lucernaire.fr
01 42 22 67 13